JN449045

유럽의 공항과 매너

문화 간 커뮤니케이션의 재조명

AIRPORT AND INTERCULTURAL COMMUNICATION

이성만 · 라미진 공저

신아사

머리말

■ 왜 문화 간 경영인가?

독일은 수년 전부터 수출 세계 챔피언으로 인정받고 있다. 국제적으로도 성공했다. 한국도 수출에 관한 한 선두 그룹을 형성하고 있다. 그렇다면 왜 문화 간(intercultural) 커뮤니케이션 또는 이문화(intercultural) 경영에 대해 말하는 것일까? 아주 간단하다. 파트너나 동료들과의 협업은 엄청난 실패를 거듭하기도 하는데, 이는 문화 충돌 때문인 경우가 허다하기 때문이다.

Daimler와 Chrysler, Adidas와 Salomon의 이야기를 모르는 사람은 없을 것이다. 이들과 같은 인수·합병의 경우, 많은 책임자들은 직원과 임원들의 행동에 거의 관심을 기울이지 않는다. 이는 특히 문화적인 요소들과 무관하지 않다. 마찬가지로 외국인들은 그들에게 주어진 기대치를 달성하지 못하는 경우가 다반사다. 독일 바이로이트 대학의 분석에 의하면, 만약 외국인들이 일을 그만두면, 그 비용은 그들 월급의 3~4배로 치솟는다. 여기에는 취소 또는 이미지 손실과 같은 후속 비용은 포함되지 않았다. 장기 해외파견이 점진적으로 단기 프로젝트 체류나 사이버 팀 또는 재택근무로 대체되더라도 그곳에서도 문화 간 협업은 기대하기 어렵다. 우리의 경우, 영국을 예로 들면, 문화적인 차이는 불가피하겠지만, 이미 오랜 경제적 관계를 맺어 온 일본과 같은 이웃과의 오해와 갈등 때문의 협업이 어려움을 겪을 수 있을 것이다.

■ 문화 간 갈등

문화 간 갈등은 실제로 오해로 인한 것이 많다. 행동방식들이 알려지지 않았거나 충분히 인지되지 않았거나 의도적으로 무시되기도 한다. 또한 회의를 이끄는 방법이나 일정이 어떤 관련성이 있는지 등 자체의 절차가 올바른 절차로 간주된다. 우리는 다른 관점, 다른 방법 그리고 궁극적으로 다른 가치는 부적절하다고 생각한다. 외국계의 책임 있는 동료가 친절하게 미소를 지으며 괜찮다고 주장하는 경우라면, 고객이 이미 불만을 제기한 기술적인 문제는 어떻게 해결할 수 있을까? 이 상황에서 상사는 문제가 제대로 처리되지 않고 있다고 가정하기 때문에 문제해결이 불가피하다. 직원은 문제점을 인식하고 해결책을 찾기 위해 열심히 노력하고 있을 가능성이 높다. 그러나 겉으로는 체면을 구하고 무엇보다도 작업 분위기를 훼손하지 않으려고 노력할 것이다.

따라서 개방성은 조화 지향성을, 문제 지향성은 프로세스 지향성을, 실체 지향성은 인적 지향성을 충족한다. 그 결과, 이해부족(오해), 잘못된 평가, 개인적인 비판 등으로 인해 양쪽 모두에 정서적 장애가 발생한다.

■ 신뢰성과 개방성의 중요성

그러나 팀원과 파트너십의 형성을 의식하는 리더라면 문화적으로 영향을 받은 가치와 작업 방법의 중요성을 알고 있다. 문화적으로 유능한 관리자는 팀 구성 과정의 차이를 다룬다. 시간이 부족하더라도 직원들이 정치적 정확성에 대한 오해로 인한 차이와 갈등을 해결하지 못하거나 명확한 해결책이 없어 걸림돌이 생기지 않도록 구성원들의 기여할 수 있는 신뢰성과 개방성을 창출한다. 리더는 또한 명확한 목표, 팀 내부 규칙 및 팀과의 동일성을 촉진하여 공통점을 만들어간다. 주의할 것은, 평등에 관한 것이 아니라는 점이다. 그것은 대화를 만들고, 협력과 소통의 공동 합의의 기초를 다지고, 개인의 강점을 파악하는 것이다.

엄격한 행동 규칙이나 다소 껄끄러운 상황을 피하는 것도 아니다. 오히려 문화 간 능력(intercultural competence)은 불확실한 상황에서 행동할 수 있는 다른 관점과 일반 능력에 대한 직감을 개발한다는 뜻이다.

설문조사가 정확하게 이루어진다고 하더라도, 이탈리아인, 폴란드인, 미국인 또는 인도인을 다루는 데 이상적인 해결책은 없다. 사람마다 다르고, 상황마다 다르며, 문화는 국경에 얽매이지 않기 때문이다. 이문화적으로 성공적인 경영에서 지도자(리더)는 물론 팀, 회사 또는 외부 비즈니스 관계에서 건설적인 상호 협력을 주로 담당한다. 그러나 인사부서도 특별 인력 개발 제안과 개방적이고 학습 가능한 기업 문화를 조성하는 비즈니스 성과를 모두 지원할 수 있다.

■ 인재 개발 지원

적절한 직원을 선발하는 것이 우선이다. 국제적인 기업에는 개방성, 호기심, 학습의지를 갖춘 강한 사람이 필요하다. 미래의 국제 업무를 준비하려면 장기적인 인력 개발 프로세스가 필요하다.

이것은 특히 차세대 지도자 교육에도 적용된다. 실제로 해외 업무를 맡고 있거나 국제 팀을 이끌고 있다면 이틀 안에 따라잡기는 힘들기 때문이다. 보통 몇 달, 아니 몇 년이 걸린다. 자기 성찰과 경험 학습을 통한 개인 개발에 중점을 둔다. 문화 간 갈등 이후 올바른 원인을 분석하고, 자신에게 의문을 제기하고, 상대방의 입장을 받아들이고, 다음 사례에 대한 새로운 행동 패턴을 준비하는 데 성공한다면, 이는 문화 간 역량을 구축하는 한 단계이다. 이는 문화 간 세미나, 정기적인 주제화 및 지도자의 피드백, 그리고 점점 더 집중적인 국제적 접촉을 통해 촉진될 수 있다.

■ 기업 문화 지원

이러한 노력은 회사에서 신뢰와 감사가 우세하고, 다른 의견을 허용하고, 최고 경영진이 자기 가치의 모범을 보이는 경우라면 특히 유익하다. 우리의 수많은 기업들은 해외의 유수기업들과 마찬가지로 여전히 상대적으로 단일문화 지향적이며, 다양한 시각과 작업 방식에 어려움을 겪고 있다. 그러나 강화된 국제화와는 별도로, 다원적인 사회도 더 넓은 관점을 필요로 한다. 다른 세대들과의 충돌이나 다른 교육 방식, 민족 집단, 종교, 생활방식 등에 의해서도 차이가 드러나기 때문이다.

따라서 문화 간 경영은 대기업이나 수출 중심의 중소기업만이 감당할 수 있는 것은 아니다. 다양성에 대한 건설적인 접근은 우리 자신의 집 앞에서도 점점 더 많이 요구되고 있다.

이는 그만한 가치가 있으며, 다양성은 이익을 가져다준다. 업무는 점점 더 복잡해지고 환경은 점점 더 역동적으로 바뀌고 있다. 개별 기술 전문가는 오랫동안 더 이상 진척되지 않고 있다. 다양한 경험, 지식 기반 시각들을 가진 팀에서 문제를 해결하는 것이 중요하다. 창의성과 혁신성은 무엇보다도 서로 다른 관점들이 만나 건설적으로 - 이것이 성공의 열쇠이다 - 결합될 때 생겨나는 것이다. 마법의 단어는 '다양성 관리'(Diversity

Management), 즉 목표 지향적이고 긍정적인 다양성을 만들어내는 것이다. 문화 간 경영과는 달리, 다양성 관리는 문화적 차원뿐 아니라 사람들을 구별하는 다른 모든 차원들도 고려한다. 여기에는 성별, 나이, 장애, 종교, 결혼 상태 등이 포함된다.

■ 시너지 효과

또한 다양성 관리는 시너지 효과 창출을 목표로 한다. 이것은 처음에는 개인적인 가치관을 통해 만들어질 수 있다. 개별 직원의 특별한 요구와 강점을 고려하게 되면, 업무 참여성과 정체성을 높일 수 있다. 숙련된 인력이 부족한 시대에, 이것은 더 이상 만족의 요소가 아니라 직원을 유치하고 유지하는 데 필수적인 요소이다.

시너지 효과의 두 번째 방법은 다각화된 인력의 창의성과 혁신성을 수반한다. 이것은 단지 새로운 조합과 지식 창출을 통해서만 작용하는 연구 개발과 같은 전략적인 업무에서 경쟁 우위를 보장한다. 일반적으로 관리(경영)도 구조 및 프로세스의 효과적인 적응에 지속적으로 의존하기 때문에 이점이 있다.

마지막으로, 다양한 인력들로 다양한 고객층에게 더 잘 대응할 수 있다. 예를 들면, 기업은 오랫동안 해외 지사의 국내 임원들에 의존해 왔다. 이들은 법률적, 정치적, 경제적 환경뿐 아니라 고객, 직원, 당국, 비즈니스 파트너의 사고방식(성향)도 더 잘 알고 있다. 특히 제품과 고객 서비스는 현지 요구에 맞게 조정되어야 한다. 제품 개발과 마케팅에 있어서 각 문화권의 동료들, 바람직하게는 이중문화적인, 즉 두 문화권에서 성장한 인력들이 가장 잘 협력해야 할 것이다.

문화 간 커뮤니케이션, 문화 간 경영이 없다면 기업은 자원을 유휴 상태로 두는 것이나 다름없다. 또한 문화 간 갈등이 발생하고 이 갈등은 경쟁자에게 국제 경쟁에서 밀려나게 할 위험 요소로 작용할 수도 있다.

이제 우리가 문화 간 커뮤니케이션, 이문화 경영에 관심을 가져야 하는 이유가 분명해졌다. 세계화 시대에 문화 간 차이는 점점 사라지고 있는 듯 한 모습이다. 마드리드에서 모스크바까지, 리스본에서 리마까지, 적어도 일부 문화 연구자들의 지적처럼, 미국 문화에는 점점 더 균일한 문화가 있다는 것이다.

언뜻 생각하면, 이 주장이 온전히 틀린 말은 아닐 것이다. 오늘날 런던에서는 '피시 앤 칩스'보다 인도 음식을 더 많이 먹을 가능성이 있고, TV 프로그램은 주로 미국 제작물로 넘쳐난다. 그러나 다양한 문화적 영향력에 대해 말할 수는 있지만, 영국인은 여전히 영국인으로 남아있다. 돌미오 스파게티 소스를 많이 섭취하더라도 Cockney[동부 런던 출신]가 이탈리아인이 되는 것은 아니다. 참고로 영국에서 돌미오의 광고 슬로건은 "Brings out the Italian in you"이다.

우리가 보는 것은 지역 문화의 소멸이 아니라 문화의 틀 안에서 행동의 변화이다. 예컨대 이탈리아에서는 가족이 매우 중요하며, 대부분의 음식은 가족 구성 내에서 이루어지며, 가족 구성 내에서 사회적 기능을 수행한다. 특히 영국에서는 식사의 사회적 기능이 문화적으로 확립되어 있지 않다. 식사는 혼자나 직계 가족과 함께 이루어지는 게 일반적이다. "음식은 냉장고에 있다"라는 문구와 어디서나 판매되는 TV dinner[TV 앞에서 빠르게 먹을 수 있는 포장식품][1]는 앵글로색슨 세계에서는 일반적인 용어이다.

영국인이 '이탈리아' 음식을 선호하는 경우라면, 이는 음식 그 자체만을 의미하며, 음식을 다루는 방식이나 음식의 사회 문화적 기능은 해당하지 않는다. 그래서 영국인은 이탈리아 음식을 자신의 문화적 환경에 통합하고 음식을 다르게, 즉 준비가 빠르고 쉽고 저렴하다는 식으로 해석한다. 이탈리아 음식의 기능, 즉 사회적 요소는 전혀 중요치 않다.

이런 현상은 무엇보다 문화의 복잡성 때문이다. 행동은 기본 가치에 대한 해석일 뿐이다. 그리고 피상적인 관찰자에게는 거의 보이지 않는 가치의 차이가 바로 문화 간 커뮤니케이션 분야의 주요 연구 영역이다. 이러한 가치는 표준화되어 어린 시절부터 배웠으며, 문화 집단 내에서는 비교적 일정하다. 우리는 이러한 가치를 인식하지 않고도 처리하는 법을 배웠다. 우리는 이러한 가치를 사용하여 세상과 타인을 판단하고 타인의 행동을 근본적인 가치의 해석과 표현으로 해석한다.

---

1 개인에게 분배되는 포장된 냉동 식사. 미국과 캐나다의 TV 디너는 보통 메인 코스의 고기 종류에 야채, 감자, 그리고/또는 디저트가 곁들여지기도 한다. 주 요리는 파스타나 생선이 되기도 한다. 유럽의 TV 디너에서는 인도와 중국 식사가 흔하다. TV 디너란 용어는 1953년 C.A. Swanson & Sons에 의해 개발된 포장음식의 일부로 처음 사용되었다. 미국과 캐나다에서는 이 용어가 슈퍼마켓에서 냉동되고 집에서 데워진 모든 포장된 식사나 요리와 동의어이다.

물론 이러한 사례들은 진부한 것일 따름이다. 적어도 우리가 그것들을 명확하게 설명한다면 말이다. 그러나 문화 간 만남이라는 것은 단지 하나의 행동만을 나타내는 것이 아니라 헷갈릴 수 있는 다양한 인상, 반응, 행동들을 나타내기도 한다. 이 두 가지가 합쳐지면 양측의 감정과 정서적 반응을 혼란스럽게 만들 수 있다.

그래서 본서의 목적도 이러한 이문화 소통 능력을 기를 수 있는 토대와 접근법을 제공하는 것에 두고 있다. 글로벌 비즈니스맨이라면, 글로벌 항공사의 객실승무원이나 허브공항의 지상업무 종사자라면, 여타 문화권 사람들의 생각과 행동, 즉 그들이 이렇게 저렇게 행동하고 표현하는 이유가 무엇인지 알아야 하거나 알고 싶은 사람들에게 본서는 유익한 실마리를 제공할 수 있다는 점에서 본서의 가치를 찾을 수 있을 것이다.

본서는 두 사람의 협업을 통해 탄생했다. 앞에서 길게 나열한 사례들을 통해 본서의 목적에 최적화된 내용을 구성하고자 노력하였다. 전체를 두 영역으로 나누고, 첫 번째 영역(제1부)에서는 문화 간 커뮤니케이션, 이문화 경영, 공항과 매너, 이문화 능력, 문화차원의 필요성을 다루었다. 두 번째 영역(제2부)에서는 유럽 문화권의 주요 국가들을 중심으로 그 나라의 지리와 역사, 공항, 관습과 예절 그리고 호프스테드가 제시한 문화 차원들을 다루었다. 우리 필자들은 1차 원고를 완성하고 전체 내용을 윤독과 토론을 거쳐 수정·보완하는 작업을 하였다.

이 책의 체제는 기존의 매너나 공항, 아니면 이문화 경영이나 글로벌 문화경영 관련 서적들과는 구성이나 내용 전개에서 많은 차이가 있을 것이다. 우리 필자들의 사유와 고민을 담은 시도이기는 하지만, 그 내용들은 기존의 업적들(본서의 참고문헌 참조)을 많이 참고하였다. 그림이나 도표 등을 참조하는 과정에서 일일이 출처를 밝히지 못한 것들도 적지 않다. 이 자리를 빌려 원저자들께 양해를 구하며 깊이 감사한다. 내용의 이해나 논리적 전개가 매끄럽지 못한 부분들도 없지 않을 것이다. 이 모든 오류는 필자들의 책임이다. 앞으로 쉼 없이 보강하고 개선해 나갈 것이다.

2021년 10월

연자봉 기슭의 연구실에서

필자들

목차

제1부 문화

제2부 유럽

제1부
문 화

문화 간(이문화) 커뮤니케이션?

<인용: https://spracheundmedien.files.wordpress.com/2015/10/continents-975936_640.jpg>

세계의 가치관 조사(World Values Survey)

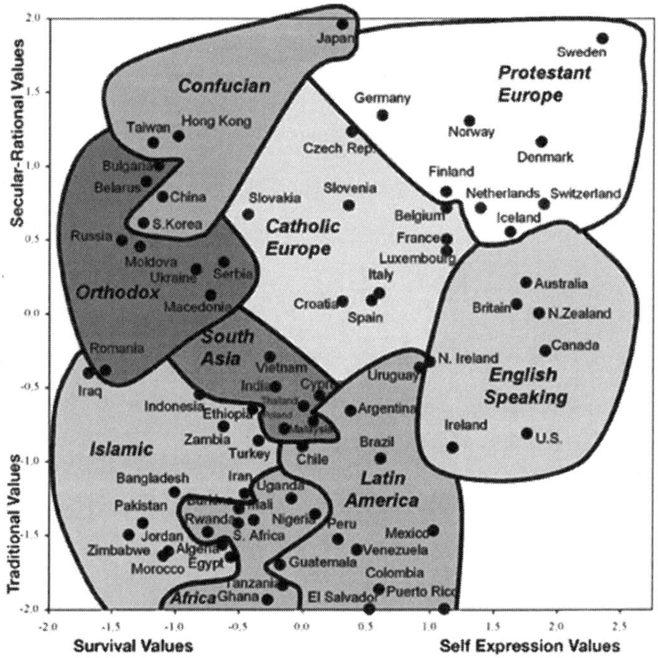

<인용: https://usdkexpats.org/tags/world-values-survey>

01
문화 간 커뮤니케이션

1. 커뮤니케이션

■ 언어전환(language switching)

언어전환은 번역과 통역을 넘어서는 것이다. 언어전환은 한 언어에서 다른 언어로 콘텐츠를 전달하는 포괄적인 용어이다. 그러니 언어전환은 고전적인 번역이나 통역도 포함된다. 그러나 언어전환에는 추가적으로 '아날로그 전송'의 구성 요소도 포함된다. 언어학자들은 적절한 번역을 찾기도 하고 올바른 '어조'를 찾으려고도 노력한다. 이것은 고전적인 요약이나 의역을 통해 할 수도 있다. 이 두 가지 방법을 사용하면, 서면에서 구두로, 서면에서 서면으로, 구두에서 서면으로, 구두에서 구두로의 방향이 가능하다. 소위 "비공식적 통역"(역할극과 같은 상호작용에서의 구두 언어)과 함께 다양한 유형의 언어전환 활동이 있다.

■ 파울 바츨라빅의 커뮤니케이션 이론: 다섯 가지 커뮤니케이션 원칙

오스트리아계 미국인 파울 바츨라빅(Paul Watzlawick, 1921-2007)은 주로 그의 유머러스한 논픽션 업적(〈Instructions on Unhappiness〉)으로 일반 대중에게 알려진 학자이다. 커뮤니케이션 학자이자 심리치료사인 그는 다양한 대화 분석 이론도 개발했다. 가장 잘 알려진 것이 그의 〈Paradoxes〉와 5가지 커뮤니케이션 원칙이다.

- 원칙 1: 우리는 소통하지 않을 수 없다

이 원칙은 커뮤니케이션이 언제나 행동이라는 가정에 기초한 것이다. - 우리는 "행동하지 않을" 수 없으며, 심지어 비언어적 행동으로도 커뮤니케이션을 할 수 있다. 예를 들어 고개를 숙이고 눈을 마주 치지 않고 단순히 말에 반응하지 않을 수 있다. 하지만 지금 이 순간에도 우리는 다른 사람에게 무언가(이를테면 사람들이 진정하라는 메시지)를 전달하고 있는 것이다.

- 원칙 2: 커뮤니케이션에는 어떤 것이든 내용과 관계의 측면이 있다.

커뮤니케이션을 할 수 없는 경우가 거의 없듯이, 대화 상대방에 대한 자신의 태도가 우리가 말하는 것에 대한 이해 방식에 영향을 미치는 것을 막을 수 없다. 바츨라빅에 따르면, 메시지(예: B: "조심하세요, 수프가 뜨거워요!")에는 순수 내용 수준 (수프가 뜨겁다는 경고)과 메시지 해석 방법을 결정하는 관계 수준(예: B: "아, 얼마나 좋을까, 내가 거들어 줘야지!" 아니면, "그녀는 내가 수프가 뜨겁다는 걸 혼자 알아채지 못할 정도로 멍청하다고 생각하는 걸까?")이 있다.

- 원칙 3: 커뮤니케이션은 언제나 원인이자 결과이다.

우리가 언어적으로 분쟁을 한다면, 우리의 관점에서 갈등의 원인이 되는 이전 사건을 언급하곤 한다. 바츨라빅에 따르면, 이 사건은 사실 우리가 주관적으로 경험한 출발점일 뿐이다. 진짜 문제는 소통 참여자들의 발언에 대한 지속적인 상호작용에 있다. 예컨대 그는 부인이 남편에게 계속 몸을 피하기만 한다고 비난하고, 남편은 아내가 항상 잔소리만 한다고 비난하는 부부싸움을 인용한다. 남편은 아내에게 항상 불평만 한다고 비난하고는 뒤로 주춤거린다. 되돌아보면, 이 커뮤니케이션 사슬(연속체)의 출발점이 어디에 있는지는 더 이상 알 수 없다. 분명한 것은 두 사람의 행동이 상호 의존적이라는 것이다.

- 원칙 4: 인간의 커뮤니케이션은 아날로그 방식과 디지털 방식을 사용한다.

마지막 사례와 마찬가지로, 커뮤니케이션 모드도 유사하다. 바츨라빅에 따르면, 유추로 사물을 표현하거나, 사물에 이름을 부여할 수 있다. 디지털 커뮤니케이션은 여기에 고정된 규범을 포함하지만, 정서적-의미적 층위는 없다. 반면에 아날로그 커뮤니케이션은 이 의미적 층위(Semantic Level)는 있지만, 방향을 잡을 수 있는 명확한 통사적 틀(Syntactic Frame)은 없다.

- 원칙 5: 커뮤니케이션은 대칭적이거나 보완적이다.

바츨라빅에 따르면, 관계는 평등 또는 차별에 근거하므로 하나가 다른 하나보다 더 선호되는 것은 아니다. 두 커뮤니케이션 파트너들이 평등을 추구하고 서로간의 불균형을 최소화하려고 할 때 대칭이 존재한다. 반면에 상호 보완적 관계는 두 당사자가 상호 보완하고 관계에서 서로 다른 역할을 수행한다는 특징이 있다. 후자의 경우, 어떤 특정한 종속성이 상호작용 과정을 결정하기도 한다.

■ 비언어적 커뮤니케이션

비언어적 커뮤니케이션은 비언어적 대인 관계 커뮤니케이션을 의미하며, 모두 극히 문화 의존적인 얼굴 표정, 제스처와 근접학 영역을 포함한다. 또한 간접적 커뮤니케이션 경향이 있는 문화에서는 많은 것이 비언어적으로 전달된다. 비언어적 표현 형태는 언어적 표현에 의미를 더해주는 역할을 한다(예: "너도 잘한 거야."). 몸짓과 표정에 따라 그 진술은 칭찬이나 비난으로 이해될 수 있다. 간접적 커뮤니케이션이 언어적 직접 커뮤니케이션과는 달리 무의식적으로만 이루어지는지는 의견이 분분하다.

• 비언어적 커뮤니케이션과 표정술

표정술(facial expressions)의 경우, 감정은 몸으로 표현된다. 고려해야 할 두 가지 범주로는 감정과 미소가 있다.

- 비언어적 커뮤니케이션과 감정

두 가지 다른 설명법을 대조할 수 있는데, 보편주의와 문화 상대주의가 그것이다. 보편주의적 접근법은 범문화적 감정을 묘사하는 것인데, 두려움, 혐오감, 행복, 놀라움 같은 특정한 감정, 이른바 기본적인 감정은 전 세계적으로 동일한 방식으로 느껴지고 표현된다는 것이다. 그러나 이 연구는 보편주의적 접근법으로는 설명할 수 없는 측면을 드러냈다. 다른 문화권 사람들의 감정을 해석할 수는 있지만, 동일한 문화권에 속하는 경우에는 훨씬 더 정확한 해석이 가능하다. 이는 감정이 언제 어떻게 표현되는지를 결정하는 문화 고유의 감정 규칙 때문이다. 예컨대 대부분의 문화(예: 에스토니아인, 미국인, 베트남인 등)는 입을 꾹 다물고 입을 위로 삐죽거리며 경멸을 표현한다. 반면에 이탈리아인은 이런 감정을 느낄 때 입의 양쪽 구석을 아래로 당기는 경향이 있다. 또한 감정의 일반적인 표시 여부는 문화적으로 결정될 수 있다. 예를 들어 일본에서는 서양 문화와는 달리 얼굴 표정으로 부정적인 감정을 표현하지 않는 것이 일반적이다.

그러나 문화 상대주의적 연구는 감정을 언어적 표현으로 조사하기 때문에 어려움이 있을 수 있다. 하지만 언어도 문화적 차이의 영향을 받기 때문에 감정을 나타내는 어휘에 차이가 있다. 예컨대 타히티 인들은 슬픔을 나타내는 표현이 거의 없지만 분노 관련 어휘는 훨씬 더 많다.

또한 신경문화에 기초한 설명 방안도 있다. 이것은 감정의 표현과 두뇌와 문화의 상호작용을 통해 경험한 감정의 연관성을 설명한다. 이것은 문화 간, 문화 내적 차이점뿐 아니라 공통점도 설명할 수 있다. 예를 들면, 전 세계의 어린아이들은 어른들에 비해 자기의 감정을 더 자유롭게 표현할 수 있다.

- 비언어적 커뮤니케이션과 미소

웃음과는 달리, 미소는 표정으로만 알아볼 수 있다. 그러나 이와 관련해서 순수 미소와 가짜 미소를 구별할 필요가 있다. 순수 미소는 입가를 끌어 올리고 눈가에 보조개와 잔주름이 나타난다. 가짜 또는 경멸적 미소도 입가가 위로 올라가고 보조개가 만들어지면서 입가 근육도 수축하게 된다.

중국인, 일본인, 한국인은 서양 문화권보다 미소를 더 많이 사용하는 경향이 있다. 한편으로 긍정적인 감정에도 사용되지만, 다른 한편으로는 당혹감이나 슬픔과 같은 사회적으로 바람직하지 않은 부정적인 감정을 감추는 데도 사용된다. 많은 아시아 문화권에서는 자신의 문제로 사회적 환경에 부담을 주지 않고 항상 '미소를 유지'하는 문화가 있기 때문이다. 따라서 이 문화권에 속하지 않는 사람들은 이 미소를 올바로 해석하기가 어렵다. 이는 대다수 아시아인들은 이미 '눈 속의' 표정을 인식할 수 있기 때문이다. 예컨대 이메일을 작성할 때 동양의 이모티콘은 서양의 이모티콘과는 달리, 감정을 눈으로 표현한다. 한 연구에 따르면, 일본인은 미국인과는 달리, 실제 인물 묘사보다는 주변 환경에서 감정을 더 많이 이끌어낸다고 한다. 예를 들어 만화에서 일본인은 배경에 묘사된 인물들을 주시하는 반면, 미국인들은 주로 주인공을 바라본다. 이는 아시아 문화의 대표자들이 외부 규범과 외부 평가를 더 중시하는 문화 간 차이에서 비롯된 것이다.

- 비언어적 커뮤니케이션과 제스처

주로 감정과 관련된 얼굴 표정과는 달리, 제스처는 사유와 더 밀접한 관련이 있다. 보편주의적 관점에 따르면, 손으로 얼굴을 숨기는 것과 같은 감정 표현에 수반되는 문화적으로 변하지 않는 제스처가 있다. 예컨대 경찰과 군인이 헬멧으로 신장을 조금이라도 키우려고 하는 것처럼, 두려워서 자신을 "작게" 만드는 것은 전 세계적인 현상이라고 할 수 있다. 보편주의적 견해에 대한 이러한 진술은 경험적으로 확인되었지만, 이러한 제스처의 차이는 오해로 이어지기도 하기 때문에, 문화 고유의 제스처에 의해서도 변화되었다. 제스처는 다양한 문화에서 발생할 수 있지만, 완전히 반대되는 의미를 갖기도 하므로 오해로 이어질 수 있다. 예컨대 독일, 미국, 한국에서는 '엄지 척(승리 표시)'이란 것이 '아주 좋다'는 뜻인 반면, 가나, 이란 등에서는 저속한 모욕의 뜻이 있다. 반면에 일본에서는 이 제스처가 '친구'나 '파트너'를 표시하는 데 사용되지만, 숫자 5를 표시하는 데도 사용된다.

[상식] 나라가 다르면 풍습도 다르다

승리 표시(엄지 척)가 영국에서는 어떤 문제를 일으킬 수 있을까? 미국인이 이마를 두드리면 어떤 의미가 있을까? 그리고 호주 사람들이 선의의 '엄지 척'에 분개하는 이유는 무엇일까? 휴가지 나라에서 우리는 언어능력이 부족하기 때문에 손과 발로 의사소통하기를 좋아한다. 하지만 조심하시라. 국제적인 관점에서 보면, 어떤 제스처도 명확한 것은 거의 없다. 독일에서 사용되는 핸드 사인은 이웃 국가에서는 전혀 다른 의미를 갖기도 하기 때문이다.

• 해석의 여지

쓸데없는 말이나 행동으로 상대를 화나게 하려면, 우리는 다음 사례가 증명하듯이 세상 끝까지 여행을 다닐 필요가 없다. 다른 손가락을 뻗은 상태에서 엄지와 집게손가락으로 원을 그리면 일반적으로 '좋아' 또는 '모두 괜찮아'의 뜻이 있다. 그러나 프랑스에서는 정반대로 '0'이나 '무가치'의 뜻이 있다. 그런데 일본에서는 이런 제스처가 돈을 가리킨다. 우리의 오케이 제스처는 몰타, 튀니지, 브라질에서도 매우 까다롭다. 이 제스처를 사용하면 대화 상대를 동성애자로 본다는 뜻이 담겨있다. 그러니 조심하시라!

• 엄지 척 - 다 좋아? 말도 안 돼?

하지만 적어도 '엄지 척'에는 오해의 소지가 전혀 없는 것일까? 이 선의의 제스처도 휴가지에서 쉽게 문제를 일으킬 수 있다. 예컨대 호주에서는 엄지 척이 외설적인 모욕으로 간주된다. 행운을 기원하고자 검지와 중지를 교차하는 제스처는 영국인들이 사용하지만, 그리스나 터키에서는 우정의 깨진다는 뜻이 있다. 반대로, 우리에게 부정적인 제스처가 곧바로 휴가지 나라에서는 인정받기도 한다. 미국에서 이마를 두드리면 대화파트너가 우리에게 새를 보여주겠다는 뜻이 아니라 우리를 현명하게 여긴다는 뜻이다.

• 'Victory'- 추태(무례)가 되기도 한다.

국제적인 승리 표시 (집게와 중지로 "V" 형성)조차도 금방 무례의 뜻으로 바뀐다. 집게와 중지가 V를 형성하고 다른 손가락은 접힌 상태라면, 이것은 '승리'를 의미하며 평화의 표시로 사용되기도 한다. 그런데 이 제스처가 올바르게 수행되지 않고 손등이 상대방을 향하게 되면 일부 국가에서는 전혀 다른 의미로 받아들인다. 영국인과 호주인은 손신호를 일종의 두 손가락으로 인식한다. 선의의 공감 표현이 순식간에 심한 모욕감으로 바뀌게 된다. 아시아 국가에서는 사진을 찍는 사람들이 이 제스처를 자주 사용하는데, '기분 좋음'이나 '행복함'을 뜻한다.

문화적으로 자주 오해의 소지가 있는 또 다른 동작은 고개를 끄덕거리거나 고개를 흔드는 것이다. 중부유럽과 북미에서는 고개를 끄덕인다는 것은 승인을 뜻하지만, 옛 오스만 제국(그리스, 터키, 불가리아)과 일부 아프리카 지역에서는 거부의 뜻을 담고 있다('머리를 가로젓는 것'이 승인의 뜻이지만, 반대로 '고개를 끄덕이는 것'은 거절, 부정, 의혹의 뜻). 유교 문화에서 고개를 끄덕거리는 것은 대개 이해의 표시일 뿐이지만, 한국에서는 고개를 흔드는 것이 독일과 미국에서 어깨를 으쓱하며 전달되는 무지의 표시로 해석될 수 있다.

그러나 감정은 신체적인 태도로도 표현될 수 있다. 감정의 신체화(somatization), 즉 정신적 상태의 신체적 표현은 보편적으로 이해될 수 있으므로 배우는 것이라기보다는 타고난 것이라고 할 수 있다. 사회적 감정 그룹에 속한 자존심은 자체 평가에서 비롯되는데, 이를테면 '문화적 보편성'으로 해석될 수 있다. 자존심을 묘사하는 전형적인 비언어적 자세로는 얇은 미소, 머리 뒤로 젖히기, 허리에 손 얹기 등이 있는데, 서양, 아프리카, 아시아권 모두에서 동일하게 인식된다.

- 비언어적 커뮤니케이션과 아이컨택(시선맞춤)

대다수 문화권에서는 대화에서 상대방을 '적절한' 방식으로 바라본다. 그러나 무엇을 적절한 것이라고 보는지는 언제나 명확하지는 않다. 눈을 마주치는 시간은 다양한 요인에 의해 문화적으로 다를 수 있다. 이를테면 서로를 얼마나 잘 아느냐에 따라 달라진다. 서로를 더 오래 알고 지낸 사이라면 더 오래 볼 수 있다. 계층적 지위가 높을수록 시선접촉이 길어지기 때문에 사회적 지위도 결정적이다. 아랍권에서는 서구권보다 시선접촉이 더 길다. 동시에 유럽인들은 눈을 마주치지 않는 사람을 의심스러운 사람으로 본다. 독일인도 일반적으로 대화중에 집중적으로 시선맞춤을 유지하는데, 이는 미국인과 같은 여타 민족들에게는 쉽지 않은 것으로 인식될 수 있다. 그러나 상대방을 너무 오랫동안 바라보면 오해가 생길 수도 있다.

아프리카의 일부 지역에서 직접적인 시선맞춤은 위협으로 인식되고 있고, 여타 아프리카 문화권이나 라틴 아메리카에서는 낮은 계층 사람이 상위 계층 사람을 똑바로 쳐다보면 무례하다고 여긴다. 반면에 아랍 문화권에서는 남성들 사이에서는 '다른 사람의 눈에서 읽어내는' 것이 일반적이지만, 아시아인들은 종종 상대방을 잠깐 쳐다보고는 시선을 상대의 눈 아래로 향한다. 심지어 얼굴을 빤히 쳐다보는 것도 불친절한 것으로 여겨진다.

비언어적 신호에 대한 모든 진술(기본적으로 상호 문화적 맥락에서처럼)은 주관적이고 절대적 타당성이 없는 일반적인 경향을 표현한 것이다.

■ 언어 외적 커뮤니케이션

언어 외적(extraverbal) 의사소통은 공간에서의 행동에 영향을 미친다. 그러나 문화 고유의 특성을 고려해야 한다. 남유럽과 남미의 사람들은 대개 북유럽 사람들보다 언어 외적 의사소통을 더 강하게 사용한다.

다음의 그림은 언어적, 비언어적 의사소통과 언어 외적 의사소통과의 연관성을 나라별로 도식화한 것이다.

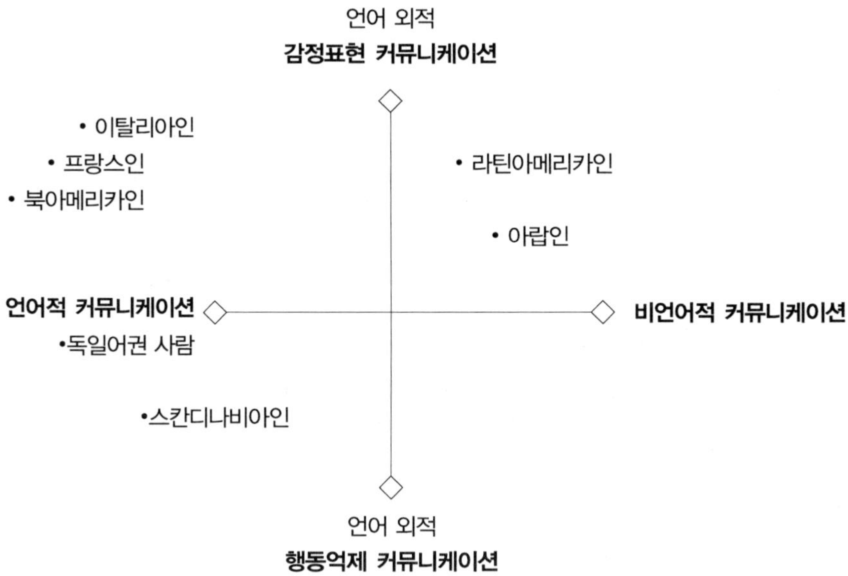

1. 언어 외적 커뮤니케이션: 거리와 근접

개인 공간이 끝나고 공적 공간이 시작되는 곳을 설명하는 문화 특유의 차이가 있다. 이것은 이른바 거품이라고 불리는 '버블'로도 설명할 수 있다. 이 경우, 거품은 대화 상대방이 편하다고 느끼는 거리를 나타낸다. 예컨대 북유럽 사람들은 보통 남유럽 사람들보다 더 멀리 떨어진 더 큰 버블을 가지고 있다. 또한 사람 사이의 관계도 거품의 크기에 영향을 준다. 이것은 소통 참여자들이 지금 어떤 기분인지, 무엇을 하고 있는지에 좌우된다.

따라서 사람들이 일상적인 상황에서 사용하는 접촉의 유형과 횟수는 문화마다 다르다. 라틴 아메리카권에서는 대화 상대자 간의 신체적 친밀감(근접성)과 접촉이 정상적이라고 간주되는 반면, 북아메리카 북유럽인은 이러한 친밀감을 부적절하다고 생각한다. 자신의 적절한 신체적 거리가 지나치다고 느끼면, 몸을 돌리거나 가슴 앞에서 팔짱을 끼는 것과 같은 비언어적 신호로 이를 보여준다. 그러나 문제는 북유럽인이 뒤로 주춤거리자마자 남유럽 대화 상대자가 문화적으로 그에게 익숙한 거리를 만들기 위해 상대방에게 다가갈 것이라는 점이다. 커피마시기와 같은 다양한 문화적 배경의 유사한 상황에서 대화 상대자를 대상으로 한 연구에서 학자들은 같은 기간 동안 푸에르토리코인(180번 접촉)이 북미인 (2번 접촉)보다 훨씬 더 많은 신체적 접촉을 한다는 사실을 밝혀냈다.

2. 언어 외적 커뮤니케이션: 인사

문화로나 성별에 따라 적용되는 악수, 볼 키스, 절 등 다양한 인사 의례가 세계적으로 진화해 왔다. 아프리카, 중동, 남미, 남유럽과 같이 접촉이 많은 지역과 북유럽, 동아시아와 같이 접촉이 적은 지역을 구분할 수 있다.

서양 문화에서 늘 그러하듯, 독일인은 악수로 서로 인사한다. 독일 문화권에 따르면, 이것은 성격 추론에 사용될 수 있기 때문에 상대방의 악력에도 주의를 기울인다. 예컨대 느슨한 악력을 가진 사람은 신뢰할 수 없는 사람으로 간주될 수 있다. 그러나 영국인과 프랑스인은 가벼운 악수로 서로 인사하는 것이 일반적인데, 이는 독일인들에게는 잘못 해석될 수 있다. 러시아나 우크라이나와 같이 성 역할이 매우 뚜렷한 국가에서는 남자들만 악수로 서로 인사한다.

라틴 국가, 특히 프랑스에서는 한 번 이상의 볼 키스로 서로 인사한다. 그러나 빈도와 강도는 관계 유형(친구, 가족, 낯선 사람)이나 상황에 따라 달라진다. 그러나 처음 만났을 때는 악수를 할 수도 있다. 그러나 이것도 지역에 따라 차이가 있다. 이 나라의 북부 지역에서는 더 거리를 두고 인사하는 것을 확인할 수 있다. 또한 볼 키스로 인사하는 경우 성별에 따라 차이가 있을 수도 있다.

동아시아 국가에서는 절을 하는 것이 일반적인 인사 관례이다. 그러나 고려해야 할 다양한 요인들도 있다. 예컨대 사회적 지위가 낮은 사람은 지위가 더 높은 사람들보다 허리를 더 굽혀 절을 해야 한다. 두 대화 상대자 간의 절은 동시에 수행되어야 하며, 지위가 더 높은 사람이 먼저 머리를 들어 절인사를 마무리한다.

3. 언어 외적 커뮤니케이션: 맥락

또한 언어 외적 의사소통의 맥락적 측면도 고려해야 한다. 예컨대 일본과 인도네시아에서는 업무회의에 적합한 비즈니스 복장을 하고 가야 하는 반면, 중국이나 말레이시아에서는 이러한 경우 캐주얼 복장도 허용되므로 일상복이나 작업복도 가능하다. 또한 한국이나 일본에서는 사업가들끼리 선물을 주고 받는다. 그 밖의 상황 관련 행동으로는 아파트에서 신발을 벗고(예: 한국, 홍콩, 일본 등), 식사 중에 (큰 소리로) 코풀기는 피해야 한다(예: 한국, 일본 등).

■ 스몰토크(Small Talk): 기능과 대화 주제

스몰토크는 소통 참여자의 첫 인상에 기여하는 부수적인 대화이다. 누군가를 처음 만났을 때 어색한 분위기를 누그러뜨리는 가벼운 대화라고 할 수 있다. 친구, 소개팅 파트너, 업무상 파트너, 처음 만나는 사람에 이르기까지 사회생활을 하면서 맞닥뜨리는 거의 모든 관계는 스몰토크로 시작한다고 볼 수 있다. 그러나 이를 받아들이는 정도는 문화권마다 다를 수 있다. 그렇다면 스몰토크의 기능은 정확히 무엇이며, 문화적으로 적합한 대화 주제는 무엇이고 또 부적합한 대화 주제는 무엇일까?

- 스몰토크의 기능

문화가 다르면 스몰토크에 대한 의미도 다르게 부여한다. 예컨대 미국에서는 독일과는 달리 사적인 것과 직업적인 것을 넘나들 수 있다. 독일인은 일반적으로 스몰토크를 대화의 시작으로 보고 빨리 끝낸다. 반대로 미국에서는 사적인 주제가 전체 비즈니스 대화 도중에 끼어들기도 한다.

- 스몰토크의 대화 주제

또한 고려해야 할 것은 다양한 문화권에서 어떤 대화 주제가 바람직하고, 어떤 것이 부적절한가하는 것이다. 대화에 좋은 주제는, 일반적으로 독일은 자동차와 축구, 영국은 왕실과 같은 국가적, 문화적 정체성과 관련된 글로벌한 사실들이다.

바람직한 주제는 논란의 여지가 있는 주제들인데, 국가적 또는 문화적 트라우마 같은 주제들이다. 그러나 이러한 대화 주제들은 문화에 따라 다르다. 프랑스에서는 질병, 나이, 소득에 관한 질문을, 사우디아라비아에서는 성별, 정치, 종교에 대한 주제를, 스페인에서는 투우 등에 대한 비판은 주제로 삼아서는 안 된다. 게다가 많은 국가에서는 대화 상대자와 자신의 사적인 문제에 대해 이야기하지 않는다는 인식이 지배적이다. 안전한 스몰토크의 주제는 대화 파트너가 입고 있는 옷이 멋지다고 칭찬하는 것도 말문을 트는 좋은 주제이다. 아니면 "What keeps you busy these days?(요즘 무슨 일을 하세요?)", "How did you become a teacher?(어떻게 교사가 되셨어요?)" 같은 직업에 관한 질문도 대화를 시작하기에 알맞은 주제이다. 또한 일방적으로 내 이야기만 하거나 묻기만 하지 말고 문답의 균형을 맞추는 노력, "Wow. That sounds really hard"('와, 정말 힘들겠네요!) 같은 공감표현을 대화 사이사이에 집어넣어 상대방이 자신을 특별하게 느끼게 하는 노력도 필요하다.

낯선 대화 파트너에게 질문하는 경우라면, 'Open question', 즉 Yes나 No로 대답하지 않는 질문이 좋다. "오늘 날씨 좋죠?"보다는 "오늘 날씨가 좋네요. 어떤 날씨를 좋아하세요?"가, "영화 자주 보세요?"보다는 "요즘 재미있는 영화 많던데, 최근에 본 영화 있어요?"가 구체적인 대답이 나오고 대화가 길어질 수 있는 질문이다. 그러니까 공통의 관심사를 찾아내는 것이 스몰토크에 최적화된 시작이다.

■ 에드워드 홀의 문화 간 커뮤니케이션

에드워드 홀(Edward Twitchell Hall, 1914~2009)은 미국의 인류학자이자 민족학자로, 그의 연구 분야는 문화 간 커뮤니케이션이었다. 이 분야에서 그는 문화와 소통의 핵심 국면들을 다루는 다양한 업적들을 출판했다. 핵심 개념들로는 인간과 문화적 공간의 관계를 다루는 근접학/공간 이해, 고맥락과 저맥락, 단선적(monochron)/복선적(polychron) 시간 이해, 정보 속도 등이 있다.

- 문화와 소통의 관계

홀은 인간 커뮤니케이션에 중요한 여섯 가지 문화 지향적 범주를 분석하면서 첫 번째 세 가지 범주에 초점을 맞추고 있다. 각 범주는 서로 연결되어 특정한 패턴을 형성한다.

인류학자 홀은 특정 국가에 문화적 지향 범주를 할당한다. 이런 식의 국가적 특성 분류는 특히 새로운 비즈니스 파트너들을 쉽게 분류할 수 있어서 비즈니스 생활에서 안전을 보장한다. 그러나 이것은 경험적 데이터가 아니라 일화를 기반으로 유형화한 것이기 때문에 그의 이론의 단점이기도 하다. 여섯 가지 범주는 다음과 같다.

- 맥락

이 범주에서 홀은 '고맥락'과 '저맥락' 커뮤니케이션을 구별한다. 전자는 단순히 전달된 메시지, 즉 실제로 전달된 메시지뿐 아니라 표정, 제스처 및 기타 요인들에 의해 전달되는 메시지를 말한다. 성공적인 이해를 위해서는 배경 정보가 필요하다. 반면에 '저맥락' 커뮤니케이션의 경우 정보가 바로 코드화된 메시지에 은폐된다. 예컨대 같이 자란 쌍둥이는 재판 중에 두 명의 판사('저맥락에서)와는 다른 방식으로('고맥락'에서) 서로 소통한다. 즉, 고맥락 문화에 익숙한 쌍둥이가 의미, 즉 말하고자 하는 의도를 말로 표현하지 않아도 되는 이유는 그들 간의 유사성이 아주 높기 때문이다. 그들은 비슷한 인식, 경험, 사회적 기대감을 가지고 있고, 사회 의례에 대한 정의도 잘 되어 있다. 고맥락 문화는 전통을 중시하기 때문에 시대가 바뀌어도 변하는 것은 거의 없다. 의미가 꼭 말 속에 들어있는 것은 아니기에, 고맥락 문화에서 정보는 유추, 제스처, 심지어 침묵으로도 전달되는 것이다. '빈 깡통이 요란한 소리를 낸다'는 우리 속담이 고맥락 문화의 특징을 대변한다.

고맥락 문화에서 흔한 애매한 메시지 때문에 사람들은 '간접적인 표현방식'으로 소통하는 경우가 흔하다. 그들은 무엇을 말했는가보다는 어떻게 말했는가에 더 의존하는 관계로 비언어적 신호에 더욱 민감한 것이다. 대표적으로 "눈치"가 해당 될 수 있으며, 구체적인 표현이 없이도 상대방의 의중을 짐작해낼 수 있는 것이다. 예컨대 아시아 문화에서 고맥락 문화의 특징은 일본, 한국, 중국에서처럼 유교철학에서 비롯되었기 때문에, 자신을 직접적인 커뮤니케이션으로 나타내기 보다는 유교가 강조하는 위계질서와 연관되어 있어서 집단적 커뮤니케이션을 통해 고맥락적으로 표현하는 것이다.

저맥락 문화는 재판 중에 두 명의 판사가 하는 소통방식처럼, 대인 접촉 시 서로 영향을 주지 않도록 구분하는 경향이 있다. 그래서 공통적인 경험이 축적되지 못해서 교류할 때마다 상세한 배경정보를 필요로 한다. 저맥락 문화권에서는 언어로 된 메시지에 대부분의 정보가 포함되어 있고 극히 사소한 정보만 맥락이나 커뮤니케이션 참여자의 비언어적 행위에 담겨있다. 따라서 저맥락 문화권에 속해있는 서양에서는 구체적인 표현을 통해서만 상대방의 의중을 파악할 수 있다고 볼 수 있다.

요인	고맥락 문화	저맥락 문화
명확한 메시지	은유를 사용하고 행간에서 읽어야 하는 은밀하고 암시적인 메시지가 많음	단순하고 명확한, 명백하고 명시적인 메시지가 많음
통제 위치와 실패 속성	실패에 대한 내적 통제와 개인적 수용	실패에 대한 외적 통제와 타자(他者) 비난
비언어적 커뮤니케이션 사용	비언어적 커뮤니케이션이 많음	몸짓언어보다 언어적 커뮤니케이션의 더 많음
반응 표현	내성적, 내면적 반응	가시적, 외향적, 외면적 반응
집단의 결속과 분리	내집단과 외집단의 강한 구분. 강한 가족의식	필요에 따라 바뀌는 유연하고 개방적인 집단 패턴
사람들의 유대감	가족과 지역사회에 대한 강한 유대감	충성심이 별로 없는 사람들 간의 약한 유대감
관계에 대한 헌신 수준	장기적 관계에 대한 높은 헌신.업무보다 관계가 더 중요함	관계에 대한 낮은 헌신. 관계보다 업무가 더 중요함
시간의 유연성	개방적이고 유연한 시간. 제품보다 과정이 더 중요함	고도로 조직화된 시간. 과정보다 제품이 더 중요함

- 공간(space)

누구나 자기 나름의 공간적 경계를 가지고 있다. 직접적인 물리적 경계(피부)에서부터 공간적으로 가까운 사생활을 거쳐 그 사람을 둘러싼 지역에 이르기까지 아주 폭넓다. 고유의 문화적 기원은 이러한 공간 감각, 대중과의 경계 및 공간적인 경계 방어를 결정할 수 있다.

공간은 사람들이 사생활 보호를 위해 필요로 하는 거리이다. 사람들이 너무 가까이 다가오면 다른 사람들의 사생활을 해칠 수 있다.	
더 많은 (사적) 공간을 필요로 하는 문화 예: 독일	더 적은 (사적) 공간을 필요로 하는 문화 예: 지중해 국가들
- 사람들은 '내 것'이라고 부르는 독특한 공간을 가지고 있고, 방해받는 것을 바라지 않는다. - 닫힌 문 - 개인 사무실 및 파티션 - 최소한의 중단 및 두절 - 개인 공간에 들어가기 위해 필요한 권한 - 동의 없이 접촉 금지	- 큰 사무실, 칸막이 있는 경우가 거의 없음 - 관리자는 직원과 혼합 - 열린 문 - 중단 및 두절 문제없음 - 사적 공간과 '공공' 공간이 그렇게 명확하게 구분되지 않음 - 접촉이 더 일반적. 예: 인사 의례

- 시간(time)

언어적 요소뿐 아니라 비언어 요소도 문화 간 상호작용의 도구이자 장애로 작용한다. 그래서 에드워드 홀[2]은 문화권에 따라 시간관이 다르다는 사실을 발견하고 시간관을 '단선/단일 시간(monochronic time, M-시간)'과 '복선/복합 시간(Polychronic time, P-시간)'으로 구분한다.

예컨대 복합 시간 문화권은 시간을 융통성 있게 사용하고 한 번에 여러 가지 일을 처리하는 경향을 보인다. 복합 시간 문화권에서 어떤 일에 관여하고 마치는 것은 미리 준비된 계획을 따르는 것보다 더 중요하다. 최후의 목표는 있지만 목표에 이르는 과정에는 서로 교환할 수 있는 수많은 징검돌이 존재한다. 사람은 최종 목표로 가는 도중에 몇 개의 돌을 뛰어넘을 수도 있다. 아랍, 아프리카, 스페인, 중남미 등 복합 시간 문화권에 속하는 사람들은 주어진 시간 내에 일을 끝내려 애쓰기보다는 사람들 간의 관

2 구체적인 사례들은 다음의 저서 참조: Hall, E. T.(1984), The Dance of Life: The Other Dimension of Time(생명의 춤, 최효선 역, 한길사).

계를 더 중요하게 여긴다. 반면에, 단일 시간 문화권에서는 일에 대한 계획을 세우고 그 계획대로 시간에 맞춰 일을 처리하는 것에 높은 가치를 둔다. 이 문화권 사람들은 한 번에 한 가지 일을 처리하는 데 익숙하다. 시간 지향성(time orientation), 즉 현재, 미래 및 과거 지향성은 비즈니스, 커뮤니케이션, 사람들과의 관계에 영향을 미칠 수 있다. 영국, 미국, 캐나다 등 앵글로 색슨, 독일, 오스트리아, 네덜란드 등의 게르만·스칸디나비아 국가들이 단일 시간 문화권에 속한다.

홀은 〈침묵의 언어〉에서 이처럼 문화권마다 차이가 나는 시간과 공간을 이해하지 못하면 오해와 갈등이 생기는 구체적인 비즈니스 사례들을 제시하고 있다. 즉, 시간과 공간은 지각되지 않는 침묵의 언어이지만, 겉으로 드러난 말이 숨기고 있는 진실을 그 안에 담고 있고, 그 진실은 다른 문화체계에서는 다르게 해석될 수도 있음을 보여주고 있는 것이다.

홀은 '복합 시간' 문화권의 일본인 협상자들이 상대방 미국인들의 귀국 비행기편이 언제인지 확인하고 출발 예정일 직전에 중대한 양보를 요구한다는 사실을 지적하고 있다. '단일 시간' 문화권의 미국인들은 일정이 어그러지기보다는 차라리 상대방의 요구를 받아들이는 편을 택할 것이라고 보고 일본 협상자들이 시간을 끈 뒤 승부수를 띄운다는 것이다.

홀이 분류한 시간 개념과 유사한 것이 네덜란드의 비교문화경영학자 폰스 트롬페나스[3]가 나눈 시간 개념이다. 그는 시간관을 사건들이 꼬리를 물고 이어지는 '순차적인 것'으로 보느냐, 아니면 미래에 대한 예측과 과거 경험에 대한 기억이 결합되어 현재의 활동을 형성하는 '동시적인 것'으로 보느냐에 따라 나누었다.

트롬페나스의 '순차적 시간관'은 홀의 '단일 시간관'과, 그의 '동시적 시간관'은 '복합 시간관'과 비교될 수 있다. '순차적 시간' 문화권에 속하는 사람들은 시간을 소모되는 상품으로 보고, 시간과 시간 사이를 엄격하게 구분해 꽉 짜인 일정을 잡는 경향이 있다. 따라서 모임에 지각하는 것은 '시간이 곧 돈'인 세계에서 다른 참석자들의 귀중한 시간을 빼앗는 행위이다. 반대로 '동시적 시간' 문화는 시간 엄수를 고집하지 않으며, 모임 시간은 정확한 것이 아니라 앞뒤로 15~30분에 걸쳐 있는 경우가 많다. 그 범위는

3 Trompenaars, A. & Hampden-Turner, C.(2011), Riding the waves of culture(포스코경영연구소 역, 글로벌 문화경영, 가산출판사), New York, NY: McGraw-Hill.

지역에 따라 달라서, 이탈리아, 스페인, 프랑스 등 유럽 라틴문화권은 15분 내외, 중남미는 몇 시간, 중동, 아프리카는 하루 온종일이 될 수도 있다.

트롬페나스는 '순차적 시간' 문화권의 사람이 '동시적 시간' 문화권의 사람을 모욕하는 결과를 초래할 수 있는 문화충돌 사례를 들고 있다. 네덜란드 회사에서 일하는 한 한국인 관리자가 네덜란드 본사에서 네덜란드인 상사를 처음 만났을 때 느낀 충격과 실망을 사례로 들었다.

한국인 관리자가 상사의 사무실로 들어갔을 때 그의 네덜란드인 상사는 전화 통화 중이었는데, 자신을 보고 왼손을 잠깐 들어 보이고는 자신이 방에 없는 것처럼 계속 전화를 하더니, 이야기가 끝난 뒤에야 자리에서 일어나 자신을 맞아주었다는 것이다. 비록 전화를 하고 있었다고는 하지만 마음에서 우러나 당장 환영하지 않은 것, 용건이 끝날 때까지 자신의 반가운 감정을 억누르고 상대방을 기다리게 하는 것은 '동시적 시간' 문화권의 사람에게는 일종의 무시나 모욕으로 느껴질 것이 분명하다. '순차적 시간' 문화권의 사람이 일정을 핑계로 뜻하지 않은 시간에 불쑥 나타난 '동시적 시간' 문화권의 사업 파트너에게 시간을 내어주지 않는다면 사업은 위기를 맞을 수도 있다.[4]

단선/단일 시간 사람들	복선/복합 시간 사람들
한 번에 한 가지 일을 처리한다.	한 번에 여러 가지 일을 처리한다.
일에 집중한다.	쉽게 흐트러지고 방해 받기 쉽다.
시간 약속을 신중하게 생각한다.	되도록 시간약속을 성취 목표로 여긴다.
저맥락 문화권, 정보가 필요하다.	고맥락 문화권, 이미 정보가 있다.
일에 전념한다.	사람들과 인간관계를 중히 여긴다.
계획을 고수한다.	계획을 쉽게 바꾼다.
남들에게 방해가 되지 않도록 주의하고 사생활을 존중한다.	사생활보다 가까운 사람들(가족, 친구, 업무 동료들)에게 관심을 둔다.
개인 재산을 존경한다. 빌리거나 빌려주지 않는다.	물건을 쉽게 빌리고 빌려준다.
업무관계에 기민하다.	인간관계에 기민하다.
단시간 관계에 익숙하다.	평생 관계를 구축하는 경향이 있다.

4 참고: http://changingminds.org/explanations/culture/hall_culture.htm

- 정보흐름

정보 흐름(information flow) 또는 커뮤니케이션 흐름은 수신자에게 얼마나 빨리(또는 천천히) 메시지를 요청하고 수신자에게 어떤 조치나 응답을 해야 하는지를 말하는 것이다. 여기서도, 고맥락 커뮤니케이션은 정보의 흐름이 느리고 저맥락 커뮤니케이션은 좀 더 빠르기 때문에 분석된 다른 범주들과 연계될 수 있다.

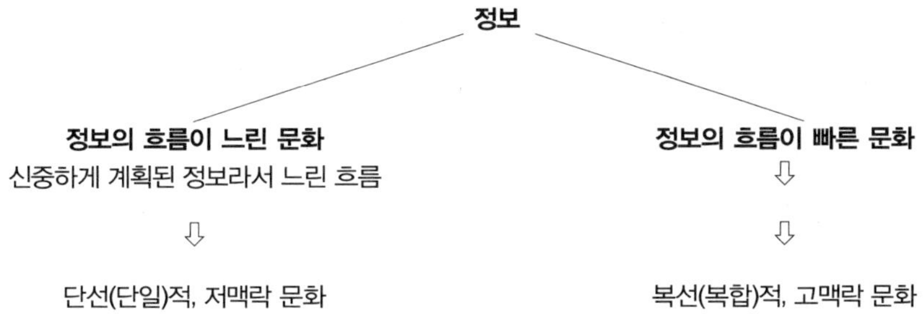

- 행동사슬[5]

행동사슬(action chains)은 한 사람이나 그 이상의 도움으로 하나의 목표에 기여하는 순차적인 사건이다. 그런데 이것은 중단될 수 있으며, 속도가 느리거나 빨라질 수 있으며, 다소 즉흥적인 작업이 필요할 수 있다.

문화는 일반적으로 폴리크로닉한(단일/단선) 행동사슬이나 모노크로닉한(복합/복선) 행위사슬의 두 가지 유형 중 하나를 따른다.

폴리크로닉한 행동사슬은 한 번에 많은 활동을 복잡하게 얽히게 한다. 이러한 행위사슬은 많은 정보가 선험적(연역적)으로 이해되는 고맥락 문화에서 종종 발견되는데, 작업 간 신속한 전환을 가능케 한다. 폴리크로닉한 사람들은 대개 업무보다 관계를 중시하기 때문에 자주 중단하는 것은 관계를 즐길 수 있도록 업무로부터 반가운 휴식을 제공하기 때문에 성가신 것으로 보지 않는다. 업무보다는 사람에 초점을 맞추기 때문에 폴리크로닉한 행동사슬을 사용하는 사람들은 예상한 결과가 마음에 들지 않으면

5 이 주제 관련 자세한 내용은 다음 저서의 10장과 11장 참조: Hall, E. T.(1976), Beyond culture(최효선 역, 문화를 넘어서, 한길사), New York, NY: Anchor Books.

사슬을 '끊을' 수 있다.

모노크로닉한 행동사슬은 폴리크로닉한 행동사슬에 비해 훨씬 더 선형적인 방식으로 작동한다. 너무 많은 일이 한 번에 일어나기 시작하면 선형 체인이 중단되거나 끊어질 수 있다. 여러 가지 행동은 무질서하고 비효율적인 나쁜 것으로 간주된다. 업무는 관계보다 우선시 되어 사람들이 '일을 끝내는 것'에 부차적인 입장을 취할 수 있다.

모노크로닉한 행동사슬은 각 행동이나 업무에 광범위한 배경 정보가 필요하기 때문에 종종 저맥락 문화와 결합되는데, 이는 다시 한 번에 많은 업무를 처리하기가 어렵다. 모노크로닉한 문화는 한 번에 하나의 문제를 해결하여 필요한 모든 정보가 들어 와서 처리된 다음 완료될 때까지 업무에 집중하는 것을 선호한다.

- 인터페이스

문화가 다르면 비즈니스 관행도 크게 다를 수 있기 때문에 적절한 정보 흐름을 제공하는 특정 인터페이스(접점)를 찾아야 한다. 문화가 서로 어긋나면 날수록 그러한 접점을 찾거나 만드는 것은 더 어려워진다.

1. 문화 간 커뮤니케이션과 문화 개념

1952년 크뢰버(A. L. Kroeber)와 클루크혼(C. Kluckhohn)은 'culture'란 단어의 정의가 164가지나 된다는 사실을 밝혔다. 그래서 문화 간 커뮤니케이션이란 주제를 다루기 위해서는 '문화' 개념을 '언어, 윤리, 제도, 삶의 방식, 생각의 체계, 규범, 인간의 생산품, 가치, 행동, 이상 …' 등의 총체로 재정립할 필요가 있음을 지적하였다.

일반적, 통상적 사용에서는 문화란 개념이 '고급문화', 그러니까 예술 등을 뜻하기도 한다. 그러나 문화 간 커뮤니케이션에 대한 학술적인 논쟁에서 문화는 문화의 하위 가치의 또 다른 형태의 표현방식으로서 이러한 의미는 종속적인 역할만 한다.

문화 간 연구에서 문화는 "집단 구성원의 행동에 영향을 미치고 다른 사람의 행동을 해석하는 데 도움을 주는 집단이 공유하는 태도, 원칙, 가정, 가치 및 가치관, 행동 규범 및 기본 태도의 전체"로 정의된다(Spencer- Oatey, 2000).

우측 그림은 문화를 이해하는 방법을 제시한 것이다. 문화는 양파처럼 서로 다른 계층으로 배열되어 있다. 각 층은 다른 층을 제약하므로 영향을 미친다.

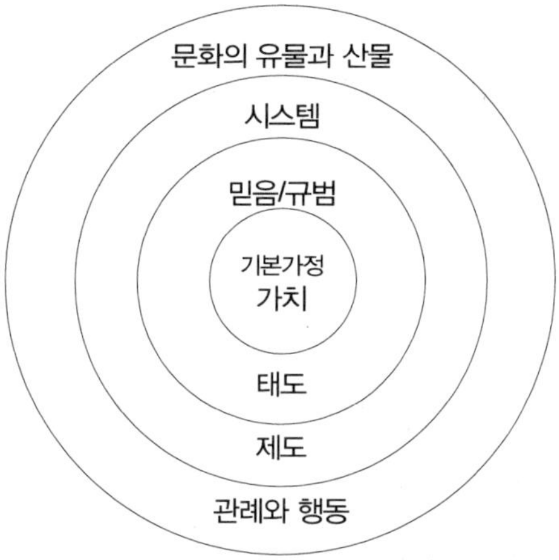

(Spencer–Oatey:2000)

문화 모델의 외부에는 문화의 유물과 산물뿐 아니라 관례와 행동이 있다. 일반적으로 이 외부 층에서는 문화의 명백한 징후들을 이해할 수 있다. 즉, 한 나라를 여행하며 주민들을 주의 깊게 관찰함으로써 인식 가능한 것이 바로 문화의 일부인 것이다. 예를 들면 이탈리아 문화의 유물과 산물로서 이탈리아의 음식 또는 독일의 관례나 행동으로서 감자를 칼로 자르지 않기가 있다.

그 아래의 계층은 한 사회의 시스템과 제도(기관)로 구성되어 있는데, 이는 한 문화의 사회, 경제, 정치, 입법 및 집행 체계와 제도(예, 국가)를 모두 포함한다. 이 계층은 외부 계층을 결정하고 영향을 미친다. 예컨대, 독일은 빨간불에서 길을 건너는 것이 법적으로 금지되어 있으며, 이는 다시 초록색으로 바뀔 때까지 참을성 있게 빨간불에 기다리는 많은 독일인들의 행동을 설명한다. 물론 영국, 네덜란드, 스페인 또는 이런 법이 없는 다른 나라에서는 이런 행동이 이상할 것이다. 그러나 이것은 단지 독일의 입법 제도에 근거한 행동일 뿐이다.

다음 계층에서는 신념, 규범, 태도 그리고 일반적인 가치와 가치관을 찾을 수 있다. 이 층은 다시 그 위층에 직접적인 영향을 미친다. 예컨대 법과 정치제도가 이 계층의 영향을 받는다. 이를테면 '올바른' 정부 형태로서 민주주의의 기본 원칙은 이 계층에 자리한다.

이 계층 밑에는 문화의 중심인 문화의 기본 가정과 가치가 있다. 이 층은 규모와 범위가 제한적이지만, 모든 상위 계층들은 직접 또는 간접적으로 이로부터 파생되기 때문에 문화 모델의 가장 중요한 계층이라고 할 수 있다. 이 층에서 아주 작은 차이라도 상위 계층들에 큰 영향을 미칠 수 있다.

예를 들면, 서구의 산업화된 세계의 기본 가치 중 하나는 누구나 평등하다는 것이다. 이를테면, 이로부터 가능한 형식은 민주주의와 표현의 자유에서 비롯된다. 이것에서 의회, 법원 그리고 기타 모든 것을 이끌어낸다. 그리고 이것 때문에 특정 행동 규범이 실제로 발생할 수 있다. 이러한 핵심 가치의 일부만 비켜가더라도, 오늘날의 사회와 사회 질서는 필연적으로 붕괴될 것이다.

- 문화가 문화인 때는 언제인가?

문화 간 연구에서 문화는 지리적, 정치적 경계와 동일시되기도 한다. 그러나 어떤 경우에는 이러한 형평성이 극도로 논란의 여지가 있더라도 대체로 가장 이해하기 쉬운 제약(경계)이다.

예컨대, 문화의 언어적 경계는 훨씬 부정확한 구분이다. 호프스테드와 트롬페나스는 독일과 오스트리아의 문화적 차이가 독일과 영국의 차이보다 크다고 지적했다. 마찬가지로, 예를 들어 플랑드르계 벨기에인은 문화적 가치에서 네덜란드보다 왈롱계 벨기에인에 더 가깝다. 그리고 영국과 미국이 동일한 언어에 의해 분리되어 있다는 말은 맞지 않다. 심지어 동일한 언어 - 문화의 유물이기도 한 언어 - 그 자체로는 참여자들이 그들의 모국어를 말할 때, 그들의 문화적 차이에 대해 고민할 필요가 없기 때문에, 오히려 문화 간 커뮤니케이션을 더 어렵게 할 수 있을 것이다. 이것은 이를테면 스페인인과 멕시코인들 사이에 커뮤니케이션의 어려움을 초래할 수 있는 것을 예로 들 수 있다.

따라서 문화의 구분은 문제가 있다고 볼 수 있다. 그러나 여기서 몇 가지 예외를 제외하면 정치적으로 주권 국가들도 문화적 단위를 형성한다고 가정한다. 예를 들면 기본적으로 프랑스, 스페인, 이탈리아, 중국 등이다. 비록 이들 국가들에도 문화에서 지리적인 차이가 있을 수 있지만, 이는 국가 간보다 덜 중요하다고 볼 수 있다. 그러나 이것을 고려하는 것이 중요하다.

■ 호프스테드의 문화 차원 이론: 인간과 문화

- 개인의 문화적 프로그래밍

그렇다면 문화는 사람들에게 어떤 영향을 미치며, 호프스테드가 '정신의 집단적 프로그래밍'이라고 말할 수 있는 근거는 무엇인가?

인간은 항상 문화 속에서 태어나서 문화를 직접 받아들인다. '문화함양', 즉 문화적 프로그래밍은 이미 유아 때부터 일어나고 있다. 7세가 되면 이미 대부분의 문화가 내면화된다. 그러나 우리는 '문화'를 상호작용을 위한 정신적이고 무의식적인 '통제 요소'로서 직접적으로 인식하지 못한다. 예를 들어 문화의 기본 가치에 대한 질문은 일반적으로 대답하기 어렵지만, 적어도 문화 내에서 주어진 그대로 받아들인다.

대다수 사람들은 종종 한 문화 집단 내에서만 움직이고 표면적으로만 다른 문화와의 충돌이 일어나기 때문에 '문화적 프로그래밍'은 거의 인식하지 못한다. 따라서 단일 문화적인 사람은 자신의 문화적 혈통에 따라 계속 행동하고 모든 사건을 문화적 프로그래밍에 따라 해석한다. 예를 들면, 외국인의 행동은 기존의 문화적 프로그래밍으로는 해석될 수 없기 때문에 '우스꽝스러운' 것으로 보이기도 한다.

그래서 다른 문화와의 직접 대립과 열린 대립은 적어도 잠재적으로는 '위험'하며, 이는 가치 체계를 그 뿌리까지 흔들 수 있고, 기본 가치에 의문을 제기할 수 있기 때문이다. 그러므로 적어도 많은 사람들이 이러한 대립을 최대한 피하고 자신의 문화를 지키고 친밀해지는 것은 이해할 수 있을 것 같다.

물론 이런 대립은 다른 나라에 오래 사는 사람들에게는 불가피할 것이다. 그 사람이 거주 국가의 언어를 유창하게 구사하더라도 우리의 모델에서 외부 문화계층을 마스터하는 데만 약 1년이 걸린다. 따라서 시간이 흐르면서 우리의 문화 모델에서 그 다음 계층을 한 겹씩 '벗겨내고' 인식할 수 있다. 토론을 거치면서 적어도 대부분의 경우 자신의 문화적 프로그래밍을 알게 된다. 여기서 중요한 것은 한 사람을 문화화하는 데 필요한 시간은 매우 다를 수 있다는 것이다. 일반적으로 사람들은 자주 대할수록 더 빨리 문화화할 수 있지만, 수년이 지난 후에도 다른 문화에서 문화화 하지 못한 사람들도 있다.

- 문화의 문화적 프로그래밍

문화는 모두 같은 문화 프로그래밍을 하거나 적어도 매우 유사한 문화 프로그래밍을 하는 사람들로 구성된 집단이다. 이는 그들 모두(또는 적어도 대다수)가 문화의 규범과 가치에 따라 행동하고 이러한 규범과 가치에 대한 다른 사람들의 행동을 측정한다는 것을 뜻한다. 물론 이것은 한 문화 내에서 모든 사람들이 완전히 동일하다는 뜻은 아니다. 그들은 다른 문화에서의 행동과 비교할 때 상대적으로 비슷한 행동을 하는 것이다. 반드시 그들 자신의 문화와 비교할 필요는 없다.

예컨대 영국인들은 적어도 일부 지역에서는 프랑스인과 같은 행동을 하고 있는데, 그렇다고 대다수 사람들이 같은 행동을 한다는 뜻은 아니다.

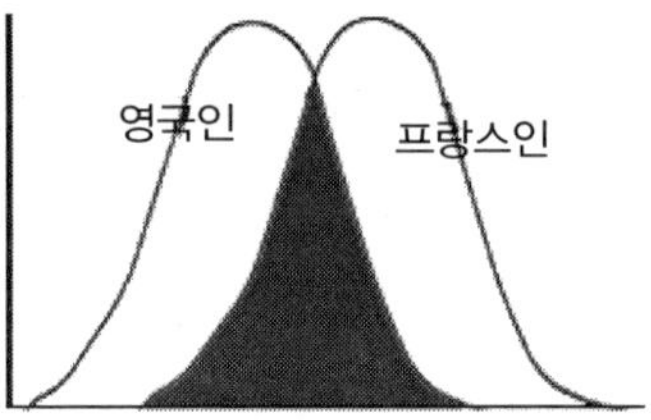

이를테면 영국인과 프랑스인이 점심 식사에 필요한 시간을 가질 수 있다. 왼쪽 그림에서 볼 수 있듯이, 영국인은 평균적으로 프랑스인보다 적은 시간이 필요하다. 그러나 좌측 그림에서 두 그래프가 중간에 겹쳐 있는데, 이는 영국인과 프랑스인이 거의 같은 시간을 필요로 하는 부분이다. 그러나 둘 다 그들 문화에서 절대다수가 아니며 극단적인 경우를 이루는 부분이다.

문화 특징적이라고 할 수 있는 것은 영국인은 첫 번째 곡선보다 아래에 있는 한에는 '문화에 따라' 행동하고, 프랑스인은 두 번째 곡선보다 아래에 있다는 점이다. 따라서 곡선은 문화 거리, 예를 들어 서로 다른 방향으로 계속 멀어진다.

■ 문화 차원

문화 간 연구의 주요 관심사 중 하나는 문화적 차이를 체계적으로 탐구하고 추상화하여 문화 차원을 찾는 것이다. 이러한 문화 차원은 주어진 차원에 따라 문화의 분류를 단순화하여 문화적 차이와 그 효과의 분석을 용이하게 한다. 따라서 문화 차원은 다양한 문화적 상황을 체계적으로 분석하는 다양한 방법들을 확립하고 광범위하게 연구한 개관으로서, 추가 연구를 위한 추상적이고 이론적인 토대를 형성한다.

문화 차원의 토대는 다양한 학자들에 의해 만들어졌다. 가장 유명하고 많이 적용되는 것은 호프스테드(Hofstede, 1991)와 트롬페나스-햄든-터너(Trompenaars Hampden-Turner, 1997)의 차원이다. 이들의 차원은 Schwartz, Chinesian Culture Connection, Fiske 등의 학자들이 독자적으로 검증하고 보완했다.

이는 문화 차원이 완결되었다는 의미가 아니다. 연구의 문화적 본거지와 문화 차원 연구의 본거지로부터 유래하지 않은 차원에 대한 관련 가능한 문화적 맹목성에 대한 논쟁은 여전히 계속되고 있다. 예를 들어 1991년에 호프스테드는 기존 4개의 차원(개인주의/집단주의, 남성성/여성성, 불확실성 회피, 권력 거리)에 새로운 차원들(장기 지향성, 쾌락과 절제)을 추가했다.

아마도 가장 논란의 여지가 없고 가장 많이 인용된 차원은 문화의 개인주의/집단주의 - 또는 집단과 관련된 차원 - 일 것이다. 이 차원은 트롬페나스와 햄든-터너가 제시한 개인주의/공동체주의 차원과 크게 일치한다. 마찬가지로 불확실성 회피와 권력 거리 지수도 자주 사용되는 문화 차원이다. 이러한 차원은 이전의 두 가지 차원에 비해 적용과 해석이 비교적 간단하다. 또 다른 차원은 1991년에 도입한 장기 방향성이다. 이 차원은 유교의 원칙에 기초한 것인데, 마이클 본드(Michael H. Bond)를 중심으로 한 Chinese Culture Connection(1987)의 연구에서 비롯한 것이다.

트롬페나스와 햄든-터너는 다섯 가지 문화 차원을 제시하고 있는데, 적어도 일부 영역에서 호프스테드의 그것과는 다르다. 그러나 불행히도 그들은 독자적으로 검증과정을 거치지 않아서 학자들보다는 실무자들이 더 많이 사용한다.

개인주의/공동체주의(Kommunitarismus)의 차원은 호프스테드의 개인주의/집단주의 차원과 거의 동일하다. 그러나 보편주의/분권주의의 차원은 새롭다. 또 다른 차원은 감정의 공개성 여부를 다루는 중립/감성의 차원이다. 이 차원은 호프스테드의 차원과 직접적으로 일치하지 않지만, 이 차원이 단지 문화 모델의 외부 경계만을 해석하는 것이 아닌지는 의문이다.

에드워드 홀은 문화적 가치 연구와 직접적인 관련은 없지만, 두 가지 다른 차원을 추가로 제시했다. 하나는 시간의 단일성 단선형 및 복합성 복선형에 관한 것이고, 다른 하나는 언어의 맥락에 관한 것이다.

독일이나 미국과 같은 나라들은 자기네 언어에는 맥락이 상대적으로 없는 편이다.

이는 이 나라 사람들은 '직접적으로' 말한다는 뜻이다. 중국이나 아시아의 많은 국가들은 이와는 반대다. 이들은 주로 간접적으로 말한다. 예를 들어 상대방에게 "No"라고 말하는 경우는 드물거나 없다.

- 개인주의/집단주의 차원

호프스테드가 제시한 차원들 중 아마도 가장 널리 사용되고 논의되는 차원이 아닐까 한다. 이 차원은 주로 사회 안에서 개인 또는 집단에 대한 우선순위 설정에 초점을 맞춘 것이다. 개인주의 사회에서의 초점은 개인에 있다. "자신의 길을 가는 것", "현재에 맞서 수영하는 것"이 중요하다. 가장 개인주의적 문화로 여겨지는 미국의 팝가수 프랭크 시나트라(Frank Sinatra)가 "나는 내 방식대로 했다!(I did it my way!)"라고 선언한 것은 아무것도 아니다. 중국인들은 "튀어 나온 못은 박히게 돼있다"라는 속담으로 역공한다. 이 집단주의 중심 사회에서는 집단 전체가 전면에 있고, 집단 구성원들의 자아실현은 부차적이기 때문이다. 극동지역뿐 아니라 루마니아, 그리스, 칠레, 페루 등도 집단주의의 성격이 강한 나라로 여겨진다.

다른 예를 들어보자. 민주주의와 자유 시장경제 - 적어도 미국적 해석에서 보면 - 는 개인주의에 기초한 정치-경제적 이데올로기 이기도 하다. 이에 따르면 주로 집단주의 국가에서 "자유롭지 못한" 시장경제가 존재하며, 집단주의 국가들도 비민주적 정부 형태를 취하고 있는 이유를 설명할 수 있다.

여기서 공산주의도 하나의 예로 들 수 있다. 오늘날까지도 공산주의 정당들은 유럽에서는 영국, 캐나다, 미국 같은 개인주의 국가와는 달리 주로 집단주의 국가인 이탈리아, 스페인, 그리스에서 비교적 큰 비중을 차지한다.

그러나 가족과 같은 소규모 집단에도 개인주의 또는 집단주의가 존재한다. 예컨대 개인주의 국가에서 부모는 자녀가 자급자족 할 수 있도록 양육한다. 이를테면 영국과 미국에서는 자녀가 늦어도 대학공부를 시작하면 집을 떠나야 하는 것이 규칙이다. 스페인이나 이탈리아에서는 그렇지 않다. 많은 청년들이 결혼 할 때까지 부모와 함께 살고 있다. 일반적으로 '확장된' 대가족은 개인주의 사회보다 집단주의 사회에서 훨씬 더 중요한 역할을 한다. '확장된 대가족'은 미국, 영국 및 네덜란드에서는 비교적 드물다.

- 남성성과 여성성

남성성과 여성성은 개인주의/집단주의보다 그 중요성이 더 늦게 알려진 또 다른 차원이다. 또한 이 차원의 명칭이 다소 혼란을 야기했다는 점도 유의할 필요가 있다.

호프스테드는 이 차원에서 두 가지 상반되는, 이른바 문화의 '성별' 관련 특성을 구분하고 있다. 한편으로 여성적 문화는 주로 동정심, 관용, 사회적 성향, 약자에 대한 나름의 동정 등의 '여성적' 자질을 특징으로 한다. 이러한 문화에서는 성(젠더)의 역할도 엄격하게 분리되어 있지 않다. 남자도 눈물을 흘릴 수 있다. 여성적 문화의 대표적인 사례로는 네덜란드 문화와 스칸디나비아 국가들이 있다.

반면에 남성적 문화는 '호전적, 남성적' 특성을 최고로 치는 특징이 있다. 관용과 동정은 부차적인 역할을 한다. 성별 역할은 비교적 엄격하게 분리되어 있다. 전형적인 남성적 문화에는 미국, 일본, 독일, 이탈리아 등이 있다.

이 차원은 특히 다른 차원들과 상호 작용을 할 때 중요하다. 이 차원은 적어도 특정 부분에서 극단적인 것을 어느 정도까지 부드럽게 하거나 이런 극단적인 것을 극단화하기 때문이다. 그러니까 이를테면 남성성과 고도의 불확실성 회피는 파시즘의 문화적 토대로 간주된다. 독일, 일본, 이탈리아는 정확히 이렇게 조합된 사례들이다.

이익 지향의 결과로서 공격적인 행동은 겸손과 동정 중심의 여성적 문화보다 남성적 문화에서 더 자주 발견되기도 한다. 지위는 특히 남성적 문화에서 중요하다. 미국 스타일의 비교 광고처럼, 다른 사람들을 희생시키는 공격적인 판매 행동은 대개 여성적 사회에서는 부정적으로 받아들여진다.

- 위험성 감수와 불확실성 회피

위험을 감수하고 직접적인 안전장치 없이 살려는 의지는 불확실성의 회피 또는 위험을 감수하려는 의지와 같은 또 다른 문화 차원이다.

미국뿐 아니라 영국, 스웨덴, 덴마크와 같은 문화도 위험을 위협이 아닌 도전으로 인식한다. 예컨대 미국 은행들은 대출은 복잡한 조건이 없이 제공하는 것으로 알려져 있으며 그에 따르는 위험은 감수해야만 한다. 단순히 대출을 제공하는 것으로 알려져 있어서 당연히 더 큰 위험을 감수하는 것이다. 그리스, 스페인, 이탈리아, 독일과 같은 국가에서는 상황이 다르다. 위험은 위협을 의미한다. 그러니까 이를테면 독일의 직업교육 시스템은 불확실성 회피에 완벽한데, 하드롤(모닝빵) 판매 교육도 있으니 말이다. 이런 생각은 영국에서는 터무니없는 것이다. 예를 들어 영국에서는 프랑스어를 공부한 사람이 은행에서 컨설턴트로도 일할 수 있다. 이는 곧 위험을 회피하는 문화에서 상당수의 의사들이 박사 타이틀을 보유하고 있다는 점으로 설명할 수 있다. 앵글로색슨 국가들에서 박사 학위는 거의 전적으로 학자 전용이다. 타이틀은 또한 위험을 회피하는 문화에서 중요한 역할을 한다. 교수도 교수로 불리고 싶어 한다. 영국과 미국에서 교수는 이름과 함께 호칭된다.

런던과 뉴욕의 차이나타운은 현지인들에게 인기 있는 여행지이자 관광명소다. 독일의 어느 도시에 있는 '작은 이스탄불'은 대다수 독일인들이 회피하는 편이다. 예컨대 스페인에서 요리할 때 거의 전적으로 검증된 토착요리에 의존했다. 반면, 영국의 모든 슈퍼마켓에서는 인도, 중국 및 기타 다양한 요리 재료들을 쉽게 구할 수 있다.

- 문화에서 사회적 거리에 대한 존중

위계구조를 자연적인 것이라고 할 수 있을까? 사람들은 더 높은 위치에 있는 사람들에 대해 어떤 존경심을 갖는 것일까? 이 질문은 또한 문화적으로 예견된 차원이다.

예를 보자. 말레이시아, 중국, 일본 같은 국가는 사회적 거리가 높아서 우월한 지위를 존중한다. 미국이나 여타 극단적인 나라들에서는 꼭 그렇지는 않다. 즉, 권력이나 영향력에 대한 존중은 상대적으로 낮다. 예를 들어, 클린턴의 불륜은 프랑스에서 미테랑의 사생아 딸과는 달리 언론에서 공개적으로 악용되었다. 두 경우 모두 그 사실이 언론에 잘 알려져 있었지만, 대통령을 상대적으로 존경하지 않는 문화에서는 그것을 공개적으로 공격하지 않을 이유가 거의 없다. 프랑스에서는 '대통령'이 대중적인 논쟁에 대해 다소 자유로운 편이다.

상대적으로 사회적 거리가 작은 문화에서는 직장에서도 사회적 이동성은 중요하다. "당신이 되고 싶은 사람이 되십시오"는 개인주의적인 표현일뿐 아니라 식기세척기로 백만장자가 되는 아메리칸 드림을 대변하는 것이다. 사회적 거리를 존중하는 문화인 인도에서는 상황이 다르다. 카스트 제도가 공식적으로 폐지된 후에도 사회의 많은 부분에서 여전히 남아있다.

- 문화에서 분권주의와 보편주의

분권주의(particularism)의 기본 아이디어는 올바른 버전이 하나가 아니라는 것이다. 반면, 보편주의(universalism)에서는 유일한 진실을 알기 위해 보편적 법칙을 찾고 있다는 것이다.

[상식] 트롬페나스 모델

트롬페나스 모델은 Fons Trompenaars와 Charles Hampden-Turner가 개발한 일반 비즈니스와 경영에 적용되는 문화 간 커뮤니케이션의 틀이다. 폰스 트롬페나스는 국제 문화에 주목한 네덜란드 문화학자이다.
트롬페나스의 차원은 기본 가치 차원의 결과적 효과에 더 초점을 맞춘 것 같다. 예를 들어, 중립적/감정적 차원은 감정이 공개적으로 표현되는 정도, 즉 그 자체의 가치보다는 행동적 측면에 주목한다.
그에 따르면, 국제 기업들은 세계화로 인해 경영 기능을 표준화하는 경향이 있으며, 자회사에 이러한 사고방식을 부과하는 경향이 있다. 기업의 문제점은 종업원의 문화적 차이에 대해 신경을 쓰지 않고 특정 문화에 적합한 관리 방법이 아니기 때문에 나타난다.
그는 문화를 "인간 집단이 그 문제를 해결하는 방법"이라고 정의한다. 기어트 호프스테드의 이론을 수정하면서 참스 햄든-터너와 함께 보편주의Universalism – 분권주의Particularism, 개인주의Individualism – 집단주의Collectivism, 중립적Neutral – 정서적Affective, 특정Specific – 분산Diffuse, 성취Achievement – 귀속Ascription, 시간(순차 – 동시), 내부 – 외부 통제 등의 7가지 차원을 제시했다. 이는 문화 차별화의 7가지 기준으로, 경영 트렌드에 영향을 미친다. 그는 이질적인 환경에서 복잡성을 관리하는 방법을 제시하고 있는데, 이는 오늘날의 국제적인 관리자와 기업 리더에게 중요한 과제이자 장기적인 성공의 핵심 요소이다. 그는 경쟁우위로 이어질 문화적 차이를 조절하는 방법을 다루고 있다.

차 원	개 념
보편주의/분권주의	문화는 규칙과 표준에 근거한 것인가(I am me and my circumstances), 아니면 관계와 신뢰에 근거한 것인가(rules before relationships)? - 규칙과 관계 중 무엇이 더 중요한가?
개인주의/집단주의	문화는 집단에 더 초점을 맞추는가("we") 아니면 개인에 더 초점을 맞추는가("me")? - 우리는 집단 속에서 아니면 개인 자격으로 역할을 하는가?

정서적/중립적	문화 속의 사람이 자신의 감정을 공개적으로 표현하는가(Brain before heart) 아니면 그렇지 않은가(To show emotions as a regular conduct)? - 우리는 사생활과 직장 생활을 얼마나 분리해야 하는가?
특정/분산	공적 생활과 사생활이 밀접하게 연결되어 있는가(Easiness to separate)? - 우리는 지위를 받기 위해 자신을 증명해야 하는가, 아니면 우리에게 주어진 것인가?
성취/귀속	우리는 자신의 성과에 따라 보상을 받는가(You are what you do) 아니면 연령이나 지위나 성별에 따라 보상을 받는가(You are from where you come)? - 우리는 한 번에 한 가지 일을 하는가, 아니면 여러 가지 일을 한 번에 하는가?
시간(순차/동시)	사람들이 한 번에 한 가지 일을 하는 경향이 있는가 아니면 한 번에 여러 가지 일을 하는 경향이 있는가? - 우리가 우리 환경을 통제하는가(Time is money), 아니면 환경의 통제를 받는가(Past, present and future as interwoven periods)?

트롬페나스의 조사 결과에 따르면, 러시아, 헝가리, 체코 등 옛 공산주의 국가들이 공산주의에 몸담았던 과거에도 불구하고 비교적 개인주의적이라는 점도 흥미롭다.

트롬페나스는 또한 국적별로 기업 문화를 조사하여 연구를 확장시켰다. 이를 위해 그는 또 다른 차원인 평등과 위계를 도입했다. 위계적 기업문화는 지도자가 상당한 권한을 갖고 가장 잘 아는 권력 지향형 기업 문화이다. 이 차원은 호프스테드의 권력 거리 차원과 유사하다.

〈참고: https://sites.google.com/site/organizationalcultureintro/trompenaars-model〉

이 차원은 Trompenaars/Hampden-Turner(1997)에 의해 확인되었다. 그들은 미국을 특히 보편주의가 두드러진 문화로 확인했다. 반면에 프랑스는 오히려 분권주의가 두드러진 문화로 확인했다. 그런데 이 차원은 개인주의/집단주의 차원과 어느 정도 관련이 있지만, 일부 예외는 있다. 그러나 대략적인 지침으로는 개인주의 문화가 보편주의에 더 가깝다.

예컨대, 대부분의 미국인은 자국의 민주주의 형태를 가장 바람직한 것으로 간주한다. 이것이 보편적인 원칙이다. 미국은 또한 이 보편주의를 광범위하게 수출하고 있다. 맥도날드, 디즈니랜드, 코카콜라는 특정 방법을 사용하기가 다소 어려운 사례 중 일부에 불과하다. 그렇게 함으로써 미국인들은 특히 분권주의적인 프랑스에서 일부 적을 만들었을 뿐 아니라, 전반적인 세계화 논의도 실제로 분권주의와 보편주의의 문제를 중심으로 진행되었다.

종종 미국인들은 문화적 민감성이 부족한 것으로 비난 받기도 하지만, 영국인과 독일인조차도 이런 비난을 받아들일 필요가 있다. 모든 것은 보편주의의 색체가 뚜렷한 문화이다. 특히 이 분야에서 눈에 띄는 것은 경영 원칙이 앵글로 색슨 국가의 비즈니스 스쿨에서 주로 가르치는 경영원칙이다. 이는 일반적으로 보편적으로 타당한 것으로 받아들여지는 원칙에 기초하며, 문화적으로 세계 어디서나 수정 없이 사용될 수 있는 것으로 전제되고 있다.

- 문화에서 단일주의(단선형)와 복합주의(복선형)

에드워드 홀이 식별한 이 차원은 다음의 질문들에 주목한다. 시간이 모든 것의 척도일까? 그리고 우리가 시간의 지배를 받고 있는 것일까? 아니면 시간이 사람의 지배를 받고 있는 것일까?

폴리크로닉한 문화에서 시간은 거의 또는 적어도 종속적인 역할을 한다. 따라서 업무는 하나씩, 차례로 규제되지 않지만, 동시에 여러 프로세스가 발생할 수 있다. 특정 시점의 약속은 정확하게 유지되지 않는다. 나중의 일은 어떤 것도 중요하지 않다.

모노크로닉한 문화에서 이 생각은 정반대이다. 시간, 약속 등은 군대처럼 정확하게 준수되고, 한 업무는 다른 업무 후에 수행된다.

이 차원은 다시 개인주의/집단주의와 어느 정도 관련이 있지만, 여기에도 몇 가지 예외가 있다. 예를 들면, 독일은 엄밀히 말하면 모노크로닉하지만 그렇다고 지나치게 개인주의적이지는 않다.

이 차원은 이전 차원과 같이 문화 모델의 내부 영역이 아니라 오히려 외부 계층에 위치한다. 그러나 이 차원은 양측 모두에서 특히 강한 반응과 오해로 이어질 수 있으므로 여기서 언급할 가치가 있는 것으로 보인다.

- 비언어적 커뮤니케이션과 신체언어

모노크로니즘과 폴리크로니즘과 마찬가지로, 비언어적 커뮤니케이션과 신체언어는 직접적인 문화적 차원이 아니라 행동방식의 집합체이다.

앞서 설명한 것과 같은 문화 차원과의 직접적인 연관성은 적어도 직접적인 의미에서 존재하지 않는 것으로 보인다. 그러나 기본적으로 북유럽과 특히 아시아에서는 신체 언어가 오히려 약화된 반면, 남유럽에서는 신체 언어가 더 많이 사용되는 것으로 가정할 수 있다.

신체 언어, 특히 비언어적 커뮤니케이션은 언어와 관련이 있다. 비언어적 문자의 의미에 대한 진술도 거의 불가능하다는 것이다. 예를 들어, 전형적인 영국의 승리를 나타내는 V-기호가 다른 영어권 국가에서는 모욕으로 해석될 수도 있다. 수를 세는 데 사용되는 손가락도 나라마다 달라서, 이를테면 주문할 때 어려움이 발생할 수 있다.

따라서 상호작용 전에 가장 널리 알려진 상징들을 숙지하는 것이 매우 바람직하다.

02
공항과 에티켓

목적지 브랜딩 : 공항에서 위치 감각을 키우는 방법

공항이 승객과 수하물의 효율적인 처리를 주요 "거점"으로 하는 얼굴 없는 운송 지점이였던 시대는 끝났다. 오늘날의 공항은 그자체로 목적지가 되었다. 공항은 고객 경험의 개념을 채택하여 경험의 중요성을 인식하게 된 이후 여행자, 비즈니스, 레저손님을 받아들이고 있다.

신세대의 공항은 사회적 변화와 기술 발전에 의해 결정된 새로운 현실을 인식하면서 목적지 개념에 많은 투자를 하고 있다. 공항 가치 사슬의 일부로서 고객 경험의 중요성은 지난 10년 동안 기하급수적으로 증가했다. 공항은 원활하고 스트레스 없는 여행 경험이 비항공 수익을 위한 폭넓은 기회를 열어 준다는, 다양한 이해 관계자들로 구성된 복잡한 교통 및 서비스 생태계가 되었다. 연구에 따르면, 차분하고 스트레스 받지 않는 승객들이 공항에서 더 많은 시간과 돈을 쓴다고 한다.

여정 자체와 관련된 효율적이고 안전한 서비스가 여전히 최우선 과제라고 주장하는 사람은 아무도 없다. 공항은 속도와 편의성 (원격 체크인, 전자 여권, 여행가방 태그 등)은 물론 대기순서 관리와 같은 고급 솔루션을 제공할 수 있는 보다 자동화된 프로세스를 위한 신기술에 많은 투자를 하고 있다. 예를 들어 더블린 공항은 최근에 화면 보안 검색을 통해 대기 시간을 표시하기 시작했는데, 이는 승객들이 시간을 더 잘 관리할 수 있도록 도와준다.

서비스 제공 업체와 항공사가 공유할 미래 수익의 막대한 부분은 미래 승객의 요구에 따른 새로운 수요, 즉 지역사회에 대한 소속감과 승객 일상의 불안감 최소화에서 비롯된다고 할 수 있다.

이러한 통찰력은 공항 경험을 전체적으로 재고하는 것으로 이어졌다. 최첨단 수영장과 최고급 체육관 시설, 골프 코스와 스케이트장, 박물관과 전시장, 고급 요리 레스토랑 또는 깔끔한 쇼핑 지역 - 더 이상 승객이 아니어도 다양한 공항 서비스를 경험할 수 있다.

공항은 시설을 목적지처럼 보이게 하기 위해 방문 목적과 상관없이 모든 방문객들을 손님으로 대한다.

'목적지'의 지위가 진화하는 것은 공항이 지역 경제에 미치는 필수적인 영향을 검증하고 중요한 장소 이해의 당사자로서 역할을 강화하는 데 도움이 된다. 더욱이 이러한 트렌드는 현지 목적지의 장소 브랜딩 보호 하에서 자연스럽게 개발될 수 있는 완전히 새로운 마케팅 전략을 요구하고 있다.

공항은 자연적인 관문이자 현지 목적지와 접촉하는 첫 번째 지점이기도 하기 때문에 공항 내부와 공항을 통해 장소 감각을 만드는 것은 널리 사용되는 개념이다. 디자인을 통해 지역의 정수를 보여주고, 주변 환경과 신체적, 사회적 유대감을 조성하는 것은 그 장소 분위기를 띄우는 데 도움이 되는 포인트 중 일부이다.

최근 스페인의 세계 최대 여행, 항공 발권 시스템 제작 기업인 아마데우스(Amadeus)의 설문 조사에 따르면, 2025년까지 공항 방문자의 56%가 공항을 더욱 사유화(민영화)하고 그 지역에 얽힌, 문화적으로 더 민감하고 진정한 경험을 만드는 것에 투표할 것이라고 밝혔다. 공항은 지역의 가치와 목적지의 정신을 보여주기에 정말 좋은 장소이다.

■ 스칸디나비아의 사례

스칸디나비아의 공항은 지역적 설계와 동기를 사용하여 기억할 만한 경험을 창출하여 지역적 가치를 촉진하고 있다. 공항 서비스, 소매 및 식음료(F&B) 개념은 '장소 감각', '공유경제', '지속가능성' 같은 현재 국가 트렌드와 관련이 있다.

헬싱키 반타 공항(Helsinki Vantaa Airport ⇩)의 휴식 공간 장식은 얼음과 눈과 같은 핀란드 자연의 요소들을 반영하고 있다.

미식학(gastronomy)은 언제나 덴마크의 가장 강력한 상표 중 하나였다. Nordic Dining 개념은 코펜하겐 공항(Kastrup Copenhagen Airport)의 F&B 구역 전체에 걸쳐 반영되었는데, Foodmarket deli에서부터 미슐랭 수준의 팝업 레스토랑에 이르기까지 모든 수준에서 제공되어 여행자에게 코펜하겐과 덴마크가 제공하는 최고의 맛을 선사한다.

4년 연속 북미 최고 공항으로 선정된 인디애나폴리스 국제공항(페덱스 익스프레스의 허브 공항, IATA: IND - ICAO: KIND)이 Colonel H Weir Cook Terminal 안에 의미 있는 장소를 조성했다. 휘어진 천장과 유리벽이 있는 넉넉한 공간 Civic Plaza는 현지 아티스트들의 설치예술, 현지의 인디 재즈 축제를 지원하는 재즈 공연, 인디애나폴리스 모터스피드웨이를 홍보하는 경주용 자동차 전시회에 안성맞춤이다.[1]

새 터미널 건물은 또한 지속 가능한 공항 건물의 주목할 만한 사례다. 지붕에는 빗물을 모으는 통로가 있는데, 터미널 내부에서 이 물이 더 많이 사용된다. 7000톤 이상의 낡은 도로 자재가 재활용되어 건설에 사용되었다.

〈Flying out from #GenCon50? Continue gaming at IND!
Civic Plaza와 탑승동 A & B의 설치예술 공간〉

1 참고: https://placebrandobserver.com/how-to-create-sense-of-place-airports/

1. 공항 에티켓

평생 비행기를 탔든 이제 막 첫 비행기를 타려고 하든 상관없이, 누구에게나 적용되는 공항예절이란 것이 있다. 그것을 배우고 준수한다면, 거의 모든 것이 여러분과 주변 사람들에게는 더 좋아질 것이다.

■ 공항에 도착하기

터미널 앞 공항에 도착하면, 차에서 내리거나 셔틀버스를 이용하시라. 그렇지 않으면 운전사가 다른 길로 이동하여 길을 벗어날 수 있다. 만약 여러분이 누군가와 작별하고 싶으면, 서둘러 작별인사를 하시라. 공항 터미널 앞 도로변에 차를 세우는 것은 분명 보안요원의 관심을 끌 테니 자신과 운전사의 부탁을 명심하고 작별인사는 짧게 하시라. 그리고 운전사가 떠나기 전에, 휴대폰을 좌석에 놓고 내리지나 않았는지 꼭 확인하시라!

■ 공항에서 체크인 하기

항공편 수하물을 위탁하는 경우, 발권 카운터로 이동하기 전에 셀프 키오스크에서 수하물 태그를 출력하시라. 상담원과 해결해야 할 합법적인 문제가 있는 사람들 때문에 줄을 서는 것보다 낫다. 게다가 이미 태그가 부착된 가방을 맡기면 더 빨리 보안 검색대에 도착할 수 있다.

■ 보안구역 통과 시의 공항 에티켓

물론 여러분은 이 순간을 에티켓이 필요 없는 시간으로 생각했을 지도 모르겠다. 결국 여러분은 긴 줄을 서서 기다렸다가 느릿느릿 움직일 때 희생자처럼 느껴질 수도 있다. 그 과정의 속도를 높이고 다른 사람들을 방해하지 않고 할 수 있는 일은 적절한 에티켓을 활용하는 것이다.

• 보안 검색대를 통과하지 못하는 물품이나 개인 물품은 포장하지 마시라. 포장한

경우라면 모든 사람을 붙잡아 놓을 수 있다. 모든 항공사 웹 사이트와 TSA 웹 사이트는 3온스(약 100g) 이상의 액체, 다량의 분말, 모든 종류의 무기(작은 주머니칼과 가위 포함), 리튬 배터리가 들어 있는 일부 물품, 인화성 물질 등과 같은 기내 휴대 불가 수하물을 명시하고 있다.

- 가방에서 꺼내야 할 품목은 노트북이나 액체 용기처럼 쉽게 접근 가능한 주머니에 넣으시라. 보안 검색대에 도착하기 전에 물병을 비웠는지도 확인하시라.
- 종이 영수증, 현금, 립스틱 튜브 등 옷 주머니에서 모든 것을 꺼내시라. 여러분은 문형 검색대를 다시 통과해야 하는데, 이때 삐 소리를 듣게 될 지도 모른다. 여러분은 여러분 뒤에 있는 사람들이 게이트에 빨리 도착하지 못하도록 막을 수도 있다.
- 큰 금속 버클이 달린 신발과 벨트를 분리하여 보관함에 넣는 것도 잊지 마시라. 재킷/코트 또는 스카프를 착용하고 있다면 그것들도 보관함에 넣을 것!
- TSA 직원에게 제시할 수 있도록 ID와 탑승권을 준비하시라. 탑승권이 전자 기기에 저장되어있는 경우 화면에 카드를 읽혀라. 탑승권을 스크린 샷으로 저장하는 경우에는 액세스하는 데 데이터나 Wi-Fi가 필요 없다.

■ 고속도로를 달리는 차처럼 공항에서 걸어가기

탑승게이트까지 걸어 갈 때 통로 중간에서 멈추지 마시라. 비행기 탑승을 위해 실제로 뛰어가기도 하는 관계로 보행자와 충돌할 수도 있다. 느리게 이동하는 경우라면 차량 통행과 마찬가지로 오른쪽에서 계속 걸어가시라. 마찬가지로 컨베이어 벨트 통로 중 한 곳을 걷는 경우라면, "오른쪽은 서있는 곳, 왼쪽은 걸어가는 곳"이라는 표지판에 주목하시라. 에스컬레이터를 사용할 때도 마찬가지이다.

복도의 한 쪽에서 다른 쪽으로 건너가야 하는 경우, 먼저 여러분이 누군가를 차단하지나 않는지 살펴보시라. 더 나쁜 것은 사람들이 움직이는 골프 카트 중 하나가 여러분을 치게 하는 경우이다!

■ 타인의 수하물 관련 공항 에티켓

다음의 경우는 사실 예절에 어긋난다. 다음의 규칙은 질서를 유지하고 모두를 보호하기 위해 마련된 것이다.

- 절대 가방을 내려놓고 멀리 떠나지 마시라. 도난당할 가능성도 다분하지만, 그것을 폭탄으로 오인한 공항 보안요원의 주의를 끌게 될 수도 있다. 이런 것에 대한 부정적인 결과도 분명 초래될 수 있을 것이다!
- 낯선 사람에게 수하물에 물건을 넣어달라고 요청하지 마시라. 이로 인해 누군가가 여러분을 돕고는 싶지만 여러분이 신뢰할 만한 사람인지 의심받는 난처한 입장에 놓일 수 있기 때문이다.

■ 공항에서 식사하기

비행기 탑승을 기다리는 동안 식사가 가능할까? 물론 가능하지만, 배려하시라. 나는 언젠가 호텔에서 포장한 아침 식사 박스를 가지고 공항에 온 적이 있는데, 박스에 무엇이 들어 있는지 몰랐다. 아마도 생과자와 과일주스일 것이라고 생각했다. 그 호텔의 특산품은 훈제 연어였다. 내가 박스를 열었을 때 꽤 강한 생선 냄새가 났고 근처에 앉아있던 사람들로부터 이상한 시선을 받았다! 아침 식사는 맛있었지만, 다른 여행자들에게 냄새를 노출시키지 말았어야했다. 마찬가지로, 음식을 먹으면서 지저분하게 하거나 떠들지 마시라. 어머니의 부엌에서처럼 예절을 지키고 식사 후 스스로 청소를 하시라!

■ 중간 기착지에서 오랫동안 대기 중에 한숨자기

대다수 공항들은 낮잠을 자지 못하도록 한 좌석을 갖추고 있다. 각 좌석 사이에 팔걸이가 있는 의자는 여러 좌석을 가로질러 눕지 못하게 한 것이다. 여기에는 이유가 있다. 낮잠을 자기 위해 좌석을 사용하는 것은 곧 다른 사람들이 앉을 수 있는 공간을 차지하는 것이며, 게다가 아무도 여러분의 코골이를 듣고 싶어 하지 않는다. 많은 공항 라운지에는 낮잠을 잘 수 있는 방이 있으며, 일부 공항에는 실제로 시간 단위로 대여 가능한 수면캡슐(nap pods/sleep pods)이 있다.

아내와 나는 아테네 공항에서 하룻밤 자려고 한 적이 있다. 좋은 생각은 아니었다.

짐을 보관할 곳이 마땅치 않아서 몸으로 감싸서 보호해야 했다. 우리는 외진 모퉁이를 발견하고 바닥에서 자려고 했다. 하지만 공항은 우리를 위해 소등해주지는 않았다. 정말 실망스러운 경험이었다. 우리는 길 건너편 호텔 공항에서 숙박하기 위해 돈을 지불해야 했다. 환승을 위해 다음 비행기 탑승을 기다리는 승객을 위한, 공항 내에 머물 수 있는 시설이 마련되어 있었으면 하는 아쉬움이 있다. 내 생각에 공항 에티켓이라면 비행기에 탑승할 때까지 기다렸다가 잠을 자도록 권하고 싶다.

■ 지연 시간 동안 허용되는 엔터테인먼트 유형에는 어떤 것이 있을까

많은 공항에는 TV 라운지, 미술관, 어린이 놀이터, 식당, 선물 가게, 심지어 가까운 도시로 짧게 관광하는 당일 여행도 있다. 어떤 공항들은 도서관, 명상실, 요가실, 또는 교회도 갖추고 있다. 독특한 공항 활동에 대한 자세한 내용은 "Amazing Airport Affiliates" 사이트[2]를 참고할 수 있다.

■ 기착지(stopover, layover)에는 어떤 엔터테인먼트를 누릴 수 있을까?

카드나 기타 게임, 읽을 책 또는 오락용 전자 장치를 가져올 수도 있다. 장기 기착시 지루해 하는 아이들과 씨름해야 할 처지라면 아이들을 즐겁게 하는 방법 관련 사이트[3]에서 유익한 정보를 얻을 수 있다.

■ 비행기 탑승에 관련한 공항 에티켓은?

탑승을 위해 기다리는 항공편에 대한 안내 사항에 주의하시라. 때때로 지연 또는 게이트 변경도 있으니까. 출발 게이트가 어디에 있는지 알아보는 것은 우리들의 몫이다.

게이트 직원의 지시에 따라 우선권을 가진 탑승자가 먼저 줄을 서도록 하시라. 일반적으로 군인, 자녀가 있는 가족, 도움이 필요한 사람들이다. 일등석 승객은 그네들만의

---

2 https://www.authorityhacker.com/airline-affiliate-programs/
https://www.postcardsandpassports.com/amazing-airport-amenities/

3 체류시간이 길 때 아이들을 즐겁게 하는 법을 알려주는 사이트:
https://www.postcardsandpassports.com/entertain-children-long-layover/

게이트가 있다.

기내 수하물은 되도록 빨리 머리 위 선반에 놓고 다른 사람이 자기 자리로 갈 수 있도록 자리에 앉으시라. 비상구 열에 앉아 있고 싶지 않은 경우가 아니라면 좌석 변경을 요청해서는 안 된다. 기타 좌석 변경은 탑승 전에 게이트 직원과 상의해야 한다.

■ 수하물 찾는 곳에서 수화물 찾기

수하물 찾는 곳에서 짐을 찾을 때에도 몇 가지 에티켓이 필요하다. 먼저 남의 가방을 들고 가지 않도록 여러분 자신의 가방이 어떻게 생겼는지 확실하게 알고 있어야 한다. 검은 색 여행 가방(가장 일반적인 색상)을 가진 경우라면 손잡이에 밝은 색상의 리본을 묶어 다른 것과 구별되게 하시라. 둘째, 다른 사람이 자기 가방을 찾거나 집어가지 못할 정도로 수하물 컨베이어벨트에 너무 가까이 서 있지 마시라. 가방이 보일 때까지 몇 피트 뒤로 서 있다가 가방이 나오면 다가가서 가방을 잽싸게 잡고 자리를 떠나시라.

■ 그밖에 알아두면 좋은 공항 에티켓

예전에는 비행기를 타기 위해 옷을 잘 차려 입었다. 여성은 드레스나 스커트를 입고, 남성은 정장이나 비즈니스 웨어를 입었다. 그런 시절은 지났지만, 그렇다고 잠옷, 땀에 젖은 운동복을 입어야 한다는 뜻은 아니다. 다른 사람을 불편하지 않게 하는 편안한 복장을 하라는 뜻이다!

■ 공항 에티켓과 비행 에티켓은 없어진 것일까?

여행을 많이 하면 할수록 여행객들의 비정상적인 행동들을 더 많이 보게 된다. 내가 할 수 있는 일은 사람들의 행동을 놀래서 바라보는 것뿐이다. 우리 모두는 서로를 그렇게 미워할까, 아니면 누군가가 우리 휴가를 그렇게 비참하게 만들어 생판 낯선 사람에게 구박당할 까봐 두려워하는 것일까.

▶ 가방(수하물) 체크인

수하물을 체크인 하러 가면, 카운터로 이어지는 엄청 긴 줄을 볼 수 있는데, 항공사 직원들은 여러분이 가지고 가고픈 수하물에 대한 지침을 준다. 항공사 관련 변경사항, 수하물 크기 요구사항, 기내 휴대 수하물의 양 등에 따라 지침을 제시할 때 침착함을 잃지 마시라.

▸ Do:

- 미소를 지으며 동료에게 인사하시라.
- 정중하게 이렇게 말하시라: '아, 내 가방이 중량 제한을 초과했네요. 신용카드 여기 있습니다. 불편을 드려 죄송합니다.'
- 가능하면 신분증과 함께 여권번호와 확인번호(해당하는 경우)를 준비하시라.
- 수화물이 엉뚱한 비행기에 실리는 경우를 대비해서 분실되지 않도록 항공사 직원(airline staff, 대개는 발권 직원)이 주는 짐표(수하물 티켓)를 탑승권에 붙여놓던가 아니면 여권 안에 넣어두시라.

▸ Don't:

- 무게를 초과한 수하물에 대한 추가비용을 지불하지 않으려고 소리를 지르거나, 언쟁을 벌이지 마시라.
- 항공사 직원은 여러분의 여행을 돕기 위해 돈을 받지만, 그들은 여러분의 욕설이나 언행을 받아들이는 대가로 월급을 받는 것이 아니다. 그냥 착하게 행동하시라. 그러니 어렵지도 않는 일이다.
- 무게가 초과될 것 같아서 긴 줄을 선 상태에서 다른 가방으로 내용물을 정리하지 마시라. 이건 모두를 화나게 하는 행동이다.

▸ Solution:

- 위탁수하물의 무게가 한도 초과인 경우, 기념품, 청바지, 부츠 같은 내용물은 기내 휴대수화물로 전환해보시라.
- 소지품을 보호하려면 여행자 보험에 가입하시라. 항공사가 언제나 손해 배상을 해 주는 것은 아니다.

- 공항에 가기 전에 온라인으로 추가 수하물 값을 지불하시라.

• 끔찍한 보안 검색대

보안 검색 라인은 모든 사람들의 여행 경험에서 최악의 부분이다. 여러분은 다른 낯선 사람들과 줄을 서야 하고, 더러운 발 냄새를 맡아야 한다. 반지, 모자, 스카프, 코트를 모두 벗어야 한다.

▸ Do:

- 인내심을 가지시라.
- 불이익을 당하지 않고 싶다면 보안 요원이 시키는 대로 하시라.
- 액체류가 없는지 확인하시라.
- 모든 전자기기를 꺼내서 별도의 바구니에 넣으시라.
- 코트, 신발, 벨트, 큰 지갑, 큼지막한 금속 팔찌나 시계는 벗어서 바구니에 넣으시라.

▸ Don't

- 사적인 문제로 가족이나 애인과 다투지 마시라. 사람들은 여러분의 사적인 일에 대해 알고 싶지도 듣고 싶지도 않다. 그저 휴가를 떠나는 사람들이다.
- 여러분과 함께 온 25명의 친구들을 위해 늘어선 줄을 끊거나 자리를 비우지 마시라. 무례한 행동이다. 그렇다고 뒷사람과 눈을 마주치지 않는다고 해서 무례하다고는 할 수 없다.
- 화내지 마시라.
- 미국의 공항이라면 TSA나 보안요원들이 기내로 어떤 물건을 가지고 들어갈 수 없다고 하더라도 그들과 언쟁하지 마시라.
- 다른 사람보다 더 서두른다는 느낌을 주는 그런 사람이 되지 마시라.

▶ Solution:

- 주로 미국을 여행하는 경우라면, TSA 사전 점검을 받으시라. 해외여행이 빈번한 사람은 미국의 자동 출입국 심사 글로벌 엔트리(Global Entry)[4]를 신청하시라. 자동 출입국 심사이기 때문에 입국장에서 긴 줄을 기다릴 필요가 없으니 그야말로 엄청난 시간 절약을 할 수 있다(물론 키오스크 통과 후에 심사관을 만나게 됨).
- ESTA를 발급받으면 미국 첫 방문 시 심사가 오래 걸리지만, 두 번째부터는 줄을 서서 키오스크에서 1차 심사를 받고 종이 한 장 받아서 2차로 심사관 인터뷰를 하는데, 금방 끝난다. 특히 TSA Pre-Check는 미국에서 출국할 때나 미국 국내선 이용 시 보안검색 시간을 획기적으로 단축시켜준다.

• 분수식 식수대(Water Fountains)

- 사람들이 비행기 탑승 전에 물을 채우기 위해 자신의 빈 물병을 사용하기도 한다.
- 식수대에서 물을 담는 경우라면, 넘쳐흐르지 않게 주의하시라. 한 젊은 여성이 병에 물을 가득 채우고 있었는데, 물이 넘쳐서 바닥이 흥건해졌음에도 그냥 가버렸다. 30초 후 한 노신사가 흥건한 바닥 위로 걸어가다가 하마터면 엉덩방아를 찔 뻔했다.
- 여러분의 사소한 부주의로 남에게 피해를 주지 마시라.

▶ Do:

- 병에 담긴 물의 수위에 주의하시라.
- 엎지르거나 바닥으로 흘린 물은 직접 청소하시라.

---

4 글로벌 엔트리란 나에 대한 모든 정보를 미국에 넘겨주고 스크리닝을 받고 인터뷰를 한 후 내가 믿을만한 사람이니 TSA Pre 넘버를 제공해 입국심사를 빠르게 해주는 프로그램. 글로벌 엔트리는 신청 시 100달러가 소요되고, 유효기간은 최종 승인일로부터 5년이다. 5년 동안 제공되는 TSA pre 번호를 통해 입·출국 심사를 전용라인에서 받을 수 있다.

▸ Don't:

- 바닥의 물이 여러분에게 무해하다는 이유만으로 누구에게나 무해하다고 가정하지 마시라!
- 병에 물이 얼마나 가득 찼는지 무시한다? 그러지 마시라!

▸ Solution:

- 여러분이 하는 일에 주의를 기울이시라. 그렇게 하면 여러분의 시간과 골치 아픈 일은 줄어들 것이다. 더럽혔으면 스스로 깨끗하게 하시라,

• 보딩 업무(Business of Boarding)

내가 실수로 다른 승객의 수하물과 맞부딪혔을 때, 그들은 나에게 기분 나쁜 표정을 지으며 가방을 자기네 쪽으로 더 가까이 끌어당기곤 했다. 내가 그네들 가방을 가져갈 만큼 끔찍한 사람으로 비칠 거라고는 꿈에도 생각지 않았기 때문에 내가 그네들 수하물과 부딪힌 줄도 모르고 그네들을 비웃기도 했다.

나는 그들이 귀중한 수하물을 먼저 싣기 위해 탑승 대열에서 앞자리를 다투며 탑승하는 모습을 바라보았다. 여기서 우리 모두는 서로 10인치 안에서 축구공을 차려고 하지만, 그게 어디로도 가지 못하는 3살배기 아이처럼 행동하고 있었다.

승무원은 일등석 승객에게 탑승을 요청했는데, 그 모습이 이곳 미국의 블랙 프라이데이 매장처럼 보였다. 사람들은 밀치고, 밀리고, 언쟁하고, 심지어 소리를 지르기도 했다.

공항의 지상요원은 가끔씩 모든 사람들에게 "우리는 모두 같은 곳으로 가고 있습니다. 차례를 지키며 천천히 들어가세요."라고 매우 큰 소리로 강하게 말했다. 이 멘트는 사람들을 진정시키고 잠시 주의를 환기시키는 듯한 인상을 주었다. 물론 나는 똥똥한 애완견과 멋진 가방을 든 이웃한 여성의 기분 나빠하는 표정을 보게 되었지만, 상관하지 않았다. 아무튼 나는 이 사람들이 나의 첫 미국 나들이를 망치게 놔두지는 않을 작정이었다. 그래서 나는 항공편에 탑승할 때 지켜야 할 몇 가지 사항을 제안하고 싶다.

▶ Do

- 차례를 기다리고, 사람들이 당황하지 않고 비행기에 빨리 탑승할 수 있도록 앉거나 옆으로 비켜서시라.
- 다른 사람이 질문하는 경우라면, 휴대전화를 치우고 쉽게 접근할 수 있도록 주목하시라.
- 여러분은 검색요원이 가방(수하물)을 확인점검할 수 있도록 하시라. 그리고 여러분은 여러분이 비행 중에 필요한 물건을 가지고 있지 않은지 살펴보시라.
- 검색요원에게 보여줄 수 있는 티켓과 여권을 소지하시라.
- 여러분은 모두 같은 곳으로 가고, 탑승구에서 대기하고, 비행기를 놓치지 않을 것임을 깨달으시라.
- 원하는 오버헤드 빈(선반) 공간 확보를 위해 라이트를 챙기시라. 비행기 안은 앉아 있는 시간이 적을수록 행복감은 더 커질 것이다.

▶ Don't

- 들어가면 안 되는 구역이나 늘어선 줄에 새치기하지 마시라. 이로 인해 지연, 언쟁 등이 발생할 수 있다. 아무도 이런 짓 하는 사람을 좋아하지 않는다. 그냥 여러분의 차례를 기다리시라. 비행기는 아직 출발하지 않았다. 그냥 "수하물을 점검하는데 드는 75달러의 수수료를 아끼기 위해 당신을 둘러싼 150-200명의 사람들에게 정말 바보처럼 보일 가치가 있는가?'라고 자문해 보시라.
- 통로로 무리 지어 들어가지 마시라. 탑승하려는 사람들을 혼란스럽게 하고, 그리고 다시 말하지만 여러분은 바보처럼 보일 수 있다.

▶ Solution:

- 인내심을 갖고 차례를 기다리시라. 호출을 받는 사람들이 탑승할 수 있도록 자리를 만들어주시라.

• 좌석 찾기, 이중/삼중 체크

부에노스아이레스와 산티아고에서 비행기를 타고 오며, 솔직히 말해서, 여러 나라들을 거쳐오면서 기내에서 앉고 싶은 곳이면 어디든 그냥 앉는 사람들이 점점 더 많아지기도 했다. 이곳은 지하철도 아니고, 좌석이 모두에게 무료인 버스도 아니다. 이것은 구조화된 시스템이므로, 비행기가 추락할 경우, 여러분이 앉아 있던 좌석 위치를 기준으로 여러분의 신체를 여러분의 가족에게 인도할 수 있게 할 것이다.

여러 항공사가 초과예약(overbooking)이나 이중 좌석 예약을 하는 것으로 알려져 있지만, 여러분이 앉아 있어야 할 좌석, 번호, 글자를 다시 한 번 확인하는 것도 나쁘지 않다.

사람들이 세 차례나 자리를 잘못 잡아서 우리 비행기는 20분이나 지연되기도 했다. 이 사람들은 영어로 말하는 것을 알아들었음에도 불구하고 영어를 이해하지 못하는 척했다. 이로 인해 사람들이 비행기에 탑승하는 것이 막히게 되었고, 항공사 직원들이 동요하였고, 150-200명의 승객들이 최종 목적지에 제시간에 도착하지 못하게 되는 원인이 되었다.

자신이 앉아 있는 좌석에 대해 누군가와 말다툼하는 또 다른 여성이 있었다. 그녀는 자기 자리라는 단호한 태도를 보였기 때문에 이동하기를 거부했고, 다시 한 번 확인하려고도 하지 않았다. 스튜어디스가 티켓을 보자고 요청한 다음 실제 자리가 어디인지를 확인해준 후에야 그녀는 꼬리를 내리고 재빨리 이동했다.

▸ Do:

- 좌석 배정을 다시 한 번 확인하시라.
- 티켓의 좌석 배정이 맞는지 좌석에 앉은 사람에게 친절하고 정중하게 물어보시라.
- 좌석 배정을 파악할 수 있을 때까지 가방을 머리 위 선반에 넣지 마시라. 나중에 언제든지 이동 가능하다.
- 어디에 앉아야 할지 잘 모르겠으면 항공사 승무원에게 정중하게 물어보시라.

▸ Don't:

- 여러분의 자리에 앉은 사람이 정직하지 못한 짓을 하고 있다고 가정해보자. 이는 정직한 실수일 수 있다.

- 누구의 자리냐를 놓고 말다툼을 벌이지 말고, 여러분이 옳다고 가정해보시라.
- 항공사 승무원에게 먼저 문의하지 않고는 그냥 자리에 앉지 마시라.

▶ Solution:

두 번, 세 번, 네 번이나 여러분이 올바른 좌석에 있는지, 올바른 쪽에 있는지, 번호를 정확히 체크한 다음, "우리가 같은 좌석에 예약된 것 같네요. 티켓 한 번 볼까요? 어쩌면 내가 잘못 본지도 모르겠습니다."라고 말을 해보자. 사람들이 서로 친절할 때 항공사 승무원도 기꺼이 도움을 줄 수 있을 것이다.

■ 내 옆 또는 그 사람 옆에 앉기

우리 모두 이렇게 생각한 적이 있을 것이다. 만약 여러분이 그렇게 하지 않았다면... 그럼 여러분은 거짓말쟁이가 되는 셈이다. 우리는 모두 비행기에서 그 사람 옆에 앉는 것이 얼마나 불편할까에 대해 생각해 본 적이 있다. 휴가를 갈 때 스스로 최선을 다하고 싶어 하는 것은 당연하지만 무례하게 굴지는 마시라.

내 친구는 3년 전만 해도 지금보다 8사이즈가 더 작았다. 몇 가지 건강상의 문제가 불거진 후, 비만에 가까워졌고 지금은 비만인구 중 한 명이다. 비행기를 내려오는 그를 보고 사람들은 더 이상 눈도 마주치지 않고 미소도 짓지 않는다. 그들은 내 친구의 큰 엉덩이가 옆에 앉아 있다는 것을 알고 자리에서 일어나야 할 때 큰 한숨을 내쉰다.

아주 신사답지 못한 한 승객이 있었는데, 그 승객은 여행 내내 내 친구에게서 떨어져 있었다. 내 친구는 휴가지로 가는 비행이 끝날 무렵에 기분이 너무 안 좋아서 거의 울음을 터트릴 뻔했다.

비록 내 친구의 발이 그 승객의 은색 하드케이스 서류 가방 옆을 잠식하더라도, 그 승객은 몸을 구부려 살짝 훑어보곤 했다. 한숨을 쉬고, 웅크리고, 뒤로 주저앉고, 팔짱을 끼고, 몸을 내 친구에게서 돌렸다. 친구는 단지 예민하다고 생각했지만, 비행 내내 그리고 비행이 끝날 때, 친구는 "맙소사, 드디어 이 자리에서 나갈 수 있어"라고 말하며, 과체중인 사람들에 대해 숨죽이며 계속 중얼거렸다. 그로 인해 친구는 충격에 빠졌다. '이 독선적인 놈!'라고 말하지 않을 수밖에 없었다. 기본 이코노미 좌석을 좋아하는 사람은 없을 것이다. 돈을, 여행 경비를 아끼려고 그곳을 선택할 뿐이다.

▸ Do:

- 누군가가 들어오거나 나가려거든 자리에서 일어나시라.
- 비행할 때 불편하거나 편안한 것들에 대해 이웃과 이야기하시라. 그들은 여러분의 마음을 읽을 수 없을 것이기 때문에, 그들 역시 인간이라는 것을 이해하시라. 그리고 여러분은 이 과정이 되도록 빨리 지나가기를 바랄 뿐이다.
- 때로는 다리를 쭉 뻗고, 영화, 게임 또는 음악으로 바쁘게 지내시라.
- 이웃의 음료수를 돕고, 음료가 있으면 공간을 공유하고, 껌이나 위생 물티슈를 제공하시라. 해외여행을 할 때는 무엇보다 친절한 행동이 중요하다.
- 여러분의 뒤에 이가 난 아이를 두고 엄마를 돕겠다고 제안하거나, 아이를 달래기 위해 까꿍 놀이를 하거나 종이비행기를 만들어 주겠다고 제안해보시라. 아이나 엄마는 잠시나마 귀를 쫑긋 세우고 불편함을 잊어버릴 수 있으니까.

▸ Don't:

- 비명을 지르는 아이에게 추한 모습을 한 엄마를 보시라. 엄마는 스스로 수치심을 느끼고 아이에게 비명을 지르지 않게 노력할 것이다.
- 여러분에게 누군가에 대해 비웃는 말을 하거나, 누군가가 여러분을 문지르거나, 빗질을 하거나, 또는 실수로 여러분을 만질 때마다 비실비실 도망가시라. 아무리 몸집이 작은 승객이라도 신이 버린 기본 이코노미 좌석에는 비좁은 느낌이 들게 마련이다.

▸ Solution:

- 되도록 편안하게 하고, 숨을 크게 들이마시고, 옆에 있는 사람과 옷깃이 닿거나 부딪히는 것에 대해 걱정하지 마시라. 시간이 지나면 익숙해질 것이다. 서로가 조심하고 서로에게 불편을 끼치지 않도록 노력하시라. 그래서 점점 더 불편해지는 좁은 기내 악몽에서 서로를 좀 더 좋게 대할 수 있도록 말이다.

▶ Do:

- 주변에 있는 사람들을 잘 알아두시라.
- 우리 모두가 인간이라는 사실을 명심하시라.
- 항공사 직원에게 친절하게 대하시라.
- 엄마나 사랑하는 사람에게 하지 않을 말은 피하시라.

▶ Don't:

- 4시간 동안 일등석에 앉을 수 있는 특권을 누렸더라도 자신이 신이라거나 특혜를 받을 자격이 있다고 생각하지 마시라.
- 비행기에서 내리면 더 편안한 좌석을 위해 60달러를 추가로 지불했기 때문에 이코노미 좌석 앞에서 질문할 수 있다고 생각하시라.
- 'I can't believe this, what terrible customer service', 'these other people', 'Let's get in front of these other people' 등의 댓글을 달아보시라. 이런 짓을 하면 완전 바보처럼 보이게 될 것이다.

▶ Solution:

여러분의 행동이 결코 여러분을 괴롭히지 않을 거라고 생각하지 마시라. 여러분이 무례하게 굴었던 그 사람 옆에 앉아 있을 수도 있고, 귀국편 비행기에서 아니면 여러분의 여행 그룹에 들어있을 수도 있다. 한치 앞도 알 수 없는 게 인간사이다. 여러분이 열등하다고 취급하는 사람을 조심하시라. 그들이 여러분의 여행 가이드일 수도 있다. 그러니 그냥 친절하게 대하시라

• 항공사 승무원과 상호 소통하기

항공사 승무원들은 그렇게 자주 고맙다는 말을 듣지 못한다. 기본 이코노미석에 앉아서 비행하며 치과에 가는 것과 비슷하다. 아무도 가고 싶어 하지 않지만, 우리를 기능적인 인간으로 만드는 것은 필요악이다.

▸ Do:

- 승무원들이 지나갈 때 여러분의 쓰레기를 모아 주는 것만으로도 그들을 돕는 것이다.
- 여러분의 자리를 정리하고, 승무원들이 여러분에게 무엇을 하라고 요청할 때 그들과 언쟁하지 마시라. 그들은 규칙을 만들지는 않지만, 사람들이 안전하다는 것을 확실히 해주고 월급을 받는 것이다.
- 그들이 여러분이 화장실에 가는 것을 막더라도 화내지 마시라. 그들이 무엇을 하든 간에 항상 누군가는 화를 낼 것이다. 답답하다면, 정중하게 '여기서 방해하고 싶지는 않지만, 제가 할 수 있는 다른 방법이 있을까요?'(I don't want to interuppt your process here, but is there another way I could ___)라고 물어보시라.
- 가방은 머리 위 선반에 넣고, 작은 가방은 발치에 놓아 비행기 전체가 여러분이 가지고 탄 가방을 확인하느라 지체되지 않도록 하시라.

▸ Don't:

- 항공사 직원이 자리에 앉으라고 할 때 동요하지 마시라.
- 비행기가 도착터미널에 기착하더라도 먼저 내리기 위해 일어나지 마시라.
- LCC를 탑승한 경우라면 탑승 전에 특별 기내식을 주문했어야 한다.
- 머리 위 선반 전체를 차지하는 가방이 여러분의 것이 아닌 것처럼 가장해보시라. 스튜어디스가 작은 물건은 앞좌석 밑에 놓으라고 안내할 때 말이다. 바보 같은 짓이다. 규칙을 따르시라.
- 정말로 이해하지 못하는 척 하지 마시라. 우리는 누구나 구글 번역기를 이용할 수 있다. 이해가 안 되는 경우라면, 구글 번역기로 신속하게 처리할 수 있다.
- 원하는 대답을 얻지 못하더라도 계속 호출단추를 누르지 마시라.

▸ Solution:

기내 승무원에게 미소를 지으며, 궁금한 점을 물어보아라.

• 비행기에서 내리기

항공사 승무원이 조명이 꺼질 때까지 안전벨트를 매고 자리에 앉아 있으라는 말을 반복했기 때문에 이것이 문제가 될 줄은 생각도 못했다. 사람들이 이것이 왜 자기네들에게는 적용되지 않는다고 생각하는지 모르겠다. 하지만 어떤 사람들은 이러한 안전지침을 규정이 아닌 제안으로 생각한다.

나는 비행기가 착륙하기 위해 활주로 진입을 시도하고 있는데, 어느 중년 신사와 그의 아내가 가방을 들고 비행기 앞쪽으로 돌진하는 것을 본 적이 있다. 비행기에 타고 있던 그 누구도 이런 일이 일어나고 있다는 것을 믿을 수 없었다. 그들은 다른 몇몇 사람들을 가방으로 머리를 때리는 등 위험에 빠뜨렸고, 항공사 스튜어디스는 그들을 다시 자리로 안내하기 위해 자신의 안전장비(safety harness)에서 벗어나야 했다. 스튜어디스와 몇몇 다른 사람들이 그들에게 무엇을 하고 있는지 물어봤음에도 불구하고 그들은 그 규칙이 그들에게 명백하게 적용되었다고 생각하지 않았다.

또 다른 사건은 비행기가 계류장에 완전히 멈추기 전에 한 젊은 남성이 일어나 가방을 움켜잡고 줄 앞쪽으로 돌진하는 사건이었다. 앞의 첫 번째 사례만큼 나쁘진 않지만, 여러분이 이렇게 했다면 여러분은 완전 바보처럼 보인다는 것만 알아두시라.

▸ Do:

- 인내심을 가지시라.
- 차례를 기다리시라.
- 누구나 그 과정을 싫어하고 당신만큼 비좁은 공간에서 벗어나고 싶어 한다는 것을 깨달으시라.

▸ Don't:

- 안전벨트 표시등이 꺼지기 전에 자리에서 일어난다? 바보 같은 짓이다.
- 옆 사람보다 먼저 내려야 할 더 급한 일이 있다고 생각하지 마시라.
- 내릴 문에 더 가까이 다가가려고 다른 승객을 밀치며 지나가지 마시라.

• 수하물 컨베이어 벨트에서 가방 가져오기

- 일단 비행기에서 내리면, 대개는 수하물 찾는 곳으로 정신없이 달려간다. 어디서 짐을 찾아야 할지 먼저 번호를 확인해야 한다. 그러나 여러분은 그것을 찾고 나서는 무엇을 하는가?
- 여러분이 수하물 컨베이어벨트에서 18인치 떨어져 서 있을 때, 그리고 누군가가 여러분 바로 앞에 서서 실제로 자기네 가방을 잡지 않고 여러분 앞에 서 있을 필요성을 느끼는 사람들만큼 느낄 때 여러분은 정말 짜증이 날 것이다. 마치 첫 번째 패스에서 가방을 잡지 못하면 가방은 사라질 것 같은 느낌이 들것이다.
- 여러분이 세상 어디에 있든지 간에, 여러분의 가방이 회전 컨베이어벨트 원이나 루프 안에 있다. 첫 번째 패스에서 가방을 놓치면, 보통 누군가에게 가방을 잡아달라고 부탁하거나 몇 피트만 더 걸어가서 다음 오프닝에서 가방을 잡으면 된다.
- 컨베이어벨트 주위에 몰려들어 가방을 기다리는 사람들을 차단할 필요는 없다. 공항과 항공사들은 당신의 옷이나 속옷이 그들의 제한된 보관 공간을 가득 메우는 것을 바라지도 않는다. 여러분은 어떻게든 여러분의 가방을 갖게 될 것이다.

이제 수하물 컨베이어벨트에서 지켜야 할 몇 가지 에티켓을 알아보자.

▸ Do:

- 차례를 기다리시라.
- 인내심을 가지시라.
- 수하물 컨베이어벨트에서 약 2피트 떨어져 서서 가방이 먼저 나오는 사람이 가방을 낚아챌 수 있도록 공간을 확보해주시라.
- 여러분의 주변이나 근처에 서있는 사람들을 주의하고, 그들이 여러분보다 먼저 그곳에 있었다면 그들에게 길을 열어 주시라.
- 다른 사람이 짐을 잡으려하면 (신체적으로 가능한 경우) 도움을 주시라.

▶ Don't:

- 기다리는 동안 사람들을 막아선다? 매너를 모르는 사람이다.
- 가방을 기다리며 바로 앞에 서 있는 사람을 무시하지 마시라.
- 사람들이 컨베이어벨트에서 짐을 잡을 때 도와달라고 하면 무시하지 마시라. 누구나 되도록 빨리 공항을 빠져나가고 싶은 심정일 것이다.
- 컨베이어벨트 바로 옆에 짐(3개 이상인 경우)을 쌓아 놓으시라. 다른 승객이 짐을 찾는 데 필요한 귀중한 공간을 차지하기 때문이다.

▶ Solution:

'인내심을 가지시라, 차례를 기다리시라!' 아무리 반복해도 기억해야 할 말이다. 휴가를 가는 것은 흥미롭지만, 그곳으로 여행하는 것은 그렇게 재미있는 것은 못된다. 때로는 공항, 기차, 택시 등이 우리들에게 최악의 상황을 가져다 줄 수도 있다. 그러니 공항 문을 나서면 다른 사람들에 대한 여러분의 감정과 일반적인 공감이 크게 줄어들 것이라는 사실을 명심하시라. 수하물을 찾을 때 다른 사람이 자기 수하물을 찾을 수 있도록 공간을 만들어주고 동료 승객을 의식하시라.

• 나쁜 에티켓 때문에 휴가를 망치지 않게 하기

여러분이 세계 어디에 있든 언제나 적절한 에티켓을 지키지 않는 사람은 있게 마련이다. 각 문화는 서로 다른 에티켓을 가르칠 가능성이 높으며, 우리가 적절하거나 평범하다고 느끼는 것이 항상 그렇지는 않을 수도 있음을 명심할 필요가 있다. 다른 사람들의 행동을 통제하기 위해 우리가 진정으로 할 수 있는 유일한 것은 우리 자신의 행동을 통제하고 좋은 모범을 보이는 것이다.

누군가 노골적으로 무례하거나 비열한 행동을 하면 실망스러울 수 있지만, 적대적이거나 보복적인 행동을 하는 것은 여러분의 휴가를 더 나쁘게 만들 뿐이다. 그들의 나쁜 행동이나 나쁜 에티켓 때문에 열심히 계획하고 저축하여 떠나는 여러분의 여행을 망칠 필요는 없을 것이다. 추억을 만들고, 필요하다면 숨죽이고 중얼대겠지만 그냥 내버려 두고 여행에 몰입하시라.

03
문화 차원

1. 기어트 호프스테드의 문화 차원 모델

이문화(문화 간, intercultural) 연구에서 널리 알려진 방법이 문화적 차이의 분류를 다루는 다양한 접근법이다. 접근 방식은 주로 문화적으로 상대주의적인지, 즉 비교가 아닌 문화와 관련이 있는지, 아니면 보다 보편주의적 지향성(문화의 비교 가능성, 단일 지표 및 용어)을 갖는지에 따라 다르다.

기어트 호프스테드는 이문화 학습 분야에서 가장 잘 알려진 대표자 중 한 사람이었다. 1960년대 말 11만 명이 넘는 IBM직원을 대상으로 한 실증 연구에서 그는 요인 분석을 기반으로 문화 차원 모델을 개발했다. 먼저 그는 나중에 다섯 번째 차원(장기/단기 지향성)을 추가하기 전에 4가지 주요 차원 (권력 거리, 집단주의/개인주의, 남성성/여성성, 불확실성 회피)을 파악했다. 2010년 호프스테드는 〈문화와 조직: 마음의 소프트웨어〉를 출간하였는데, 이 책에서 그는 '쾌락(자적)과 절제(자제)'라는 여섯 번째 차원을 도입했다. 이 연구는 처음에는 67개국을 대상으로 했는데, 이후 76개국으로 확대되었고, 마지막으로 2010년 두 가지 차원(장기/단기 지향성, 쾌락과 절제)을 위해 93개국으로 확장되었다.

■ 모델의 비판적 평가

이 연구의 접근방식과 문화 차원의 결과는 지난 수십 년간 논쟁적으로 논의되었다. 기본적인 보편주의 접근법과 각 국가의 점수 축소 결과는 많은 인문학 및 문화연구 학자들 외에 이문화 강사들에게 많은 혼란을 부추겼다. 한편, 문화 차원 모델은 많은 기초 자료, 다양한 지표, 훈련 분야 및 민간 및 직업 맥락에서 문화 간 상호작용 상황에 대한 다양한 평가 옵션을 제공한다. 국제 GLOBE 연구(House et al. 2004) 또한 이 연구의 핵심 부분과 결과를 입증하고 있다.

1) 문화 차원: 권력 거리

권력 거리(power distance)는 한 문화에서 권력 균형의 정도와 그것이 어떻게 분포되는지 그리고 "사람들 사이에 얼마나 큰 불평등이 존재할 수 있는가?"라는 질문을 설명한다. 부모-자녀, 교사-학생, 관리자-직원 또는 공적 관계와 같은 계층적 관계를 통해 조직 내의 구조, 권력 거리의 형성이 명확해진다. 권력 거리가 높은 문화에서는 의사결정 프로세스가 "위에서 아래로" 진행되고 이러한 결정이 모순되지 않는 것이 일반적이다. 권력 거리가 낮을수록 의사결정 프로세스에 더 많이 참여한다.

중남미 국가(예: 베네수엘라, 멕시코 등)와 아시아 국가(예: 말레이시아, 필리핀, 인도 등)에서는 권력 배분의 높은 불균형을 수용하는 반면(= "높은 권력 거리"), 북유럽과 중유럽 국가 및 Anglophone 국가(예: 덴마크, 독일, 스위스, 영국, 미국, 호주 등)의 불평등한 권력 배분은 허용되지 않는다 (= "낮은 권력 거리").

2) 문화 차원: 개인주의(individualism) - 집단주의(collectivism)

두 번째 차원은 각 문화에서 개인주의와 집단주의의 관계를 설명한다. 이는 개인의 이해관계가 집단과 종속되는 정도를 나타낸다(집단주의, 우리 집단 정체성/전통 사회). 개인의 이익(개인주의, 자기실현)이 집단의 이익보다 우선시된다. 집단주의 문화에서 집단과 가족은 대개 매우 크며, 집단적 유대관계는 그에 따라 매우 뚜렷하다. 상호 충성도가 기대되고 요구된다. 그러나 개인주의 문화에서는 개인의 자기실현과 핵가족이 우선시된다. 아이들은 나-형태(집단주의는 우리-형태)로 생각하는 법을 배운다.

문화 차원인 개인주의와 집단주의에도 여전히 중요한 소통 스타일이 할당되어 있다. 개인주의 문화에서는 저맥락 커뮤니케이션이고, 집단주의 문화에서는 고맥락 커뮤니케이션이다.

3) 문화 차원: 남성성(masculinity) - 여성성(femininity)

세 번째 문화 차원은 사회 문화적 범주이다. 이 차원은 한 문화에서 누가 어떤 역할을 하는지(역할 배분)에 대한 질문을 조사한다. 즉, 한 사회의 지배적 가치관이 얼마나 남성 지향적인지를 나타내는 정도로 남성성이란 개념을 사용하면서, 남성적 문화와 여성적 문화가 국가별로 어떻게 차이가 나는지를 문제 삼는다. 남성적 문화에서 남성은 자기주장이 강하고, 야심이 있고, 경쟁적이며, 물질적 성공을 위해 노력하고, 무엇이든 거대하고 세차고 빠른 것을 기대하는 남성을 존중한다. 반면에 여성성을 강조하고 가치를 부여하는 문화에서는 양육과 연관된 행위가 강조되는데, 이런 문화에서는 남성이 반드시 자기주장이 강할 필요는 없고, 양성평등을 강조하고, 남녀 간에 상호보완적이고 양성적인 행동을 이상적인 것으로 본다.

예컨대 대부분의 스칸디나비아 국가와 같은 여성 문화권에서는 남성과 여성 간의 역할 분담이 동등하다. 남성은 가사와 가족을 동등하게 담당하며, 여성은 직업을 가질 수 있다. 즉, 여성성이 강한 사회는 관계와 협력을 지향한다. 반면에 개척자 정신을 가지고 탐험과 모험으로 신대륙과 식민지를 개척한 미국의 아이들은 아주 어릴 때부터 남자 여자의 구별이 심하다. 남자 아이는 약해 보이는 남자를 계집애(sissy) 같다고 하며 놀린다. 이것은 모욕적인 표현으로, 남자 아이들끼리 흔히 싸움으로 이어지기도 한다. 미국에서는 축구는 여자들이 하는 운동이고 남자들은 미식축구나 아이스하키를 해야 한다고 생각한다. 또한, 여학생들 사이에서는 치어리더 자리를 놓고 경쟁한다. 남자=운동, 여자=치어리더, 이런 문화가 만연해 있다. 미국 여자들은 결혼해서 아이를 낳으면 하던 일을 그만두고 집안일을 하는 것을 당연하게 생각한다. 이처럼 남성성이 강한 문화권에서는 여성과 남성의 역할 분담에 뚜렷한 차이가 있다. 또한 그 구성원은 물질적 이득, 높은 성과 기대, 자기주장을 지향하는 경향이 강하다.

4) 문화 차원: 불확실성 회피(uncertainty avoidance)

이 차원은 주로 알려지지 않은 상황을 어떻게 대처하느냐에 관한 것이다. 불확실성 회피 수준이 높은 사회 구성원 (예: 독일, 러시아, 멕시코 등)은 분석과 계획을 통해 알 수 없는/불확실한 것을 예측 및 제어할 수 있도록 하려고 한다. 질서와 법이 우선시되고, 높은 수준의 규칙 지향과 건강과 재물을 더 걱정하는 경향이 있다. 직업적 맥락의 중요한 기준은 오류 문화가 현저히 낮거나 거의 존재하지 않으며, 실수를 하지 않는 다양한 전략을 가지고 있다. 알 수 없는 (규제되지 않은) 상황은 불안과 두려움을 야기한다. 반면에 불확실성 회피 수준이 낮은 문화에서는 불확실성이 일반적으로 받아들여지고, 되도록 적은 규칙이 있어야 하며, 건강과 돈에 대한 걱정은 훨씬 적어야 한다.

5) 문화 차원: 장기 지향성(long-term orientation) - 단기 지향성(short-term orientation)

이 차원은 사회가 단기적인 성공이나 장기적인 해결책에 더 많이 의존하는 정도와 관련이 있다. 중국과 같은 장기 지향적 문화권에서는 장기적으로 설계된 개인 관계 또는 관계망을 구축하는 데 중점을 둔다. 또한 고위층과 노인에 대한 높은 존경과 전통에 대한 높은 존중을 보인다. 단기 지향적 문화권은 단기간(1년 이하)의 이익을 강조하며, 선악에 유효한 지침이 더 많다.

6) 새로운 문화 차원: 쾌락(indulgence)과 절제(restraint)

여섯 번째 문화 차원은 여전히 꽤 새로운 차원인데, 사회에서 자신의 필요에 따라 자유롭게 생활하는 방식을 설명하고 있다. 여기에는 여가활동이 얼마나 즐거움 지향적인지, 어떻게 성생활을 개방적으로 누리고 있는지, 얼마나 화려한 옷을 입었는지, 미래에 대해 더 낙관적이거나 비관적인 시각을 가지고 있는지를 묻는 질문들이 포함된다. 제약이 더 심한 문화권의 구성원들은 자신의 삶을 더 잘 통제하고 있다고 느낀다. 법과 질서를 유지하는 것이 최우선 과제이다.

2. 능력: 호프스테드의 문화 차원에서 배울 점

사업상 다른 문화권 사람들과 거래한 적이 있는가? 그들과의 대화와 합의에서 모든 것이 항상 순조롭게 진행되었는가? 늘 그렇지는 않았을 것이다! 완전히 국제적인 네트워킹 시대에서도 문화적 차이는 많은 사람들이 생각하는 것 이상으로 큰 역할을 한다. 권력 거리, 소셜 네트워크 구조 및 자기실현에 대한 우리의 이해는 여전히 국제 비즈니스 관계에 중요한 영향을 미치고 있다. 그러니 가능한 오해와 문제를 피하기 위해 우리는 이러한 차이점을 더 잘 이해하는 법을 배울 필요가 있다.

• 국가문화: 독립 변수

국제적 문화 특징을 분류한 가장 유명한 연구 중 하나는 네덜란드 사회심리학자이자 전직 IBM 직원인 기어트 호프스테드가 작성한 것이다. 호프스테드는 1980년 국가문화를 더 잘 설명하고 토론하는 변수를 설정하려는 최초의 사회과학자 중 한 사람이었다. 호프스테드는 연구에서 국가 문화를 "한 집단 구성원을 다른 집단과 구별하는 사고방식의 집단적 프로그래밍"이라고 정의했다. 이러한 "프로그래밍"은 개인이 자신의 삶의 모든 측면에서 자신이 내리는 비즈니스 결정을 포함하여 자신의 사고방식과 가치에 영향을 준다.

호프스테드의 접근 방식의 결과는 무형의 문화적 측면을 구체적이고 측정 가능한 변수로 변환하려는 시도였고, 그의 유명한 문화 차원 모델로 이어졌다. 아래의 표는 그의 연구의 필수 토대를 이루는 초기의 네 가지 문화 차원을 간략하게 설명한 것이다.[1]

0 ——————— 호프스테드의 문화 차원 ——————— 100

■ 권력 거리지수(Power Distance Index, PDI) : 불평등 정도

높음: 모든 사람이 지위가 있고 정당화의 필요성이 없는 위계질서를 수용한다.	낮음: 권력의 평등을 위해 노력하고 권력의 불평등에 대한 정당성을 요구한다.

■ 개인주의 대 집단주의(Individualism vs. Collectivism, IDV): 개인/집단 지향 정도

개인주의: 느슨한 사회적 프레임을 선호한다.	집단주의: 촘촘한 사회적 프레임을 선호한다.

3. 남성성 대 여성성(Masculinity vs. Femininity, MAS): 경쟁심 정도

남성성: 사회적 성취욕, 영웅심, 자기주장, 성공에 대한 물질적 보상을 선호한다.	여성성: 협력, 겸손, 약자에 대한 배려, 삶의 질을 선호한다.

4. 불확실성 회피지수(Uncertainty Avoidance Index, UAI): 사회의 규범성 정도

높음: 신념과 행동의 엄격한 규범을 유지하고 변칙적인 행동과 생각에 비관용적이다.	낮음: 사회는 원칙보다 실천을 더 중시하는 보다 유연한 태도를 견지한다.

1 참고: https://www.pinterest.co.kr/pin/547820742163387050/

다음에서는 이문화 비즈니스 관계에서 가장 중요한 역할을 하는 두 가지 차원, 즉 집단주의와 개인주의, 그리고 권력 거리의 관계를 살펴보겠다.

• 개인주의/집단주의

먼저 '개인주의/집단주의' 차원을 살펴보자. 비즈니스 파트너가 한 그룹에 속하고/또는 그룹의 이익을 대표한다고 느끼는 정도 또는 반대로 개인적 이익을 우선시하는 정도는 비즈니스 관계에서 결정적인 역할을 한다. 개인주의 문화권(예: 미국, 영국, 독일 등) 사람들은 자기중심적이며 자신의 자아실현을 최우선 과제로 본다. 개인주의 문화권의 아이들은 종종 일인칭 형태로 생각하는 법을 배운다. 이는 성인이 되어서도 이어진다. 반대로, 집단주의 문화권(예: 일본, 인도 등)의 개인도 있다. 집단주의 사회에서는 개인과 개인 집단 사이에 더 광범위한 상호의존성이 있으며, 구성원들은 "우리"와 더 관련이 있고, 진정한 대가족이나 문화적 집단을 뜻하는 더 큰 사회적 환경과 관련이 있다.

• 집단주의 사회로의 진입 장벽 증가

그러나 이것은 비즈니스 관계에 어떤 영향을 미칠까? 조사 결과에 의하면, 미국, 영국, 독일과 같은 특히 개인주의 사회의 기업들은 모르는 비즈니스 파트너와 비즈니스 관계를 맺고 그들을 더 빨리 신뢰하는 것으로 나타났다.

집단주의 사회의 비즈니스 생활에서 매우 두드러진 집단 소속성으로 인해 외부 업무는 주로 비즈니스/사회적 환경에 속한 비즈니스 파트너에게 더 흔하게 주어진다. 그래서 서방 기업들은 집단주의 사회에 기반을 둔 기업과 비즈니스 관계를 구축하기가 쉽지 않다고 느끼기도 한다. 호프스테드에 따르면, 그러나 집단주의자들은 부정적인 성향이 있어서 외부 대표들에 대한 신뢰가 떨어지지만, 시간이 지남에 따라 이런 형태의 사회에서 훨씬 더 강하고 지속 가능한 관계가 형성되는 것으로 밝혀졌다. 실제로 최근 일본 시장조사(집단주의 사회의 성향이 더 강함)에서 우리의 경험 또한 일본의 B2B 정책결정자들이 서방 선진국의 정책결정자들보다 장기적인 비즈니스 관계에 훨씬 더 많은 가치를 두고 있음을 확인할 수 있었다.

• 권력 거리

권력 거리는 비즈니스 관계에 매우 강한 영향을 미치는 두 번째 차원이다. 이 차원은 권력의 분산의 수용 정도, 두드러진 위계구조의 정상과 확산, 상위 계층과 하위 계층 간 격차를 설명한다. 권력 거리가 높은 문화권 구성원(예: 말레이시아, 중국 등)은 지배력이 더 강한 개인에게 종속되고 위계구조에 적응하려는 의지가 더 강하다. 그러나 권력 거리가 낮은 사회(예: 미국, 영국 등)에서는 개인이 권력을 더 균등하게 분배하려고 노력한다. 이것은 또한 권력 거리가 높은 사회에서는 자선행위가 그다지 뚜렷하게 드러나지 않지만, 낮은 권력 거리를 가진 사회에서는 자선 행위에서도 뚜렷하게 나타나고 있다. 이에 대한 설명은 문화 영역 내 불평등의 수용 정도에 있다. 어떤 사람들이 사회에 불평등이 존재하는 것이 정상이라고 생각한다면, 그들은 불평등을 바로 잡는 데 덜 신경을 쓰는 것이다. 권력 거리가 비즈니스 관계에 미치는 영향은 매우 클 수 있다. 두 문화권의 대표자가 사업상 서로 만난다면 권력 거리의 차이로 인해 오해가 빠르게 발생할 수 있다. 높은 권력 거리에 익숙한 사람들은 낮은 권력 거리의 문화권에서 대화 상대자의 행동을 쉽게 무례한 것으로 인식할 수 있다. 반대로 그들의 복종 또는 지배(그들이 속한 계층적 수준에 따라 다름)는 권력 거리가 낮은 지역의 사람들에게는 이상하게 보일 수 있다.

B2B 비즈니스 관계 내에서 권력 거리가 미치는 영향의 또 다른 예는 구매자-공급자 관계에서 고객 서비스에 대한 기대치이다. 구매자가 권력 거리 유지에 높은 가치를 두는 경우 양쪽의 불안을 초래하고 오해를 일으키기 쉬운 상황에서 권력 거리가 낮은 문화권의 공급 업체가 권력 상태를 유지하려고 노력하면서 빠르게 우위를 점하게 될 수 있다.

• 중국의 관시 네트워크

두 차원 간의 상호 작용을 살펴보면 흥미롭다. 집단주의 사회이자 권력 거리가 높은 문화권인 중국에서는 이러한 사회적 태도에도 관시(關係/关系)란 특별한 명칭이 있다.

관시(이연/관계)는 다른 어떤 나라에서도 관찰되지 않는 중국 사회에서 특별한 집단 소속을 의미한다. 관시에 따르면, 모든 사람들은 자신을 소셜 네트워크의 일원으로 간주한다. 이 네트워크 내에서 상호 양립은 공통적이며, 일종의 '한 손이 다른 손을 씻는다(One hand washes the other.)'는 속담의 사고방식이 존재한다. '오는 정이 있으면 가는 정이 있다'는 우리네 속담과 같은 뜻이다. 한 사람이 관시 네트워크에 속하면 다른 집단 구성원들의 완전한 신뢰를 누리고 네트워크 외부에 있는 사람들에 대한 자기네 판단에 대해서도 전적으로 의존할 것이다.

관시 네트워크는 민간뿐 아니라 기업 환경에서도 큰 역할을 할 수 있다. 관시 네트워크 내의 회원은 입문자로서 다른 사람이 모르는 정보를 가질 수 있다. 예컨대 정부 계약에 대한 전략적 변화나 세부사항을 통해 계약 수주에서 이점을 얻을 수 있다. 특히 서방 국가의 외부인에게 이러한 관행은 이례적으로 보일 수 있으며, 금방 내부자 거래나 부패로 인식될 수 있다. 물론 이 시점에서 이러한 비판은 서구 사회의 개인이 자신의 안경이나 문화적 규범과 행동 양태를 통해 세계를 보고 자신과 중국 문화의 차이를 고려하지 않았기 때문이라고 주장할 수 있다. 그러나 근본적인 사실은 남아 있다. 관시 네트워크는 중국 문화의 필수 요소이며, 이를 받아들이는 법을 배운 사람들만 중국에서 경제적으로 성공할 수 있다는 사실이다.

• 예약이 문제로 이어지다

여기서는 문화적 차이와 비즈니스 관계에 미치는 영향에 대해서만 대략적으로 살펴보았지만, 그 과정에서 중요한 한 가지 조언을 하고 싶다. 다음 회의에서 다른 문화권 대표자들과의 어떠한 편견도 없애려고 노력하자. 상호 이해와 긍정적인 태도만이 장기적으로 수익성 있는 관계를 만들 수 있다.

제2부
유럽

〈출처: https://www.ilibrarian.net/flagmaps/europe.jpg〉

00
유럽에 관한 상식

1. 지역

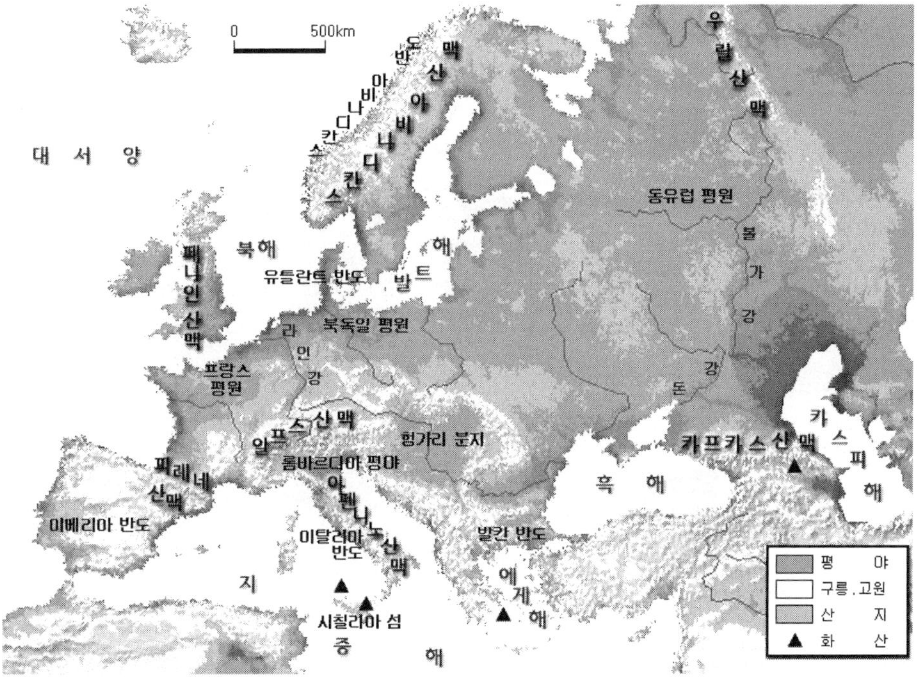

우랄 산맥 서쪽과 카프카스 산맥 이북, 그리고 우랄 강, 카스피 해, 흑해, 에게 해를 잇는 지역. 지중해를 사이에 두고 아프리카와 유럽이 구분된다. 유럽 자체도 유라시아 대륙에서 뻗어 나온 반도 형태라고도 한다. 그러면 스칸디나비아 반도, 유틀란트 반도, 브르타뉴 반도, 이베리아 반도, 이탈리아 반도, 발칸 반도, 크림 반도 등은 그 곁가지 반도들인 셈이다.

아시아와의 경계는 러시아의 우랄 산맥. 이 산맥의 서쪽은 유럽, 동쪽은 아시아이다. 과거에는 우랄 산맥이 아닌 다른 경계를 기준으로 구분했다. 우랄 산맥의 경계가 모호해지는 산맥 남쪽 구간부터 카스피 해까지는 러시아와 카자흐스탄을 흐르는 우랄 강이 두 지역의 경계였다. 터키와 카프카스 지역 전체가 유럽으로, 또는 카프카스 위쪽 러시아의 일부 영토도 아시아로 분류되기도 했다.

• 분류 1: CIA(미국정보기관)가 제시한 유럽 분류

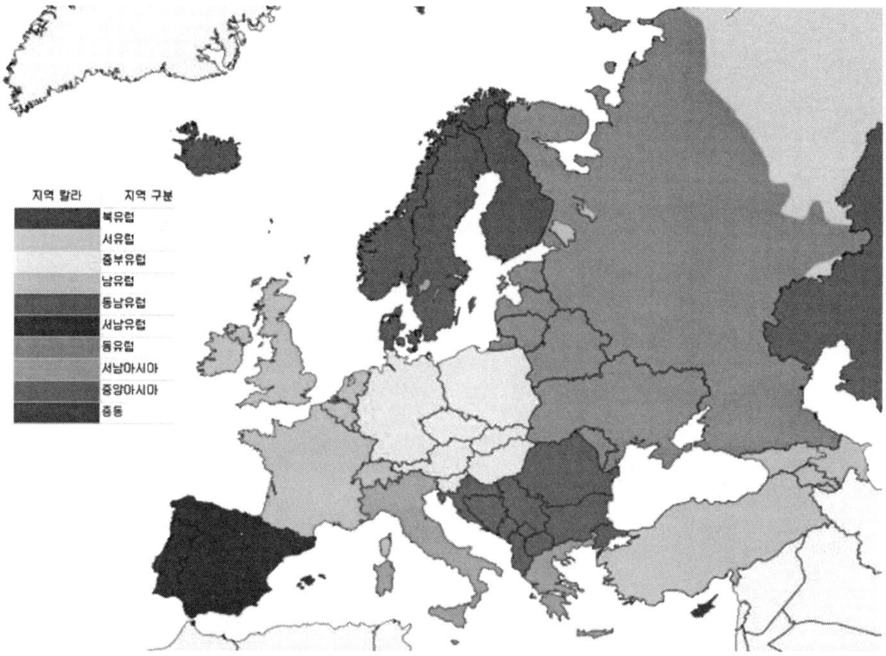

- 북유럽: 노르웨이, 스웨덴, 덴마크, 핀란드, 아이슬란드
- 중유럽: 독일, 오스트리아, 체코공화국, 슬로바키아, 폴란드, 헝가리, 리히텐슈타인, 슬로베니아
- 동유럽: 에스토니아, 라트비아, 리투아니아, 벨라루스, 우크라이나, 러시아, 몰도바
- 서유럽: 영국, 아일랜드, 네덜란드, 벨기에, 룩셈부르크, 프랑스, 스위스, 모나코, (안도라)
- 남유럽: 그리스, 이탈리아, (산마리노, 바티칸시국)

- 동남유럽: 크로아티아, 몬테네그로, 보스니아-헤르체고비나, 세르비아, 코소보, 루마니아, 불가리아, 알바니아, 마케도니아, 터키(유럽)
- 서남유럽: 스페인, 포르투갈
- 카프카스 지역: 지리적으로 서아시아에 속하지만, 정치, 문화적으로 유럽에 가깝다. 그루지아, 아르메니아, 아제르바이잔

▸ 지리적으로 아시아 국가지만 유럽으로 보는 국가들:
- 카자흐스탄: 일부 영토가 유럽에 해당한다. 축구에서는 AFC를 떠나 UEFA로 이적한 상태다.
- 키프로스: 지리적으로 서아시아에 속하지만, 정치·문화적으로 유럽으로 통한다.
- 터키: 전 국토의 3%(약 24,000km²)만 유럽에 속한다. 터키는 자국을 유럽 국가로 간주한다. 한국의 외교통상부에서도 터키는 유럽 부서에서 담당한다.
- 이스라엘: 지리상으로 서아시아 지역이지만 중동국가와의 반목이 심해 문화 및 경제 교류는 (터키를 포함한) 유럽과 한다.

• 분류 2: 본서에 적용된 유럽 분류

앞의 분류 1을 기반으로 언어와 민족을 고려한 분류를 하면 다음과 같다.

북유럽	노르웨이, 스웨덴, 덴마크, 아이슬란드, 핀란드, 영국, 아일랜드
중유럽	네덜란드, 벨기에, 룩셈부르크, 독일, 스위스, 오스트리아, 폴란드, 체코공화국, 슬로바키아, 헝가리, 리히텐슈타인
동유럽	에스토니아, 라트비아, 리투아니아, 러시아, 벨라루스, 우크라이나, 몰도바
서유럽	프랑스, 스페인, 포르투갈, 안도라
남유럽	이탈리아, 그리스, 바티칸시티, 산마리노, 모나코, 몰타
남동유럽	루마니아, 불가리아, 슬로베니아, 크로아티아, 보스니아-헤르체코비나, 세르비아, 몬테네그로, 마케도니아, 알바니아, 터키, 키프로스

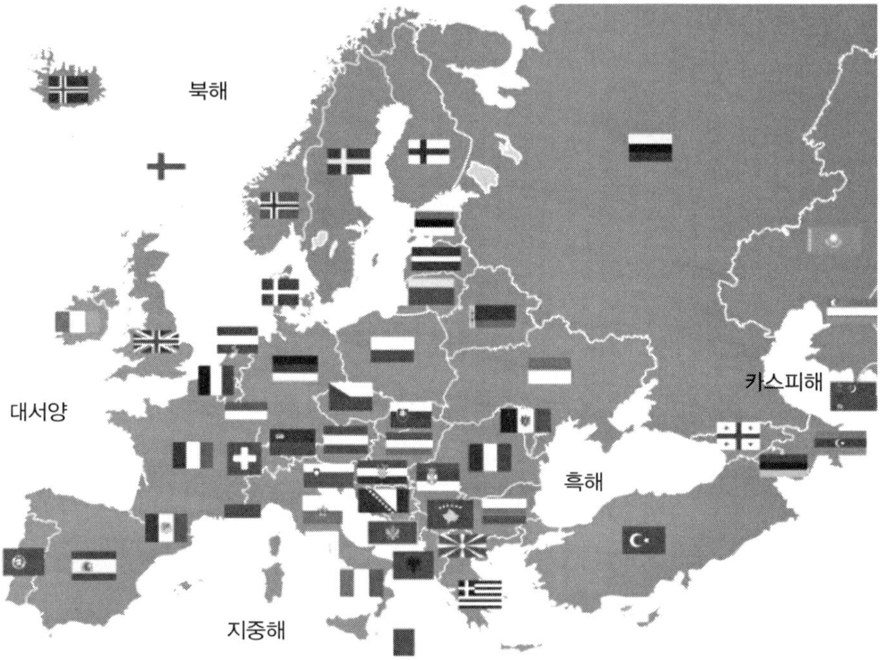

2. 상식

• 면적

- 1018만 km². 한반도의 46배 수준이고 중국보다 약간 크다.
- 러시아를 빼고도 36개의 크고 작은 나라들이 있고, 대부분이 육지를 국경으로 삼고 있다. 면적과 인구는 러시아가 가장 크고, 바티칸 시티가 가장 작다.
- 인구는 746,419,440명(2018, 지구 전체의 약 11%).

• 어원

▶ 고대 그리스 신화

에우로페(에우로파)는 매혹적인 하얀 황소로 둔갑한 제우스에게 유괴당한 페니키아 공주로 나온다. 제우스는 에우로페를 크레타 섬으로 데려가 미노스(Minos), 라다만티스(Rhadamanthys), 사르페돈(Sarpedon)을 낳았다.

호메로스의 서사시에서 에우로페(그리스어: Εὐρώπη)는 크레타의 신화적인 여왕이고 지명은 아니다. 나중에 '에우로페'는 그리스 중북부만을, 기원전 500년경부터 북쪽 땅으로 의미가 확대된다.

▸ 소아시아 언어

하나는 '에우로페'의 이름에서 유래했다는 가설이다. 그리스어로 '넓다'를 뜻하는 'eur-'와 '눈'을 뜻하는 'op-' 또는 'opt-'가 결합하여 '넓게 보는', '시각의 넓음'을 뜻하는 'Eurṓpē'에서 나온 말이다.

다른 하나는 셈어에서 유래했다는 가설이다. 아카드어 'erubu'(내려가다, 해 지다)나 그 동계어인 페니키아어 'ereb'(저녁, 서쪽), 아랍어 마그레브, 히브리어 'ma'ariv' 등에서 나왔다는 주장이 있다.

• 인종: 종족의 지역별 명칭

크게는 중앙의 게르만계, 남부의 라틴계, 동부의 슬라브계를 3대 인종으로 친다. 그 밖에도 유대인이나 집시, 바스크 등의 소수민족들이 다양하게 얽혀 살고 있다.

라틴족은 종족의 의미가 아닌 언어의 분류에 해당한다. 이탈리아를 중심으로 프랑스, 스페인, 포르투갈, 루마니아 등 고대 라틴어(고대 이탈리아어)를 사용한 종족을 뜻한다.

게르만족과 바이킹족은 같은 어군이지만 종족은 다르다. 바이킹족은 켈트족인데, 나중에 영국을 점령한 노르만족이 되었다. 여기서 말하는 바이킹족은 덴마크 출신 바이킹을 말하며, 10세기경 영국으로 이주한 켈트족의 원조다. 그 이후 어군도 달라서 켈트어군으로 분류된다.

현대 영국을 대표하는 민족인 앵글로색슨족도 원래는 독일 북부지방에 살다가 5세기에 영국으로 건너간 사람들이다. 이 명칭은 앵글인과 색슨인을 합쳐 부른 것으로, 지금도 독일에는 작센(Sachsen, 영어로는 Saxon)이란 지명이 있다.

▸ 게르만족: 북서 유럽을 중심으로 거주하며, 독일, 앵글로색슨, 네덜란드, 스웨덴,

노르웨이, 덴마크 인들이다. 장신, 금발, 파란 또는 회색 눈이 특징이다. 원래는 발트 해 연안에 거주했으나, 4세기 후반부터 이른바 '게르만 민족 대이동'으로 유럽 중서부에 넓게 분포한다. 주로 유럽 중북부는 프로테스탄트교를, 중남부는 가톨릭교를 신봉한다.

▶ 라틴족: 남유럽 지중해 연안의 북서부에 걸쳐 거주하며, 프랑스, 스페인, 포르투갈, 이탈리아, 루마니아 인들이다. 중간키, 갈색 또는 검은색 곱슬머리가 특징이다. 주로 가톨릭교를 신봉한다.

▶ 슬라브족: 동유럽을 중심으로 거주하며, 러시아, 우크라이나, 세르비아, 폴란드, 체코, 불가리아 인들이다. 그리스 정교와 가톨릭교로부터 강한 영향을 받았다.

• 언어

▶ 어족: 인도유럽어족

인도유럽어족은 5,000여 년 전 흑해 북쪽의 초원지대에서 쓰였고, BC 3000년경에

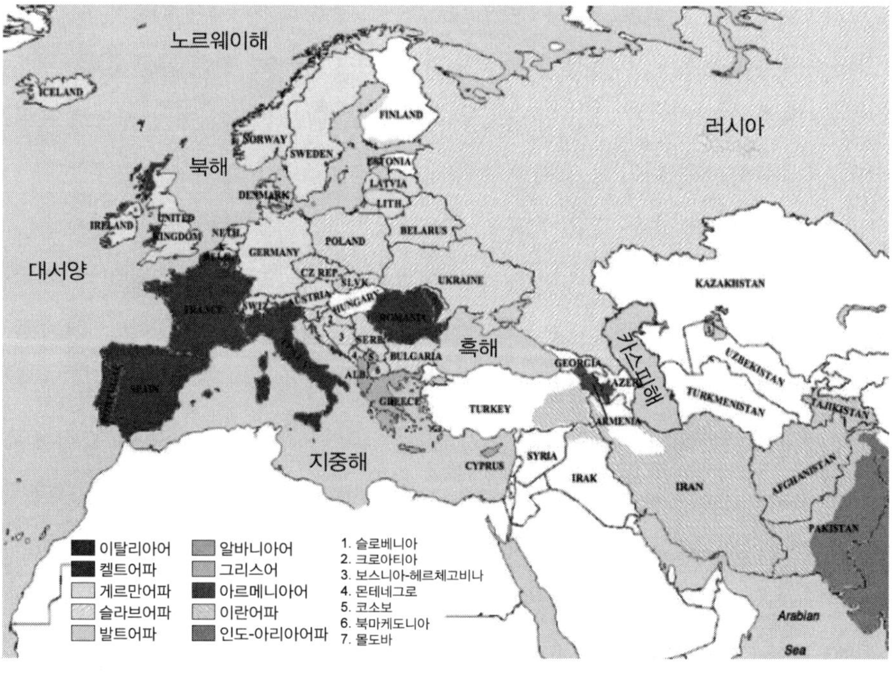

수많은 방언으로 갈라진 것으로 추정된다. 인도유럽어족에는 10갈래가 있다. 크게 '동 인구어족'과 '서 인구어족'으로 나뉘는데, 이는 각각 숫자 100을 뜻하는 단어 '사템'(범어의 satam)과 '켄툼'(예: 라틴어 century)에서 따와서 사템어군, 켄툼어군으로 분류하기도 하는데, 서유럽은 켄툼어군, 동유럽과 인도, 이란어는 사템어군 지역이다. 사템어군에는 아르메니아어와 알바니아어 외에도 슬라브어파, 발트어파, 인도이란어파가 있으며, 켄툼어군에는 게르만어파, 이탈리아어파, 켈트어파, 헬라어파(그리스어) 그리고 현재 사어가 된 토카리아어가 있다.

유럽의 대다수 언어는 인도유럽어족에 속한다. 2018년 기준 총 7억 4,400만 명의 유럽인 중 94%가 인도유럽어를 모국어로 사용한다. 인도유럽어 내에서 가장 큰 3개의 어족은 로망스어파, 게르만어파, 슬라브어파인데, 각각 2억 명 이상의 사용자를 보유하고 있다. 전체 유럽인의 거의 90%가 이들 어군에 속한다. 유럽에서 발견되는 인도유럽어족 중에는 그리스어(약 1300만 명), 발트어파 (약 700만 명), 알바니아어(약 500만 명), 인도-아리아어(집시어, 약 150만 명) 및 켈트어파(약 1백만 명)도 있다.

유럽에는 프랑스어, 이탈리아어, 독일어, 영어 및 러시아어의 5개 언어가 5천만 명 이상의 원어민이 있다. 러시아어가 가장 많은 원어민(유럽에 1억 명 이상)을 보유하고 있으며, 영어는 외국어로써 영어를 구사하는 약 2억 명을 포함하면 전체적으로 가장 많은 사용자를 보유한 셈이다.

- 로망스어파

약 2억 1,500만 명의 유럽인(주로 서유럽과 남유럽)이 로망스어파를 모국어로 사용한다. 대표적인 프랑스어(약 7200만), 이탈리아어(약 6500만), 스페인어(약 4000만) 외에도 루마니아어(약 2400만), 포르투갈어(약 1000만), 카탈루냐어(약 900만), 시칠리아어(약 500만), 베네치아어(약 400만 명, 이탈리아어에도 속함), 갈리아어(약 200만 명), 사르디니아어(약 100만 명), 오크어(약 50만 명) 등의 소수 언어들도 있다.

- 게르만어파

게르만어파는 서부, 북부 및 중부 유럽에서 우세한 언어 계열이다. 약 2억 1천만 명의 유럽인이 게르만어파 원어민이다. 이 중 가장 큰 집단은 독일어(약 9천 500만 명), 영어(약 7000만 명), 네덜란드어(약 2천 400만 명)이고, 그밖에 스웨덴어(약 1,000만 명), 덴마크어(약 600만 명), 노르웨이어(약 500만 명) 같은 소집단도 있다.

- 슬라브어파

슬라브어는 남부, 중부, 동유럽의 넓은 지역에서 사용된다. 약 2억 5천만 명의 유럽인들이 슬라브어를 모국어로 사용한다. 가장 큰 집단은 러시아어(유럽 러시아와 동유럽에서 1억 1천만 명, 유럽 최대 언어 커뮤니티 형성)이고, 그밖에 폴란드어(약 5000만 명), 우크라이나어(약 4000만 명), 세르보-크로아티아어(약 2100만 명), 체코어(약 1100만 명)이다. 불가리아어(약 900만 명), 슬로바키아어(약 500만 명), 벨라루스어 및 슬로베니아어(각 약 300만 명), 마케도니아어(약 200만 명) 등이 있다.

• 에티켓과 매너

- 핀란드에서는 소금 병을 건넬 때 손에서 손으로 건네지 않고 옆으로 소금 병을 밀어놓으면 다음 사람이 가져간다.
- 이탈리아에서는 결혼식 때 신부가 탄생한 해에 담근 포도주를 제공한다.
- 폴란드는 결혼반지를 왼손이 아닌 오른손에 착용한다. 배우자를 사별했거나 이혼한 경우에 왼손에 착용한다.
- 헝가리에서는 맥주로 건배하지 않는다.
- 핀란드는 전 국민이 한 달에 한 번 정기치과 검진이 필수다.
- 유럽의 1층은 한국의 2층을 의미한다. 한국식 1층은 'G'(지상 층, Ground floor)로 표시한다. 한국식 1층은 미국식('First floor')을 따른 것이다.
- 유럽인은 하나를 표시할 때 엄지를 이용한다. 검지를 펴면 두 개로 인식한다.

〈상식1〉 유럽의 지리

- 우크라이나는 (러시아를 제외하면) 면적으로 유럽 최대 국가이다.
- 바티칸 시국은 면적으로 유럽 최소 국가이다.
- 독일은 인구에서 유럽 최대 국가이다.
- 바티칸 시국은 인구에서 유럽 최소 국가이다.
- 유럽의 최고봉은 러시아의 엘브루스 봉이다.
- 유럽의 최저점은 러시아와 경계를 이루는 카스피 해이다.
  (러시아를 제외하면 최고와 최저 지점은 서유럽대륙에 있다.)
- 유럽 최고봉은 프랑스와 이탈리아의 몽블랑 산이다.
- 유럽의 최저점은 덴마크의 Lemmefjord와 네덜란드의 Prins Alexander Polder로, 해수면 보다 23 feet(7m)나 낮다.
- 유레일패스 사용 가능 국가: 총 24개국 – 프랑스, 스위스, 독일, 이탈리아, 오스트리아, 스페인, 헝가리, 네덜란드, 벨기에, 룩셈부르크, 아일랜드, 포루투칼, 그리스, 덴마크, 노르웨이, 핀란드, 스웨덴, 루마니아, 크로아티아, 슬로베니아, 체코, 터키

〈상식2〉 유럽 국가들의 이미지(trap of Stereotypes about cultures)

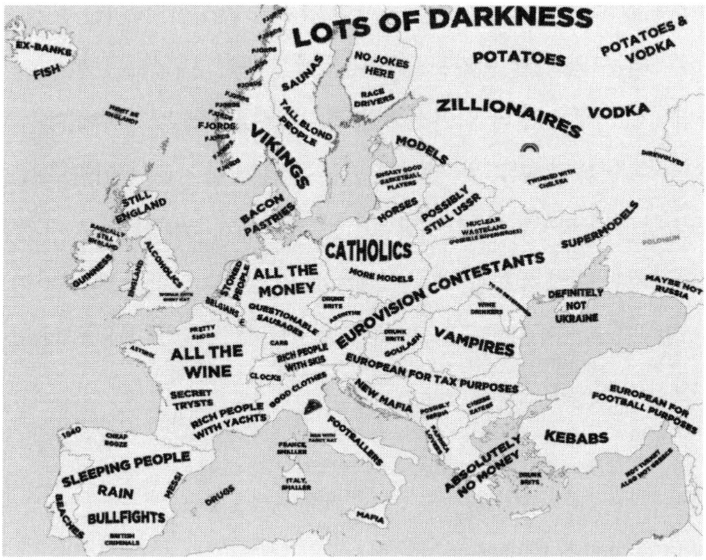

고정관념(스테레오타입)은 특정 집단의 구성원에 대해서 많은 사람들이 전반적으로 적용하는 지나치게 단순화된 믿음이나 고정적 견해(스키마)이기는 하지만, 사실은 그렇지 않다. 이문화(문화간) 커뮤니케이션에서는 그 사람의 문화적 배경이 무엇이고 그 사람의

개성이 무엇인가를 가려내는 데 매우 중요하다. 호프스테드(1991)는 문화가 인간의 보편적인 본성과 개인의 독특한 개성을 구분하는 기준이 될 수 있다고 보고, 그 삶의 행동을 이해하려면 개성(Personality), 문화(Culture) 그리고 인간 본성(Human Nature)의 세 가지 차원을 고려할 필요가 있다고 지적한다. 이에 따라 유럽인의 이미지를 그린 것이 앞의 그림이다.

3. 유럽의 역사

이카로스의 날개 신화 출현. 최초로 하늘을 비행한 인물. 그리스 신화에서 크레타의 왕 미노스는 반인 반소 미노타우로스를 가두기 위해 크노소스 궁전에 라비린토스 미궁을 만든다. 아테네의 왕자 테세우스는 미노타우로스를 죽이기 위해 크레타로 찾아오고 그를 사랑한 미노스의 딸 아리아드네는 미궁의 설계자인 다이달로스를 찾아가 미궁을 빠져나오는 방법을 묻는다. 다이달로스는 아리아드네에게 실을 이용하여 빠져나오는 방법을 알려주고 테세우스는 무사히 임무를 완수한다. 이를 알게 된 미노스 왕은 다이달로스와 그의 아들 이카로스를 미궁에 가둔다. 미궁에 갇힌 다이달로스는 주변을 날아다니던 새들로부터 떨어진 깃털과 미궁 곳곳에 맺힌 벌집에서 얻은 밀랍으로 사람이 날 수 있을 정도로 큰 날개를 만들어 몸에 붙이고는 이카로스와 함께 하늘로 날아올라 탈출에 성공한다. 다이달로스는 아들에게 태양에 너무 가깝게 날면 위험하다고 경고하지만 이카로스는 새처럼 나는 것이 익숙해지면서 태양 가까이로 날아간다. 아버지 다이달로스의 충고를 따르지 않은 이카로스는 인조 날개의 밀랍이 녹으면서 깃털이 산산이 흩어져 추락한다.

800-400BC

- BC750년경 그리스 알파벳 등장
- BC700년경 호메로스의 서사시 〈일리아스〉, 〈오디세이아〉
- BC509-287 로마 공화정의 대두
- BC490 페르시아 전쟁: 마라톤 전투

- BC447 파르테논 신전 착공(BC432 완공). 고대 그리스 아테네의 수호 여신인 아테나를 모신 신전
- BC441 소포클레스, 비극 〈안티고네〉 완성
- BC431 펠로폰네소스 전쟁(BC404까지 계속)
- BC425 헤로도토스의 〈역사〉 완성

400-100BC

- BC359 마케도니아 왕 필리포스 2세(알렉산더 대왕의 아버지) 등극
- BC338 카이로네이아 전투, 이 전투의 승리로 마케도니아의 필리포스 2세가 그리스 세계 전체의 지배가자 됨
- BC336 알렉산더 대왕(필리포스 2세의 아들) 등극 (BC323 사망)
- BC312 최초의 로마 수도관인 아쿠아 아피아(Aqua Apia) 건설
- BC292-280 세계의 불가사의 로도스의 거상(Colossus of Rhodes) 완성. 높이 약 30m(107ft)

100-0BC

- BC60-44 카이사르의 등장
- BC58 〈갈리아전기〉/율리우스 카이사르
- BC27 로마공화정 종말, 로마제국 시작. 아우구스투스가 로마제국의 황제로 등극. 판테온신전이 아우구스투스 황제 때 다신교 국가인 로마 제국에서 특정 신이 아니라 모든 신에게 바치는 신전으로 마르쿠스 빕사니우스 아그리파가 세운 거대 돔 양식의 건축물. 현존하는 건물은 서기 125년에 하드리아누스 황제가 재건한 것.
- BC7-AD4 로마가 유대지역 정복. 나사렛 예수 탄생

0-400CE

- 50-43 로마제국의 브리튼 정복, 런던 시 건설
- 80 로마에 콜로세움 건축. 72년 베스파시아누스 황제가 착공해 8년 뒤인 80년에 아들인 티투스 황제가 완공. 콜로세움이란 이름은 근처에 있었던 네로 황제의 동상(colossus)에서 유래. 원래 이름은 플라비우스 원형 경기장.

• 284-305 디오클레티아누스의 전제정치 하에서 제국 재편

• 305-337 콘스탄티누스 대제와 그리스도교 공인

• 395 로마제국 동·서 분열

• 476 서로마 제국 멸망

400-900CE

• 710-730 이슬람군이 지브롤터 해협을 건너 스페인 정복

• 741-813 샤를마뉴 대제가 오늘날의 벨기에, 네덜란드, 독일, 이탈리아 북부 및 스페인 북부까지 프랑크 제국 확장

• 769-787 샤를마뉴 대제가 아헨 대성당을 궁정 예배당으로 건설. 서유럽 통합과 샤를마뉴 치하의 종교적·정치적 부흥 상징. 샤를마뉴 대제는 814년 이곳에 안치. 중세 시대부터 1531년까지 신성 로마 제국 황제의 대관식은 이곳 아헨 대성당에서 거행

• 793-802 바이킹 정착민이 스칸디나비아에서 영국 북부, 아일랜드 및 프랑스 북부 지역으로 확장

• 825 바이킹이 아이슬란드에 도착

• 843 바이킹 정착민이 더블린 설립

• 859 러시아 Novogrod시 설립

• 872 Harold I세가 노르웨이 전역 통일

• 886-911 바이킹 지도자 Rollo가 파리 공격, '노르망디를 양도하고 권리를 보장한다'는 내용의 생클레르 쉬레프트 조약에 따라 프랑스 노르망디 지역 인수

900-1100

• 962년 작센의 지도자 오토 1세가 교황에 의해 신성 로마 제국 황제로 즉위

• 982-985 바이킹 탐험가 에릭 더 레드(Eiríkr hinn rauði Þorvaldsson→토르발드의 아들 붉은 에이리크)가 아이슬란드에서 추방되어 그린란드 발견

• 1025 폴란드가 신성 로마 제국으로부터의 독립을 선언하고 유럽의 주요 강국으로 부상

- 1057 정복왕 윌리엄(William I)이 영국 전역을 정복하고 잉글랜드의 국왕 등극. 이때부터 잉글랜드 왕은 노르망디 공작을 겸하면서 프랑스 왕의 신하가 되었다. 잉글랜드의 왕으로서는 프랑스의 신하가 아니지만 노르망디 공작위는 잉글랜드 왕위와는 별개로 프랑스의 봉신이기 때문에 노르망디 공작으로서는 프랑스 왕의 신하가 된 것
- 1066 런던탑 건설
- 1096-1300 십자군이 수많은 이슬람교도와 기독교인들의 죽음 초래 시작. 십자군은 중동과 스페인을 가로질러 싸웠다.

1100-1400

- 1144 고딕 양식의 건축물 등장
- 1163 노트르담 대성당이 교황 알렉산데르 3세가 초석을 놓으면서 공사 시작. 1345년에 축성식 거행. 프랑스 고딕 양식 건축물의 대표작
- 1237 몽골인들이 우랄 산맥을 넘어 러시아를 지배했다.
- 1252 종교 재판 시작, 종교 불복종시 고문 승인
- 1347-1350 흑사병으로 유럽 인구의 30-60% 사망
- 1350-1500 이탈리아에서 르네상스 발흥

1400-1700

- 1430 프랑스 군을 이끈 잔 다르크 화형
- 1434 Medici 가문이 이탈리아에서 권력 장악, Cosimio de Medici가 피렌체의 통치자로 등극
- 15세기, 이탈리아 출신의 레오나르도 다빈치 (Leonardo da Vinci, 1452~1519)가 새를 과학적으로 관찰하여 공중으로 뜨는 힘과 공기 저항을 연구. 나사의 원리를 이용한 헬리콥터 모형 고안, 새와 같이 날개를 퍼덕여서 날 수 있는 오니토퍼 (Ornithoper: 날개치기)를 설계하고, 모형을 만들어 실험.

- 1492 콜럼버스가 신세계 탐험 시작

- 1492 구텐베르크가 성경 활판 인쇄
- 1500-1600 영국, 프랑스, 스페인, 포르투갈 및 네덜란드 식민지가 신대륙과 아프리카 전역에 설립
- 1503 Da Vinci가 모나리자 완성
- 1517 종교개혁 시작
- 1588 영국이 스페인 함대를 격파하고 바다 장악
- 1600 갈릴레오가 지구 중심의 우주관에 도전
- 1687 Isaac Newton이 뉴턴 물리학 창시

1700-1900

- 1750-1850 영국 산업혁명 시작
- 1783.11.21 프랑스 파리에서 열기구에 의한 최초의 유인비행 성공, 몽골피에(Montgolfier) 형제, 물리학자 드 로제(Pilatre de Rozier), 아를란드(the Marquis d'Arlandes) 등 4명이 약 500m 높이로 8km를 25분간 비행. 이륙동력으로는 양털과 짚을 태운 열기 이용.
- 1789 프랑스혁명 발발
- 1792-1821 나폴레옹이 유럽 대부분 정복

- 1799 영국의 조지 케일리경 (Baronet, Sir George Cayley, 1773~1857)이 최초의 모형 글라이더 구조 디자인, 1804년 최초로 모형 글라이더 날림. 1849년 3겹 날개 글라이더 제작. 그의 모형 글라이더는 오늘날의 비행기의 형태로 근대적 비행 이론에 영향. 그래서 그를 비행의 아버지(The father of aerial navigation)로 불림
- 1802 베토벤이 월광곡(Moonlight Sonata) 작곡

- 1804 나폴레옹이 프랑스 황제에 즉위
- 1845-1849 아일랜드에 감자 기근으로 아일랜드인 약 100만 명 사망
- 1848 Karl Marx가 사회주의 주장, 유럽에서 혁명 발발.

〈공산당선언〉(Communist Manifesto) 발행

- 1859 Charles Darwin이 〈종의 기원(On the Origin of Species)〉 발간
- 1860-1869 이탈리아와 독일이 오늘날의 국가들로 통일
- 1860 프랑스의 에티네 레노일(Etienne Lenoir)이 최초로 내연기관(가스엔진) 발명.
- 1885 독일의 오토(N.A. Otto)가 가솔린엔진 발명, 독일의 다임러(Gottlieb Daimler)가 실용화하여 동력 비행의 가능성을 높임
- 1889 프랑스의 건축가 Alexandre Gustave Eiffel이 만든 에펠철탑 건립. 프랑스가 보불전쟁에서 독일에게 패한 치욕을 만회하고 국력을 과시하기 위해 1889년 파리 엑스포에 전시할 목적으로 세움(높이 300m)

1900-2000

- 1903.12.17. 라이트 형제가 노스케롤라이나주(North Carolina)의 키티호크(Kitty Hawk) 근처의 킬 데빌 언덕(Kill Devil Hills)에서 복엽기(Biplane)를 제작하여 형제가 교대로 비행, 동생 오빌(Orville)이 먼저 이륙하여 12초 동안 36m를 날았고, 4번째는 형 윌버(Wilbur)가 59초 동안 260m를 나는 데 성공. 라이트 형제가 제작한 복엽기는 '플라이어'(Flyer)란 이름으로 날개폭이 12.29m, 무게는 274kg, 4기통 12마력의 수냉식 가솔린기관으로, 무게는 90kg, 2개의 프로펠러가 서로 반대 방향으로 회전하여 기체의 자세를 바르게 유지시키도록 장착. 기체무게를 가볍게 하기 위해 바퀴를 달지 않았으며 이륙할 때에는 바퀴가 달린 수레 위에 비행기를 올려놓고 레일 위에서 미끄러지도록 설계하고, 착륙할 때에는 썰매 모양의 착륙 장치 이용
- 1909.7.25 프랑스의 루이 블레리오(Louis Bleriot)가 블레리오 X1 (Bleriot X1) 단엽기로 32분 동안 40km의 영불해협 횡단, 장거리 비행에 성공
- 1914-1918 제1차 세계 대전
- 1918.3.20 오스트리아의 수도 빈과 러시아 혁명으로 탄생한 우크라이나 공화국의 수도 키에프 간에 세계 최초의 국제우편비행 개시. 이때 사용된 항공기는 오스트리아 공군이 사용하던 한자-브란덴부르크(Hansa-Brandenburg) C형 정찰기. 동년 5월 15일 미국 최초의 항공우편이 우정성에 의해 워싱턴-필라델피아-뉴욕 간 개시, 사용한 항공기는 커티스(Curtiss) JN-4복엽기

- 1919.2.5 독일의 DLR사(Deutsche Luft Reederei)가 제1차 대전 후 최초로 여객운송사업 개시. 베를린-바이마르간을 연결하는 정기항로 개설, 우편, 신문, 여객 등을 수송하는 정기항공운송사업 개시. 프랑스의 Farman사는 이보다 3일 늦게 파리-런던간 정기항공운송 개시. 여기에 사용된 항공기는 11명까지 탑승할 수 있는 거대한 폭격기인 파르망 골리아드(Farman Goliath)를 개조하여 만든 여객수송기, 이것이 세계 최초로 개설된 국제선. 영국에서는 조지 홀트 토마스(George Holt Thomas)가 1916년 10월 5일 AT&T사(Aircraft Transport & Travel)를 설립하고, 1919년 8월 25일 DH-14 복엽 폭격기를 4인용수송기로 개조하여 런던-파리 노선 취항
- 1919. 처음으로 본격적인 민간수송기를 개발하여 정기항공노선에 취항. 이것이 독일의 융커스(Junkers)사가 개발한 전금속제의 저익단엽기[1]인 F-13, 세계 최초의 밀폐식 객실과 난방시설을 갖춘 것으로, 3개의 넓은 창문과 4석의 객석을 갖춘 민간수송용 전용여객기
- 1927.5.20 미국의 찰스 린드버그(Charles Lindbergh)가 뉴욕의 롱아일랜드(Long Island)에서 '세인트루이스 정신'(Spirit of St. Louis)으로 명명한 단발엔진 리얀 단엽기(Ryan monoplane)로 33시간 39분의 장시간동안 5,810km(3,610miles)를 비행하여 프랑스 파리까지 대서양을 논스톱 횡단 비행에 성공
- 1930's 대공황으로 유럽 경제 약화
- 1933.2.8 미국의 보잉사(Boeing Company)에서 최초로 완전 금속제 저익단엽(Low wing monoplane) 쌍발민간여객기로 10인승 Boeing 247 개발. 인입식 착륙장치(Retractable landing gear)로 이륙 시 공기저항을 감소시키고, 두개의 550마력 엔진은 만재상태(full load)에서도 한 개의 엔진만으로 상승할 수 있는 최초의 항공기로, 순항속도는 250Km/h.
- 1933. Adolf Hitler가 독일 총통 등극
- 1939. Winston Churchil이 영국 수상 등극
- 1939-1945 제2차 세계 대전. 히틀러는 유대인 강제 수용

1 기체의 중심선보다 아래에 으뜸날개가 달려 있는 저익비행기

소 건설. 러시아는 영토 확장. 이탈리아에서 무솔리니 정권 전복

- 1944 연합군의 노르망디 상륙작전
- 194.5 히틀러 자살, 독일 항복
- 1946-1990 소련과 미국 간 냉전시대
- 1954.7 미국 보잉사의 B-707 장거리용 제트여객기가 첫 시험비행, 1958년 10월 팬암항공사(Pan American)가 뉴욕-파리 간 대서양 횡단노선에 취항
- 1957. 소련의 바이코누르 우주기지에서 인류 최초의 스푸트니크 인공위성 발사 성공. 인류 최초로 92일 동안 지구를 돈 후에 대기권에 돌입해서 소멸
- 1970.1.22 팬암항공사(Pan American)가 뉴욕-런던 노선에서 B-747 점보제트기의 취항이후 맥도널드 더글러스사(Mcdonald Douglas)의 DC-10, 록히드사(Lockheed)의 L-1011, 유럽지역의 A-300, 구소련의 IL-86 등 광동체(Wide body) 대형 제트여객기 등장

- 1978 영국에서 세계 최초의 인공수정 아기 탄생
- 1989 영국인 팀 버너스-리(Tim Berners-Lee)가 월드와이드웹(World Wide Web) 개발. 베를린 장벽 해체
- 1991 소련 붕괴, 냉전 종식
- 1992 마스트리히트 조약으로 유럽연합(EU) 탄생
- 2002 유럽연합 유로화 도입
- 2003 프랑스에서 폭염으로 1만 여명 사망
- 2005 프랑스 시위대가 거리 폭동. 교황 요한 바오로 2세 사망. 런던 지하철 3대에 폭탄 테러로 56명 사망, 700여명 부상자 발생
- 2007-2009 러시아가 그루지아(조지아) 공격
- 2008 스릅스카 공화국의 전 대통령 라도반 카라지치가 인종청소 혐의로 체포
- 2009 그리스가 유로존에서 발생한 네 개의 국가부채 위기 중 첫 번째로 시작. 2011년 폴란드, 헝

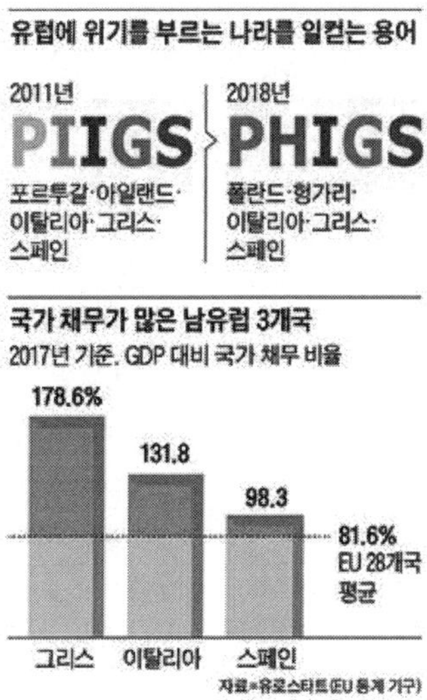

가리, 이탈리아, 그리스, 스페인(PHIGS) 등에 의한 유럽 재정 위기로 이어짐

- 2010 항공기사고로 폴란드 대통령 Lech Kaczynski와 96명의 승객과 승무원 사망
- 2020 영국 유럽연합 공식 탈퇴
- 2020-2021 코로나19 대유행. 2019년 12월 중국 후베이성 우한 시에서 처음 확인. WHO가 2020년 1월 국제적 공중보건 비상사태 선언, 3월 상태를 대유행으로 격상. 2021년 2월 1일 기준 1.029억 명 이상의 확진자와 222만 명 이상의 사망자 발생

4. 유럽연합

4.1. 유럽연합의 역사

1948년	베네룩스 3국 관세동맹 체결.
1952년	ECSC(유럽 석탄철강 공동체) 창설.
1958년	유럽 경제 공동체(EEC) 창설. 베네룩스 3개국과 서독, 프랑스, 이탈리아가 기본 회원국. EURATOM(유럽 원자력 공동체) 창설.
1967년	EEC를 EC(유럽 공동체)로 개편. EEC와 EURATOM, ECSC를 하나로 통합
1968년	관세동맹 완성
1973년	영국, 덴마크, 아일랜드 EC 가입. 회원국 총 9개국.
1981년	그리스 EC 가입. 회원국 총 10개국.
1985년	덴마크 중 그린란드 탈퇴. 솅겐조약 조인.
1986년	스페인(에스파냐), 포르투갈 EC 가입. 회원국 총 12개국. 단일시장과 경제통화동맹(EMU), 가중다수결제에 대한 단일유럽의정서(Single European Act) 서명.
1990년	독일 통일로 옛 동독이 EC 편입. 회원국 총 12개국.
1992년2월	마스트리히트 조약 조인.
1993년1월1일	유럽 단일시장 완성.
1993년 11월	마스트리히트 조약 발효. EU 발족. 여기서부터 완전경제통합 단계에 접어들었다.
1995년	오스트리아, 스웨덴, 핀란드 EU 가입. 회원국 총 15개국1996년
1997년10월	암스테르담 조약 조인
1999년1월	EU 단일통화 EURO화 도입. 공동외교안보정책(CFSP) 실시 합의
1999년5월	암스테르담 조약 발효.

2001년	니스 조약 조인.
2003년	니스 조약 발효.
2004년	에스토니아, 라트비아, 리투아니아, 폴란드, 체코, 슬로바키아, 헝가리, 슬로베니아, 몰타, 키프로스(남 키프로스) 등 EU 가입. 회원국 총 25개국.
2007년	루마니아, 불가리아 EU 가입. 회원국 총 27개국. 이 해를 기해 EU국가들 간의 국경선, 노동시장, 기타 시장들이 완전히 개방되었다.
2009년11월	리스본 조약 체제 출범.
2011년1월1일	에스토니아 유로화 사용 시작.
2013년7월1일	크로아티아 EU 가입. 회원국 총 28개국.
2015년1월1일	리투아니아 유로화 사용 시작.
2020년1월31일 오후 11시	영국 유럽연합 공식 탈퇴(브렉시트)

4.2. 유럽연합 상식

• 국가

엄연히 국가(EU National Anthem)가 있다. 베토벤 교향곡 제9번 4악장의 합창 부분을 연주하며, 공식적인 가사는 없다. 비공식적으로는 독일만 독일어 가사를 붙여 사용하며, 라틴어 가사도 있다.

• 유럽연합 회원국과 비슷한 대우를 받는 비회원국

EFTA(유럽 자유무역협정, European Free Trade Association): 노르웨이, 리히텐슈타인, 스위스, 아이슬란드 등 4개 국가들은 유럽연합 회원국과 거의 동등한 대우를 받는다. 시민들도 교육, 취업 등 대부분의 분야에서 EU 시민권자와 거의 동등한 대우를 받는다.

• 유로화

유럽연합의 28개국 중 유로 존에 가입한 19개국에서는 단일 화폐인 유로(EURO)를 사용하고 있다. 이로서 [Euro] 사용 인구는 약 3억5천만 명이 되었다. 기호는 €, 코드는 EUR이다.

EU 회원국들 중 유로화 사용 18개 국가	EU 회원국들 중 유로화 미사용 9개 국가	EU 비 회원국들 중 유로화 사용 6개 국가
그리스, 네덜란드, 독일, 라트비아, 룩셈부르크, 리투아니아, 몰타, 벨기에, 스페인, 슬로바키아, 슬로베니아, 아일랜드, 에스토니아, 오스트리아, 이탈리아, 키프로스, 포르투갈, 프랑스, 핀란드	덴마크, 루마니아, 불가리아, 스웨덴, 영국(2020년 1월 EU탈퇴), 체코, 크로아티아, 폴란드, 헝가리	안도라, 코소보, 모나코, 몬테네그로, 산마리노, 바티칸시국

• 유레일패스

유럽연합 국가에 상관없이 유레일 가맹국에서만 사용가능하다. 가맹국은 총 23개국. 프랑스, 스페인, 이탈리아, (스위스), 스웨덴, 노르웨이, 그리스, 독일, 포르투갈, 핀란드, 덴마크, 벨기에, 네덜란드, 룩셈부르크, 오스트리아, 헝가리, 아일랜드, 루마니아, 크로아티아, 슬로베니아, 불가리아, (세르비아&몬테네그로) (괄호 안의 국가는 비유럽연합국가)

- 베네룩스(벨기에, 네덜란드, 룩셈부르크)/불가리아, 세르비아와 몬테네그로/크로아티아와 슬로베니아는 각각 1개국으로 간주한다.

4.3. 유럽 출신 유명인사들?

다음과 같은 대답이 가능할 것이다. 그렇다면 독자 여러분의 대답은?

01
아일랜드

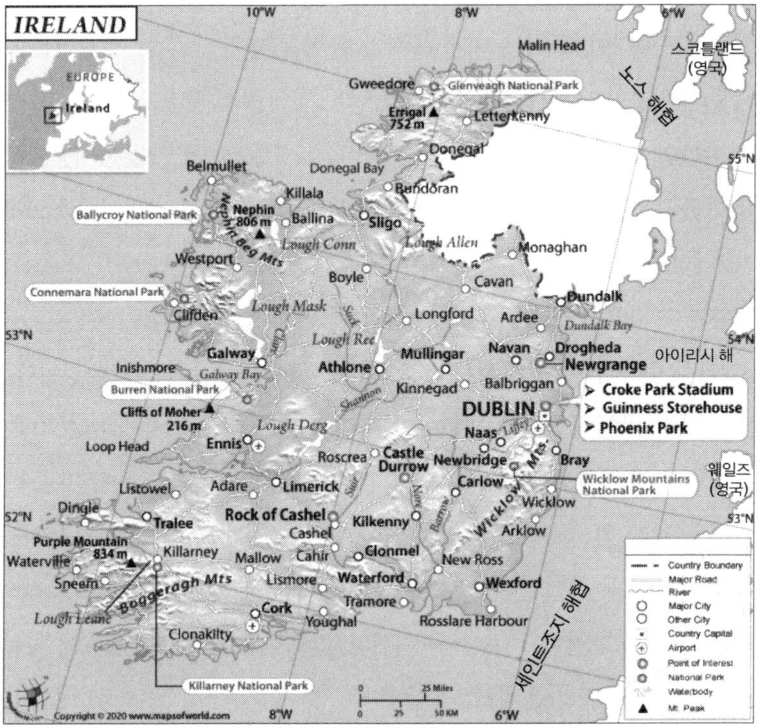

〈출처: https://www.mapsofworld.com/ireland/〉

국명	아일랜드공화국(Republic of Ireland)
면적	70,273 ㎢
수도	더블린(Dublin)
종족	아일랜드인(87.4%), 기타 백인(7.5%), 아시아인(1.3%), 흑인(1.1%), 혼혈(1.1%), 기타(1.6%)
인구	4,909,753명 (2019)
공용어	영어, 아일랜드어
종교	가톨릭 86.8%, 개신교 5.4%, 무종교 4.4%, 기타 3.4%
건국일	1921년 12월 06일
통화	유로화(Euro)
도메인	.ie

1. 지리적 특징

영국의 서쪽, 서유럽 끝자락에 위치한 섬나라 아일랜드. 아일랜드 섬은 대서양과 아이리시 해 사이에 있다. 영국 본토 그레이트브리튼 섬과는 얕은 대륙붕으로 연결되어 있다.

아일랜드를 떠올리면, 우리는 대개 폭력과 유혈 사태가 난무한 시끄러운 나라의 이미지를 떠올리기도 한다. 그러나 이것은 여전히 영국의 속국으로 남은 북아일랜드의 이야기다. 1949년 영국으로부터 완전 독립한 남아일랜드, 곧 아일랜드공화국은 세상에서 가장 아름답고 평화로운, 예이츠(William Buttler Yeats)가 그리던 이니스프리 호수 섬과 같은 나라이다.

유럽 대륙과 브리튼 섬에서 로마인, 게르만족 등에 밀려난 켈트족이 마지막까지 버틴 지역, 그래서 현재 남아있는 켈트 신화 중 대다수는 아일랜드가 배경이다. 8세기말에 침입한 노르만 바이킹족을 1014년에야 격퇴하였다. 이후 12세기부터 700년간 영국민의 지배를 받으며 저항한 결과 1921년 12월 6일 독립하였다. 영국-아일랜드 전쟁에서 당시 아일랜드 32개 섬 중에서 6개 군은 영국령 북아일랜드로, 26개 군은 아일랜드자유국으로 분할되었다. 북아일랜드는 가톨릭교도가 많아 한동안 종교 분쟁의 원인이 되었다. '아일랜드'는 아일랜드 전설 속 여신인 'Ériu(현대어로 에이레 Éire)'에 'land'가 합친 것이다. 행정구역은 26개 카운티로 되어 있다.

1) 국기

1848년 청년 아일랜드 운동의 기수 토마스 프린시어스 오 먀하르(Tomás Proinsias Ó Meachair)가 최초로 도입한 이후 1916년 자유 아일랜드의 상징이 되었다. 1922년에 아일랜드 자유국으로 독립하면서 정식 국기가 되었다. 녹색은 섬나라와 가톨릭을, 주황색은 신교도를, 흰색은 두 종교 집단의 평화와 이해를 상징한다. 그래서 대부분의 기념품은 초록색이다. 국화도 클로버이다.

2) 기후

해양성기후. 그러나 편서풍의 많은 영향과 대서양 연안의 멕시코만 난류의 강한 영향으로 고위도에 위치함에도 비교적 따뜻하다. 겨울에도 눈을 거의 볼 수 없다. 강우량은 그레이트브리튼 섬보다 많지만 1년 내내 맑은 날보다 흐린 날이 많다. 겨울에도 흐리거나 비가 내리는 날이 많다.

3) 주민

기원전 9세기 무렵부터 유럽에서 이주해온 켈트족이 아일랜드 민족을 형성했다. 이후 외침이 이어졌지만 자신의 전통을 유지하였다. 켈트족의 이러한 전통이 너무 강해서 주민의 과반수는 고립 주택이나 소수의 농가가 산재하는 작은 마을에 거주하면서 비교적 폐쇄적인 생활을 영위하고 있다. 문화적으로도 켈트계의 오랜 인종적 풍습, 언어, 종교 등에서 독자성을 보인다. 아일랜드어와 영어를 공용어로 사용하지만, 아일랜드어를 사용하는 주민은 소수에 불과하다.

2018년 기준으로, 종교는 가톨릭교도가 78%, 아일랜드교 등 기타 12%, 무교가 10%이다. 여러 차례 유럽을 휩쓴 개혁 물결도 아일랜드에는 미치지 못해서 '옛 유럽'이 오랫동안 보존되어 왔다. 인구분포는 북동부에 가장 조밀하고 동쪽에서 서쪽으로 갈수록 희박해진다.

4) 교통

1990년대 중반 이후 경제가 고도성장하면서 차량이 증가하고 인구 이동이 빈번해졌지만, 도로망이나 대중교통수단은 확충되지 못해서 교통사정은 꽤 열악한 편이다. 2006년에 공항은 36곳이었고, 철도 총연장은 3,237km나 되었는데, 이중 협궤가 1,365km, 광궤가 1,872km이다. 도로는 96,602km가 포장되었지만, 고속도로는 200km에 불과하다.

그러나 항공노선은 이와는 딴판이다. 더블린(Dublin), 섀넌(Shannon), 코크(Cork)에 위치한 이 나라의 3대 주요 국제공항은 유럽과 대륙 간 노선에 정기 및 전세 항공편을 운항하고 있다. 런던~더블린 항공노선은 세계에서 아홉 번째로 바쁜 국제 항공노선인데,

2017년 두 도시 간 14,500편이나 되는, 유럽에서 가장 붐비는 국제 항공노선이다. 2015년에는 450만 명이 이 노선을 이용했는데, 당시에는 세계에서 두 번째로 바쁜 노선이었다. 라이언에어(Ryanair)가 아일랜드 최대 항공사이기는 하지만, 아일랜드 대표 항공사[1]는 에어 링구스(Aer Lingus)이다. 라이언에어는 유럽 최대 저비용항공사로, 여객 수로는 2위, 국제여객 수로는 세계 최대 규모이다.

아일랜드에 등록된 항공사들은 2017년에만 전 세계로 153만 명을 수송했다. 이 나라 최대 항공사는 유럽에서 두 번째로 큰 항공사 라이언에어이다.

아일랜드는 더블린(Dublin Airport, DUB), 도네갈 카운티(Donegal Airport, CFN), 케리카운티(Kerry Airport, KIR), 클래어 카운티(Shannon Airport, SNN) 및 코크(Cork Airport, ORK)와 노크(Ireland West Airport, NOC)에 국제공항이 있는데, 이들 공항에는 오스트리아 항공, 루프트한자, 스위스 항공, TUIfly, 아일랜드의 항공사들인 에어링구스와 라이언에어가 운항하고 있다. 정부 보조금 폐지 이후, 갤웨이 공항(Galway Airport, GWY)은 2011년 10월 이후 정기항공편을 운항하지 않고 있다. 국내 항공사인 Stobart Air(창립: 2014년, 베이스:

1 Flag Carrier는 자국을 대표하는 항공사이다. 이를 국책 항공사라고도 하지만, 엄밀하게 국책 항공사는 국가의 정책에 따라 운용되는 항공사의 뜻이므로 부적절하다. 또한 National Carrier는 국영 항공사의 뜻이 강하다. '국기(Flag)'가 국가를 상징하기 때문에 이 표현을 붙이는 대상은 왕실이나 국가 등에 한정되었다. 항공산업이 확대되면서 각 국가는 자국을 대표하는 항공사를 만들기 시작했고 대부분은 국영이었다. 그래서 'Flag'라는 표현을 자연스럽게 사용했기 때문에 'Flag'가 '국영' 혹은 '국책'을 뜻하는 것으로 시작됐다. 항공 시장 규제가 해제되면서 여러 항공사가 등장하면서 일부 정부 소유였던 항공사들도 잇달아 민영화되었다. 영국항공은 1987년 민영화되었지만 여전히 플래그 캐리어라는 표현을 붙인다. 애초에는 항공사의 규모도 Flag라는 표현을 붙이는 요인이 되기도 했지만 점차 규모가 다양해지면서 '플래그 캐리어'라는 타이틀은 점차 해당 국가를 대표하는 규모가 있는 항공사의 뜻을 가지기 시작했다.

더블린공항)도 있다. 그 외에도 수많은 지역 공항들이 있다.

5) 사회

아일랜드 인의 상당수는 가톨릭교도들이다. 종교가 주민생활에 미치는 영향력도 대단하다. 국민성은 대체로 보수적이지만, 쾌활하고 친절하며, 형식을 별로 따지지 않아서 사귀기가 쉽다. 그러나 음식에 대해서는 완고함과 보수성을 지니고 있다. 지난 700년 동안 영국 지배의 영향이 현재도 뚜렷하게 남아 있다. 국민들은 영국에 대한 석연치 않은 감정을 마음 한구석에 담고 있고, 경제를 포함한 모든 측면에서 영국의 굴레에서 벗어나려는 욕망이 강하다. 그래서 아일랜드 인들은 인권이나 난민 등 범세계적인 문제에 관심이 높아서 각종 비정부기구(NGO) 활동에 직간접적으로 참여하는 사람들이 많다.

2. 역사적 특징

아일랜드의 역사는 한으로 응어리진 역사이다. 긴 세월 동안 처절한 고난과 반란을 겪어왔고, 가슴속에는 아직도 한의 응어리가 맺혀있다. 아일랜드 인의 슬픔은 이 나라가 가깝고도 먼 영국과의 지정학적 사실과도 무관하지 않다.

선주민은 불확실하지만, BC 8000~7000년경부터 정착촌이 형성되며 시작했다. 켈트족 이민자들은 BC 900~BC 150년 사이에 세 차례에 걸쳐 켈트족 언어와 문화를 이 섬으로 가져왔다. BC 9세기경에는 고이델 족이란 이름으로 청동기시대의 문화를, BC 4세기경에는 군대 조직을 가진 브리튼 족이 철기시대의 라틴문화를, BC 1세기경에는 벨가이 족[2]이 이경농업(얼룩소, 쟁기 등을 이용한 농법)을 전파하였다.

로마 제국 시기에는 아일랜드가 히베르니아(Hibernia)란 이름으로 알려졌다. 역사적으로 아일랜드에는 여러 왕국과 제후국들이 있었다. 5세기 초 약 410년까지 로마 속주 브리타니아에서 건너온 노예들 - 이 중에는 오늘날의 아일랜드 수호성자 성 패트

2 현재의 벨기에와 네덜란드, 프랑스의 일부를 합친 지역의 켈트족 원주민들을 일컫는 라틴어.

릭(398-461)[3]도 포함 - 에 의한 기독교화를 통해 아일랜드는 최초의 전성기를 맞았다. 이 시기에 수많은 수도원 정착지들(특히 유명한 둥근 원형종탑이 있음)이 생겨났다. 이 시기는 800년경부터 자행되던 바이킹의 약탈행위로 점차 사라졌다. 물론 바이킹은 1014년까지 연안 일대에 정주하면서 켈트인과 융합·동화되어 아일랜드 인의 조상을 형성하였다. 중요한 것은 수도원 설립과 기독교 보급(7~8세기)이 켈트족의 찬란했던 문화유산을 꽃피우는 계기가 되었다는 점이다. 민중들 사이에 구전되던 신화, 민담, 설화, 역사 등을 수도원의 수사들이 기록해 널리 보급하고 보존하면서 아일랜드는 중세 암흑기에 유럽 정신문명의 진원지이자 유럽문화의 중심무대가 되었다. 수도원의 수사들은 금속 및 각종 재료들로 아다 찰리스(Ardagh Chalice)나 타라브로치(Tara Brooch) 같은 화려한 예술품 외에, 현재 더블린의 트리니티 대학의 올드 라이브러리에 소장된 '켈스의 책(Book of Kells, 라틴어 필사 복음서)' 등의 정교한 장식 사본들을 제작했다.

1169년, 최초의 앵글로-노르만 군대가 웩스퍼드와 더블린을 점령했다. 영국의 헨리 2세는 1171년 막강한 해군병력을 워터퍼드에 상륙하게 하여 워터퍼드를 '왕의 도시(Royal City)로 선포하게 했다. 이로써 길고도 운명적인 영국의 아일랜드 통치의 싹이 자라게 되었다. 그러나 영국의 국교가 이 섬 주민에게 강요되자 아일랜드 민중은 반항하기 시작하였다. 엘리자베스 여왕, 제임스 1세 등 영국 왕실은 이들의 반항을 철저하게 무력으로 억압하는 동시에, 완강하게 저항하는 북부 얼스터 지방에서는 토지를 몰수하여 본토로부터 영국인을 이주시켜 정착하는 작업을 강행하였다.

1640년대에 발생한 영국 내란은 아일랜드의 정세에 심각한 영향을 주었다. 아일랜드의 토착민과 앵글로-노르만 가톨릭교도들은 1641년 이른바 '킬케니 동맹'을 맺고 아일랜드에서 가톨릭 세력의 회복을 열망하며 신교도 의회군에 대항하는 찰스 1세를 도왔다. 그러나 찰스 1세가 패하여 처형된 뒤, 승리를 거둔 의회군 지도자 올리버 크롬웰은 가톨릭교도인 아일랜드 인을 철저하게 진압한 후 토지를 몰수하여 영국인에게 분배

3 성 패트릭은 4세기 말에 영국 웨일스 서부 해안에서 탄생했다. 그는 16세 때 아일랜드의 해적들에게 잡혀 아일랜드로 끌려갔고, 그곳에서 수년간 노예생활을 했다. 나중에 그는 갈리아 지방으로 도망쳤고, 갈리아에 있는 수도원에서 수도사가 되었다. 그는 기도 중에 아일랜드로 선교하러 가라는 계시와 부름을 받고 주교가 된 뒤, 432년경 아일랜드로 왔다.

하였다. 그리하여 영국인 지주 아래 아일랜드 인은 비참한 소작농으로 전락하면서 유명한 '아일랜드의 빈곤'이 시작되었다. 이로 인해 영국의 지배에 대한 아일랜드 인의 민족주의적 저항은 19세기에 갑자기 고조되어 아일랜드 분쟁은 영국을 괴롭히는 문제의 하나가 되었다.

19세기의 아일랜드 역사는 1845년부터 1851년까지 지속된 '대기근'과 그 여파에 대한 기록이다. 아일랜드는 전통적으로 농업국가였다. 아일랜드는 언제나 영국의 곡창지대 역할을 했다. 인구의 70%인 농민들은 거의 모두 소작농이거나 영세 농가였다. 그런데 아일랜드 인의 주식인 감자 농사가 흉년이어서 대재앙이 일어났다. 감자의 잎마름병으로 7년간 지속된 대기근의 참혹한 역사는 해가 지지 않는 대영제국의 방치로 100만의 엄청난 인구가 굶주림이나 질병으로 죽어갔다. 나머지 100여만 명은 배고픔을 견디지 못하고 영국, 호주, 캐나다, 미국 등으로 정처 없이 떠났다. 이때 사랑하는 가족, 친지, 연인들과 헤어지며 불렀던 노래가 바로 저 유명한 아일랜드 민요 '대니 보이(Danny Boy, '아 목동아')'이다. 대기근은 지진 같은 자연재해이다. 그러나 아일랜드에 대한 영국의 정책이 상황을 더욱 악화시켰다는 점이다. 이 사건은 이후에 아일랜드 인들의 가슴속에 영원히 지워지지 않는 영국인에 대한 '한'을 품게 만든 요인이 되었다.

대기근 이후 상황이 호전되자 소작인들의 안정적인 일자리, 합리적인 지대(地代), 토지권 판매권리 등을 쟁취하기 위해 '토지연맹'을 결성했다. 동시에 민족주의 운동의 싹이 움트기 시작했다.

한편, 영국 의회는 1886년과 1893년에 아일랜드 자치법안을 상정했지만 성립시키지 못하고 1914년에야 통과시켰다. 그렇지만 이미 정착의 역사가 오래된 영국계 신교도가 많은 아일랜드의 얼스터지방 주민은 이에 반대하여 자치가 실현되지 못한 채 제1차 세계 대전을 맞이하였다. 1916년 4월 신페인 당(Sinn Fein, '우리 스스로의 힘'의 뜻, 1916~1922) 등을 주축으로 한 더블린의 무장봉기(부활절 봉기)가 발생하고 무력 진압되었지만, 이는 독립 촉진의 계기가 되었다.

제1차 세계 대전 후, 영국 본국이 제안한 얼스터지방의 분리, 아일랜드 자치령이라는 타협안이 승인되어 1921년 12월 아일랜드 자유국이 성립되었다. 그러나 자치령이라고는 하지만 외교, 군사, 경제 등의 실권을 영국 본국 정부가 장악하였다. 그래서 1932년 총리가 된 에이먼 데 벌레라(Éamon de Valera)는 완전독립을 위해 영국 본국 정부와 계속 항쟁하여 1937년 신헌법을 제정하고 국호를 '에이레'로 정하여 독립을 선언하였다. 그리고 영국 본국도 제2차 세계 대전 전야의 절박한 국제정세 때문에 사실상 이것을 인정하였다. 그 후에도 형식적으로는 여전히 영연방에 속했지만, 제2차 세계 대전 후인 1948년 헌법을 개정하고 1949년 부활절 봉기 33주년을 기념해서 국명을 '아일랜드 공화국'으로 개칭하고 연방에서 이탈하여 완전독립하게 되었다.

3. 공항: 나라의 관문

■ 더블린공항(Dublin Airport)

- IATA코드: DUB　　　ICAO코드: EIDW

2018년에 3,150만 명 이상의 승객이 공항을 통과하며 사상 최대 성수기를 맞이했다. 이 공항은 유럽에서 13번째로 바쁜 공항이다. 총 여객수송에서 아일랜드 공항 중 가장 붐비는 공항이다. 또한 아일랜드 섬에서 교통량이 가장 많다. 벨파스트 국제공항이 그 뒤를 잇고 있다.

이 공항은 광범위한 중단거리 운송망을 갖추고 있으며, 여러 항공사들이 서비스를 제공하고 있다. 북미, 중동 및 동아시아를 중심으로 한 장거리 노선들도 갖추고 있다. 아일랜드 국적항공사 - 에어링구스, 지역항공사 스토바트항공(Stobart Air), 유럽 최대 저비용항공사 라이언에어, ASL 에어라인 아일랜드(ASL Airlines Ireland)의 본거지로, 또 다른 두 항공사 시티제트(CityJet)와 노르웨이에어 인터내셔널(Norwegian Air International)의 본거지로 이용되고 있다.

미국 국경사전서비스(United States border preclearance)는 이 공항에서 미국행 승객들이 이용 가능하다. 유럽에서 이 시설을 제공하는 또 다른 유일한 공항이 섀넌공항이다.

1) 개관

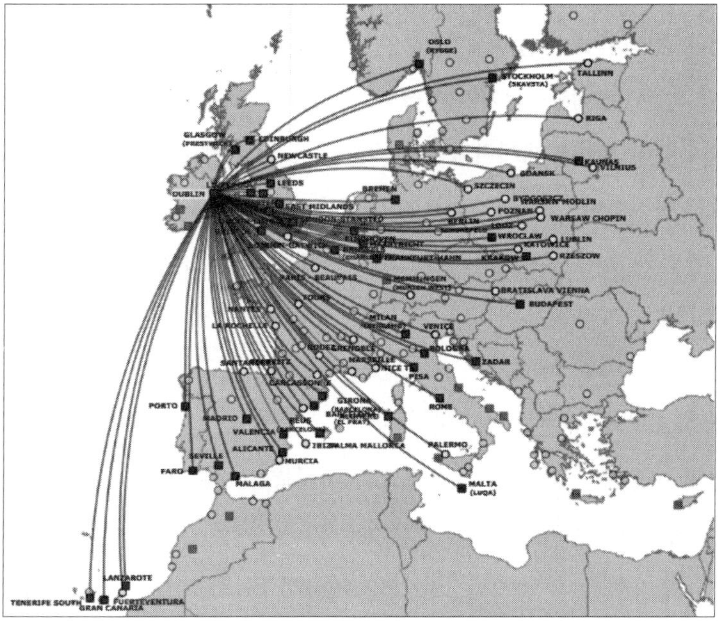

〈Ryanair의 더블린 공항 출발 노선도(airline route map)〉
〈출처: https://www.airlineroutemaps.com/maps/Ryanair/Dublin〉

2019년 8월 현재 더블린 공항은 31개 대륙 간 목적지를 서비스하고 있다(아나톨리아 반도 제외). 2007년 에띠하드 항공이 더블린 공항과 아부다비 노선을 운항하기 시작하였으며, 2010년 3월에는 주간 14편까지 운항을 확대하였다. 게다가 아랍 에미리트 항공은 2012년 1월부터 두바이-더블린 노선을 서비스하고 있다. 북미의 총 22개 도시가 7개 항공사에 의해 더블린 공항과 직접 연결되어 있다. 2015년 에티오피아 항공은 아디스아바바에서 더블린을 취항하기 시작했다. 이는 아일랜드와 사하라 이남 아프리카를 잇는 최초의 직항 항공노선이었다.

- 동아시아 노선

더블린 공항의 소유주인 아일랜드 정부와 그 운영자인 더블린 공항공사는 오랫동안 직접 항공 서비스를 통해 더블린과 동아시아 노선 망을 구축하고자 노력해왔다. 이 계획은 2018년 캐세이퍼시픽 항공이 더블린과 홍콩을 오가는 주 4회 직항 편을 취항하면서 실현됐다. 이어서 2018년 6월과 2019년 1월 하이난항공이 각각 취항한 베이징(에든버러 경유)과 선전(논스톱) 노선이 이어졌다. 그러나 2019년 8월 하이난 항공은 더블린에서 완전 철수했다. 9월에 캐세이퍼시픽 항공은 홍콩의 정치적 불안으로 홍콩 노선을 여름 시즌에만 한정했다. 2020년 3월부터 주니야오 항공(Juneyao Airlines)의 상하이 노선 취항으로 더블린과 중국 본토 간 서비스가 재개되었다. 이 노선은 헬싱키를 경유하기 때문에 엄격히 말하면 직항이 아니다.

- 항공자유화조약과 '섀넌 스톱오버'

20세기 중반 아일랜드 정부는 아일랜드와 미국 간 모든 항공 노선은 섀넌 공항을 통과해야 한다는 규정을 도입했다. 그 대가로 미국 정부는 에어 링구스가 운항할 수 있는 4개 공항을 제한했다. 2007년 3월 22일, 미국과 EU의 오픈 스카이 협정이 비준되면서 아일랜드 정부는 아일랜드와 미국 간 대서양 횡단 항공편의 50%가 섀넌 공항을 통과해야 한다고 주장하면서 '섀넌 스톱오버' 요건은 취소되었다.

[쉬어가기] 항공자유화조약(Treaty on Open Skies)

오픈 스카이스 조약은 군사력 배치 상황과 군사활동 등의 투명성 확보를 위해 가입국 상호 간의 자유로운 비무장 공중정찰을 허용하는 국제협약이다. 민간항공기의 자유로운 운항을 보장하는 '항공자유화협정(오픈스카이, open sky agreement)'과는 구별된다. 1955년 드와이트 아이젠하워 미국 대통령이 우발적 핵전쟁 등을 막기 위해 옛 소련에 서로 영토를 넘나드는 공중정찰 비행을 하자고 제안한 것이 시발점이다. 이 시도는 소련의 거부로 무산됐으나 1989년 조지 H W 부시 대통령이 논의를 부활시켰다. 3년간의 협상 끝에 미국과 러시아는 1992년 3월 조약을 체결했다.

유예기간을 거쳐 10년 뒤인 2002년 공식 발효했는데 현재 나토 회원국과 러시아 · 우크라이나 등 동유럽 국가를 포함해 34개국이 참여하고 있다. 한국, 조선민주주의인민공화국, 일본, 중국은 여기에 가입하지 않았다. 조약에 따라 지금까지 이뤄진 정찰비행은 1,500회를 넘는다. 도널드 트럼프 미 대통령이 이 조약에서 탈퇴하겠다고 밝혔다. 러시아가 모스크바와 체첸 부근의 비행을 제한하는 등 조약을 위반했다는 이유에서다.

[쉬어가기] 섀넌 스톱오버(Shannon Stopover)

미국-아일랜드 항공협정에 1945년부터 1990년대 초까지 적용된 제한조항이 바로 섀넌 스톱오버이다. 양국 간 국제선은 더블린을 단독으로 직항노선을 취항할 수 없고 '더블린-섀넌'을 묶어서 운항하라는 의무조항이다.
더블린-섀넌 구간은 아일랜드 국내구간 운송(cabotage)이므로 운수권을 쓰지 않고 지점을 연결하여 운항하는 구간(blind sector)이 된다. 다만 스톱오버 운수권이 있으니 항공사는 섀넌공항 기착 시 내렸던 승객들을 다음 번 항공편에 탑승하도록 하여 계속 여정을 지속하는 형태이다.
섀넌공항은 대서양 노선의 초기에 중간기착 공항으로 이용된 역사적인 공항이자 최초의 면세점을 갖춘 공항이다. 그러나 항공기의 기술발달로 더 이상 섀넌공항을 경유할 필요가 없어졌다. 1993년에야 양국노선에는 더블린 직항노선이 취항되었다.

- 미국 국경 사전서비스

더블린 공항은 미국행 승객을 위한 미국 국경 사전서비스를 제공하는 유럽 소재 두 공항 중 하나이다(또 다른 공항이 섀넌 공항). 미국행 직항편으로 여행하는 사람들은 출발 전에 더블린에서 이민과 세관 절차를 완료하면 미국 도착 시 국내 승객으로 취급되는 제도이다.

2) 역사

더블린 공항은 1940년에 개항했다. 이 공항은 2008년까지 연간 15%의 성장률을 기록했다. 그럼에도 2010년 11월에야 600만 달러 규모의 터미널 2가 개장했다. 이로써 연간 3500만 명의 승객을 수용할 수 있는 공항으로 탈바꿈했다.

2016년에 공항 북쪽에 길이 3110m의 출도착 활주로를 새로 건설하기 시작했다. 이 활주로는 당시 1700m 떨어진 주 활주로(2637m, 10/28)와 평행을 이루는데, 그 동안 폐쇄되었다가 최근에 항공기 주기장소로 이용되던 활주로 11/29를 대체한다. 개장은 2021년에 했다.

3) 터미널

더블린 공항에는 두 개의 여객 터미널이 있다.

• 터미널 1 - 피어형 탑승동 A, B, D

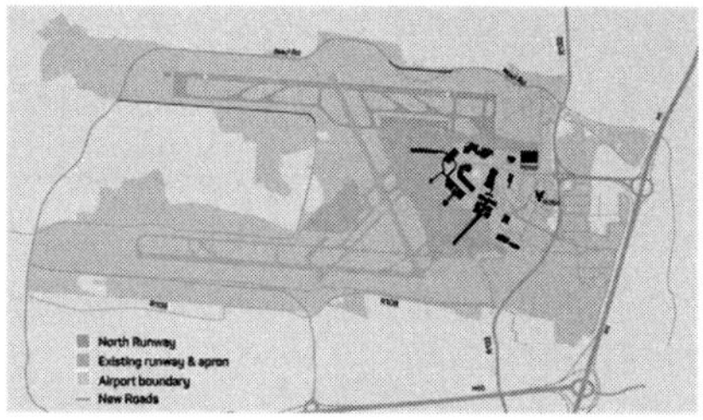

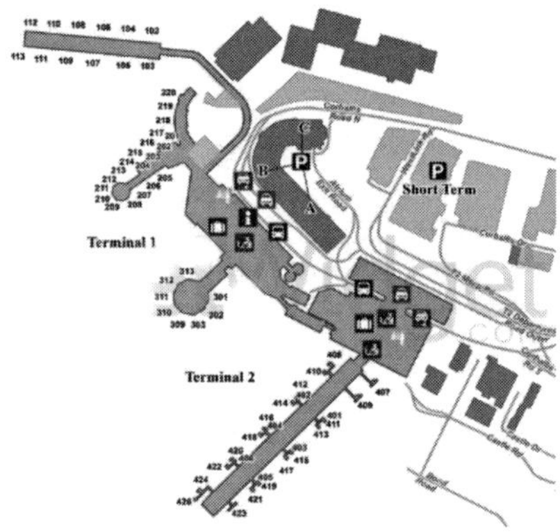

터미널 1은 세 개의 건물들로 구성되어 있다. 탑승동 A는 가장 오래되고 가장 큰 구역이고, 탑승동 B는 북서쪽 상대적으로 작은 날개 구역이다. 1999년에 개통된 탑승동 C는 탑승동 A의 동쪽 끝에 위치했는데, 새 터미널 2 건설로 자리를 내주어야 했다. 탑승동 B 북쪽의 탑승동 D는 2004년에 확장한 것인데, 특히 이곳을 베이스로 하는 라이언에어 같은 저비용항공사들의 요구에 맞춘 것이다. 현재 터미널 1에는 더블린 출도착 대다수 항공사들이 이용하고 있는데, 그 중 일부는 점진적으로 터미널 2로 이전한다.

• 터미널 2 - 탑승동 E

2010년 11월, 기존 시설 동쪽에 개장한 새 터미널이다. 이것을 탑승동 E라고도 했다. 600만 유로나 들인 이 터미널은 면적이 75000m²에 이르며, 탑승교가 19개나 된다. 연간 최대 1500만 명의 승객을 처리할 수 있다. 터미널 2는 에어 링구스의 새 본거지로서 북미와 아랍 에미리트 행 모든 항공편을 운항한다.

4. 문화 차원

성 패트릭의 날에 맥주(유명한 기네스 맥주, 다크 에일)를 마시는 나라. 문학가 예이츠

(W.B.Yeats), 버나드쇼(George Bernard Shaw), 베케트(Samuel Beckett)가 노벨상을 탄 나라. 5대 제임스 본드 피어스 브로스넌(Pierce Brosnan, 1953-), 〈쉰들러 리스트〉, 〈테이큰〉 등으로 우리에게도 친숙한 리암 니슨(William John 'Liam' Neeson, 1952-)의 나라. 웨스트라이프(Westlife), 록 밴드 U2, 포크뮤직계의 전설 더블리너스(The Dubliners)를 배출한 나라.

아일랜드는 이처럼 문화부흥기를 누리고 있는 나라다. 아일랜드의 가장 저명한 시인이자 얼스터 지방의 서정시로 유명한 시무스 히니(Seamus Heaney)가 1995년 노벨문학상을 수상하였으며, 제임스 조이스 및 시머스 딘도 유명하다. 아일랜드에는 '션 노스'(sean nos)라는 민요도 있다. 대중음악 분야는 컨트리음악과 록 음악이 성행하고 있다.

제임스 조이스의 도시, 리피 강 하구에 위치한 더블린은 아일랜드의 수도이다. 아이리시 해를 사이에 두고 동쪽으로는 영국 잉글랜드의 리버풀이 있다. 더블린은 역사적인 도시이다. 450년경에 성 파트리치오(성 패트릭)에 의해 더블린 사람들은 그리스도교로 개종한 이후 독특한 켈트-기독교 문화를 꽃피웠다. 9세기에는 바이킹이 침공하여 켈트인들의 마을을 불태우고 새로 성을 쌓으면서 바이킹의 도시로 거듭났다. 1171년에 바이킹은 잉글랜드의 앵글로 노르만인들에 의해 완전히 추방하였고, 1172년에 잉글랜드의 헨리 2세가 더블린에 성을 짓고 잉글랜드 브리스톨의 속령이 되면서 아일랜드는 잉글랜드의 지배하에 들고, 더블린은 잉글랜드의 아일랜드 지배 중심지가 되었다. 그래서 더블린은 많은 문화적 유산들을 품고 있다. 오코넬 스트리트(O' Connell Street)는 더블린 관광의 출발점이다. 거리명은 아일랜드의 독립운동가 대니얼 오코넬의 이름에서 왔다. 1916년 영국의 지배에 항거한 민중 봉기의 무대였던 중앙우체국과 아일랜드 영웅 동상들(예, 제임스 조이스의 동상), 백화점과 각종 상점들로 가득하다. 세계에서 가장 높은 첨탑인 스파이어(Spire of Dublin, 무게 123t, 높이 120m)도 근처에 있다. 2003년에 아일랜드의 고속경제성장을 기념하기 위해 건립된 된 것이다. 아일랜드를 대표하는 맥주 브랜드 기네스 맥주 양조장 기네스 스토어하우스(Guinees Store House)도 빠질 수 없다. 7층 규모에 기네스 맥주 제조과정을 단계적으로 보여주는 전시공간과 맥주 체험 바도 있다. 무엇보다 더블린이 역사적인 도시임을 각인시키는 곳이 트리니티 대학(Trinity College)과 도서관이다. 아일랜드에서 가장 오래된 대학교로, 캠퍼스가 도시 전체에 산재한다. 세계적으로 유명한 아름다운 도서관에는 20

여만 권의 장서가 있다. 특히 중세시대에 직접 손으로 써서 만든 수 만권의 필사본이 보관되어 있는데, '켈스의 책(Book of Kells)'이 그것이다. 이것은 신약성서 중 마태, 마가, 누가, 요한복음을 라틴어로 번역, 그림과 함께 엮은 책으로 서기 800년 무렵에 제작된 것이다.

이처럼 아일랜드를 떠올리면 생각나는 문화와 인물들은 한 폭의 그림과 같다.

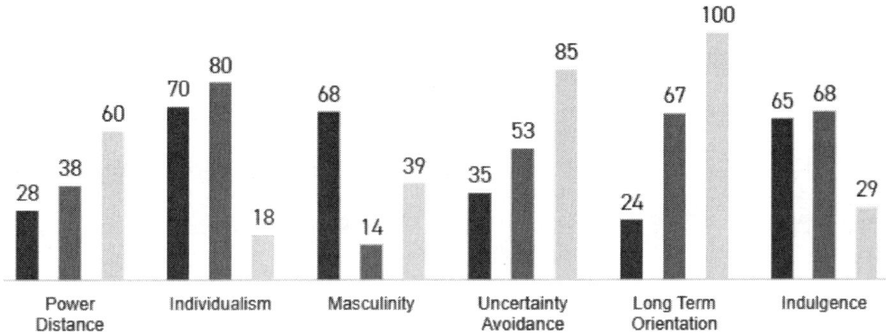

〈호프스테드의 문화 차원: 아일랜드-네덜란드-한국 비교〉

• 권력 거리

아일랜드는 PDI에서 28점을 얻어서 순위가 꽤 낮다. 즉, 사람들 사이의 불평등을 최소화해야 한다고 믿는 사회이다. 아일랜드 조직 내에서는 편의상 위계질서가 확립되고, 상사는 언제나 접근 가능하며, 관리자는 전문성을 위해 개별 직원과 팀에 의존한다. 관리자와 직원 모두 상담을 받고, 정보는 자주 공유된다. 동시에 커뮤니케이션은 비공식적이고 직접적이며 참여적이다.

• 개인주의

이 차원에서 70점을 받은 아일랜드는 개인주의 문화에 속한다. 비즈니스 세계에서 직원은 자립해서 주도권을 행사해야 한다. 또한 교환 기반 업무 세계에서 채용과 승진 결정은 자신이 한 일이나 할 수 있는 일에 대한 장점이나 증거에 기초한다.

• 남성성

이 차원에서 68점을 받은 아일랜드는 남성적 사회로. 꽤 성공 지향적이자 주도적이다. 학교, 직장, 놀이에서의 행동은 '최고가 되기 위해 노력해야 한다', '승자가 모든 것을 가져간다'는 공통의 가치관에 바탕을 두고 있다. 아일랜드 인은 인생에서 성공과 업적을 자랑스러워하는데, 이는 직장에서의 채용과 승진을 결정짓는 토대가 된다. 갈등은 개인 차원에서 해결되며 이기는 것이 목표다.

• 불확실성 회피

아일랜드는 불확실성 회피 지수가 낮은 35점이다. 이런 사회에서는 아이디어가 중요하고, 상상력이 높이 평가받는다. 아일랜드의 기업들은 창의성을 수용하고 항상 문제에 접근하는 새로운 방법을 찾고 있다. 기술적인 언어를 지나치게 사용하는 것보다 실용적인 사실들을 지적하는 것이 더 환영받는 사회이다.

• 장기 지향성

이 차원에서 낮은 24점으로, 아일랜드는 규범주의 문화권으로 분류된다. 이런 사회의 사람들은 절대적 진리 확립에 강한 관심을 나타낸다. 그들은 자기네 사고방식에서 규범적이다. 그들은 전통을 매우 존중하고, 미래를 위해 저축하는 성향이 상대적으로 약하며, 빠른 결과 도출에 초점을 맞추고 있다.

• 절제

쾌락과 절제 차원에서 65점이라는 높은 점수를 받은 아일랜드는 절제 문화권에 속한다. 절제 차원의 점수가 높은 사회의 사람들은 일반적으로 삶을 즐기고 재미나는 것에 대한 충동과 욕망을 실현하려는 의지를 보인다. 그들은 긍정적인 태도와 낙관적인 성향을 가지고 있다. 또한 여가시간을 더 중요시하고, 자기 마음대로 행동하며, 돈을 마음대로 쓴다.

5. 에티켓

비즈니스 에티켓에서 말하는 예절의 기본 요소는 우아함(elegance), 스타일(style), 세련됨(refinement)이다. 상대방을 편하게 하고 좋게 하는 긍정적 행동이다. 에티켓, 곧 예의는 점잖음, 겸손함, 고상함, 적극성으로부터 나오는 좋은 매너, 몸에 밴 예절이다.

1) 기본 에티켓

- 사람들은 'please'와 'thank you'라는 말을 흔하게 사용한다. 이를테면 버스에서 내릴 때 거의 예외 없이 운전사에게 감사를 표한다.
- 아일랜드 사람들은 보통 줄을 서서 차례가 오기를 기다린다.
- 사회적 활동에서 사람들을 처음 볼 때와 헤어질 때 다시 악수하는 것이 예의이다.
- 시골 지역에서 운전할 때는 다른 운전자를 알아주는 것이 적절한 예절인데, 핸들에서 손이나 손가락을 들어 올리는 식으로 표시한다.
- 전화로 대화를 끝내는 상황에서 아일랜드 인은 보통 전화를 끊기 전에 여러 번 'bye'라고 말한다. 한 번 'bye'라고 말하고 곧장 전화를 끊는 것은 무례한 것으로 간주된다.
- 집이나 교회 아니면 펍(pub)에 들어갈 때 모자를 벗지 않는 것은 무례하다.
- 아일랜드 인은 시간에 대해 비교적 유연하므로 일반적으로 지정된 시간보다 15분 늦게 도착해도 괜찮다. 그렇지만 그게 아일랜드인 상대방의 품위를 떨어뜨리는 자세라면 늦지 않는 것이 좋다.

2) 금기

■ Do's

- 아일랜드 인은 좋은 농담을 고맙게 생각하므로 유머를 받아들이도록 노력하시라. 농담은 친분 쌓기에 좋은 방법이다.
- 대화 주제로는 아일랜드의 예술(예: 문학과 음악), 스포츠, 출신지 및 가족 관련이 좋다.
- 펍 에티켓에 유의하시라. 어떻게 행동해야 할지 잘 모르겠으면 다른 사람의 행동을 관찰하시라.
- 누군가가 여러분에게 험담을 한다면, 유머러스하게 대응하고 당황하지 않음을 보여주시라. 유머는 아일랜드에서 흔한 커뮤니케이션 수단이다. 아일랜드에서 험담하기는 일반적으로 나쁜 의도가 아니다.

- 북아일랜드 관련 주제와 아일랜드 정치에서 영국의 역할은 반드시 금기 사항은 아니지만, 상대방의 말을 경청하려는 의지와 높은 수준의 민감도를 가지고 이 대화주제에 접근하시라.

■ Do not's

- 아일랜드 공화국 출신 사람을 '영국인'이라고 부르지 마시라. 북아일랜드 인을 '아일랜드인'이라고 하면 상당수는 틀림없이 불쾌해 할 것이다.
- 마찬가지로 아일랜드를 영국으로 지칭하지 마시라. 그 반대도 마찬가지다. 이들은 문화가 다른 두 나라이다.
- 아일랜드인 상대방을 정형화하지 마시라. 고정관념(stereotypes)이나 진부함(clichés)을 언급하는 것을 피하시라. 특히 술과 취기에 관련된 고정관념은 잘 받아들이려 하지 않을 것이다.
- 대화를 지배하거나, 공격적이거나, 지나치게 직접적인 태도를 취하지 않도록 하시라. 가식적이고 무례한 것으로 해석될 수 있다.

3) 펍 에티켓

- 펍 방문은 모든 연령대 사람들에게 인기 있는 사회 활동이다. 친구와 가족이 자주 만나는 장소이기도 하다.
- 많은 사람들이 펍에 모여 대화를 나눈다. 이곳에서 친구나 지인을 우연히 만나기도 한다.
- 법적 음주 연령(18세)이 되기 전에도 펍에 갈 수 있다. 그래서 펍, 특히 음악 세션이 있는 시골 지역에서는 아이들도 어렵지 않게 만날 수 있다.
- 저녁에 펍에 가는 사람이라면 좀 더 격식을 차릴 것이다. 이를테면 남자들은 운동화 대신 정장 구두를 신는다.
- 술집에서 친구와 함께 있는 경우라면, 'rounds'라는 시스템이 사용된다. 각 개인은 그룹 내 모든 사람들에게 음료를 한 잔씩 돌아가며 마시자고 제안할 것이다. 우리식으로 말하면 '한 턱' 내는 것이다.

- 사람들은 여러분이 라운드를 놓치더라도 기억할 것이다. 이러면 여러분의 성품을 오판하는 빌미가 될 수도 있다. 한 턱 쏘지 못한 사람은 무례하거나 인색한 사람으로 보일 수 있다.

4) 커뮤니케이션

■ 언어적 커뮤니케이션

- 커뮤니케이션 스타일: 아일랜드 인들의 말하는 방식은 여러분에 대해 많은 것을 암시한다. 아일랜드 인은 이야기를 하거나, 농담을 하거나, 재치 있게 말하는 편이다. 더욱이 공개적으로 감정을 잘 드러내기도 한다. 그들은 꽤 시적으로 표현하는 경향이 있고, 때로는 자기네 이야기에 살을 붙여 오버하는 경향도 있다. 때로는 일화를 통해 말하고자 하는 요점을 전하기도 한다. 겸손한 성향도 있다. 자신을 자랑하거나 부단히 과장하면 의심의 눈초리를 보낼 것이다.
- 간접 커뮤니케이션: 아일랜드 인은 간접 소통을 선호하는 성향이 있다. 그들은 갈등을 일으키지 않으려고 애쓰고, 토론 내내 예의를 지키려는 노력을 많이 할 것이다. 당신이 아일랜드 사람에게 한잔 사겠노라고 제안하면, 그들은 받아들이고픈 마음이 굴뚝같더라도 대개는 'ah, no'라고 할 것이다. 그러니 수락을 받기까지 몇 번 제안해야 할 것이다. 아일랜드 인은 불만이나 불화도 직설적으로 표출하는 대신에, 주제를 바꾸거나 유머나 냉소를 이용하는 등의 미묘한 단서를 줄 것이다.
- 아일랜드 게일어: 아일랜드의 공용어 중 하나이다. 다수의 아일랜드 인들은 이런 아일랜드계 언어를 이해할 수 있더라도 영어를 더 널리 사용한다.
- 욕설: 일상대화에서 아일랜드 사람들이 'God', 'Jesus', 욕설 등을 내뱉는 것을 어렵지 않게 들을 수 있다. 아일랜드 사람들은 이것을 욕설이나 나쁜 의도 그 어느 것으로도 여기지 않는다.
- 유머: 아일랜드에서 유머는 다양한 목적으로 사용된다. 일반적으로 유머는 사람들 간에 웃음과 따뜻한 마음을 만들어 내기 위해 사용된다. 유머는 방어 기재로, 자기비하나 아이러니의 방법으로, 아니면 대화 참여자들 간의 수용과 애착을 보이

는 방법으로 사용되기도 한다. 유머는 사회적 규범을 어길 때에도 분위기 쇄신차원에서 사용되기도 한다. 대다수 아일랜드 인은 빈정거림과 재치를 담은 유머와 풍자 외에 '험담'도 즐긴다. 이런 유머는 선의적인 것이어서 부정적으로 의도된 것은 아니다.

• 부드러운 목소리: 아일랜드 인은 부드러운 어조로 말하는 성향이 있다. 지나치게 시끄럽게 하거나 방해가 되는 행위는 예의가 없고 무례한 행동으로 여겨진다.
• 흡기음(들이쉬는 숨에 의하여 발음되는 소리): 일부 아일랜드 인은 대화 중 동의의 표시로 'yes'라고 말하면서 숨을 들이마시거나 짧게 흡기하기도 한다. 이는 'yes'라는 단어와 함께 숨을 헐떡이는 것과 비슷하게 들린다. 이런 식의 언어적 매너리즘은 일반 외국인들에게는 낯설 수도 있지만 이상하게 생각할 필요는 없다.

■ 비언어적 커뮤니케이션

• 신체 접촉: 아일랜드 인은 따뜻하고 친근한 성향이 있지만, 대개는 대중 앞에서 지나친 신체 접촉을 피한다. 남성은 여성보다는 서로 접촉하는 경향이 덜하지만, 친근하게 등을 친다거나 여타 제스처는 여전히 흔하다.
• 개인 공간: 아일랜드 인은 말할 때 자신과 타인 간에 팔 길이 정도의 거리를 유지하는 경향이 있다. 또한 줄을 서서 기다리는 곳이나 대중교통과 같은 공공장소에서 서로를 밀치는 법이 없다.
• 아이컨택: 일관된(그러나 가변적인) 아이컨택을 유지하는 성향이 있다. 아일랜드 인이 보이는 일관된 아이컨택은 신뢰와 포용력을 드러낸 것이다.
• 제스처: 대화할 때 손 제스처를 과도하게 사용하는 편은 아니지만, 그렇다고 차렷 자세를 취하는 것도 아니다. 일부 나이든 가톨릭 신자들은 교회, 장례 행렬, 묘지를 지날 때 또는 구급차가 사이렌을 켜고 지나갈 때 성호를 긋기도 한다.
• 가리키기: 때때로 아일랜드 인은 손가락으로 가리키기보다는 논의된 방향으로 머리나 턱을 끄덕이거나 홱 잡아당기기도 한다.

02
핀란드

〈출처: https://www.worldatlas.com/maps/finland〉

국명	핀란드공화국(Republic of Finland)
면적	338145 ㎢
수도	헬싱키(Helsinki)
종족	핀란드인(93.4%), 스웨덴인(5.6%), 러시아인(0.5%), 기타(0.5)
공용어	핀란드어, 스웨덴어
종교	핀란드 루터교(82.5%), 무교(15.1%) 등
건국일	1917년 12월 6일
통화	유로(EURO)
도메인	.fi

핀란드, 관심국가인 이유

스칸디나비아 국가는 수년 동안 '세계 행복 보고서' 순위에서 선두를 차지했다. 그 이유로는 여러 가지가 있다. 주민들은 수입이 높고, 재정 걱정이 거의 없다. 그러니 빈곤은 미미하고 실업률은 낮다. 국가는 정치적으로도 안정적이고 범죄율도 낮다. 이런 사실 외에도 유엔의 '연례 행복 보고서'는 주민들의 주관적인 만족을 고려한다. 북유럽 국가들은 우울증과 자살율은 높지만(일광 부족으로 계절형 우울증이 만연함), 일 년 내내 매우 만족하고 행복하다고 여긴다. 특히 진보적인 보건과 사회 시스템, 자유와 관대, 동료의 보살핌과 성실성은 특별한 행복감을 유발한다.

우리가 오랫동안 생각했던 것은 공식적으로 핀란드가 세계에서 가장 행복한 나라라는 것이다. 적어도 2018년 세계 행복 보고서와 2019년 세계 행복 보고서에 따르면, 핀란드가 다시 1위를 차지했다. 노르웨이, 덴마크, 아이슬란드가 그 뒤를 이었다. 북부 국가에서는 사람들이 일반적으로 매우 행복해 보인다. 하지만 행복도 측정 가능할까? 아니면 세상에서 가장 행복한 나라를 선택할 수 있을까? 행복과 행복하다는 것은 더 주관적인 감정이지만, 물론 사람들의 만족에는 나름의 중요한 개별 기준이 있다.

■ 행복이란 무엇인가?

개인의 행복은 개인의 물질적인 부에 좌우되는 것일까? 아니면 행복은 부와 무관하며 물질적인 것에서 분리된 의미 있는 삶의 특징을 가진 것일까? 다른 사람들보다 우리 자신이 더 나아지면 우리는 행복한 것일까? 아니면 행복이 공동체 의식, 집단적 기쁨에 더 가까운 것일까?

모두가 정말로 자신의 행복을 추구하는 것일까, 우연히 행복이 우리 무릎으로 떨어지는 것일까? - 아니면?

우리가 행복한 지의 여부를 결정하는 사람은 누구일까? 다른 사람? 우리 자신? 아니면 통계? 숫자? 우리 거주지? 더 많은 것을 바라고 얻는 것이 행복일까, 아니면 현재 상황에 만족하는 것이 행복일까? 올바른 해답을 알고 싶은 사람은 올바른 질문만 하면

된다. 통계에서도 마찬가지다.

또 다른 통계에 따르면, 핀란드는 자살률이 가장 높은 나라이다. 도대체 이게 뭘 의미하는 걸까? 핀란드에서는 그저 행복해서, 아니면 너무 우울해서 목숨을 끊는 것일까? 일부는 이래서, 또 일부는 저래서 그런 것일까? 그러면 그 사이에는 무엇이 있을까?

사실 핀란드는 잘 작동하는 복지국가, 세계에서 가장 독립적인 사법제도, 높은 국내총생산, 높은 소득 수준, 급여 격차가 적다는 것이다. 게다가 핀란드는 여성에게 투표권을 부여한 최초의 국가이기도 하다. 이것은 물론 개인의 안전을 부여함과 동시에 개인의 가치를 인정하는 것이다.

무엇이 여러분을 행복하게 하는 것인지 궁금하다면, 여러분은 실제로 핀란드에서 이 모든 것을 찾을 수 있다는 사실을 알게 될 것이다. 다음에서 이와 관련된 핀란드의 몇 가지 사례들을 살펴보자.

• 자연

핀란드인은 누구나 평균 일주일에 2~3번은 의식적으로 자연 속에서 시간을 보낸다. 그 중 대부분은 물론 자신의 여름집인 Mökki(작은 통나무집, 오두막집의 뜻, Cottage)에 머문다. 이곳에서는 모두가 동등하다. 작은 오두막집, 핀란드 숲 속, 조그만 호숫가 등에서 보내는 주말은 핀란드 특유의 힐링이다.

• 기회평등

핀란드는 성별, 종교, 출신에 상관없이 개방적이다. 핀란드 인에게 중요한 가치는 성공, 재산, 명예보다는 동등한 대우, 상대방에 대한 존중, 자연환경이다. 또한 다른 국가들에 비해 전통과 규칙 준수, 전반적 사회질서 유지의 가치를 높이 평가하며, 정부나 공공기관과 정책에 대한 신뢰도가 매우 높다.

• 훌륭한 학교 교육

핀란드 아이들은 여타 유럽 국가들의 상황과 비교하면 언제나 평균 이상의 성적을 내고 있다. 직업 생활도 높은 수준을 보임과 동시에 완만한 위계구조를 보이고 있다. 협업과 상호 신뢰는 미사여구가 아니라 생생하다. 또한 가족과 직업은 아무런 문제없이 서로 접목될 수 있다. 그래서 어머니는 출산 후 일 년 동안 보수를 전액 받는다.

• 스포츠

핀란드 인은 스포츠를 좋아하고, 세계인들은 핀란드 운동선수를 좋아한다. 특히 아이스하키, 모터스포츠, 스키에서 핀란드인은 자국민들을 넘어 세계인들도 열광시킨다.

• 침착성

핀란드에서는, 수도 헬싱키에서조차 시계가 똑딱거리는 느낌이 다르다. 만약 기차가 눈보라 때문에 1시간 반이나 연착하더라도 그러려니 한다. 침착하게 기다린다. 커피 마시기에 좋은 시간이라고 여긴다.

핀란드 인은 겸손하고, 언제나 진실할 것을 덕목으로 삼는다, 밖으로 드러내는 것을 '믿음직스럽지 못하다'라고 생각한다. 그러나 자신의 의견을 개진할 필요가 있다고 생각할 때에는 놀라울 정도로 직설적이다. 또한 사실을 확대하거나 축소하지 않고 있는 그대로 받아들인다. 이는 핀란드 속담에서 읽을 수 있다: "사람은 그 사람이 하는 말로 판단되고, 소는 그 뿔로 판단된다."

• 커피

핀란드에 사는 사람들은 가장 행복한 사람들이다. 어디에서든 늘 함께 커피를 마시며 함께 모여 시간을 보내기 때문이다. 그래서 핀란드 인이 1인당 커피를 세계에서 가장 많이 마시는 것은 놀랄 일이 아니다.

• 전통과 현대

핀란드 인은 전통을 사랑한다. 예컨대 가족 축제는 여전히 전통적인 축제이지만, 한 여름 같은 지역 특유의 축제들이나 어린이축제도 있다. 동시에 핀란드는 수많은 IT 회사들을 가진 첨단 국가이기도 하다. 실리콘 밸리에 있는 것과 같은 수많은 신생기업들이 있고, 심지어 라플란드(Lappland)[1]에서도 3G를 볼 수 있다.

• 사우나

핀란드에서 최고의 손님 접대는 사우나이다. 사우나탕 안에서 핀란드 인은 훨씬 더 너그럽고 유머러스하며 인간적이다. 사우나를 한 후에 음주와 간단한 음식을 나누다 보면 일상생활을 넘어 더 깊은 비즈니스 대화도 나눌 수 있다. 그래서 이곳 사우나에서 정말 중요한 결정이 내려지기도 한다. 핀란드에는 약 2~3백만 개의 사우나가 있는 것으로 추정된다. 핀란드 인구가 550만 여명임을 고려하면 얼마나 많은 숫자인지 짐작이 갈 것이다.

• 칼사리캔니(Kalsarikänni, Pantsdrunk)

속옷을 뜻하는 '칼사리'와 취한 상태를 뜻하는 '캔니'의 합성어로 집에서 속바지만 입고 혼자 술을 마시며 밖에 나갈 생각이 전혀 없는 기분을 뜻하는 핀란드식 비사교적인 음주문화로, 필란드 특유의 라이프스타일 중 하나이다. 이는 핀란드 사람들 간의 사회적 접촉의 고정관념 결핍과 무관하지 않은 듯하다. 2020년에 맹위를 떨친 코로나 19 팬데믹으로 집에 강제 격리된 사람들은 이러한 음주 습관을 세계적으로 확산시키기도 하였다. 핀란드식 휘게(Hygge)[2]이다. 핀란드인들은 고유의 이모티콘을 사용한다.

---

1 핀란드 북부의 지역. 서쪽으로 스웨덴, 북쪽으로 노르웨이 및 동쪽으로 러시아와 국경을 접한다. 핀란드의 최상위 행정구역(region) 중 하나로, 면적은 103,666m^{2}로 한국(남한)과 거의 비슷하며, 핀란드 영토의 약 1/3을 차지한다.

2 편안함, 따뜻함, 아늑함, 안락함을 뜻한다. 휘게는 '웰빙'을 뜻하는 노르웨이어에서 비롯된 말로, 덴마크어로 '편안하게, 함께, 따뜻하게'를 뜻한다. 휘게와 힐링, 욜로의 공통점은 '삶의 질 향상'이지만 차이점이라면 힐링과 욜로는 개인의 삶이 위주인 반면 휘게는 내 가족, 친구, 동료 등 집단이 중심이 된다. 말하자면 휘게는 그들과 함께 할 때에 느끼는 행복함, 편안함 등의 감성, 감정을 뜻하는 것이다. 덴마크에서는 가족이나 친구와 함께 또는 혼자서 보내는 소박하고 여유로운 시간, 일상 속의 소소한 즐거움이나 안락한 환경에서 오는 행복을 뜻하는 단어로 사용된다. 휘게는 자신과 주변 사람을 기분 좋게 하는 것이며, 그냥 지금 순간을 최대한 만끽하고

• 멋진 음악

핀란드의 뮤직밴드들은 대부분 (헤비)메탈 록밴드들이다.

- 나이트위시(Nightwish, Wish I Had an Angel)가 여기 출신이다.
- 헤비메탈밴드 헤비사우루스(Hevisaurus, Viimeinen mammutti): 아이들에게도 편안한 헤비메탈을 즐길 수 있게 하는 밴드. 2009년 5인조 밴드
- 하드 록/헤비메탈 밴드 로디(Lordi): 1996년 밴드 가수 미스터 로디가 결성, 2006년 유로비전 송 콘테스트(Hard Rock Halleluyah)에서 우승했다.

퀸즐랜드와 캘리포니아 대학의 연구에 따르면, 헤비메탈 팬들은 비교적 힘든 젊은 시절을 보냈음에도 나이가 들어서는 다른 음악적 취향을 가진 사람들보다 더 행복하고 균형 잡힌 것으로 나타났다.

• 세계에서 가장 안전한 항공사 핀에어

전문가들에 따르면, 핀란드 항공사 Finnair는 2018년 세계에서 가장 안전한 항공사로 평가되었다. 위험 지수가 93.91%인 Finnair는 싱가포르의 Scoot Tigerair와 Norwegian Air Shuttle보다 앞섰다. 2017년에 1위를 차지한 에미리트 항공은 4위였다. 독일의 Luftthansa는 21위를 기록했을 따름이다.

1. 지리적 특징

현재 널리 통용되고 있는 '핀란드'란 국명은 스웨덴어로, 적어도 13세기부터 쓰였다. 핀란드어로는 '호수와 늪의 땅'이라는 뜻의 '수오미(Suomi)'라고 한다. '핀'이나 '수오미' 둘 다 어원은 정확하진 않다. 수오미는 어원상 슬라브어나 발트어로는 '땅'을 뜻한다.

북쪽은 노르웨이와, 서쪽으로는 스웨덴과 국경을 접한다. 서쪽은 보트니아 만, 남쪽

즐기는 것이 중요하다. 또한 순간을 감사하는 것이 중요하며, 개인이 좋아하는, 가족이 좋아하는 음식이나 영화, 동물들을 함께 공유하면서 시간을 보는 것이 휘게식 라이프이다.

은 발트 해, 남쪽은 핀란드 만과 맞닿아 있다. 보스 만 건너편은 스웨덴, 핀란드 만 건너편은 에스토니아다. 동쪽에서 남쪽 걸쳐 러시아와 육로로 국경을 접한다. 스칸디나비아 반도에는 포함되지 않는다.

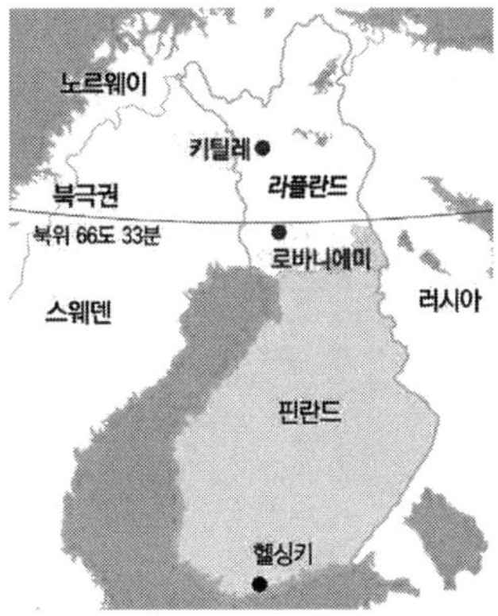

호수와 섬과 숲 등 아름다운 자연으로 유명하다. 수만 개의 호수가 국토 전반에 널려 있어서 수자원이 풍부한 것으로 유명하다. 전 국토에 약 6만 개의 호수가 흩어져 있는데, 이 호수들 중에는 3만 개 이상의 섬이 호수에 떠 있다.

국토의 4분의 1 정도는 북극권에 있어서 여름에는 백야 현상이 관찰된다. 핀란드 최북단에서는 여름에는 73일 동안 해가 지지 않고, 겨울에는 51일 동안 해가 뜨지 않는다.

■ 기후

위도상 북위 60~70°에 위치하여 국토 전체가 세계에서 가장 북쪽에 있는 국가이지만, 대서양에 가깝고 발트해에 맞닿아 있어서 온난하다. 남부의 2월 평균기온은 −7°C, 7월 평균기온 17°C이고, 북부에서는 2월이 −14°C, 7월이 13°C이다. 발트해는 서해안에서 6개월, 남해안에서 4개월 동안 얼어붙는다. 시베리아 타이가 지역의 연장이라서 삼림은 국토의 75%를 덮고 있는데, 그 중 소나무가 절반을 차지한다.

■ 민족

원주민은 중앙아시아에서 이주해온 사람들이라서 까만 머리에 까만 눈을 가진 핀족이다. 라프 족은 현재는 핀란드 인구 중 소수에 불과하지만, 핀란드 땅에 최초로 거주한 자들이다. 기원전 1000년 무렵에 러시아의 우랄산맥과 볼가 강 사이의 지역에서 이주하여 발트 해에 자리 잡은 핀족(핀란드 인)이 서기 초까지 유목민인 라프(Lapp) 족을 북쪽의 극지방으로 몰아냈다.

남서부 해안의 올란드 제도(1921년 핀란드 영토가 됨)에는 주로 스웨덴계 민족이 거주하고 있다. 올란드 제도는 내부 문제와 관련된 법률을 처리하는 의회가 있어서 부분적으로는 자치지역이다. 핀란드 인구의 약 6%만 스웨덴계이지만, 스웨덴어는 핀란드어와 함께 공용어로 지정되어 있다.

북부의 사미인은 사미어를 쓰는데, 1999년부터 준공용어가 되었다. 집시와 기타 소수민족에 대한 배려도 더해져 있다. 대부분의 국민들이 영어에 능통하고 일부는 독일어나 러시아어도 구사한다.

국민의 93%가 핀란드어를 사용하며, 스웨덴어는 6%, 그밖에 랩인 2,500여 명이 있다. 대다수 국민들은 영어가 자유롭다. 종교의 경우 국민의 88%가 루터파 프로테스탄트에 속하며 그리스정교도도 1%나 된다.

3) 교통

항공사는 1923년에 설립된 핀에어(Finnair, 허브 공항은 헬싱키 반타 국제공항, 1999년 항공동맹 원월드 가입)와 카르에어(Kar-Air)[3]의 2개 회사가 운항 중이며, 헬싱키 이외에 159개의 국내선 공항이 있다.

핀에어는 2008년 6월부터 서울-헬싱키 노선을 운항 중인데, 현재 일 1회(주 7회) 운항(AY41/42)하고 있다. 기종은 A350이다. 헬싱키에서 인천으로 오는 데 9시간 남짓 걸린다. 핀에어는 전 세계 항공사 중 최초로 2013년 회사의 전 기종을 에어버스(Airbus)로 단일화했다. 놀라운 것은 핀에어의 100여년 역사 동안 항공 안전사고가 없었다는 사실이다. 정시도착은 90% 이상, 인천 노선의 경우 한 번도 연착한 기록이 없다고 한다.

■ 사회

핀란드 복지국가의 기본 이념은 모든 국민이 인간의 존엄을 지키고 적절한 생활수준을 유지할 수 있도록 국가의 개입을 통해 복지시스템을 구축하는 것이다. 핀란드의 복지국가 모델은 전통적인 노르딕 시스템의 연장선에서 스웨덴과 노르웨이보다 국가의 역할을 더욱 강조하는데, 크게 사회적 안전과 복지로 구성된다. 사회적 안전을 위해 국가는 연금, 질병, 실업, 노동자에 대한 보상 등에 광범위하게 개입한다. 나아가 공

3 핀에어의 자회사로, 주로 휴일 전세 노선에서 운영되었다.

공부분의 확대를 통해 가족지원, 자녀양육 서비스, 노년층과 장애인에 대한 사회적 서비스와 같은 복지를 확대하고 있다. 강력한 우파정권의 집권이나 경제위기 시 이러한 사회보장 시스템에 대한 비판이 일었지만, 사회발전을 위한 국가의 개입이 유지되면서 지속적인 개혁이 진행되었다. 핀란드는 정부개입을 통한 복지국가 시스템을 지향하여, 의료, 교육, 사회적 안전과 실업 등 여러 사회부분의 공공서비스 지출이 GDP 대비 절반을 넘는다.

■ 교육

▶ 3무정책: 수업료, 일제고사, 특수목적고

▶ 3불정책: 교원평가, 장학제도, 성과금. "교육성과를 A, B. C식으로 매기는 교원성과금제도가 없고, 1990년대부터 교사가 스스로 자기평가를 하도록 한다."

▶ 3유정책: 대학평준화, 교장선출 보직제, 교사를 무한 신뢰한다. 이는 40여 년 동안 교육개혁을 한 결과이다. 그러나 1960년대까지는 '귀족학교/서민학교'체제였다. 1968년 법 제정으로 '평준화 운동'을 전개하여 1970년대에 평준화하고, 1980년대에 수준별 교육과정을 없애고, 1990년대에 학교자치와 교육과정을 자율화하고, 2000년대에 학교 간 격차를 해소하면서 평준화를 내실화하였다.

▶ '핀란드 모델' 작동의 기초와 원리

- 개인(가족) 중심의 이기심과 탐욕을 원동력으로 하는 '모두를 향한 경쟁' 지양
- 공존과 협력 · 흥미와 개성을 원동력으로 하는 '함께 가는 발달'
- 선택과 집중을 앞세운 '시장의 원리'가 아니라 인간의 존엄성을 최우선 하는 '민주주의 원리'
- 그래서 타율의 상징인 장학을 폐지하고 학교장·교사·학생·학부모의 민주적 협력과 사후 평가로 대체했다.

2. 역사

▶ 고대

- 기원전 1000년 무렵 중앙아시아 지역으로부터 우랄어족 언어를 쓰는 핀족이 서진을 계속하여 기원후 1세기에 지금의 핀란드 남부에 정착한 것으로 추정된다.

▶ 중세

- 1000년 무렵부터 핀란드는 러시아와 스웨덴의 각축장이 된다.
- 1200년 무렵 핀란드 인과 스웨덴 인이 동등한 권리를 가졌다. 그러나 이미 12세기 중엽부터 스웨덴 왕 에리크 9세의 십자군이 핀란드에 침입하여 스웨덴의 핀란드 지배 윤곽이 잡혔다. 이후 스웨덴의 역대 왕들은 기회가 있을 때마다 핀란드에서 스웨덴 영토를 확장한다.
- 1397년 포메라니아의 에리크가 스웨덴-노르웨이-덴마크의 연합 왕으로 즉위할 때 핀란드도 이에 편입된다.
- 1523년 구스타브 1세 바사는 스웨덴을 안정된 독립 왕국으로 만들면서 핀란드를 이에 포함시킨다. 이후 스웨덴과 함께 핀란드에서도 루터교로 개종하는 종교개혁이 일어난다.

▶ 근세

- 17세기 초. 스웨덴 왕 구스타브 2세 아돌프는 핀란드를 동방 전초 기지로 활용하였다. 투르쿠 대학도 이 무렵에 건립된다.
- 1500-1700년대, 러시아가 핀란드의 소유권을 놓고 스웨덴과 여러 번 전쟁을 벌인다. 대북방 전쟁(1700-21)과 그 이후 러시아가 핀란드 전 지역을 정복하기도 한다.
- 나폴레옹 전쟁 중 핀란드 영토를 둘러싼 열강의 외교전이 펼쳐진 끝에 1809년 러시아가 핀란드를 점령하였고, 알렉산드르 1세(1777-1825)가 대공국이라는 이름으로 통치한다.
- 1906년 이에 맞서 민족주의 강화. 스웨덴의 통치시대 이후 러시아가 핀란드를 러

시아화 하려는 의도 때문에 1905년 모든 핀란드인들이 노동거부로 항의하자 니콜라이 2세(재위 1894-1917)가 자주성 파괴정책을 포기한다.

- 1906년 유럽 최초로 보통선거가 실시된다.
- 1918년 1월 27일 소련의 지원을 받은 핀란드 적군(공산군)이 반란을 일으켰으나, 독일제국의 지원을 받은 핀란드 백군(정부군)이 5월 15일 이를 진압. 그 해 11월 11일 독일 제국이 항복함으로써 제1차 세계 대전이 끝나고 핀란드는 공화국으로 독립을 선포한다.
- 1919년 7월 민주 공화정 체제를 채택하여 지금까지 유지하고 있다.
- 1921년 올란드 제도의 소유권을 두고 핀란드와 스웨덴 사이의 분쟁은 국제연맹에 의해 핀란드 영토로 확정된다.
- 러시아가 핀란드의 서부 카렐리아 지역을 요구하면서 1939년 11월 소련군이 핀란드 침공한다. 핀란드는 만네르하임(1867-1951)의 지휘로 저항하지만 15주간의 겨울전쟁에서 패하면서 이 지역을 상실한다.
- 1940년 3월 맺은 평화조약으로 남부 카렐리아(핀란드 전 영토의 10%)를 소련에 할양. 1941년 이 지역을 수복하고자 독일의 소련 침공을 지원한다. 핀란드는 카렐리아를 수복하지만 1944년 소련의 역습으로 영원히 상실한다.

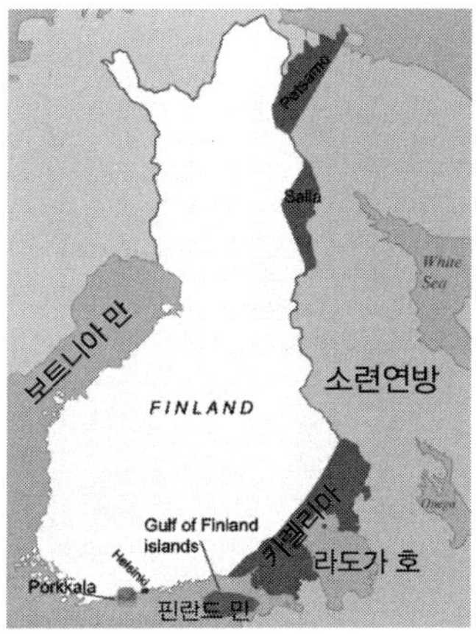

▶ 현대

- 제2차 세계 대전이 끝난 뒤 국토를 재건하고, 핀란드 정부는 소련과 서유럽 사이에서 중립을 표방하면서 경제발전에 매진한다.
- 1917년 7월에 채택한 민주 공화정을 유지하기에 국가수반으로서 대통령(임기 6년)에게 최고 행정권이 있다. 대통령이 막강한 권력을 가진 것은 공화국 초기부터이다. 이것은 당시 소련을 상대하면서 강력한 대변인이 필요한 때문이었다. 핀란드

가 소련과 두 번이나 접전을 벌였던 제2차 세계 대전 직후 더욱 중요해졌다. 유오 파시키비 대통령(1870-1956, 재위 1946-56)이 1948년 소련과 우호, 협력 및 상호 원조조약을 채결(1955, 1970, 1983년 수정)하면서 중립적이고 우호적인 관계를 공고히 한다.

- 지방행정체계는 전국이 특별 주인 올란드 제도를 제외한 6주(래니 lääni, 복수 래닛 läänit)로 구성되어 있다. 각 주의 주지사는 대통령이 임명한다.
- 1994년 EU 가입, 2000년 유로화 도입

3. 공항: 나라의 관문

■ 헬싱키-반타 국제공항(Helsinki-Vantaa Airport)

- IATA: HEL, ICAO: EFHK

헬싱키 대도시권은 물론 핀란드 전체에 중요한 국제선 공항으로, 반타 중심부에서 5km, 헬싱키 도심에서 20km정도 떨어져 있다. 북유럽에서 4번째로 규모가 큰 공항으로, 1952년 헬싱키 하계 올림픽을 위해 건설하기 시작했다. 1999년 국제항공운송협회(IATA)가 세계 최고 항공으로 선정하였다. 평균 해면 고도는 55m이다. 공항 내에서는 국제선·국내선 터미널이 25m 떨어져 있다.

1) 개관

이 공항은 핀란드에서 가장 크고 승객 수 측면에서 북유럽 국가에서 네 번째로 붐빈다. 핀란드 국제 항공 교통량의 약 90%가 헬싱키 반타공항을 통과한다. 공항은 2019년 2,188만 명의 승객을 처리했는데, 이는 국제 승객 1,890만 명과 국내 승객 290만 명을 포함한 수치이다. 공항은 하루 평균 약 350회 이륙을 처리한다.

공항은 핀에어와 그 자회사인 Nordic Regional Airlines의 주요 허브이다. 또한 Jet Time, Norwegian Air Shuttle, SunClass Airlines, TUI fly Nordic의 운영 기지이기도 하다. 반타공항에는 50여 개의 정기 운항 항공사가 있다. 이 공항은 유럽 지역 80개 노선과 아시아, 중동, 북아메리카로 가는 21개의 장거리 직항로를 가지고 있다. 장거리 전세 노선 포함 35개 전세 목적지도 있다. 현재 헬싱키 공항에는 2개의 터미널이 있으며, 총 50개의 게이트와 80개의 원격 항공기 주기장이 설치되어 있다.

이 공항은 1952년 헬싱키 올림픽을 위해 건설되었는데, 현재 25,000명에게 일자리를 제공하고 있으며 1,500개의 회사가 입점해 있다.

2) 역사

헬싱키 신공항 계획은 1940년대에 헬싱키-말미 공항이 증가하는 승객 수나 무거운 신형 항공기를 처리할 수 없게 됨에 따라 시작되었다. 헬싱키 도심에서 약 20km 떨어진 곳에 새 부지를 찾았는데, 오늘날의 도시 반타가 그곳이다. 공사 중 일부는 교도소 수감자들이 수행했다. 공항은 1952년 7월 헬싱키에서 개최된 하계 올림픽을 위해 임시 개항하였다.

1952년 6월 26일, 첫 두 대의 Aero Oy 항공기 DC-3과 OH-LCC와 OH-LCD가 반타 공항에 착륙했다. Aero(현재의 Finnair)가 헬싱키-말미 공항을 이용하는 동안, 1952년 10월 26일 전세기 항공편(charter flight)이 신공항으로 향했다. 공항은 원래 단일 활주로가 있었는데, 4년 후인 1956년 두 번째 활주로가 건설되었다. 공항은 같은 해에 첫 레이더를 도입하였다. 정기 제트기 운항은 1959년에 시작되었다.

1969년, 새 여객 터미널이 문을 열었고, 1969년 5월 15일 최초의 대서양 횡단 서비스가 시작되었다. 이 기간 동안 공항은 인근 마을인 Seutula의 이름을 따서 Seutula 공항이라고도 불렸다. 1973년에는 국제선 항공편에 대해 최초의 보안 검사가 실시되었다. 1977년부터 헬싱키-반타 공항이라는 이름이 사용되었다.

1983년, 핀에어가 헬싱키와 도쿄 간 정기 운항을 시작하면서 서유럽에서 일본으로 가는 첫 번째 논스톱 서비스에 맥도넬 더글러스 DC-10-30ER를 투입하였다. 1970년대에 Pan Am항공사는 헬싱키에서 미국으로 가는 항공편을 운항했다. 1983년 처음으로 여객 터미널이 확장되었고, 5년 후인 1988년에 공항은 연간 6백만 명 이상의 승객을 처리했다.

1991년, 델타 항공이 이 공항에서 운항을 시작했다. 1993년에 국내선을 위한 새 터미널이 건설되었다. 1996년, 국제선 터미널이 확장되면서 국내선 터미널과 통합되었다. 동시에 새 관제탑이 완성되었다. 1999년 11월, 국제선 터미널이 다시 확장되면서 출·도착 승객용 로비가 건설되었다.

2000년, 역사상 처음으로 천만 명 이상의 승객을 처리했다. 세 번째 활주로가 2002년 11월 28일에 개설되었는데, 첫 번째 항공기는 뉴욕행 핀에어의 맥도넬 더글러스사 MD-11기종이었다. 2004년에 국제선 터미널이 재확장 되면서 장거리 승객을 위한 새로운 쇼핑 구역이 개장되었다. 2009년에는 터미널 2의 최신식 확장 공사가 완료되었다(총면적 43,908m^2). 같은 해에 장거리 항공편 승객을 위한 새로운 쇼핑 구역과 스파 개장, 국내선과 국제선 간의 터미널별 구간 제거, 국제선 터미널 1의 개조 등이 있었다. 또한 TAP Air Portugal이 헬싱키와 리스본 간 운항을 시작했다.

2010년에는 1300여 만 명의 승객을 처리했는데, 이는 2009년 대비 2.2% 증가한 수치이다. 항공 화물은 29.4% 증가했다. 동년 4월에는 Norwegian Air Shuttle이 보잉 737기편으로 오슬로와 스톡홀름 노선을 처음으로 개설하면서 유럽, 아시아, 아프리카에 거의 40곳의 목적지를 가진 공항 최대 항공사 중 하나가 되었다. 2011년, easyJet이 헬싱키 공항에서 맨체스터, 런던-게트윅, 파리-샤를 드골 공항으로 가는 3개 노선을 취소하였다. 수요가 없어서 오스트리아 항공도 비엔나 노선을, 체코항공도 헬싱키 운항을 취소했고, 1년 후, LOT 폴란드 항공도 헬싱키 운항을 취소했다. 2014년에는 Aer Lingus, Germanwings, S7 Airlines, Wizz Air 등 다수의 LCC 항공사들이 헬싱키행 서비스를 취소했다.

2015년, 공항은 처음으로 1,600만 명의 승객을 처리했다. 2016년 3월, 체코 항공이 에어버스 A319 항공기 편으로 프라하-헬싱키 노선 운항을 재개하였다. 2016년 10월 10일, 첫 걸프 항공사인 카타르 항공이 운항을 시작했는데, 현재는 보잉 787 드림라이너로 헬싱키까지 운항하고 있다.

3) 시설

• 활주로

3본의 출발 활주로가 있다.

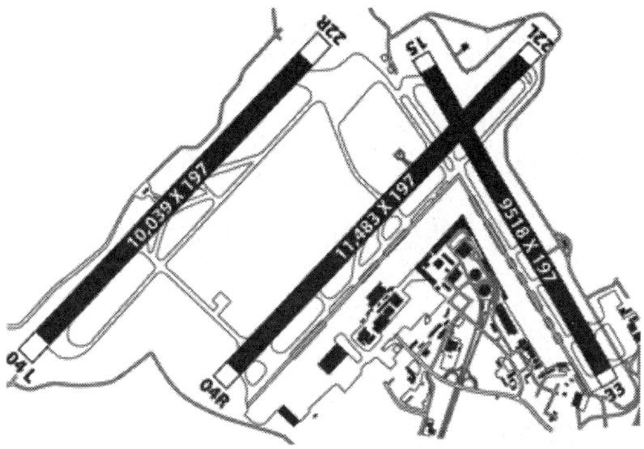

- 04R/22L(출발활주로 1,3440m× 60m), 2005년 여름에 정비 및 현대화가 되었다.
- 15/33 (출발활주로 2,2901m × 60m), 보조 출발 활주로가 2004년 리모델링되었다.
- 04L/22R (출발활주로 3,3060m × 60m), 메일 출발 활주로와 평행을 이루는 새 평행 활주로가 2002년 11월 28일 가동되었다.

• 터미널

공항은 명목상 250m 떨어진 곳에 위치한 두 개의 터미널로 나뉘며, 에어사이드와 랜드사이드 모두 내부 보행자 연결로로 연결되어 있다. 그러나 실제로는 터미널 건물의 에어사이드 부분이 터미널 1(구 국내선 터미널)과 터미널 2(구 국제선 터미널)로 구분되지 않고 솅겐 지역과 비솅겐 지역으로 구분되어 있다. 공항의 터미널 수용 인원은 연간 약

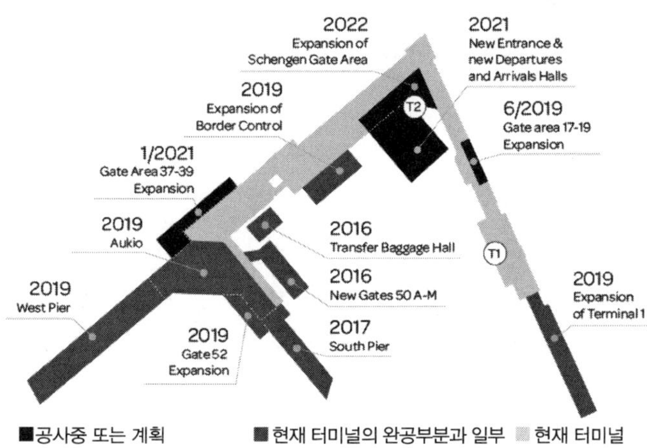

1,600만~1,700만 명이다.

국내선 및 유럽 솅겐 국가들로의 항공편은 11~31번 게이트에서, 장거리 및 유럽 비 솅겐 지역 항공편은 31~38번 게이트에서 운영된다. 터미널 확장이 완료되어서 터미널 1에는 19개의 게이트, 터미널 2에는 41개의 게이트로, 전체 60개의 게이트가 있다.

2014년, 헬싱키 공항은 세계 최초로 승객 추적 시스템을 도입했는데, 이는 자동으로 여객 혼잡도를 모니터링하여 2 터미널 공항의 병목 현상을 예방하는 장치이다. 공항의 표지판은 영어, 핀란드어, 스웨덴어, 한국어, 중국어, 일본어, 러시아어로 되어 있다.

4. 문화 차원

핀란드 인들은 일상적인 대인관계에서 유연한 태도를 갖지만, 사교성이 적고 과묵한 성격을 갖는 것으로 유명하다. 과묵한 성격으로 대화중에 침묵은 적의를 갖거나 반대의 표시가 아니며, 공공장소에서 큰 목소리로 대화를 하거나 크게 웃는 것은 좀처럼 보기 힘들다. 핀란드 인의 성격을 보여주는 또 하나의 단면은 엄격성과 정확성이다. 또한 종교적 신념과 행위는 전적으로 개인적인 일로 여겨 종교적 믿음에 대한 질문은 무례한 행위로 받아들인다.

핀란드를 대표하는 생활문화 중 하나는 사우나이다. 핀란드 인들에게 사우나는 가족과 친구 간 일종의 휴식공간이며, 거의 모든 핀란드 가정에는 사우나 시설이 구비되어 있다. 수영장, 대학교 기숙사 등 여러 시설에는 공공사우나 시설이 설치되어 있다.

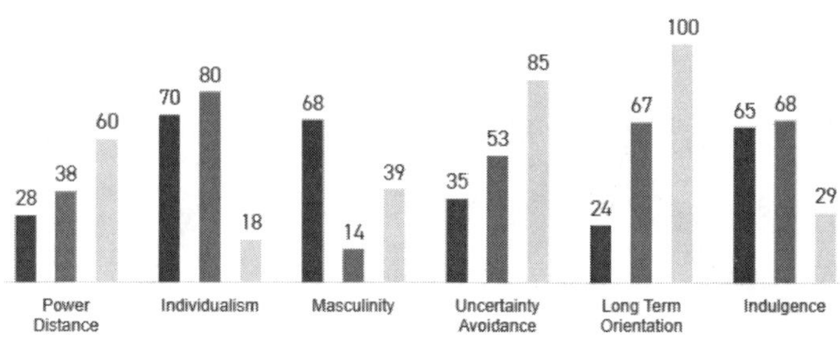

〈호프스테드의 문화 차원 핀란드-독일-한국 비교〉

■ 권력 거리

이 차원에서 33점의 낮은 점수를 받은 핀란드는, 독립성, 편의상의 위계구조, 동등권, 상사 접근성, 코칭 리더, 관리 촉진, 권한 부여 등과 같은 핀란드식 스타일의 특징을 보인다. 권력은 분산되어 있고, 관리자는 자기 팀원의 경험에 의지한다. 직원들은 상담받기를 기대한다. 통제는 싫어하고, 관리자를 대하는 태도는 격식이 없고, 성이 아닌 이름을 부른다. 커뮤니케이션은 직설적이고 참여적이다.

■ 개인주의

이 차원에서 63점을 받은 개인주의 사회이다. 이는 개인이 자신과 직계 가족만을 챙긴다고 볼 수 있는, 느슨한 사회적 프레임을 선호한다는 뜻이다. 개인주의 사회에서 범죄는 죄책감과 자존감 상실을 초래하고, 고용주와 종업원의 관계는 상호 이익에 기초한 계약이며, 고용과 승진의 결정은 오직 실력에 근거해야 하며, 관리는 개인 관리이다.

■ 남성성

이 차원에서 26점을 받은 핀란드는 여성성이 강한 사회로 간주된다. 여성성이 강한 국가에서는 "살기 위해 일하기"에 초점을 맞추고, 관리자는 합의를 위해 노력하고, 사람들은 평등, 연대, 일하는 삶의 질을 중시한다. 갈등은 타협과 협상으로 해결된다. 자유 시간과 유연성 같은 인센티브가 선호된다. 웰빙에 초점을 맞추며, 사회적 지위는 드러내지 않는다. 효과적인 관리자는 도움을 주는 사람이며, 참여를 통해 의사 결정을 할 수 있다.

■ 불확실성 회피

이 차원에서 59점을 받아서 불확실성 회피를 선호하는 국가라고 할 수 있다. 불확실성 회피가 높은 국가들은 엄격한 신념과 행동 규범을 유지하며, 변칙적인 행동과 생각을 용납하지 않는다. 이런 문화에서는 규칙에 대한 정서적 욕구가 있으며, 시간은 돈이며, 사람들은 바쁘고 열심히 일하려는 내적 충동이 있으며, 정확성과 시간 엄수가 기본이며, 혁신에 저항적일 수 있으며, 보안은 개인의 동기 부여에 중요한 요소이다.

■ 장기 지향성

낮은 38점을 받아서 핀란드 문화는 단기 지향적이라고 할 수 있다. 이런 사회의 사람들은 절대적인 진리 확립에 강한 관심을 보인다. 이들은 자기네 사유에서 규범적이다. 이들은 전통을 강하게 존경하는 편이고, 미래 지향적 절약정신이 상대적으로 약하고, 빠른 결과를 얻는 데 초점을 맞춘다.

■ 절제

비교적 높은 57점을 받아서 쾌락 지향적 국가라고 할 수 있다. 쾌락 지수가 높은 사회의 사람들은 일반적으로 인생을 즐기고 재미를 느끼는 것에 대한 충동과 욕구를 실현하려는 의지가 강하다. 그들은 긍정적인 태도와 낙관적인 성향을 보인다. 또한 여가시간을 더 중요시하고, 하고 싶은 대로 행동하고, 쓰고 싶은 대로 돈을 지출한다.

5. 에티켓

■ 커뮤니케이션 스타일

- 핀란드인은 대개 직접적이며, 때로는 무례할 정도로 직설적이다.
- 대화중에는 화자의 말을 열심히 듣고 말이 끝날 때까지 기다린 후 응답하는 것이 최선이다. 중간에 끼어드는 것은 무례하다고 본다.
- 스몰토크(잡담)는 드물다. 핀란드인은 일반적으로 예비단계를 건너뛰고 버스를 기다리는 동안에도 당면 주제를 심도 있게 토론한다.
- 누군가가 "How are you?"라고 물으면서 기대하는 것은 "Fine, and you?"라는 경박한 대답 대신 사려 깊고 진심어린 반응이다.
- 스몰토크에 대한 어느 핀란드인의 조크: 두 남자가 술집에서 맥주를 마시러 만난다. A가 B에게 이렇게 묻는다. "So how's it going?(어떻게 지내?)" B가 A를 보고 이렇

게 대답한다. "Oh for goodness sakes, are we here to talk or are we here to drink?!(오, 맙소사, 우리 이야기하러 온 거야, 아니면 술 마시러 온 거야?!)"

- 남의 집을 방문할 때는 신발을 벗고 아파트에 들어가서 복도에 두는 것이 좋다. (무거운 물건을 운반하는 등으로) 실내에서 신발을 신어야 한다면 항상 허가를 받으시라.
- 갈 것인지 묻는 경우라면, 그곳은 누드 사우나임을 기대하시라. 핀란드 사우나에서 수영복을 착용하는 전례가 없으니까.
- 겨울에는 거의 하루 종일 어두컴컴할 것이다. 이와는 반대로 여름에는 한밤중에도 태양이 떠있어서 사람들은 늦게까지 야외 활동을 하면서 즐긴다.
- 핀란드인은 신뢰하기까지가 느리지만, 일단 신뢰를 한 다음에는 평생 또는 깨질 때까지 지속된다.

■ 인사하기

- 남자가 남자에게: 남자들은 직접 눈을 마주치면서 악수한다. 굳은 악수가 일반적이다. 사이가 좋은 친구라면 인사할 때 껴안을 수는 있지만, 남자가 남자 친구를 껴안는 경우는 극히 드물다. 즉, 어깨를 두드리는 등의 신체적 접촉은 하지 않는 게 좋다.
- 여자가 여자에게: 첫 만남인 경우 여자들은 일반적으로 직접 아이컨택을 하면서 악수한다. 친한 친구라면 포옹해도 좋다.
- 남자가 여자에게: 첫 만남인 경우 일반적인 악수를 하고, 친한 친구라면 껴안아도 좋다.
- 참고: 일반적으로 다른 사람을 맞이할 때는 키스를 하지 않지만, 해외에서 살았던 일부 핀란드인은 이런 세련된 "키스 문화"에 젖어든 경우도 있다. 대부분의 경우 친구들과 인사할 때 간단히 "hi"만으로 충분하다.
- 비즈니스 등 공적인 첫 만남의 경우 직급을 뺀 이름만 주로 밝힌다. 대체로 겸손함을 미덕으로 여기지만, 학위(특히 박사인 경우)만은 예외이다. 핀란드인은 학위를 매우 자랑스럽게 여기며, 학위를 호칭해 주기를 원하는 경우도 있다. 따라서 상대방이 박사학위를 가진 경우라면 Mr 또는 Sir ○○○보다는 Dr.(Doctor) ○○○라고 호칭하

는 것이 더 좋다. 그러나 핀란드에서는 어느 정도 친밀감이 생긴 상대에 대해서는 존칭대신 이름을 사용하는 것이 더 일반적인 문화이다. 외국인에게도 여러 번 만나게 될 경우 존칭 대신 이름을 사용하는 것이 자연스러운 핀란드 회사의 분위기이다. 반대로 우리도 그들과 지속적인 관계를 유지하게 되는 경우라면 성이 아닌 이름을 부르면서 친근한 사이로 발전할 수 있다. 핀란드인은 사적으로 만나는 경우, 쉽게 마음을 열지는 않으나 관계를 맺는 경우 지속되는 경우가 많다.

■ 아이컨택

- 눈 마주치기는 매우 중요하다. 정직과 성실의 표시이다.
- 핀란드 사회는 사회·경제적 계층 간의 분열을 억제하면서 평등을 장려한다. 따라서 연령, 사회 계층, 직업적 지위에 관계없이 다른 사람의 눈을 쳐다보지 않는 것은 무례한 것으로 여겨진다.

■ 제스처

- 엄지 척은 "way to go," "yes," "good work."를 의미한다.
- 일부 핀란드 인은 양쪽 가운데 손가락을 사용하여 요점을 강조하기를 좋아하지만, 가운데 손가락을 획 뒤집는 것(Flipping the middle finger)[4]은 그 의미가 유럽에서는 아주 부정적이다.
- 단순히 어깨를 으쓱하는 것은 무관심이나 불확실성을 나타낼 수 있다.

■ 금기

- 하품할 때는 무조건 입을 가리시라.
- 소금이나 후추를 다른 사람에게 전달할 때는 항상 테이블 위에 올려놓고 직접 건네지 마시라.
- 핀란드 인은 러시아가 핀란드를 침략하고 점령한 오랜 역사로 인해 여전히 러시

---

4 참고: MISSIO - Middle Fingers.

아에 대해 상당한 적대감을 품고 있다. 핀란드는 스웨덴으로부터 655년, 러시아로부터 108년간 지배를 받다가 1917년에 독립한 민족성이 강한 나라로, 2017년 독립 100주년을 맞았다. 자칫 강대국 사이에 끼어있는 소국이라고 핀란드를 얕보거나 주변 국가의 영향을 많이 받은 듯한 발언(예를 들어, 핀란드어가 러시아어랑 비슷하게 들린다는 등)을 하면 상대방의 심기를 거슬리게 할 수 있다.

- 여성 차별적 발언을 삼가시라. 핀란드는 뉴질랜드, 호주에 이은 세계 세 번째, 유럽에서는 최초로 여성선거권을 부여한 나라다. 정치 외에 경제, 문화 등 사회 각 분야에서 남성들과 동등한 권리를 보장받고 있으며 왕성한 활동을 펼치고 있다.
- 핀란드 인은 일반적으로 정직하고 솔직하며, 약속을 잘 지킨다. 자연히 상대방에게도 이와 같은 매너를 기대한다. 핀란드에서는 말 한마디가 갖는 의미가 크다. "Yes"는 반드시 Yes이고 "No"는 100% No이다. 상대방이 동의한 사항에 대해서 재차 확인하거나, 또 'No'라고 한 사항에 대해서 끈질기게 요구하는 행동은 역효과를 내기 쉽다.

03
독일

〈출처: https://www.roughguides.com/maps/europe/germany/〉

국명	독일연방공화국(Federal Republic of Germany)
면적	357,022 ㎢
수도	베를린
종족	게르만족(91.5%), 터키인(2.4%)
인구	
공용어	독일어
종교	개신교(27%), 로마가톨릭교(29%), 이슬람교(3%)
건국일	1949년 5월 23일 (1990.10.3 동서독 통일)
통화	유로화(Euro)
도메인	.de

왜 독일인가?

전형적으로 독일적인 것은 무엇일까? 축구, 정원 장식용 난쟁이 인형(Gartenzwerge), 커리소시지(currywurst)? 이 장에서 우리는 독일을 둘러보며 이 질문에 대한 명확한 답이 없음을 알게 될 것이다. 독일은 사람에서부터 풍경에 이르기까지 너무나 다채롭고 다양하기 때문이다. 이 장은 또한 정치 시스템의 기본과 독일 역사에서 중요한 이정표들을 간략하게 제시한다. 자연, 지리, 문화 및 사회에 대한 재미있는 사실적 지식도 들어 있다. 등록금이 필요 없는 대학, 양질의 교육, 문화적 다양성도 그런 지식의 일부이다.

그렇다. 독일은 여러분이 생각하는 것보다 훨씬 더 흥미로운 나라다. 이전에 들어 보지 못한 몇 가지 흥미로운 사실들을 먼저 살펴보자.

- 독일은 국토의 1/3이 숲과 삼림으로 덮여 있다.
- 독일 고속도로의 65%는 속도 제한이 없다.
- 독일인이 아닌 외국 유학생에게도 대학 등록금이 없다.
- 독일에는 2100개가 넘는 고성들이 있다.
- 독일에는 1,500가지 이상의 맥주가 있다.
- 수도 베를린에는 유럽 최대의 기차역이 있다.
- 베를린은 파리보다 9배나 더 크고 베네치아보다 다리가 더 많다.
- 독일은 16개 주(Land), 403개의 지구(Kreis)로 구성되어 있다. 가장 큰 주는 바이에른주이다. 지구들 중 301개는 농촌 지역이고 102개는 도시 지역이다.
- 독일은 유럽연합에서 최대 경제대국이다. 국내 총생산(GDP)은 3조 7300억 달러로, 미국, 중국, 일본에 이어 세계 4위를 차지하고 있다.
- 독일은 세계 최대 자동차 생산국 중 하나이다.
- 아헨, 레겐스부르크, 프랑크푸르트 암 마인, 뉘른베르크, 베를린, 바이마르, 본(및 동베를린), 그리고 1990년 이후 다시 베를린으로 이어지는 도시들은 모두 독일의 역사적인 수도였다.
- 세계 최초로 인쇄된 서적은 독일어로 된 것이었다.

- 세계 최초의 정기 간행물로서의 잡지는 1663년 독일에서 발간되었다(Erbauliche Monaths Unterredungen).
- 독일은 서머 타임 제도(DST)를 세계 최초로 도입한 나라이다. 1916년 제1차 세계 대전 중에 도입했다.
- 독일어는 독일, 스위스, 오스트리아, 룩셈부르크 및 리히텐슈타인의 공식 언어이다.
- 독일에는 300종류 이상의 빵이, 1,000종 이상의 소시지가 있다.
- 독일인은 아일랜드인 다음으로 맥주를 많이 소비한다. 그러나 세계 최대의 맥주 축제는 바이에른 주 뮌헨에서 열리는 '옥토버페스트(Oktoberfest)'이다. 맥주 잔도 500ml가 아니라 1리터를 사용한다.
- 크리스마스트리(Tannenbaum) 전통은 독일에서 왔다.
- 독일의 택시는 대부분 메르세데스 벤츠이다.
- 세계에서 가장 좁은 거리는 남부 바덴-뷔르템베르크 주의 도시 로이틀링엔(Reutlingen)에 있는 슈프로이어호프슈트라세(Spreuerhofstrasse)인데, 가장 좁은 지점의 폭이 31cm(1피트)밖에 안 된다.
- 독일어와 영어는 비슷하다. 역사적으로 보면, 두 언어의 조상이 동일하기 때문이다. 독일어 단어들이 철자는 다를 수 있지만 발음에서는 영어와 동일한 단어들이 많다.

  Haus = house, Buch = book, Finger = finger, Hand = hand,
  Name = name, Mutter = mother, schwimmen = to swim,
  singen = to sing, kommen = to come, blau = blue, alt = old,
  windig = windy.
- 독일어는 Goethe, Marx, Nietzsche, Kafka, Mann, Brecht, Grass. Mozart, Bach, Beethoven, Schubert, Brahms, Schumann, Wagner, Mahler, Schönberg 등의 독일어권 유명인사들이 말하고 쓴 언어이다. Freud, Weber, Einstein, Heisenberg, Kant, Hegel, Heidegger도 독일어로 말하고 글을 썼다.
- 서양에서 가장 중요한 철학, 문학, 음악, 미술사, 신학, 심리학, 화학, 물리학, 공학, 의학 등의 학문분야에서 수많은 주요 저서들이 독일어로 저술되었다.

1. 지리적 특징

1) 기후

서유럽의 해양성 기후와 동유럽의 대륙성 기후의 중간형이다. 서부의 기후는 전반적으로 편서풍과 북해의 영향을 받는 해양성 기후를 보이기 때문에 높은 위도에 비해 온난 습윤하다. 그러나 북서쪽에서 남동쪽으로 가면서 대륙성으로 바뀌기 때문에, 동부에서는 대륙성 기후를 보여 강수량도 적다. 또한 기온도 계절에 따라 차이가 큰데, 7월의 기온은 남쪽이 높고 북쪽이 낮아 등온선이 위도에 평행하게 거의 동서방향으로 놓이는 데 반해, 1월의 기온은 동쪽이 낮고 서쪽이 약간 높아 등온선은 위도에 직교하게 남북방향으로 놓인다.

2) 주민

BC 1세기경부터 로마인이 게르만인이라고 부르던 민족이 현재의 독일 지역에 정착하게 된 것은 BC500~AD500년 사이였다. 그들은 본거지인 스칸디나비아 반도로부터 발트해 연안, 엘베강 동쪽 지역을 점거하였다가 진로를 서쪽으로 바꾸면서 엘베강 유역 전체로 퍼졌다. 다시 라인강과 도나우강까지 진출하여 여러 부족집단으로 결집하면서 로마 문명과 직접 대면하게 되었다. 그러나 로마인에 의해 '바바리안'으로 불렸던 게르만계의 여러 부족이 그들 자신을 총칭하는 호칭을 가지게 된 것은 8~9세기에 이르러서였다.

그 뒤 같은 언어로 결합된 게르만 부족이라는 유대의식이 굳어져, 9세기에는 동프랑크왕국 내의 슬라브인과의 구별이 뚜렷해졌다. 10세기 이후 독일인은 프랑크인, 작센인, 바이에른인, 알레만(슈바벤)인, 튀링겐인, 프리슬란트(프리지아)인 등 6개 부족을 일컫는 말로 쓰이게 되었다. 게르만족은 독일지역에 정착하는 과정에서 선주민인 켈트족을 서쪽으로 몰아내거나 흡수하였다. 중세에 이르러 거주 지역을 동쪽으로 확장한 게르만족은 엘베강, 잘레강을 끼고 슬라브족과 대치하면서 자주 그들의 침입을 받다가, 9세기 샤를마뉴(카를) 대제 때 두 하천을 방위선으로 고정시킬 수 있게 되었다.

이후 인구가 증가하자 독일 영토 내의 처녀지 및 영토 밖에 대한 식민이 추진되면서,

엘베강 동부의 슬라브족 거주 지역으로의 독일인 진출이 시작되었다. 12세기 후반부터 약 200년에 걸쳐 줄기차게 추진된 동부진출은 1350년경부터 페스트의 창궐로 인구가 감소하면서 갑자기 정지되고, 그 시기에 오늘날과 같은 여러 부족의 분포가 거의 확정되었다. 독일의 소수민족으로는 유대인, 슬라브인, 위그노인 등이 있다. 유대인은 중세 초기 이래 독일에 살아왔으며, 제2차 세계 대전 중 유대인 학살이 있기 전의 독일 거주 유대인 총수는 80만 명 정도였다.

슬라브인은 현재 엘베강 동쪽의 좁은 지역에 모여 살고 있는데, 그들의 독자적 문화 및 언어(벤드어)를 지키고 있다. 위그노인은 17세기 후반에 프랑스에서 벌어진 신교도 탄압으로 독일로 옮겨와 살게 된 프랑스인 신교도(위그노)의 후손들이다. 또 슐레스비히-홀슈타인 주는 1860년대까지 덴마크의 영토였던 곳으로, 현재도 덴마크인이 총인구의 약 3%를 차지하고 있다. 그밖에 19세기 이후에 독일에 정착하게 된 소수민족들도 적지 않다. 19세기에 루르 지방에 들어온 폴란드 노동자들, 11월 혁명(구력 10월) 후 러시아로부터 이주해온 러시아인, 제2차 세계 대전 후 동유럽, 발칸 등지에서 독일로 들어온 무국적자, 산업부흥과 더불어 그 수가 급격히 증가한 외국노동자와 그들의 가족, 후손들이었다.

3) 종교

독일어는 고지독일어(Hochdeutsch)와 저지독일어(Niederdeutsch)로 나눌 수 있는데, 고지독일어가 표준어에 속한다. 16세기에 루터의 성서번역에 의해 신고지독일어(Neuhochdeutsch)가 확립되면서 방언의 차이는 크게 줄었지만, 아직도 많은 방언이 남아 있다.

독일의 기독교화는 8세기에 샤를마뉴 대제가 작센인을 강제로 개종시킴으로써 완전히 달성되었다. 그 뒤 종교개혁에 의해 독일은 프로테스탄트와 가톨릭으로 분리되었는데, 두 종파의 대립은 아우크스부르크의 종교화의(1555년)와 베스트팔렌조약(1648년)에 의해 해결되었다.

독일은 1919년 바이마르 헌법에 의한 정교 분리로 국교는 없다. 다만 역사적 전통을 존중하여 국가는 교회의 재산권과 신도에 대한 종교세 부과를 인정하며, 교회활동의 유지비용을 일부 지원한다. 2017년 기준 프로테스탄트는 27%를 차지하고 있는데, 북부와 북동부(구동독) 지역에서 강세이며, 가톨릭은 29%를 차지하고 있고, 남부와 서부에서 강세이다. 상공업이 발달한 지역에서는 프로테스탄트가 우월하고, 농촌지역에서는 가톨릭이 우세한 점이 특징이다. 다른 나라와는 달리, 신·구교 간에 협력이 잘 이루어지는 것도 독일교회의 특징이다.

4) 교통

독일의 대표 항공사는 국영 '루프트한자(Lufthansa)'이다. 100여 개국과 상호 항공로가 개설되어 있으며, 세계의 200여 주요 도시를 연계시키고 있다. 프랑크푸르트, 함부르크, 베를린, 뮌헨 등 주요 도시에 국제공항이 있으며, 특히 프랑크푸르트공항은 유럽 제2의 국제공항이다.

2. 역사

1) 고대

기원전 2000년 청동기 문화권이 형성되고 이들이 게르만족의 선조가 된다. 375년 훈족의 침략으로 게르만족의 대이동이 시작되고, 이 고대 게르만족 중에서 프랑크족이 서유럽 최초의 통일 국가인 프랑크 왕국을 세운다.

메로빙거 왕조(481~751)[1]와 카롤링거 왕조(751~843)[2]를 거쳐 카를 대제 때 서로마 제

---

1 메로빙거, 즉 메로비우스 왕조의 시작점은 481년 클로비스 1세의 집권이다. 메로비우스라는 이름은 창시자로 알려진 프랑크족 족장 메로베크(Merovech, 411-458)에서 유래하는데, 그는 서로마 제국의 군인으로 용병 출신이었다. 갈리아의 영토를 이어받아 대부분의 프랑스와 벨기에, 독일과 스위스 일부분을 로마인들의 점령 직후 5세기부터 8세기까지 통치한 프랑크족을 다스리던 프랑크왕국의 전반기 왕조이자 왕족이다.

2 프랑크족 카롤루스 일족이 세운 왕조이다. 카롤링 가문은 아우스트라시아 출신으로, 프랑크 왕국의 전 왕조인 메로빙거 왕조에 종사하는 궁재였으나, 프랑크 왕국의 2번째 왕조를 열었다. '카롤링'은 성씨가 아니고 '카를의 후손'이란 뜻이다. 당시 프랑크족을 비롯한 유럽의 민족들은

국 황제의 지위를 받지만, 카를(샤를마뉴) 대제의 사후 왕권이 약화되면서 프랑크 왕국은 동프랑크(독일), 서프랑크(프랑스), 중프랑크(이탈리아)로 분열하게 된다.

■ 게르만 족은 야만족?

'최악의 연애는 독일 여자와 영국 레스토랑에서 데이트하는 것이다.'라는 말이 있다. 영국 음식은 맛이 없고 독일인은 재미없는 사람이라는 편견에서 비롯된 말이다. 독일인은 연방제와 엄격한 교육의 영향을 받아서인지 사교성이 부족하고 폐쇄적인 면이 있다고들 한다. 하지만 겉보기와는 다르게 친절하고 남을 잘 도우며, 신뢰와 믿음을 중시한다.

전형적인 게르만 족인 독일인은 비교적 키가 크고 노란 머리와 파란 눈을 지니고 있다. 이목구비가 강해 선이 굵은 독일인의 외모도 감정적으로 경직된 민족이라는 이미지를 형성하는 데 한몫했을 것이다. 오늘날의 스웨덴 인, 덴마크 인, 노르웨이 인, 아이슬란드 인, 앵글로색슨 인 등도 게르만 족에 속한다. 하지만 이들을 같은 민족이라고 보기에는 외모도 문화도 조금씩 다르다.

■ 고대 게르만 족의 모습

'게르만 족'은 로마 인이 북쪽에 사는 다양한 민족을 총칭하여 부르던 이름이었다. 로마 인은 문자도 모른 채 반농반목 생활을 하던 게르만 족을 '바바리안(Barbarian)'이라고 불렀다. 바바리안은 야만인들이 '바-바(bar-bar)'라고 소리 지르는 것을 표현한 말이었다.

로마 인이 '바바리안'으로 부르며 경멸했던 게르만 족, 켈트 족, 훈 족, 고트 족 등도 나름대로 훌륭한 문화를 지니고 있었다. 예컨대 게르만 족은 편리하게 입을 수 있는 '바지'를 입어서 후일 서양의 의복 문화에 영향을 끼쳤다. 현대인의 입장에서는 치마를 입던 로마 인들이 오히려 야만스러워 보일 수도 있다.

정복자의 시각으로 문화를 바라보는 것을 경계할 필요가 있다. 오늘날 게르만 족의

성씨 개념이 없었다.

독일은 가장 앞선 나라에 속한다. 한편 역사가 흐르면서 로마 인의 이탈리아는 독일에 노동력을 제공하는 나라가 되기도 했다.

게르만 족이 사는 게르마니아(Germania)는 로마 인들이 현재의 독일 라인 강과 현재의 폴란드에서 가장 긴 비스와(Wisła) 강 사이를 일컫던 지역이었다. 북쪽에는 작센 인(라인 강과 엘베 강 중간)과 프리지아 인(북해 연안), 서쪽에는 프랑크인, 중부에는 튀링겐 인(엘베 강 남부), 남쪽에는 알레만인(라인 강 상류)과 바이에른 인이 자리 잡고 있었다.

로마 멸망 후, 도나우 강 연안의 서고트 족은 이베리아 반도에 서고트 왕국을 세웠고, 이베리아 반도로 몰려왔던 반달 족은 북아프리카로 건너갔으며, 흑해 연안의 동고트 족은 이탈리아 반도로 들어가 동고트 왕국을 건설하였다. 벨기에와 독일 북부에 살던 앵글 족과 색슨 족은 브리타니아로 건너갔다. '앵글(Angle)'은 잉글랜드(England)의 어원이 되고, '색슨(Saxon)'은 독일 작센(Sachsen)의 어원이 되었다.

2) 중세

동프랑크의 왕인 오토 대제(912~973)가 중부 유럽의 패권을 잡자, 교황은 신성 로마 제국 황제의 왕관을 수여하고, 이로 인해 신성 로마 제국이 성립된다. 신성 로마 제국의 왕위는 여러 왕조를 거쳐 오스트리아가문으로 넘어간다.

■ 베르됭 조약(843) 이후 프랑크 왕국의 분할

샤를마뉴(카를) 대제의 후계자 루트비히 1세(778~840)가 죽은 후 서로 다투던 세 아들은 843년 전쟁을 끝내고 베르됭 조약을 맺고 프랑크 왕국을 서프랑크 왕국, 중프랑크 왕국, 동프랑크 왕국으로 분할하였다. 샤를마뉴의 손자이자 루트비히 1세의 셋째 아들인 루트비히 2세는 베르됭 조약 이후 동프랑크 왕국의 국왕이 되었다. 오늘날 독일과 오스트리아에서는 루트비히 2세를 초대 군주로 여긴다.

중프랑크의 혈통이 끊기자, 870년 메르센 조약에 따라 서프랑크와 동프랑크는 이탈리아 북부를 제외한 중프랑크의 영토를 동서로 분할하였다. 이것이 오늘날 프랑스, 독일, 이탈리아의 기원이 되었다.

919년 작센의 공작에서 독일의 국왕으로 추대된 하인리히 1세(873/876~936)에게 오토라는 아들이 있었다. 아버지의 뒤를 이어 왕위에 오른 오토 1세는 이탈리아 원정을 단행하는 등 로마 교황의 수호자를 자처하여 962년 교황으로부터 신성 로마 제국의 황제로 추대되었다. 하지만 100여 년이 지나 왕위에 오른 하인리히 4세(1050~1106)가 1077년 교황과의 권력 싸움에서 굴복한 '카노사의 굴욕'을 겪은 뒤로 황제의 권위는 약화되었다.

십자군 원정에 참여해서 예루살렘을 정복한 프리드리히 2세(1712~1786)가 1250년에 사망하면서 호엔슈타우펜 왕조는 사실상 단절되었다. 이후 독일은 오랫동안 실질적인 지배자가 존재하지 않는 대공위 시대를 맞게 되었다. 십자군 전쟁이 끝난 직후인 1273년에서야 프랑크푸르트 선제후 회의와 교황의 승인을 받아서 합스부르크 왕가의 루돌프 백작(1218~1291)이 신성 로마 제국의 황제로 추대되었다.

3) 근대

1517년에는 마르틴 루터가 비텐베르크 궁정교회의 정문에 교황청의 면죄부 판매를 논박하는 「95개조 반박문」을 내걸면서 종교 개혁을 촉발시켰다. 이후 신교와 구교로 갈라진 유럽은 독일을 무대로 30년 전쟁(1618~1648)을 벌였다. 1648년이 되어서야 30년 전쟁은 베스트팔렌 조약에 따라 막을 내렸고, 독일 지역 내 영방국(領邦國, 제후국) 군주들은 신앙의 자유와 주권을 인정받게 되었다.

여기서부터 독일 연방제가 시작되었고, 신성 로마 제국은 사실상 오스트리아로 축소되어 황제를 겸했던 합스부르크 왕가의 패권적 지위는 약화되었다. 합스부르크 왕가를 인정하려들지 않았던 프로이센의 프리드리히 2세는 합스부르크 왕가의 여제 마리아 테레지아와 7년 전쟁(1756~1763)을 벌여 슐레지엔 영유권을 확보했다.

1806년 나폴레옹의 후원으로 남서 독일 16개국이 라인 동맹을 맺자 허울뿐이었던 신성 로마 제국의 마지막 황제 프란츠 2세(1768~1835)는 압박을 받고 자리에서 물러났다. 오스트리아가문은 계속되는 종교 전쟁과 왕위 싸움으로 오스트리아와 프로이센으로 나누어졌고, 신성 로마 제국은 분쟁을 계속하다가 1806년, 나폴레옹 1세에 의해 해체되었다. 나폴레옹이 러시아 원정 실패로 폐위된 1814년, 오스트리아 총리 메테르니히가 전후 처리를 위해 빈 회의를 주도했다. 회의 결과, 구질서를 유지하기 위한 '빈 체제'가 등장했고, 과거의 신성 로마 제국 지역에 다시 독일 연방이 결성되었다.

1862년 독일 북부 프로이센 주의 총리가 된 비스마르크는 철혈 정책으로 세력을 확대하고 있던 프로이센의 철혈 재상 비스마르크는 나폴레옹 3세와 맞부딪힌 프로이센과 프랑스 간의 보불전쟁을 승리로 이끌었고, 프로이센의 빌헬름 1세는 1871년 베르사유 궁전에서 독일 제국 수립을 선포했다. 프로이센-프랑스 전쟁은 알퐁스 도데의 [마지막 수업]의 배경이 되었다.

1914년 오스트리아 황태자의 암살 사건으로 제1차 세계 대전이 일어나고, 독일 제국은 붕괴된다.

4) 현대

군주제에서 공화제로 바뀐 독일은 1919년 바이마르 공화국으로 거듭난다. 그러나 1929년에 시작된 세계 대공황으로 혼란이 시작되고, 이때 나치스 세력인 히틀러가 정권을 잡게 된다.

이후 오스트리아와 체코슬로바키아를 병합하고 폴란드를 침입하여 제2차 세계 대전이 시작된다. 1945년 독일이 연합군에게 항복하고 히틀러가 자살함으로써 오랜 기간 계속된 전쟁이 막을 내린다.

■ 유대인 학살

제2차 세계 대전 때, 히틀러는 아리아 인의 우월성을 내세우며 수백만 명의 유대인을 학살했다. 선민의식을 지닌 유대인을 인종주의 차원에서 말살한다는 게 주된 이유였지만 당시 유대인이 독일 경제를 장악하고 있었다는 사실에서도 그 원인을 찾을 수 있다. 히틀러는 유대인의 선조인 히브리 족이 정통 아리아 인이 아니라고 판단했다.

■ 분단과 통일

제2차 세계 대전에서 패한 독일은 포츠담 협정에 의해 미국, 영국, 프랑스가 관리하는 서독 지역과 소련이 관리하는 동독 지역으로 나뉜다. 서독은 마셜 플랜(유럽 부흥 계획)에 의해 미국의 경제 원조를 받아, 이것을 바탕으로 통화 개혁을 실시하고 경제를 부흥시킨다.

그 과정에서 동독의 경제에 혼란이 오자, 소련은 동서로 나뉜 베를린에서 동측 지역을 봉쇄하여 냉전 체제를 강화한다. 1972년에는 '동서독 기본 조약'을 맺어 평화롭게 공존하기로 하나, 동독 측이 1민족 2국가를 주장해 통일이 계속 미뤄진다.

그러나 소련에 고르바초프가 집권하면서 동구권에 개혁의 바람을 타며 1989년 11월 베를린 장벽이 붕괴되고, 1990년 10월 3일 역사적인 통일을 성취한다. 통일 이후 독일은 통일 전 파산 지경에 이르렀던 동독 경제의 회복과 동서독 주민 간의 경제적 차이, 사회주의 체제에서 빚어졌던 재산권 문제 등 많은 문제를 안게 되지만, 슬기롭게 극복해 나갔다.

1985년에는 셍겐 조약이 체결되면서 각 회원국 간의 출입국 통제가 사라져 이동이 더 자유로워지고, 1986년에는 유럽기가 만들어져서 회원국에서 사용하기 시작했으며, 단일 유럽 의정서가 체결되어 유럽 공동체에서 유럽 연합으로 발전할 수 있는 발판이 마련된다.

1993년 11월 1일, 마스트리히트 조약이 발효되면서 유럽 연합(EU)이 출범한다. 마스트리흐트 조약에 의거하여 유럽 연합은 유럽 공동체를 넘어서 사법 권력(Police and Judicial Co-operation in Criminal Matters)과 일부 외교와 안보 권한(Common Foreign and Security Policy)을 회원국들로부터 위임받는다. 또한 마스트리흐트 조약에 아래 초기의 유로가 도입된다. 1995년 12월 1일 새로 도입된 화폐 이름을 '유로'라고 결정하고, 1999년 회계 통화로 시장에 공급하기 시작한다. 2002년 1월 1일, 유로 화폐가 시장 전체에 공급되기 시작해서, 같은 해 5월에는 회원국들의 기존 화폐를 완전히 교체한다.

3. 공항: 나라의 관문

■ 프랑크푸르트암마인 국제공항(Frankfurt Airport)

- IATA: FRA, ICAO: EDDF

독일 헤센 주 프랑크푸르트암마인의 서부(Frankfurt-West)에 위치한 슈반하임(Schwanheim) 소재 국제공항이다.

2019년 프랑크푸르트공항은 총 7,050만 명의 승객이 이용했다. 프랑크푸르트 공항은 유럽의 공항들 중 가장 큰 화물과 세계 8위의 화물량(연간 2000만 톤 이상)을 처리한다. 이 공항은 Luftthansa, Condor Flugdienst, Sunexpress Deutschland, Luftthansa Cargo의 홈베이스이다.

독일에서 이용객이 가장 많은 공항이다. 영국의 히드로 공항, 프랑스의 파리 샤를 드골 공항과 함께 유럽을 대표하는 허브공항이다.

• 역사

1909년 11월 16일, 세계 최초의 항공사인 DELAG 항공이 프랑크푸르트암마인에 설립되어 이 공항을 허브 공항으로 이용하기 시작했다. 1912년에 개항하여 운영하였지만, LZ 129 힌덴부르크와 같은 열기구선 운항을 비롯하여 여객 포화와 활주로 연장이 불가능해지면서 1924년 보고서에서 더 이상 공항 확장이 불가능하다는 결론을 내렸다. 당시 1926년 민간 항공 여행이 급속도로 성장하기 시작해 수요를 처리하기에는 역부족이었다. 결국 1930년 독일 정부가 프랑크푸르트암마인 남쪽에 공항 건설을 승인했지만, 대공황으로 인해 연기되었다가 1933년에 착공을 시작했다. 1936년 8월에 개항했는데, 당시 독일군(당시 나치 정권)의 군사 공항으로 사용했다. 제2차 세계 대전으로 1939년부터 여객 운항은 중단되었다. 1940년 프랑스 공군의 폭격으로 공항 기능이 파괴되었고, 1944년 활주로도 연합군의 습격으로 파괴되었다. 냉전 당시 1947년부터 미국 공군의 기지로 사용하기 시작했다.

1948년에 발족된 프랑크푸르트 공항 공단(Flughafen Frankfurt Main AG)이 공항을 관리하기 시작했다. 1949년 민주진영의 서베를린 물자 공수작전의 중심 기지로 활용되었다. 1955년부터 루프트한자가 운용하기 시작했다. 1957년 활주로가 추가로 확장된데 이어, 1958년 새로운 여객 터미널이 완공되면서 국제선이 취항하기 시작했다. 1962년에 매년 3000만 명의 승객을 수용할 수 있는 더 큰 터미널을 구축하기로 결정해 1964년부터 확장 공사가 시작해 1965년에 완료되었다. 1970년에 새로운 여객터미널이 완공되어 운용을 시작했는데, 당시 6대의 항공기를 수용하는 세계 최대 규모의 터미널이 되었다. 1972년에 터미널 1을 완공하면서 민간여객 및 화물수송의 중심으로 거듭나게 되었다. 그러나 여객 수요의 폭증과 터미널의 포화로 1990년부터 터미널 확장이 논의되기 시작해, 1994년 10월 24일에 제2여객터미널을 완공하여 유럽을 대표하는 세계적인 복합 항공 교통 중심지로 자리를 잡았고, 연간 5,400만 승객을 처리하게 되었다. 1999년 5월 30일에 쾰른-프랑크푸르트 고속철도의 가운데 1단계가 개통되어 프랑크푸르트 공항역이 개설되었다. 또한 이 역은 터미널 1과의 연계가 가능하다.

• 시설

프랑크푸르트 공항은 2012년 10월에 여객터미널 1의 서쪽에 루프트한자의 장거리 노선만 독점적으로 사용하는 새로운 탑승동(Flugsteig A-Plus)을 개장해 연간 6천만 명의 여객을 처리할 수 있게 되었다. 2009년 독일 정부는 프랑크푸르트 공항에 여객터미널 3을 개설하기로 결정하였는데, 이 터미널이 완공될 경우 연간 8,500만 명의 여객을 처리할 수 있는 능력을 갖추게 된다.

• 활주로

프랑크푸르트 공항은 4본의 활주로로 구성되어 있다. 그중 3본은 동서 방향으로 평행하고, 1본은 남북 방향으로 나란히 있다.

명칭	치수	표면	방향	개통	이용
07C/25C(출·도착 활주로, 센터)	4000 × 60	아스팔트	동-서	1936	주로 출발, 드문 착륙
07R/25L(출·도착 활주로, 남쪽)	4000 × 45	아스팔트	동-서	1949	주로 착륙, 드문 출발
18(출발 활주로, 서쪽)	4000 × 45	아스팔트/콘크리트	북-남	1984	남쪽 방향에서 출발 전용
07L/25R(착륙 활주로, 북서쪽)	2800 × 45	콘크리트	동-서	2011	Airbus 380, Boeing 747, MD-11의 착륙 전용

정상 운영 시 2본의 외부 평행 활주로(07L/25R 및 07R/25L)가 착륙에 사용되고, 중앙 평행 활주로(07C/25C)와 서쪽 활주로(18)가 이륙에 사용된다. 2020년 2월, 독일연방항공교통관제국(Deutsche Flugsicherung, DFS)은 남쪽 활주로와 중앙 활주로를 사용하는 새로운 방법을 테스트하고 있다. 착륙과 이륙 시 두 활주로를 거의 동일하게 사용할 수 있어야 한다. 이렇게 되면 두 활주로의 최적 활용도를 기대할 수 있다. 활주로를 어느 방향으로 지원할지 여부는 나침반의 눈금에서 도출된 것이다. 서쪽 활주로는 거의 정확히 남쪽, 즉 나침반의 180도 방향이기 때문에 18로 지정되었다. 이 세 본의 평행 활주로에는 각각 두 개의 이름이 있다. 서쪽 활주로와는 달리, 07은 70도를, 25는 250도를 나타내는 두 방향으로 운영할 수 있다. 세 본의 평행선을 명확하게 구분할 수 있도록 지리적 배치에 따라 R(오른쪽/우측), C(중앙/중간), L(왼쪽/좌측)로 지정한다. 정상 운항('운항

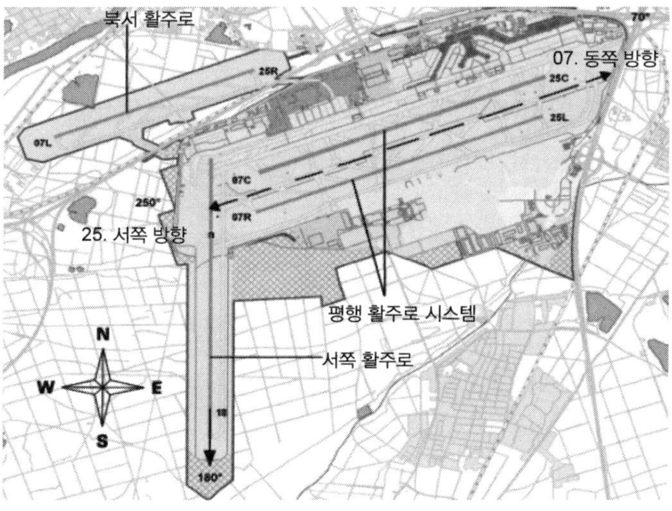

방향 25'라고도 함)에서 착륙하는 항공기는 동쪽에서부터 공항으로 접근하고, 25L(남쪽 활주로,이 방향에서 3본의 평행 활주로의 왼쪽으로 보이는 25L 또는 북서쪽 활주로 25R로 착륙한다. 이 방향으로 보면, 3본의 평행 활주로 가운데 '운항 방향 07'을 사용하면 비행기는 서쪽에서 07L(북서 활주로, 이 방향에서 본 세 본의 평행 활주로의 왼쪽) 또는 07R(남쪽 활주로)에 착륙한다. 기본적으로 항공기는 바람을 거슬러 이착륙해야 하기 때문에 운항 방향은 바람의 방향과 세기에 따라 달라진다. 출발 활주로 18은 세 본의 평행 활주로의 운항 방향에 관계없이 운영되지만, 그렇지 않으면 교차 비행 때문에 기본적으로 남쪽 방향만 이륙이 가능해서 제한되며, 북쪽 방향에서 강한 바람이 불어오는 경우 이륙이 제한적으로만 가능하거나 아니면 이륙이 전혀 불가하다.

2010년에는 세 본의 활주로(북쪽 활주로, 남쪽 활주로, 서쪽 활주로)에서 464,432편의 비행 이동이 처리되었는데, 이는 시간당 83편의 비행 이동에 해당한다. 2011년 10월 북서쪽 활주로가 운영에 들어갔을 때, 수용 인원은 2018년까지 시간당 104편의 비행으로 증가했다. 장기적으로 보면, 제3 터미널 확장 이후 시간당 최대 126편의 비행이 가능한데, 이는 연간 70만 편 이상의 비행에 해당한다. 단 한 본의 새로운 활주로에 의한 50% 정도의 용량 증가는 이제 처음으로 독립적인 병렬 접근(착륙)이 가능하다는 사실 때문이다. 북쪽과 남쪽 활주로 사이의 공간적 거리가 필요한 안전 요구 사항을 충족하지 못해 비행 이동이 시간적으로 차등적으로만 수행될 수 있었기 때문에 기존의 병렬 시스템에서는 이것이 불가능했다. 그러나 ICAO Annex 14(공항인증)에 따르면, 오래된 북서쪽 활주로와 북서쪽 활주로 사이의 독립적인 접근(착륙) 거리는 1470m이고, 두 활주로 사이의 거리(간격)는 1400m에 불과하기 때문에 이를 위해서는 독일연방 교통국(BMVI, 1949년 창립)의 예외허가가 필요했다.

- 야간운항통제 시간

제4활주로 건설을 논의하는 과정에서 소음을 방지하기 위해 오후 11시부터 오전 5시까지 야간 비행을 금지해야 한다는 제안이 나왔으나, 헤센 주 정부는 2007년 12월에 활주로 건설을 승인하면서 허브공항인 프랑크푸르트 공항이 24시간 내내 운항해야 할 필요성을 들어 이를 받아들이지 않았다. 그러나 헤센 주 행정법원은 2011년 10월 11

일에 '제4활주로 개장 후에는 야간 운항을 불허한다'고 결정했고, 2012년 4월 4일에 독일 연방 행정법원이 오후 11시부터 오전 5시까지 야간 운항을 금지한 헤센 주 행정법원의 결정을 확정하였다.

• 터미널

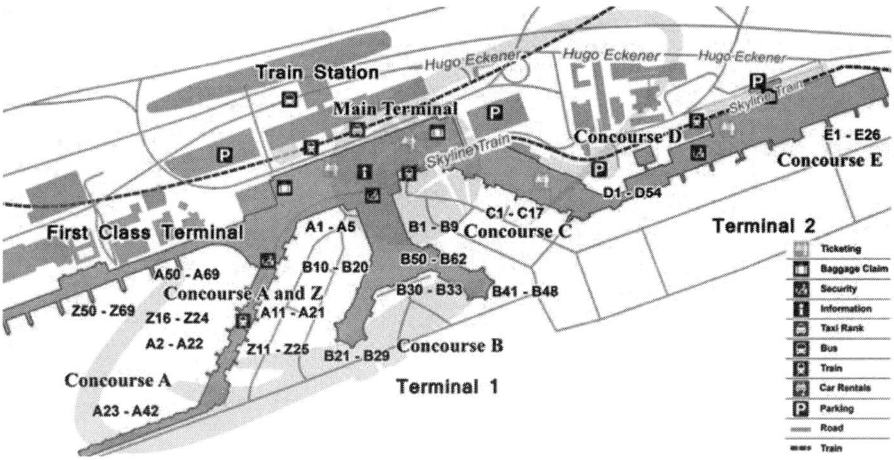

〈출처: https://airportguide.com/airport/info/FRA〉

- 터미널 1

터미널 1(Terminal 1)은 1972년 3월 14일에 오픈했다. A, B, C 세 콩코스(concourse)가 있다. 스타 얼라이언스 동맹 항공사들은 이 터미널 1에 발착한다. 루프트한자는 콩코스 A, 전일본공수(ANA항공)는 콩코스 B를 사용하고 있다.

- 터미널 2

터미널 2(Terminal 2)는 1994년 10월 24일 오픈한 터미널이다. D, E의 두 콩코스가 있다. 일본항공(JAL)은 콩코스 D를 사용하고 있다. 스타 얼라이언스 동맹 항공사 중에는 프라하, 중국(중국국제항공, 중국동방항공, 중국남방항공), 덴마크 등의 항공사들이 이용하고 있다.

- 터미널 3

터미널 3은 연간 2,500만 명의 여객을 처리할 목표로 과거 미국 공군 기지(Rhein-Main Air Base)가 있던 공항 남동쪽 부지에 2015년 10월 5일에 착공하였고, 여객터미널과 계획된 4개의 피어형 탑승동 중 우선 2개를 2022년에 개장하여 연간 1,500만 명의 여객을 처리할 예정이다. 이곳에 주둔하고 있던 미국 공군은 2005년 12월 30일에 부지를 반환하고 람슈타인 공군 기지로 통합되었다.

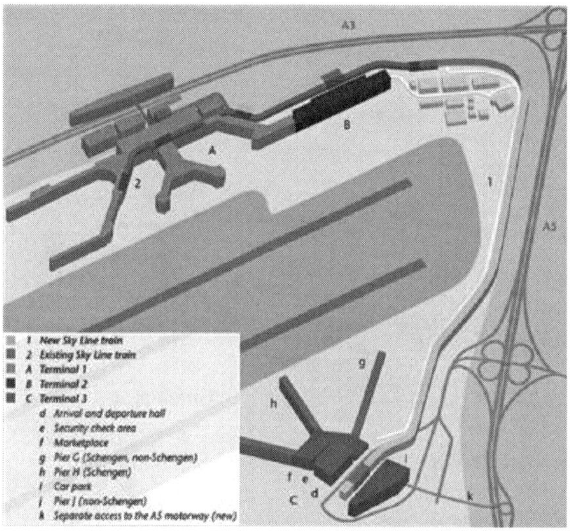

〈출처: https://terminal3.frankfurt-airport.com/en/building-the-future〉

4. 문화 차원

기어트 호프스테드의 연구는 70여 국가와 지역에서 운영되는 대규모 글로벌 기업 조직(IBM)의 직원이었던 50개 이상의 국적을 가진 구성원의 사고와 사회적 관행의 차이에 기초한 것이다. 호프스테드는 1968년과 1972년에 74개 국가 및 지역의 116,000개 이상의 설문지로 수집한 전체 데이터로 설문 조사를 실시했다. 이 연구는 2001년과 2005년에 추가로 업데이트되었다.

호프스테드는 문화를 차별화할 수 있는 4가지 문화 차원의 모델을 개발하였다. 4가지 차원은 권력 거리(PDI), 개인주의(IDV), 남성성(MAS), 불확실성 회피 (UAI)이다. 이후 5번째 차원의 장기 지향성(LTO)이 중국인 직원 및 관리자를 대상으로 한 추가 연구 결과에 기초하여 추가되었으며, 이어서 6번째 차원인 절제와 자제(IND)가 뒤따랐다. 호프스테드의 문화 차원 모델은 각 국가마다 0-100점을 부여한다(물리학과 같은 정확한 과학이 아닌 다양한 기초 연구와 사회과학적인 점수 부여).[3]

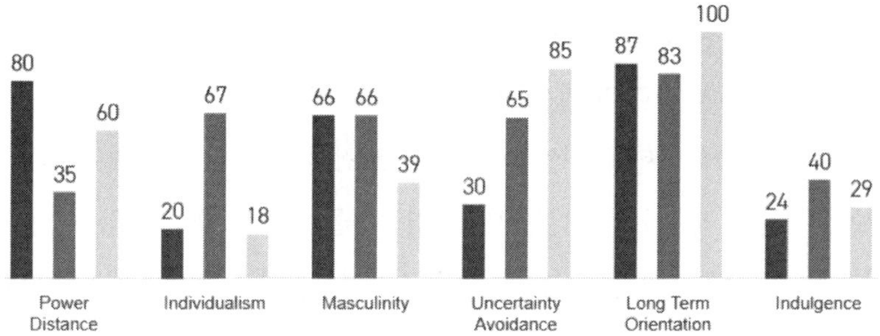

〈호프스테드 문화 차원 중국-독일-한국 비교〉

1) 권력 거리

고도로 분권화되고 강력한 중산층의 지원을 받는 독일은 놀랍게도 낮은 권력 거리 국가에 속하지 않는다(35점). 공동 결정권은 비교적 광범위하며, 경영진이 고려해야 할 사항이다. 직접적이고 참여적인 커뮤니케이션과 회의 스타일이 일반적이며, 통제를 싫어하며, 리더십은 전문성에 기초할 때 가장 잘 받아들여진다.

2) 개인주의

이 차원에서 67점을 받은 독일 사회는 진정한 개인주의 사회라고 할 수 있다. 고모나 삼촌보다는 부모-자녀 관계에 초점을 맞춘 소가족이 가장 일반적이다. 자아실현의 이상에 대한 강한 믿음이 있다. 충성도는 의무감과 책임감뿐 아니라 사람에 대한 개인적인 선호도에 기초한다. 이것은 고용주와 종업원 사이의 계약에 의해 정해진다. 커뮤니케이션은 "아프더라도 정직해야 한다(honest, even if it hurts)"는 이상을 따르는 세계에서 가장 직접적인 방법 중 하나이다. 이를 통해 상대방에게 실수로부터 배울 수 있는

3 PDI = Power Distance | UAI = Uncertainty Avoidance | IDV = Individualism vs. Collectivism | MAS = Masculinity vs. Femininity | LTO = Long-Term vs. Short-Term Orientation | IND = Indulgence vs. Restraint

공정한 기회를 주기 때문이다.

3) 남성성

66점을 받은 독일은 남성성이 강한 사회로 간주된다. 학업 성취도는 높은 평가를 받고 있으며, 학교 시스템에 따라 10세가 되면 아이들을 여러 유형의 학교로 구분하므로, 학업 성취도는 매우 중요하며 조기에 요구된다. 사람들은 오히려 '일하기 위해' 살고 그들의 업무에서 많은 자부심을 이끌어낸다. 경영자들은 단호하고 엄격한 것으로 추정된다. 신분(지위)은 특히 자동차, 시계 및 기술 장치 등에 의해 빈번하게 드러난다.

4) 불확실성 회피

독일은 불확실성 회피 국가 중 하나다. 65점이란 점수는 최고 수준이므로 불확실성 회피 선호도가 없는 것은 아니다. 칸트, 헤겔, 피히테의 철학적 유산에 따라, 사유, 제시 또는 계획에서 귀납적 접근보다는 연역적 접근을 선호한다. 진행하려면 체계적인 개요가 주어져야 한다. 이는 법률 시스템에도 반영되어 있다. 특정 주제나 프로젝트가 잘 검토되고 있다는 확신을 심어주기 위해서는 세부사항도 마찬가지로 중요하다. 자신의 의사결정에 대한 확실성이 더 큰 책임을 가진 상사로부터 보장받지 못하는 낮은 권력거리와 함께, 독일인은 전문지식에 강하게 의존하여 더 높은 불확실성을 보상하고 싶어 한다.

5) 장기 지향성

이 차원에서 83점이라는 높은 점수는 독일이 실용주의 국가임을 보인 것이다. 실용적 지향점을 가진 사회에서는 진실이 상황, 맥락, 시간 등에 좌우된다고 믿는다. 그들은 변화하는 조건에 전통을 쉽게 적응시키는 능력, 저축, 투자에 대한 강한 성향, 절약, 성과를 얻어내는 끈기를 보여준다.

6) 절제

이 차원에서 낮은 40점을 받았다는 것은 독일 문화가 본질적으로 절제된 것임을 보인 것이다. 이 차원에서 낮은 점수를 받은 사회는 냉소주의와 비관주의의 성향이 강하다. 또한 쾌락(자적) 사회와는 달리, 절제(자제) 사회는 여가 시간을 크게 강조하지 않고 자신의 욕망 충족을 통제한다. 이러한 성향을 가진 사람들은 자신의 행동이 사회적 규범에 의해 절제되어 있다는 생각이고, 스스로를 탐닉하는 것은 다소 잘못되었다고 본다.

5. 에티켓

1) 금기

■ Do's

- 바로 본론으로 들어가도록 하시라. 독일인은 일반적으로 대화에 활기를 불어넣고자 스몰토크를 하는 경우는 별로 없다. 오히려 직설적인 대화에 고마워하기도 한다.
- 심각한 질문에 진솔하게 대답하고, 엄중한 대화를 덜어내고자 유머를 끌어들이는 법이 거의 없다.
- 독일인 상대방과 계획을 세울 때는 확실히 하기 위해 관련 세부 사항들을 모두 제시할 필요가 있다.
- 독일인이 여러분에게 동의하지 않는다면 뭘 기대하는 것일까? 개방적이고 정직하기를 바란다. 그들은 대체로 예의바른 편이지만, 애매한 암시와 절제된 진술로 의견을 간접적으로 전달하는 법은 거의 없다.
- 만약 독일인이 여러분이 저지른 실수를 여러분에게 알려주더라도, 개인적으로 공격하지 마시라. 그들은 일반적으로 여러분이 인생의 모든 면에서 서로 발전하고 성장하도록 돕고자 자기들에게도 그렇게 하기를 기대한다는 사실을 명심하자.
- 그들을 사진이나 동영상에 담기 전에 허락을 구하시라.
- 독일 내 난민 및 이주민이 들어와서 정착하는 문제를 논의할 때 신중하고, 이 문제에 대한 누군가의 입장이나 교육을 가정할 수 없을 수도 있음에 유념해야 할 것이다.

- 세계 대전과 냉전 관련 대화에는 민감하게 접근하시라. 대다수 독일인들은 자기네 역사에 대한 토론에 개방적이다. 하지만 어떤 사람은 과거사 언급을 싫어하기도 하고 또 어떤 사람은 과거사 재론을 꺼릴 수도 있다.

■ Do not's

- 방에서 소리를 지르거나 공공장소에서 주의를 끄는 행동을 하지 마시라. 무질서한 행동은 자제력이 부족한 것으로 간주될 수 있다.
- 독일인이 이미 응답을 준 경우라면, 문제에 대한 결정을 수정하도록 압박하지 마시라. 예컨대 그들이 이미 정중하게 거절한 이후에 무언가를 하도록 주장하는 것은 그것이 좋은 뜻에서 하는 것이라 하더라도 방해가 되는 것처럼 보일 수 있다(예: 여러분을 어딘가에 동행하거나, 아니면 우리네처럼 그들에게 음식을 더 먹으라고 하는 등의 행위).
- 임박해서 약속을 취소한다거나 지각하지 마시라. 여러분이 지각할 것으로 예상되면, 독일인 상대방에게 늦을지도 모른다고 미리 알려주시라.
- 겸손하거나 부끄럽다고 여러분의 의중을 흐리게 하지 마시라. 독일인은 질문에 대해 솔직하고 정직한 답변을 듣고 싶어 한다. 직접성과 명확성은 매우 중요하다.
- 여러분의 독일인 상대방이 세계 대전 당시 그곳에 있었던 것처럼 독일인들의 행동에 대해 말하지 마시라. 예컨대 "너희 독일인들이 이런 짓을 했지 ..."라는 식으로 말하지 마시라. 독일인 상대방은 이런 사건이 있은 이후에 태어났고 또 그 사건에 참여한 적도 없다.
- 독일인을 제2차 세계 대전의 히틀러나 나치와 비교하거나 반유대주의적 감정을 (농담이라도) 드러내지 마시라. 나치 상징주의와 혐오 발언에 대한 강력한 정책이 있다.
- 제3제국 시대를 '나치 독일(Nazi Germany)'이라고 부르지 마시라. 그렇게 불리지도 않았다.

■ 기본 에티켓

- 대화하면서 껌을 씹거나 주머니에 손을 넣는 것은 무례한 행동이다.
- 한쪽 무릎을 다른 쪽 무릎 위에 올려 다리를 꼬으시라. 그러나 가구에 발을 올려

놓는 것은 실례다.

- 엄격한 시간 엄수는 대부분의 직업적, 사회적 상황에서 기본이다.
- 재료는 재활용하거나 재사용하고 되도록 낭비를 줄이시라.
- 누군가가 문을 닫았다면 방에 들어가기 전에 노크하시라. 독일인은 문이 닫혀 있어도 기꺼이 사람을 맞이하지만, 그네들의 프라이버시를 존중하며 들어가시라.
- 독일인들은 공공장소에서 낯선 사람들과 테이블을 공유하고 싶으면, 대개는 "Ist dieser Platz noch frei?(자리 비었어요?)"라고 물어본다.
- 상황에 맞게 깔끔하고 적절하게 옷을 입으시라. 러닝셔츠(singlet)나 끈 팬티(thong) 같은 극히 캐주얼한 옷은 보통 공공장소에서는 부적절하다.
- 가로등이 빨간색이면 길을 건너지 마시라. 독일에서는 'Jaywalking(무단횡단)'에 눈살을 찌푸린다.

■ 비언어적 커뮤니케이션

- 개인 공간: 독일인들은 대화할 때 보통 서로 팔 거리 정도의 거리를 유지한다. 물론 남자와 여자 사이라면 서로 얼마나 친하냐에 따라 거리가 달라진다. 누군가에게 너무 가까이 서 있으면 사생활 침해로 보일 수 있다.
- 신체 접촉: 친한 친구가 아니라면 커뮤니케이션 중에 서로 건드리지 않는 경향이 있다. 어떤 점을 강조하기 위해 어깨나 팔에 손을 대는 것은 일반적으로 허용되지만, 그렇지 않은 경우라면 성적인 접근으로 보일 수 있다. 여성은 남성보다 육체적으로 더 다정한 경향이 있다. 독일에서 우연히 누군가와 부딪히거나 원치 않는 신체 접촉을 한 경우라면 'Entschuldigung'(sorry!)이라고 사과하는 것이 예의이다.
- 아이컨택: 특히 심각한 문제에 대해 말할 때 직접적인 아이컨택이 필요하다. 아이컨택을 피하는 것은 부정직하거나 자신감이 부족하다는 표시로 보일 수 있다. 오랫동안 눈을 마주치면 불편해할 수 있기 때문에 적절히 아이컨택을 끊는 것이 좋다. 단체 대화인 경우라면 참석한 모든 사람들과 똑같이 눈을 마주치게 하시라.
- 제스처: 'Okay'나 'Good'을 나타내기 위해 검지로 원을 그리며 엄지손가락을 터치하면 오해받을 수 있다. 독일인들은 검지와 중지 손가락을 교차시켜 희망이나 '행

운'을 나타내지 않고 엄지손가락 끝을 이 두 손가락 사이에 꽉 끼운다. 손가락 사이로 엄지손가락을 너무 튀어나오게 하면 외설적인 제스처가 될 수 있으니 끝부분만 보여야 한다.

- 가리키기: 대다수 독일인들은 집게손가락으로 가리키지만, 일부는 작은/새끼손가락을 사용하기도 한다.
- 감정 표현: 일부 독일인들은 처음 만난 경우라면 꽤 진지한 모습으로 미소를 띨 수 있는데, 일단 누군가와 친숙해지면 보통 매우 활기찬 모습을 보이는 경향이 있다.

04
네덜란드

〈출처: https://en.wikipedia.org/wiki/Provinces_of_the_Netherlands〉

국명	Netherlands(Nederland), Kingdom of the Netherlands
면적(㎢)	41543㎢
수도	암스테르담(Amsterdam)
종족	네덜란드인(76.4.7%), 기타 유럽인(10.0%), 터키인(2.37%), 인도네시아인(2.08%), 시리아인(0.57%), 모로코인(2.33%), 기타(1.4%) (2019)
인구	17,469,635명(2020년)
공용어	네덜란드어, 프리슬란트어
종교	가톨릭교(30%), 개신교(20%), 이슬람교(5.8%), 기타(2.2%), 무교(42%)
건국일	1579년 1월 23일
통화	유로(Euro)
도메인	.nl

유럽의 관문, 자전거 천국, 화훼왕국, 국토의 반절이 간척지인 나라, …. 네덜란드와 연관된 일차적인 표현들이다. 좀 더 깊이 들어가면 100여 년 전 일제의 강압을 폭로하기 위해 파견된 이준 열사의 도시 헤이그, 나치의 잔혹한 탄압을 일기로 기록한 안네 프랑크의 집, 145년 전통의 하이네켄 맥주, 17세기 세계 최강 스페인 무적함대를 격파한 해군력, 20세기 전자기기 발달을 선도한 필립스, 인상파와 바로크 미술을 이끈 반 고흐와 렘브란트 등 네덜란드는 분명 작지만 강한 나라임에 틀림없다.

홀란드(Holland)와 네덜란드(Netherlands)의 차이점은 무엇일까? 네덜란드는 총 12개의 주로 구성되어 있지만, 많은 사람들이 실제로 네덜란드를 의미할 때 홀란드란 용어를 사용한다.

홀란드는 북부홀란드(Noord-Holland)와 남부홀란드(Zuid-Holland)의 두 주로 구성되어 있다. 반면에 네덜란드는 12개의 주로 구성되어 있다. 홀란드란 용어가 실제로는 네덜란드를 지칭할 때 자주 사용되는 것이다. 국가의 공식 이름은 네덜란드 왕국이다. 윌렘 알렉산더 왕이 국가 원수이다.

네덜란드와 홀란드의 역사를 간단히 살펴보면 이해하기가 쉽다. 1588년과 1795년 사이에 오늘날의 네덜란드는 '7개 연합 네덜란드 공화국'이었다. 1795년 프랑스군이 바타비아 공화국이 된 나라를 정복했다. 나폴레옹은 1806년에 그의 동생 루이를 왕으로 임명했고, 네덜란드는 왕국이 되었다. 나폴레옹의 몰락 이후 네덜란드는 군주제를 유지했다. 이 시기에 네덜란드는 국가 전체의 경제와 복지에 가장 큰 공헌을 했다. 그래서 네덜란드가 해외에서 국가 전체의 명칭으로 사용된 것이다.

전형적으로 홀란드적인 것은? 홀란드를 떠올리면 대개는 곧장 튤립, 풍차, 치즈를 기억할 것이다. 이런 아이콘 외에도 떠올릴 수 있는 아이콘은 많다. 이를테면 북쪽의 프리슬란트(Friesland)와 남서부의 제일란트(Zeeland)는 자전거여행에 가장 적합하며, 노드브라반트(Noord-Brabant)와 헬데를란트(Gelderland)에서는 고흐(Vincent van Gogh), 보쉬(Bosch) 그리고 홀란드의 여타 대가들의 예술에 심취하고, 림뷔르흐(Limburg)에서는 전통적인 림뷔르흐 치즈를 즐길 수 있다. 네덜란드의 드렌테 주에서는 유일무이하게 고인돌 같은 선사시대의 유물들을 찾을 수 있다. 겨울에 얼음이 제대로 얼면, 습관적인 팬들은 엘프스테덴토흐트(Elfstedentocht) 스키대회[1]에 참가할 수 있다. 열한 개의 프리슬란트 주 도시들을 잇는 인공이 아닌 자연 얼음 루트이다. 얼음이 얼지 않으면? 아름다운 이 도시들은 날씨가 좋더라도 방문할 가치는 충분하다.

1. 지리적 특징

네덜란드는 그 흔한 민주공화국이나 연방국이 아니라 왕국이다. 우리가 알고 있는 네덜란드는 네덜란드 왕국의 4 자치국 중 하나이다. 대부분 서유럽 북부에 위치한 이 나라는 서쪽의 북해, 남쪽의 벨기에, 동쪽의 독일과 국경을 접하고 있다. 네덜란드의 수도는 암스테르담이고, 행정수도는 헤이그이다.

네덜란드를 구성하는 지역에는 유럽의 12개 주 외에 지방자치단체인 카리브해의 보네르섬(Bonaire), 신트 외스타티위스 섬(Sint Eustatius), 사바섬(Saba)(각각의 부도 포함)가 포함된다. 또 다른 네덜란드 카리브 지역은 네덜란드의 일부는 아니지만 네덜란드 왕국의 자치 국가이다. 이들로는 아루바섬(Aruba), 퀴라소(Curaçao), 신트 마르턴(Sint Maarten)이 있다.

〈네덜란드 왕국의 구성국〉

나라	인구(2012.1.1기준)	왕국 인구의 비율	면적(km^2)	인구밀도 (명/km^2)
아루바	103,504	0.61%	193	555
퀴라소	145,406	0.85%	444	320
네덜란드 (본토)	16,748,205	98.32%	41,854	396

1 네덜란드 북부 프리슬란트주의 여러 도시를 연결하는 운하가 몇 년 만에 한 번씩 일어나는 강추위로 얼어붙으면 얼음길로 변하는 데 이 얼음길을 이용하여 스케이트 대회가 열린다. 운하가 일부라도 얼어있지 않으면 행사를 열지 못하는 데, 비교적 해양성 기후인 네덜란드의 기후 특성상 운하가 꽁꽁 얼어붙는 일은 드물기 때문에 드물게 열리는 대회이다. 대회는 모든 구간의 얼음이 15cm이상 얼었을 때 열린다. 약 200km의 코스를 끝까지 도달한 사람들에게는 기념 메달을 수여하게 되며, 대회 우승자에게는 상금 및 우승컵과 함께 엄청난 대우를 받는다.

유럽 네덜란드	16,725,902	98.19%	41,526	399
보네르섬	16,541	0.10%	294	46
사바섬	1,971	0.01%	13	134
신트외스타티위스섬	3,791	0.02%	21	137
신트마르턴	37,429	0.22%	34	1,101
네덜란드 왕국	16,879,748	100.00%	42,525	397

동프랑크제국, 신성 로마 제국에 소속된 이후, 1581년은 베스트팔렌평화조약에 따라 네덜란드합중국이 탄생한 해로 간주된다. 네덜란드는 무역, 식민, 해상 강국이 되었다. 17세기는 황금시대라고들 한다. 네덜란드의 헌법은 1814-15년 빈회의 당시로 소급된다.

벨기에, 룩셈부르크와 함께 네덜란드는 베네룩스 연합을 형성하고 있다. 네덜란드는 파리 조약(1951년)에 의해 공식적으로 수립되고 1952년 7월 23에 창설된 유럽 석탄 철강 공동체(Coal and Steel Community)의 창립 회원이다. 이 기구는 초국가주의(supranationalsim) 원리에 기초한 최초의 국제기구였다. 이는 1957년 로마 조약 이후 설치된 공동체들, 즉 유럽 경제 공동체(European Economic Community: EEC) 및 유럽 원자력 공동체(European Atomic Energy Community: EAEC)의 모델이 되었으며, 궁극적으로는 1992년 유럽 연합(EU)으로 이어지는 공식적인 통합 과정을 시작한 것이었다.

1) 자연

네덜란드는 알프스에서 발원하는 라인강, 마스강, 발강의 3대 하천을 하류에 품은 저지대 국가다. 구릉지라고는 동부와 남부에 약간 있을 따름이고, 남동단의 최고부가 322.5m에 불과하다. 낮은 저지대를 오랜 시기에 걸쳐 간척한 결과, 전국토의 13%가 해발고도 1m 이하이고, 25%가 해면보다 낮고, 최저부는 해면 아래 6.7m나 된다. 전국토의 28%가 경지이고, 초원은 25%, 산림지대는 8%에 불과하다.

기후는 서안해양성기후라서 겨울에 비가 많다. 북위 50~53°의 고위도에 위치함에도 멕시코난류 덕분에 기후는 비교적 온화하다. 7월 평균기온이 14.7℃, 1월 평균기온이 2.7℃이다. 비교적 안개가 많고, 1년 내내 강력한 서풍이 불어와 8,000개 이상의 풍차를 회전시킨다. 다른 에너지원이 개발되어서 이제는 그 많던 풍차도 1,000개 정도만 남아 관광객의 볼거리로 전락했다.

2) 민족

네덜란드인은 통계적으로는 세계에서 키가 가장 큰 사람들로, 평균 1.83m(남성)과 1.72m(여성)이다. 2015년 평균 기대 수명은 남자 79.4세, 여자 83.1세였다.

네덜란드에는 6,000명에서 10,000명 사이의 집시족인 신티(Sinti)와 로마니(Roma) 그리고 약 30,000명 정도가 이른바 카라반(Mobile home, woonwagenbewoners)에 살고 있다. 그들은 경멸적으로 campers[야영객]라고도 불리며, Reizigers[청소부]라는 용어를 선호한다. 그들은 고정된 카라반에서 붙박이로 산다. 상당수 사람들은 시설외 근로(ambulante Erwerbstätigkeiten)를 하고 있다. 그들 대부분은 18세기와 19세기에 빈곤한 네덜란드 농부, 농장 노동자, 이탄 채굴자로 거슬러 올라간다. 이들의 수치는 제2차 세계 대전 이후 다수 인구의 증가로, 노동, 주거 등의 비용과 관련하여 상당히 증가했다. 네덜란드의 집단 내 속어의 한 형태인 Bargoens는 독일어에서 '은어'라는 뜻의 Rotwelsch 또는 Jenisch와 유사한 네덜란드어 기반 특수 언어이다.

네덜란드는 현재 전 세계 사람들이 이주했다. 이웃 국가(독일, 벨기에, 영국 포함)에서 온 많은 신규 이민자 외에도 세계의 여러 지역에서 온 수많은 사람들이 살고 있다. 모로코와 터키, 과거 왕국 식민지였던 인도네시아, 수리남 및 카리브 해 등에서 온 사람들도 적지 않다.

3) 교통

네덜란드는 총 길이 116,500km의 도로망을 잘 갖추고 있다. 총 길이 2,808km의 철도 네트워크는 유럽에서 가장 많이 운행되는 곳이다. 2018년에는 세계은행이 집계한 물류 성과 지수에서 160개국 중 6위를 차지했다. 인프라에 대한 매개 변수와 물류비용 지출이 특히 잘 수행되었다. 주요 운송 회사는 네덜란드 철도 회사인 Nederlandse Spoorwegen(NS)이다. 네덜란드의 총 운송량 중 약 44%는 도로로, 30.5%는 철도로 운송된다. 남부를 동서로 가로지르는 라인 강을 중심으로 많은 하천이 흐르는데, 이들을 연결하는 운하가 구석구석까지 수로망을 펴고 있다. 항해 가능한 하천과 운하의 총연장은 5,707km에 이르며, 벨기에, 프랑스, 독일로 통한다. 로테르담 항구는 수십 년 동안 세계 최대 항구였지만, 2004년 상하이 항구에게 이 자리를 잃었다. 그러나 로테르담 항구는 여전히 유럽 최대 항구이다. 네덜란드 내 다른 주요 항구 도시로는 암스테르담(Amsterdam), 엠스하번(Eemshaven), 블리싱건(Vlissingen)/테르뇌전(Terneuzen) 등이 있다. 유럽연합(European Union: EU) 국가의 내륙 운하운송의 40%와 도로운송 25%를 네덜란드의 회사들이 담당한다.

네덜란드에는 스히폴과 로테르담-헤이그에 두 국제공항이 있다. 네덜란드에서 가장 큰 공항인 스히폴 공항도 국제적으로 중요한 역할을 하고 있다. 유럽에서 가장 큰 공항 중 하나이며, 승객 수로는 세계에서 13번째로 큰 공항이다.

네덜란드에서는 로테르담, 헤이그, 암스테르담 등 세 도시에 지하철 시스템이 있다. 네덜란드의 모든 트램(예, 암스테르담, 헤이그-주테르메이르, 로테르담)은 표준궤(standard gauge, 궤간 1435mm)를 사용한다.

네덜란드의 주요 교통수단 중 하나가 자전거(fiets)이다. 자전거 이용자들은 전용도로나 별도의 자전거 도로망을 이용할 수 있다. 2017년 인구 백만 명당 평균 37명의 교통사망자가 발생한 네덜란드는 EU에서 가장 안전한 교통체계를 갖춘 나라 중 하나다. 독일은 2017년 기준 인구 백만 명당 평균 37명의 교통사고 사망자가, 한국은 평균 81명의 사망자가 발생했다. 인구와 인구 밀도에서 네덜란드와 비교되는 독일의 노르트라인-베스트팔렌 주는 인구 백만 명당 평균 25명이 교통사고를 당했다.

4) 축일

네덜란드에서는 국왕탄생일(Koningsdag, 4월 27일)이 국경일이다. 거의 모든 유럽 국가들과는 달리, 5월 1일은 공휴일이 아니다. 독일 국방군[2]이 네덜란드에서 따로 항복한 5월 5일(5월 8일이 아님)이 제2차 세계 대전의 종전 기념일이다. 네덜란드 공휴일에 근로자들이 휴업을 하는 날은 입법부가 아닌 임금과 고용 계약에 의해 결정된다.[3]

2 1935년부터 1945년까지 있었던 나치 독일의 군대.

3 네덜란드나 벨기에의 "성 니콜라우스 축일"은 미국이나 여타 나라들의 "성[세인트] 니콜라우스", 곧 "산타클로스"가 크리스마스 날과 관련이 있다는 점에서는 같지만, 축일이 다르다. 네덜

날짜	명칭	참고
1월1일	신년	
부활절 전 금요일	성금요일	일부는 휴무일
보름날 후 첫 번째 일요일과 월요일	부활절	부활절 일요일과 월요일
4월 26일/27일(2014년 이후)	국왕탄생일	빌렘 알렉산더 왕 탄생일; 실제 국왕탄생일은 4월 27일. 이 날이 일요일이면 전날로 변경(예: 2014)
5월 4일	현충일	전쟁 사망자 추모일(공무일, 8시 2분 침묵 시간)
5월 5일	광복절	제2차 세계 대전의 독일 점령에서 해방된 날(휴일 아님)
부활절 일요일 이후 39일	예수승천일	
부활절 일요일 이후 49일 및 50일	오순절	성령 강림절 일요일(첫째 날)과 성령 강림절 월요일(둘째 날)
12월 5일	성 니콜라우스 날[3](크리스마스 이브)	크리스마스 대신 아이들이 선물 받는 날(휴일 아님)
12월 25일과 26일	크리스마스	첫 번째와 두 번째 크리스마스휴일
12월 31일	새해 전날	(휴일 아님)

5) 사회

여러 민족이 섞여 있는 다인종 국가라 혼혈도 많다. 어떻게 다민족이 되었을까? 과거 식민지역에서 온 이주민들 때문이다. 특히 남아메리카 북부에 1975년 독립한 네덜란드령 기아나(지금은 수리남) 흑인, 장사하러 정착한 인도인과 중국인, 원주민 인디오 등등 인종의 용광로로 유명하다.

사람 이름에 판(van)이 많이 들어간다. 이는 출신지 내지는 가문을 뜻하는 전치사. 네덜란드계인 베토벤의 이름에도 판(van)이 들어가 루트비히 판 베토벤(Ludwig van

---

란드는 12월 5일이다. 그의 이름을 딴 교회, 예배당, 거리 및 주택가도 많다. 왜 12월 5일일까? 오늘날의 터키 지역의 주교였던 성 니콜라우스라는 실존 인물과 관련된 유럽의 설화와 유관하다. 그는 남몰래 많은 선행을 했는데, 그가 죽은 후 그의 이야기는 노르만족들에 의해 유럽으로 전해졌다. 12세기 초 프랑스의 수녀들이 니콜라우스 축일(12월 6일) 하루 전날인 12월 5일에 성 니콜라우스의 선행을 기념해 가난한 아이들에게 선물을 주기 시작했고, 그 풍습이 유럽 전 지역으로 확산되었다. 17세기 무렵 아메리카 신대륙으로 이주한 네덜란드인들이 자선을 베푸는 사람을 성 니콜라우스라는 이름 대신 '산테 클라스'라고 부르게 되었다. 이 발음이 그대로 영어가 되었고, 19세기경 크리스마스가 전 세계에 알려지면서 오늘날의 산타클로스라고 불리게 된 것이다.

Beethoven), 네덜란드의 관습을 잘 모르는 독일인들이 이것을 독일 명문가들이 성 앞에 붙이는 여격 전치사 von처럼 생각해서 베토벤을 네덜란드계 귀족으로 대우했다는 일화도 있다. 또 다른 특징도 있다.

▶ 세상에서 성(性) 문화가 가장 자유로운 나라.
- 매춘이 합법이고, 포르노 물품도 합법인 나라.
- TV에서 유흥업소 광고를 하는 나라.
- 2차 대전 위령비와 홍등가가 어우러진 모습을 볼 수 있는 좀 괴이한 나라.
- 동성애자의 결혼도 합법인 나라.

▶ 대마초만 합법이지 다른 마약류는 합법이 아니다.
- 네덜란드에서 대마초를 제외하고 유통되는 합법마약은 마약중독자의 재활치료를 목적으로 국가 단위로 유통하는 마약으로 한정.
- 국가 이외의 모든 루트는 대마초를 제외하고 전부 불법.
- 네덜란드는 2011년 5월부로 법을 개정하여 자국민에 한해서만 이러한 정책을 적용한다. 그래서 외국인이 대마초를 소비하다가 적발될 경우, 불법으로 처리되어 마약을 투약했다는 공문서와 함께 당사국으로 추방한다. 속인주의가 적용되는 한국에서는 국내로 신병이 인도되는 즉시 마약 투약 혐의로 법의 심판을 받는다. 하지만 유럽 입장에서는 온갖 마약의 집하장이다. 모로코에서 만들어진 불법 해시시가 유통되는 곳이다. 중국에서 만들어진 합성 마약인 LSD의 집화장도 네덜란드. 남미나 양귀비의 유통망인 터키 쪽을 제외하면 거의 모든 마약의 유통망의 한가운데에 있는 마의 소굴이다.

〈상식〉 마약 파는 커피숍?

네덜란드의 어느 도시에서든 〈커피숍〉은 찻집이 아니라 소프트 드럭을 파는 가게다. 1976년부터 네덜란드는 소프트 드럭(soft Drugs)과 하드 드럭(Hard Drugs)을 법으로 구분하고 헤로인, 코카인 같은 소프트 드럭을 합법화했다. 게다가 커피숍이나 해시 바(Hash Bars)에서 소프트 드럭을 판매할 수 있도록 허용했다. 암스테르담에만 이렇게 허가받은 업체가 무려 300여 곳이나 된다.

- Europol Drugs Unit(현재는 유럽 형사 경찰 기구(European Police Office), 또는 유로폴(Europol)은 유럽 연합(EU)의 범죄 대책 기구)의 본부가 있다.

1970년대 이후 세계 건축계의 대세를 형성한 렘 콜하스(Rem Koolhaas, 1944~, 현재 하버드 대학교의 디자인 대학원의 교수)의 모국이기도 하다. OMA 본사가 있다. OMA 출신들은 세계 각국으로 뻗어나가 건축 문화를 전파하는 중. 설립 건축가의 이름을 딴 MVRDV나 UN Studio도 네덜란드에 있다.

예를 들면, 로테르담의 큐브하우스(The Cube Houses)는 기하학적인 큐빅 디자인, 38개의 큐브로 이루어진 것인데, 체인형 호스텔도 입주해 있다. 건축가 피에트 블롬(Piet Blom)가 그의 모토인 "Living under an urban roof"에 따라 지은 건축물이다. 실제로 사람들이 거주하고 있는 건물인데, 그 중 하나가 모델하우스처럼 공개되고 있다(1인당 입장료 2.50 유로).

• 네덜란드의 독특한 가옥구조

암스테르담에서 가장 눈에 띄는 것은 기다란 집 모양일 것이다. 이렇게 서로 빽빽하게 붙어서 길쭉한 형태의 집들이 생긴 데는 세금이 큰 역할을 했다.

좁은 땅에 많은 사람들이 들어오는 항구이자 무역도시였던 암스테르담은 도시를 운영하기 위해 자금이 많이 필요했다. 그래서 정부가 고안한 것이 건물의 폭과 넓이, 심지어 커튼 길이까지 단속해

서 위반하면 벌금을 물기로 한 것. 이런 까다로운 법 때문에 암스테르담 사람들은 폭이 좁고 계단이 가파른 기다란 모양의 건물을 짓게 되었다. 게다가 앞으로 1.5도 기울여 짓도록 법으로 정해놓고 있다. 워낙 건물의 폭이 좁아서 이사할 때나 가구를 들여올 때 옥상의 도르래를 이용해 창문으로 넣을 때 물건의 파손을 최소화하기 위함이었다.

• 튤립은 어떻게 네덜란드의 상징이 되었을까?

- 튤립의 원산지는 터키. 15세기에 터키에 파견된 독일 대사에 의해 처음 유럽에 들어왔다. 마침내 네덜란드에 들어와 여러 종류와 색깔의 꽃으로 개종되었다.
- 1634~1637년 사이에 '튤립 광 시대'라고 할 정도로 유럽인들은 튤립을 사랑했다. 당시 네덜란드에서는 새로운 품종의 튤립 구근은 밀가루 6대분(마차), 수소 4마리, 돼지 3마리, 양 12마리, 포도주 2동, 맥주 4동 등을 포함해 합계 2500길드(네덜란드의 옛 화폐) 정도의 값어치가 있었다. 결혼 지참금 대신 튤립 구근이 매매되기도 했다. 19세기에는 네덜란드에서 구근 재배가 성행하면서 오늘날의 튤립과 같은 대중적인 꽃이 되었다.

• 잔세스칸스(Zaanse Schans): 풍차마을

- 풍차는 네덜란드의 대표적 상징물 가운데 하나이다. 도시마다 1-2개의 풍차를 볼 수 있지만 제대로 된 풍차는 암스테르담 근교에 위치한 잔세스칸스가 올바른 선택이다.
- 전성기 때는 500기 이상의 풍차가 있었지만 지금은 잔(Zaan) 강변에 4기만 가동 중이다.

- 치즈공장(Kaasmakerij)과 나막신공장(Klompenmakerij)도 있다.
- 지금처럼 국토를 개간하기 전에는 해마다 바닷물이 육지로 넘쳐 길이 질척거렸다. 그래서 네덜란드인들은 다른 유럽인들과 달리 가죽신이 아닌 나막신을 신었다.

〈상식〉 풍차의 모든 것

– 잔세스칸스의 풍차 4기는 잔 강 북쪽에 있는 풍차부터 식용유를 만드는 풍차(De Zoeker), 염료를 만드는 풍차(De Kat), 제분용 풍차(De Poelenburg), 겨잣가루를 빻는 풍차(de Huisman)의 순서로 있다.
– 풍차 날개의 의미: 풍차 날개는 4개가 표준. 시계 반대 방향으로 움직인다. 정지 위치에 따라 의미가 다르다. 4개의 날개가 12 · 3 · 6 · 9시 방향으로 멈춰 있으면 문제 발생, 1 · 4 · 7 · 10시 방향은 기쁨, 2 · 5 · 8 · 11시 방향은 슬픔을 의미한다.

• 음식

- 과거에는 영국 못지않게 음식을 못 만드는 나라로 유명했다.
- 현대에는 과거 식민지였던 인도네시아에서 다양한 향신료를 응용한 요리법이 많이 수입되고, 주변 유럽 지역 및 동유럽, 아랍 등지에서 온 이민자들이 식당을 많이 차려서 식생활이 풍성하다.
- 치즈는 네덜란드의 명물: 4월부터 9월까지 매주 금요일 아침에 열리는 알크마르(Alkmaar)의 치즈 시장은 세계적인 인지도를 가진 곳. 엄청난 크기의 치즈 외에 농가에서 직접 올라온 치즈를 운반하고 품질을 측정하는 일련의 과정들을 확인할 수 있다. 도시마다 있는 치즈 박물관을 보는 재미도 쏠쏠하다.

▶ 고다(Gouda) 치즈

- 종류: 세미 하드 치즈
  고우다(Gouda)의 도시명을 가져온 것.
- 어울리는 와인: Syrah(시라, 레드 와인), shiraz(시라즈, 레드 와인)
- 네덜란드 치즈 생산량의 60% 이상을 차지한다.
- 오랜 숙성 기간을 거친 것은 알갱이 조직이 있어서 가루를 내어 쓰기도 하고, 숙성 기간이 짧은 것은 내부가 상아색으로 불규칙적인 크기의 구멍이 여기저기 있다.
- 조직이 연하고 부드러우며 풍미가 온화하다.
- 과일향이 나는 짠맛이 있고, 숙성한 고다는 빵이나 피클과 함께 먹으면 좋고, 덜 숙성된 것은 샌드위치에 넣어 먹으면 좋다.

▶ 커티지 치즈(Cottage Cheese)

- 종류: 소프트 치즈, 테이블 치즈, 샐러드, 제과용
- 어울리는 와인: 약한 화이트와인
- 농장에서 신선한 젖을 산성화시키거나 저온 살균한 우유를 응고시켜 커드에서 수분을 제거한 커드 치즈를 총칭하는 생 치즈, 즉 프리시 치즈의 일종
- 마치 순두부와 비슷한 형태와 질감이 있다.
- 흰색의 알갱이 모양이 많고, 신맛이 있고 신선하고 상쾌한 풍미가 있다.
- 샌드위치나 샐러드, 사과와 배, 허브 등과 잘 어울린다.

2. 역사

■ 베네룩스 연합(BENELUX-Union)

국가	수도	인구(2013)	면적	인구밀도
Benelux		28,536,867	74,657/km^2	379.9/km^2
Netherlands	Amsterdam	16,847,007	41,543/km^2	405.5/km^2
Belgium	Brussels	11,176,020	30,528km^2	360.6/km^2
Luxembourg	Luxembourg	540,840	2,586km^2	197.9/km^2

• 베네룩스의 역사

<table>
<tr><td colspan="3">프랑크제국 ≈ 800-843</td></tr>
<tr><td colspan="3">중프랑크제국 (로타르2세, 843-855)</td></tr>
<tr><td colspan="3">로트링겐제국(855-977)</td></tr>
<tr><td colspan="2">귀족 영주국가들(977-1384)</td><td rowspan="6">뤼틀리히 주교구
(985-1795)</td></tr>
<tr><td colspan="2">부르군트 네덜란드)(부르군트 가문, 1384-1477)</td></tr>
<tr><td colspan="2">부르군트 네덜란드(합스부르크 가문, 1477-1556)</td></tr>
<tr><td colspan="2">스페인령 네덜란드(1556-1581)</td></tr>
<tr><td rowspan="2">7국 연방 네덜란드 공화국
(1579/1581-1795)</td><td>남부스페인령 네덜란드
(1581-1713)</td></tr>
<tr><td>오스트리아령 네덜란드
(1713-1795)</td></tr>
<tr><td>바타비아 공화국(1795-1806)</td><td colspan="2" rowspan="2">프랑스(제1공화정, 1795-1805)</td></tr>
<tr><td>홀란드 왕국(1806-1810)</td></tr>
<tr><td colspan="3">프랑스(제1제국, 1805-1815)</td></tr>
<tr><td colspan="3">네덜란드 연방 왕국(1815-1830)</td></tr>
<tr><td>네덜란드 왕국</td><td>벨기에 왕국</td><td>룩셈부르크 대공국</td></tr>
</table>

■ 네덜란드의 역사

• 고대

- 본래 켈트인과 게르만 인이 살던 땅
- BC 50년경 율리우스 카이사르가 바타비 족을 정벌하면서 로마인의 거주 시작. 당시의 유적이 아직도 남아있다.
- 로마 말기에 가톨릭 전파, 프랑크인과 색슨-프리슬란트 인들이 지배하기 시작했다.

• 중세

- 8세기에 카를대제의 지배를 받았으나, 이후 홀란드를 중심으로 상업이 발달했다.
- 이후 북동유럽, 영국, 남유럽, 아프리카로 화물무역을 하면서 상업규모가 확대되었다. 중앙유럽에 위치한 라인 강 하구의 지리적 이점, 간척사업으로 해상네트워크 구축한 교통의 이점, 순수 운송용 선박을 새로 개발한 이점, 극한의 상황 속에서

도 운송 물자에는 손을 대지 않는 철저한 상도정신 등으로 유럽각국의 신뢰를 토대로 해상무역의 규모가 성장했다, 프랑스, 잉글랜드, 스코틀랜드의 상선을 합친 숫자보다 더 많은 약 1800대의 상선을 보유했다.

• 근세: 독립국가로 인정받기까지

- 14세기에 비텔스바흐 가문, 15세기에 부르고뉴 공국과 합스부르크 가문의 지배를 받는다.
- 신성 로마 제국 황제 카를 5세(재위, 1519~1556, 스페인 국왕으로는 카를로스 1세)의 즉위 이후 스페인의 지배를 받는다. 그러나 네덜란드 토박이 카를 1세(재위 1516~1556)와는 달리 아들 펠리페 2세(1556~1598)는 스페인에서만 자라서 인기가 없었고, 종교 개혁 이후 총독들의 실정과 억압으로 반발이 거세지면서 빌럼 반 오라녜(Willem Van Oranje, 1533~1584)가 독립을 선포하고 네덜란드 독립전쟁 발발, 80년 동안 휴전과 개전을 계속하다가 1648년 베스트팔렌 조약으로 독립국으로 인정받는다.
- 네덜란드 역사의 특징. 다른 나라들은 중심이 되는 중앙국가나 특정 거점이 주변을 병합하며 성장한다. 그러나 네덜란드는 특정 지역의 처지와 정서가 비슷한 도시들이 따로따로 살다가 외부의 위협에 직면하자 처지가 비슷한 나라들끼리 뭉쳐서 갑자기 하나의 국가로 탄생한다.
- 대항해시대.[4] 스페인과의 관계가 악화되어 네덜란드 선박의 스페인 입항이 금지당하면서 스페인과의 무역이 불가능해지자 네덜란드 경제가 막대한 타격을 입을 위기에 처한다. 그래서 1602년 투자자금 650만 길더로 최초의 주식회사인 동인도회사 설립으로 주식을 발행하여 자금을 더 끌어 모아 대항해를 시작한다. 동인도 주식회사 이외에 1609년 암스테르담의 주식거래소를 설립해 영국과의 국채거래로만 매년 2500만 길더 이상의 수익을 창출한다. 1609년 은행 설립, 은행, 증권거래소,

---

4 The Age of Exploration. 유럽인들이 항해술을 발전시켜, 아메리카로 가는 항로와 아프리카를 도는 동방 항로 및 태평양을 발견하고, 배를 타고 세계를 일주하는 등 다양한 발견을 이룩하여 전 세계를 휘젓고 다니기 시작한 시대. 1415년(포르투갈, 지브롤터 해협 건너 북아프리카 거점 세우타 함락)부터 1642년(네덜란드의 아벨 타스만, 뉴질랜드 발견)까지의 시기.

유한회사를 하나의 금융체계로 통합시켜 돈을 끌어 모아 세계 제일의 무역국으로 도약한다. 남아프리카와 동남아시아 각지에 식민지 건설, 북미에도 뉴 암스테르담(현재의 뉴욕)을 건설한다. 이 시기의 네덜란드는 세계 곳곳에 식민지를 구축하여 다양한 무역을 한다. 거대한 양의 물자수송 및 노예무역으로 세계의 인종분포도를 바꿔놓는다. 이를테면 아프리카의 흑인들을 유럽, 아메리카 대륙으로, 인도, 인도네시아 사람들을 남미로 보낸다. 칼뱅주의 풍토로 종교적인 내용을 담은 미술품 창작이 불가하여 미술품을 당시 유럽 미술계의 큰손인 교회에 파는 대신 전 유럽인들에게 판매하기 시작한다. 기존에 교회의 주문에 따라 미술품 제작 대신 미술가들이 직접 물건을 판매하게 되면서 미술품 거래가 활발해지자 작품의 양과 질도 같이 향상된다. 터키에서 들어온 튤립이 인기를 얻으면서 튤립 구근이 투자수단으로 인식되어 투기가 벌어지면서 튤립 공황, 곧 역사상 최초의 버블붕괴가 발생한다.

[상식] 아프리카 노예무역의 참상

미국의 '조지 플로이드 사건'이 도화선이 된 인종차별 항의 시위가 영국, 프랑스 등 유럽으로 확산되고 있다. 과거 인종차별 역사 관련 인물에 대한 비판이 고조되면서 그들의 동상까지 수난을 겪는다. 노예제는 인류사의 가장 어두운 그늘이다. 서아프리카 중심의 대서양 노예무역은 흑백 인종차별의 뿌리다.

16세기 초기부터 19세기 후반까지 지속된 대서양 노예무역은 아메리카 신대륙 경영을 위한 노동력 확보가 목적이었다. 유럽 국가들은 처음에 사탕수수와 담배 재배 등에 인디오 원주민과 아일랜드인 계약하인을 동원했으나, 중노동과 전염병으로 사망률이 급증하자 아프리카 흑인에 눈을 돌렸다. 포르투갈을 시작으로 영국, 네덜란드, 프랑스 등이 노예무역에 뛰어들었다.

대서양 노예무역의 중심지는 황금해안, 노예해안 등으로 불리는 서아프리카 기니만 연안이었다. 백인 노예상들은 자신들과 결탁한 흑인 부족장들이 다른 부족을 총으로 위협해 납치해 오면 총이나 면직물, 럼주, 유리구슬 등을 주고 사서 배에 싣고 아메리카로 향했다.
노예무역선은 정원을 한참 초과했기에 한 사람에게 주어진 공간의 너비는 고작 40cm 정도였다. 손목과 발목, 목에는 쇠사슬이 채워졌다. 숨 막힐 듯 다닥다닥 누워 있었던 노예들은 관 속의 시체와 다름없었다. 노예선은 한마디로 '떠다니는 지하 감옥'이었다. 짧게는 50일, 길게는 수개월이 걸리는 항해 기간에 10% 이상의 노예가 목숨을 잃었다. 비위생적인 환경과 질병, 학대, 자살, 폭동 등이 사망률을 높였다. 4세기에 걸쳐 대서양 노예무역선에 강제로 태워진 1200만 명 중 150만 명이 항해 도중 숨졌다.
1050만 명의 생존노예들은 브라질(400만 명)을 비롯한 중남미와 서인도 제도, 미국(50만 명)으로 유입됐다. 사탕수수 농장 등에서 혹사당하는 노예들의 삶은 비참했다. 하루 17시간 이상의 극한노동에 시달렸고 툭하면 채찍질 세례를 받았다. 설탕을 '악마의 창조물'이라고 부른 이유다. 1833년 영국 의회가 최초로 노예무역을 불법으로 규정했고, 1848년 프랑스, 1863년 미국, 1888년에는 브라질이 마지막으로 노예무역을 중지했다. 인도적인 이유가 컸지만 산업혁명으로 기계가 인력을 대체하는 바람에 노동력의 필요성이 감소된 것도 영향을 미쳤다.
노예무역은 삼각무역으로 진행됐다. 총, 면직물 등 유럽 공산품이 아프리카로, 아프리카 노예는 아메리카로, 설탕, 담배 등 아메리카 농업 생산물은 유럽으로 이동했다. 삼각무역은 유럽 국가들에게 막대한 이익을 안겨주었다. 수익률이 30%, 많게는 100%까지 되었다고 한다. 당연히 영국 산업혁명에도 큰 기여를 했다. 17세기 영국자본 형성의 3분의 1이 노예무역에 의한 것이라는 연구결과도 있다.
노예무역은 아프리카에 심각한 후유증을 남겼다. 우선 앙골라를 비롯한 상당수 국가들의 인구 감소를 초래했다. 가장 큰 문제는 아프리카를 불신사회로 만든 점이다. 노예를 잡아오면 총과 생필품을 살 수 있었으므로 부족 간 인간 사냥이 만연했다. 아프리카인들은 언제 누가 자신들을 노예로 잡아갈지 모른다는 공포와 불신에 오랫동안 시달려야 했다. 오늘날까지 부족 · 국가 간 갈등과 전쟁이 잦은 배경이다.
〈출처: 세계일보 2020-07-08, https://m.segye.com/view/20200707518723〉

- 1793년 혁명 프랑스 군대에 점령되어 잠시 나라가 없어진다.
- 1815년 나폴레옹의 몰락으로 빈 회의에서 벨기에와 한 국가로 독립한다(이후 벨기에에서는 프랑스계 왈롱 인들과의 세력 다툼이 벌어져 결국 1830년 벨기에 혁명과 함께 분열됨).

• 현대:

- 네덜란드만의 특징: 공화국에서 왕정으로. 역사상 다른 국가들은 전제 왕국으로

시작하여 19세기~20세기에 공화국으로 변화한다.

- 네덜란드는 스페인으로부터 독립할 때는 7개 주가 연합한 공화국으로 시작, 나폴레옹 전쟁 이후 다시 독립하면서 국부 오라녜 공 빌럼 가문이었던 오라녜 가문을 왕가로 추대하여 공화국에서 왕정으로 바뀐다.

3. 공항: 나라의 관문

■ 암스테르담 스히폴공항(Amsterdam Airport Schiphol)

- IATA: AMS　　　　　ICAO: EHAM

일반적으로 '스키폴' 공항으로 알고 있지만, 네덜란드어 발음으로는 '스히폴'이다. 해발 고도 -3m에 있다.

네덜란드의 메인 공항으로, 네덜란드항공 KLM(Royal Dutch Airlines)의 허브 공항이다. 승객 기준으로나 화물 기준으로나 항상 세계 10위 안에 드는 굉장히 복잡한 공항이지만, 터미널이 3개, 활주로가 6본이나 되는 거대하고 아름다운 공항이다.

영국의 히드로 공항, 프랑스의 파리 샤를 드골 공항, 독일의 프랑크푸르트 공항과 함께 유럽을 대표하는 허브공항이며, 2016년 이용 여객 수 기준으로 유럽 3위의 공항이다.

1) 위치

암스테르담 시내에서 남서쪽으로 10km 정도 떨어져 있다. 네덜란드 곳곳에서 출발하는 기차가 공항 터미널 지하에 있는 기차역에 정차한다. 암스테르담 시내에서 20분이면 도착할 수 있고, 파리 방면으로 가는 탈리스도 이곳에 정차한다. A4 고속도로를 통해 버스나 자동차로도 접근이 가능하다. 새벽에는 매우 제한적으로만 이착륙이 가능하지만, 오전 4시 이후면 이-착륙이 원활하다.

2) 기단

KLM의 기단은 유럽 항공사로서는 파격적으로 대부분이 보잉 여객기로 구성되어 있다. KLM이 보잉 여객기를 본격적으로 도입하기 시작한 것은 보잉 747의 도입부터였는데, 이전에는 맥도넬 더글라스의 여객기를 주로 운용했다. KLM이 애용하던 맥도넬 더글라스사의 여객기는 2014년 몬트리올-암스테르담 노선을 운항한 MD-11을 마지막으로 전량 퇴역하였다. 2015년에는 보잉 787-9 드림라이너를 도입하면서 MD-11의 빈자리를 채웠다. 2019년에는 마지막으로 생산된 보잉 737-800을 인도받았다. 모든 보잉 747-400 퇴역에 맞추어 2대의 777-300ER을 추가로 주문하였다. KLM의 기단에서 보잉이 아닌 항공기는 에어버스 A330-200과 A330-300 13대 뿐이며, A330-200 도입을 시작으로 A330을 도입하며 2014년에 인도된 A330-200을 마지막으로 KLM은 에어버스 여객기를 도입하지 않고 있다. 게다가 2020년대 중반에는 모든 A330-200과 A330-300을 보잉 787 드림라이너로 대체한다고 한다. KLM이 앞으로 운용할 여객기는 보잉 737, 보잉 777, 보잉 787 등 세 기종이다.

이 공항에는 유달리 델타 항공의 항공기가 많다. 이는 델타 항공과 합병하기 전에 과거 노스웨스트 항공에서 KLM과 업무제휴를 맺고 이 공항을 허브로 사용한 때문이다. 델타가 노스웨스트와 합병하면서 암스테르담이 그대로 델타 항공의 유럽 허브로 남게 된 것이다. 그래서 유럽 공항에서는 찾아보기 힘든 멤피스행이 있었고, 미니애폴리스 행 항공편도 발착한다.

3) 한국 운항

1984년 10월 31일 서울-앵커리지-암스테르담 노선을 시작으로 취항했다. 1990년 9월부터 시베리아 항로가 개척되어 자연히 앵커리지를 경유하지 않게 되었다. 현재 서울(인천)-암스테르담 노선을 운항 중이며, 같은 스카이팀 멤버인 대한항공과 코드셰어 중이다. 기종은 B777-206(ER)을 투입 중이다(대한항공은 에어버스 A330-223 투입). 원래 이 노선에는 지금은 퇴역한 747 콤비기가 투입됐으나, 787로 대체한다고 한다. 2018년 1월 18일부터 인천국제공항 제 2 여객터미널에서 여객을 취급한다.[5]

<table>
<tr><th colspan="4">자사기재 직항</th></tr>
<tr><td rowspan="2">암스테르담(AMS) ↔서울(ICN)/T2</td><td>암스테르담(AMS)→서울(ICN)/T2(KL855[실제운항편명]/KE5926)</td><td>서울(ICN)/T2→암스테르담(AMS)(KL856[실제운항편명]/KE5925)</td><td>기종</td></tr>
<tr><td>21:10(CET) 출발/15:40(KST) 도착</td><td>00:55(KST) 출발/04:35(CET) 도착</td><td>B777-200ER, B777-300ER</td></tr>
<tr><th colspan="4">대한항공 코드셰어 운항</th></tr>
<tr><td rowspan="2">암스테르담(AMS) ↔서울(ICN)/T2</td><td>암스테르담(AMS)→서울(ICN)/T2(KE926[실제운항편명] /KL201)</td><td>서울(ICN)/T2→암스테르담(AMS)(KE925[실제운항편명] /KL200)</td><td>기종</td></tr>
<tr><td>21:20(DST) 출발/15:05(KST) 도착</td><td>14:05(KST) 출발/18:55(DST) 도착</td><td>A330-223</td></tr>
<tr><td rowspan="4">부산(PUS) ↔서울(ICN)/T2</td><td>부산(PUS)→서울(ICN)/T2(KE1404[실제운항편명]/KL4246)</td><td>서울(ICN)/T2→부산(PUS)(KE1405[실제운항편명]/KL4247)</td><td>기종</td></tr>
<tr><td>10:50 출발/11:55 도착</td><td>17:15 출발/18:20 도착</td><td>B737-9B5</td></tr>
<tr><td>부산(PUS)→서울(ICN)/T2(KE1408[실제운항편명]/KL4248)</td><td>서울(ICN)/T2→부산(PUS)(KE1407[실제운항편명]/KL4249)</td><td>기종</td></tr>
<tr><td>16:30 출발/17:40 도착</td><td>19:35 출발/20:40 도착</td><td>B737-9B5</td></tr>
<tr><th colspan="4">에어 프랑스 코드셰어 운항</th></tr>
<tr><td rowspan="2">파리(CDG) ↔서울(ICN)/T2</td><td>파리(CDG)→서울(ICN)/T2(AF264[실제운항편명]/KL2346)</td><td>서울(ICN)/T2→파리(CDG)(AF267[실제운항편명]/KL2345)</td><td>기종</td></tr>
<tr><td>13:10(CET) 출발/07:15(KST) 도착</td><td>09:05(KST) 출발/14:10(CET) 도착</td><td>B777-328ER</td></tr>
</table>

4) 역사

스히폴공항은 1916년 9월 16일 군사 기지로 개장했다. 당시 조그만 격납고는 공항 건물로, 잔디 구역은 활주로로 사용되었다. 1920년 12월 17일부터 민간항공이 이용하면서 스히폴공항으로 불리게 되었다. '스히폴'이란 지명은 늦어도 1447년(당시는 'Sciphol')부터 소개되었다. 그 기원은 확실하지 않지만, 스키폴이라는 이름의 의미에는

5 인용: https://namu.wiki/w/

여러 가지 이론 등이 있다. 여러 가설 중 하나에 따르면, 스히폴(Schiphol)은 '선박 구멍' 정도의 의미가 있는데, 오늘날의 공항이 있던 내륙 호수였던 'Haarlemmermeer(하를럼의 호수의 뜻)' 위치에서 선박들이 한결같이 침몰했다는 사실로 거슬러 올라갈 수 있다고 한다.

1935년에 이 공항은 4본의 아스팔트 활주로가 있었다. 1940년에는 독일 국방군이 이 공항을 점령했다. 1940년 6월부터 1944년 10월까지 독일 공군의 공군 기지사령부가 이곳에 있었다. 그 위치와 거대한 구조 덕분에 이 기간 동안 주로 영국 공습이나 Baby Blitz라고도 불리는 슈타인복 작전에 참가한 쌍발 폭격기의 기지로 사용되었다.

2003년에는 현재까지 가장 긴 활주로(18R/36L, 'Polderbaan' 활주로)가 추가되었다. 츠바너뷔르흐반(Zwanenburgbaan) 활주로와 폴데어반(Polderbaan) 활주로 사이를 연결하는 고속도로 A5와 호프트파트(Hoofdvaart) 운하가 흘러가는데, 그 위로 비행기가 날아간다. 또한 이곳에는 암스테르담의 자치 유대인 커뮤니티의 'Begraafplaats Gan Hasjalom' 공원묘지도 있다.

100년 이상의 역사로 네덜란드를 선도하는 이 공항은 2016년 빌렘-알렉산더 왕에 의해 공식적으로 왕실 칭호를 받았다.

스히폴공항의 건축가이자 기획자는 1988년 이후 Benthem Crouwel Architects 건축회사(1979년 설립)이다.

3) 시설

■ 활주로

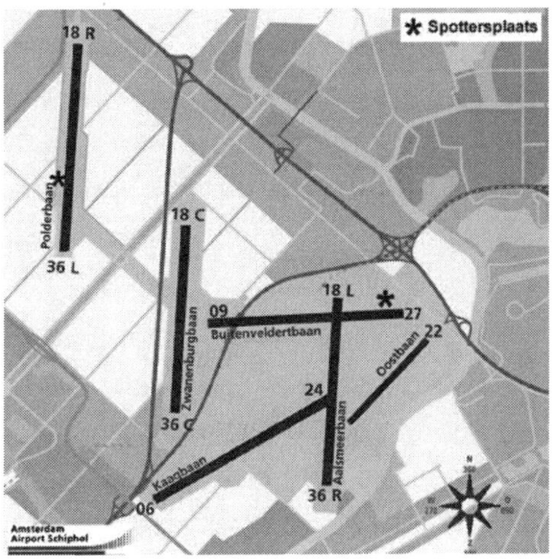

여타의 수많은 국제공항들과는 달리, 6본의 활주로 모두 이름이 지정되어 있다. 4본의 활주로(06/24, 09/27, 18C/36C, 18L/36R)는 활주로를 이용할 때 날아가는 마을에서 이름을 따왔다. 활주로 04/22는 지리적 위치가 동쪽이라서 현재 이름인 오우스트반(Oostbaan, 동쪽 활주로의 뜻)이 되었고, 역사적(그리고 구어체로 여전히 통용되고 있는) 이름 Fokkerbaan은 이전 Fokker 항공기 정비소에서 파생된 것이다. 2003년에 개장한 18R/36L 활주로에는 공식적으로 'Polderbaan'이라는 중립적인 이름이 부여되었다.

방향	면적(m*m)		ILS	표면	기타
	길이	폭			
09/27	3460	45	YES	아스팔트	1967년 개장. El Al Flight1862는 베일머르메르(Bijlmermeer)의 한 아파트 단지에 충돌했을 때 이 활주로에 비상 착륙 시도.
18C/36C	3300	45	YES	아스팔트	1968년 개장. El Al Flight 1862는 이 활주로에서 출발하여 비행기가 공항으로 돌아가려고 할 때 Bijlmermeer의 아파트에 충돌.
18R/36L	3800	60	YES	아스팔트	2003년 개장한 최신 활주로. 자체 관제탑. 주변 인구에 대한 소음 영향을 줄이기 위해 위치. 이륙은 북쪽, 착륙은 남쪽만 가능. 가장 가까운 끝은 터미널 건물에서 5km 떨어져 있으며 항공기는 터미널까지 택시로 15분 정도.
18L/36R	3400	45	YES	아스팔트	1950년 개장
06/24	3435	45	YES	아스팔트	1960년 개장. 카그반(Kaagbaan)은 2008년 1월에 발견 장소가 폐쇄될 때까지 도예가에게 장소 제공.
04/22	2014	45	YES	아스팔트	1945 년 개장. 주로 일반 항공교통에 사용. 2010년 10월 Corendon Airlines의 B-737이 짧은 활주로를 추월하여 진흙 속에 노즈 기어가 박혔음.

[상식]

스히폴공항은 공항의 주요 터미널에서 더 가까운 곳에 이용 가능한 땅이 있는데 왜 활주로를 멀리 떨어진 곳에 만들었을까? 그런데 이 활주로는 단거리 비행에 사용해야 한다.

스히폴공항은 실제로 터미널 근처에도 활주로를 건설하기에 충분한 공간이 있다. 그러나 활주로 'polderbaan'을 만들 필요가 있었던 것은 과도한 소음 수준을 방지하는 공역과 법안의 부족이 더 크기 때문이다. 이것은 야간 비행에 필요한 두 본의 주요 활주로 중 하나이다. 소음 문제 외에도 Polderbaan (36L/18R,) Zwanenburgbaan (36C/18C), Aalsmeerbaan (36R/18L) 등의 활주로들은 서로 평행하다. 병렬 활주로를 동시에 사용하려면 (특히 모두 동시 착륙에 사용할 수 있거나 모두 동시 이륙에 사용할 수 있는 경우) 항공교통 간에 필요한 수평 분리 유지에 필요한 최소 간격이 있어야 한다. 이것은 또한 36L/18R 활주로가 수평으로 멀리 떨어진 이유 중 하나일 수 있다. 이동 시간의 추가 요소는 36L/18R 활주로를 오가는 운항이 출 · 도착에 적극적으로 사용되는 경우 36C/18C 활주로 주변의 유도로를 달려야 한다는 것이다.

활주로가 '예약'되어 있는 경우라면, 대부분의 공항들은 장거리 비행을 위해 특정 활주로를 예약하지 않는다. 필요할 경우 특정 활주로를 선호할 수 있지만, 스히폴공항의 평행 활주로 3본 모두 거의 모든 여객기가 이용 가능한 길이이기 때문에(모두 10,000 피트 이상), 여기서는 자주 발생하지 않는다. 모두 충분히 긴 평행 활주인 경우, 도착 활주로는 일반적으로 트래픽이 다른 어떤 방향에서 착륙하는지에 따라 더 많이 할당된다. 교통량이 공항의 어느 부분으로 이동하고 각 활주로에 얼마나 긴 노선이 있는지도 결정에 영향을 미칠 수 있다.

활주로를 더 멀리 이동하면 스히폴공항은 주요도로에 연결될 수 있는 추가 터미널 세트를 지을 여유가 생긴다. 또한 네덜란드의 땅은 비싸고 소음 공해 관련 규칙이 엄격하기 때문에 들판 한가운데에 새로운 것을 짓는 것이 가장 좋았다.

■ 항공사와 목적지

스히폴공항은 네덜란드 항공사 KLM, Corendon, Martinair, ArkeFly 및 Transavia의 본거지 공항이다. 또한 Delta Air Lines의 유럽 허브이자 스페인 최초의 저비용항공사 Vueling Airlines, 2014년부터는 EasyJet의 베이스 역할을 한다.

스히폴공항은 항공 교통에서 국제적으로 중요하며, 여객 및 화물 운송을 위한 수많은 유럽 및 대륙 간 연결망을 보유하고 있다.

2014년 여객운송에서 런던-히드로, 바르셀로나, 파리-CDG, 로마-피우미치노, 코펜하겐 등으로 가는 유럽 내부 노선이, 대륙 간 운송에서는 두바이, 뉴욕-JFK, 애틀랜타, 디트로이트, 미니애폴리스-St. Paul 등을 연결하는 연결노선들이 가장 빈번했다.

■ 터미널

스히폴공항에는 1, 2, 3의 세 홀을 가진 터미널이 공항 기차역이 있는 중앙 광장을 통해 서로 연결되어 있다. 각 구역에는 총 160개의 게이트가 있는 여러 개의 피어형 탑승동(총 8개)이 있다.

• 터미널 1 - 탑승동 B와 C

홀 1의 두 탑승동은 솅겐 지역 내 운항 전용으로 사용 중이다. 예컨대 이 구역에서는 루프트한자 항공편을 포함한 유럽의 스타 얼라이언스 항공동맹 소속 항공편이 처리된다.

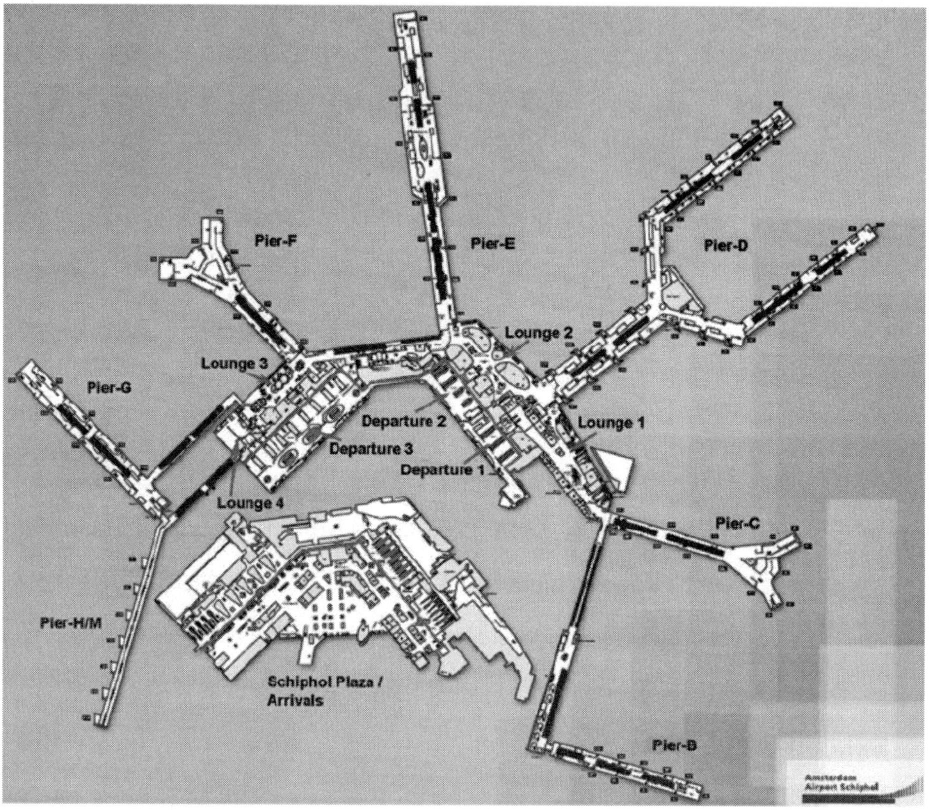

〈출처: https://www.ifly.com/amsterdam-schiphol/〉

• 터미널 2 - 탑승동 D와 E

홀 2의 탑승동 D는 셍겐 및 비셍겐 항공편을 두 영역으로 나누어 사용하며, 탑승동 E는 비셍겐 항공편만 사용한다. 이 홀의 주요 사용자는 이 공항을 베이스로 하고 있는 KLM이다.

• 터미널 3 - 탑승동 F, G, H, M

탑승동 F와 G는 또한 비셍겐 항공편에만 제공된다. 탑승동 H와 M은 주로 easyJet과 비셍겐 및 셍겐 연결편을 포함한 LCC 항공사들이 이용한다.

[상식] 셍겐(Schengen) 지역, 무엇인가?

셍겐 지역은 26개의 유럽 국가로 구성된 국경 없는 지역이다. 출발지 및 목적지 국가에 따라 AMS에서 여권 심사를 통과해야 할 수도 있고 그렇지 않을 수도 있다.

– 비 셍겐에서 비 셍겐으로: 직접 게이트로 이동
– 셍겐에서 셍겐까지: 게이트로 바로 이동
– 비 셍겐에서 셍겐으로: 여권 심사 필요

예를 들면, JFK–AMS–IST의 여정에서 연결 게이트로 곧장 갈 수 있으며, 그 반대의 경우도 마찬가지다. 왜? 미국과 터키는 모두 셍겐 국가가 아니기 때문이다. 최종 목적지에서 여권 심사대를 통과하기만 하면 된다. 그러나 JFK–AMS–PRG에서 여행하는 경우, 체코 공화국이 셍겐 지역에 있어서 여권 심사를 통과해야 한다.

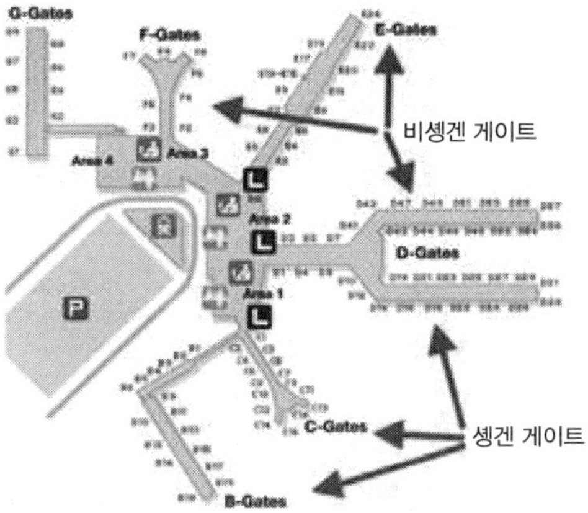

5) 운영: 스히폴 그룹

공항 운영 업체인 스히폴그룹의 주주는 네덜란드 국가(69.77%), 암스테르담과 로테르담 시(각각 20.03%, 2.2%), 파리공항(Aéroports de Paris) 8%이다.

약 2,200명의 직원을 고용 중인 스히폴그룹은 로테르담 공항과 렐리스타드 공항도 운영 중이며, 에인트호벤 공항의 지분 51%를 보유하고 있다. 또한 자회사인 Schiphol USA Inc.는 JFK IAT(터미널 4, 뉴욕 JFK공항)의 지분도 보유 중이며, 자회사 Schiphol Australia는 호주의 Brisbane Airport Corporation의 지분을 가지고 있다.

전략적 파트너십의 일환으로 2008년 12월부터 파리-샤를 드골 공항 운영사와 공동 지분을 보유하고 있는데, 이 공항은 스히폴공항과 함께 에어 프랑스-KLM 그룹의 항공 허브 중 하나이기도 하다.

4. 문화 차원

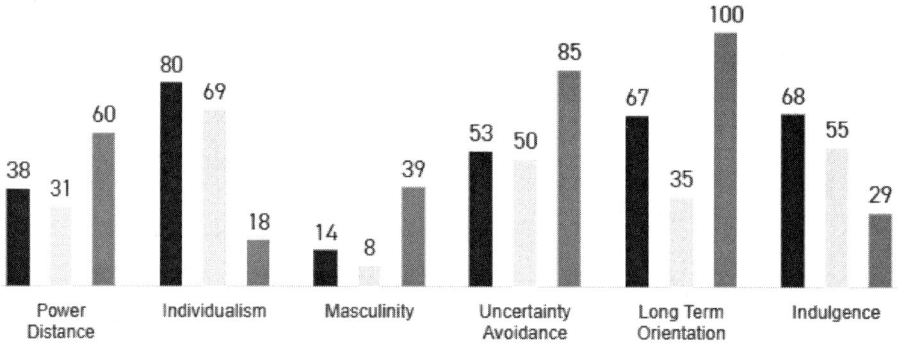

〈호프스테드 문화 차원: 네덜란드-노르웨이-한국 비교〉

■ 권력 거리

네덜란드는 이 차원에서 38점이라는 낮은 점수를 받았다. 이는 독립성, 편의상의 위계구조, 동등권, 상사에의 접근 용이성, 코칭 리더, 관리 촉진과 권한 부여 등의 특징을 보인다. 권력은 분산되고, 관리자는 팀원의 경험에 의존한다. 직원들은 상담받기를 기대한다. 통제는 싫어하고, 관리자에 대한 태도는 격식이 없고 성이 아닌 이름을 부른다. 커뮤니케이션은 직접적이고 참여적이다.

■ 개인주의와 집단주의

네덜란드는 개인주의 사회에 속한다(80점). 이는 개인이 자신과 직계 가족 만 돌볼 것으로 기대되는 느슨한 사회적 프레임에 대한 선호도가 높다는 뜻이다. 개인주의 사회에서 범죄는 죄책감과 자존감 상실을 야기하고, 고용주와 피고용주의 관계는 상호 이익에 기초한 계약이며, 고용 및 승진 결정은 장점만을 기반으로 해야 하고, 관리는 개인 관리이다.

■ 남성성과 여성성

이 차원에서 14점을 받은 여성성이 강한 사회이다. 여성성이 강한 국가에서는 삶과

일의 균형을 유지하고, 모든 것이 포함되도록 하는 것이 중요하다. 효과적인 관리자는 직원을 지원하며, 참여를 통해 의사 결정을 내린다. 관리자는 합의를 위해 노력하고, 사람들은 직장 생활에서 평등, 연대, 품질을 중요시한다. 갈등은 타협과 협상으로 해결된다. 네덜란드인은 합의가 이루어질 때까지 오랜 시간 토론하는 것으로 유명하다.

■ 불확실성 회피

이 차원에서 53점을 받아서 불확실성 회피를 추구하는 경향이 있다고 할 수 있다. 높은 불확실성 회피를 보이는 국가는 엄격한 신념과 행동 규범을 유지하며, 비정통적인 행동과 생각을 용납하지 않는다. 이런 문화에서는 규칙에 대한 정서적 욕구가 있다. 시간은 돈이고, 사람들은 바쁘고 열심히 일하려는 내적 충동이 있으며, 정확성과 정시성이 기본이다. 예컨대 식순과 같은 시간의 흐름에 민감한 편이어서, 비즈니스 미팅 시 정해진 식순대로 움직이는 것은 물론, 의장의 역할을 맡은 사람이 프로그램 및 식순 진행 상황을 계속 체크하고 프로그램의 진행을 주도한다. 모든 상업적인 활동에서도 시간을 철저히 지키려는 노력이 필요하다. 저녁 식사에 초대받은 경우에도 호스트에게 미리 몇 시쯤 도착하면 좋을지 물어보고 제시간에 가는 것을 권장한다.

■ 장기 지향성

이 차원에서 높은 67점을 받아서 실용적인 성격을 가지고 있다고 볼 수 있다. 실용지향적 사회의 사람들은 진실이 상황, 맥락, 시간에 크게 의존한다. 그들은 전통을 변화하는 조건에 쉽게 적응시키는 능력, 저축하고 투자하는 강한 성향, 절약과 인내심, 결과를 얻는 끈기를 보여준다.

■ 절제

68점의 높은 점수를 받은 네덜란드는 쾌락(자적) 지향 문화에 속한다. 쾌락 지수가 높은 사회의 사람들은 일반적으로 삶을 즐기고 즐기는 것에 대한 충동과 욕구를 실현하려는 의지가 있다. 그들은 긍정적인 태도와 낙관적인 성향도 있다. 또한 여가 시간을 더 중요시하고, 하고 싶은 대로 행동하고, 원하는 대로 돈을 쓴다.

5. 에티켓

■ 금기

• Do's

- 네덜란드 사람의 개인 공간을 존중하시라. 자신의 신체적, 개인적 사생활을 소중하게 생각한다.
- 가능하면 네덜란드 상대방과 깊은 대화를 나누시라. 일반적으로 대부분의 주제에 대해 대화할 수 있다. 네덜란드인은 주제에 대해 토론하고 합리적으로 논쟁하기를 즐긴다.
- 네덜란드인은 좋은 농담을 즐기니까, 적절할 때 그리고 그렇게 하는 것이 편하다고 생각되면 얼마든지 유머를 사용하시라.
- 가게나 식당에서 사람들은 서비스 제공자에게 문의하기 전에 되도록 많은 도움을 받을 것으로 기대한다. 항상 친구에게 하듯이 서비스 제공자를 존중하시라. 네덜란드인은 대개 우월감을 보이는 사람에게 눈살을 찌푸린다.

• Do not's

- 소수 민족이나 대안적인 생활 방식에 편협함을 드러내지 마시라. 많은 사람들이 강한 관용감을 가지고 있기 때문에 이런 편협성 때문에 네덜란드 사람의 상대방은 불복종하는 근거가 된다.
- 네덜란드 사람에게 얼마를 버느냐, 결혼은 했느냐, 직업이 뭐냐는 등의 질문을 하지 마시라.
- 자신을 다른 사람보다 우월하다고 여기는 인상을 주는 가식적이거나 과장된 말을 하지 마시라. 상대방은 이것을 고마워하지 않는다.
- 확실한 명분 없이 네덜란드 왕실을 비판하지 마시라. 많은 사람들에게 왕가는 국가의 심장부로 간주된다.
- 자기소개 없이 이야기 무리에 끼어들지 마시라.

- 한 사람과 저녁 내내 대화하는 것은 피하시라.
- 대화 상대방에게 양해를 구하지 않고 전화를 받지 마시라.
- 방울토마토를 한 입 가득 먹거나, 베어 먹은 스낵을 다시 소스에 찍어 먹지 마시라.

■ 인사

악수하면서 상대방과 인사하는 것이 관례이다. 네덜란드인은 손에 힘을 주지 않고 살짝 잡았다 놓는 영국식이 아니라, 독일인들처럼 힘차게 지배적인 악수를 한다. 영국식으로 가볍게 악수를 하면 개성 없는 사람으로, 아니면 일처리가 신통찮은 부적합한 사람으로 치부되기도 한다. 직장을 구할 때나 클라이언트를 만나는 등의 비즈니스 미팅에서는 힘찬 악수를 하시라. 상대방의 손을 정확하게 맞잡고 힘차게 2~3번 위아래로 흔들며 가볍지만 강한 악수를 하는 것이 보통이다. 동시에 상대방과 눈을 마주치며 간단한 미소를 짓는 것이 정중한 방식이다. 인사를 할 때 이름을 말하며 악수를 하면 되는데, 악수를 하는 각각의 모든 사람에게 본인의 이름을 말해야 한다.

또한 프랑스의 '비쥬'에 비견되는 네덜란드만의 '더치키스'라는 인사법도 있다. 이는 상대방의 오른쪽, 왼쪽, 오른쪽 뺨에 번갈아 가며 가벼운 '쪽' 소리를 내는 것이다. 서로 친한 관계에서만 이루어지는 인사법이다.

■ 커뮤니케이션

• 언어적 커뮤니케이션

- 직접 커뮤니케이션: 네덜란드인은 직설적으로 꽤 솔직하게 말하는 성향이 있다. 그래서 때로는 무례한 것으로 오해될 수 있는데, 특히 솔직함에 익숙하지 않다면 더욱 그렇다. 그러나 네덜란드인은 직접 커뮤니케이션을 높이 평가하는 개방성의 한 형태로 여긴다.
- 커뮤니케이션 스타일: 네덜란드인은 친근한 어조, 짧은 문장으로 말하는 경향이 있다. 지나친 공손함은 의사소통의 직접성이 부족하다는 의미로 비칠 수 있어서 불신으로 이어지기도 한다. 그래서 네덜란드인은 일반적으로 과장된 표현을 피하

고 나직한 목소리로 말한다.

- 유머: 네덜란드 유머는 대개 '남의 불행을 고소해 하는 마음'과 관련이 있다. 네덜란드 유머는 또한 건방지거나 뉘앙스가 있을 수 있다. 많은 네덜란드인은 다른 사람들이 말하는 것을 액면 그대로 받아들이기 때문에 아이러니와 풍자성(sarcasm)은 인정받지 못하는 경우가 있다.

• 비언어적 커뮤니케이션

- 개인 공간: 많은 네덜란드인들은 개인적인 공간을 소중하게 여기며, 다른 사람이 침략하는 것을 좋아하지 않는다. 대화할 때, 팔 길이 또는 그 이상의 거리는 허용된다. 네덜란드인은 방안의 사람들 간의 거리를 더 많이 두는 방법으로 가구들을 배열하기도 한다. 이런 경우 의자를 가까이 움직이지 마시라.
- 신체 접촉: 친구나 가족 간에는 팔, 어깨, 손을 가볍게 만지기도 한다. 일반적으로 낯선 사람들과 신체 접촉을 하는 경우는 거의 없다. 부부가 공공장소에서 애정 표현을 하는 것은 흔한 일이다.
- 몸짓언어: 네덜란드인은 말에 크게 의존하며, 커뮤니케이션의 요점을 강조하려고 몸짓언어를 사용하는 경우는 흔치 않다. 대화중에 부분적으로 손짓을 사용하는 경우는 있다.
- 아이컨택: 눈을 마주치는 자세는 성실함을 보이는 것이어서 중요하다. 그러나 시종일관 눈 마주키기를 하기보다는 가끔 시선을 돌리기도 하시라. 좀 더 편안한 분위기 연출에 도움이 된다.

■ 선물

- 호스트 방문 시 초콜릿, 꽃, 책 등을 선물로 가져오는 것이 좋다. 흰 백합이나 국화는 애도할 때 사용된다.
- 선물은 보통 받는 사람 앞에서 개봉한다.
- 매우 비싸거나 사치스러운 물건을 선물하는 것은 받는 사람을 불편하게 만들 수 있다.

- 비즈니스 미팅 시에는 대개 선물을 주고받지 않는다. 개인적으로 친밀한 관계가 형성됐을 때만 간단히 성의 표시하는 것이 좋다. 주로 와인, (한국을 나타내는) 기념품 등이 적합하다. 비즈니스 미팅 상대자에게 성의 표시를 할 때는 상급자와 하급자 구분 없이 동등하게 선물을 준비하는 것이 좋다. 크리스마스나 새해에 비즈니스 파트너 회사들에게 와인이나 꽃, 카드 등을 보내기도 한다. 크리스마스나 신년 인사 카드 안에는 별도의 축하인사를 적지 않고, 보내는 사람의 이름만 적어 보내는 경우가 많다.

05
폴란드

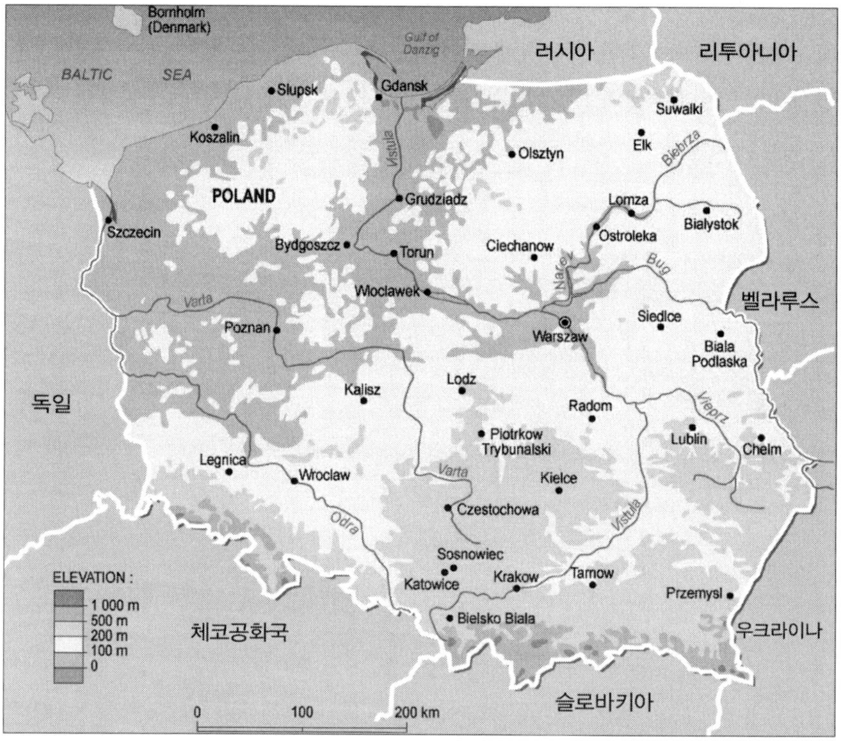

〈출처: http://www.maps-of-europe.net/maps-of-poland/〉

국명	폴란드공화국(Republic of Poland, Rzeczpospolita Polska)
면적(㎢)	312685
수도	바르샤바
종족	폴란드인(97.8%), 게르만족(0.4%)
인구	38.354.000명 (2020)
공용어	폴란드어
종교	로마가톨릭교(89.8), 동방정교(1.3%)
건국일	1918년 11월 11일
정체	공화제
통화	즐로티(Zloty)(PLN)
도메인	.pl

폴란드가 매력적인 이유

폴란드는 중부 유럽에 위치한 슬라브족 국가이다. 소련이 통제하는 공산주의 정권 붕괴 이후 그 문화는 빠르게 바뀌었다. 탈 공산주의 시대는 지난 30년 동안 새로운 국가 질서, 태도 및 낙관주의를 추진해 왔다. 이 중 일부 사람들은 여전히 사회의 변화에 적응 중이다. 다양한 라이프 스타일이 번성했으며 일부 젊은 세대는 보다 자유로운 가치를 수용하기 시작했다. 전통주의와 보수주의는 국가의 종교적 풍경, 사회적 관습 및 핵심 가치에서 여전히 뚜렷하다. 폴란드 인은 또한 과거에 대한 감성과 아이디어를 낭만적으로 표현하는 경향을 계속 보여주고 있다. 그러나 이것은 날카로운 실용성과 현실적인 마인드를 동반한다.

폴란드 사회는 상당히 위계적이다. 사회적 지위를 일반적으로 용인하는 사회이다. 역사를 통틀어 농촌 농민과 도시 지식인 사이에는 오랜 문화적 차이가 있었다. 그러나 폴란드의 시골은 크게 바뀌었고, 지식인은 중산층으로 변모하는 과정에 있다. 인구는 가족 가치와 평등주의에 대한 공통된 신념을 통해 서로 다른 사회·경제적 배경에서 크게 통합되고 있다. 실제로 폴란드의 가족 가치에 대한 깊은 토대는 다른 많은 서구 국가들보다 더 집단주의적 국가로 만들고 있다. 결과적으로 중앙 유럽과 비교할 때 '동유럽'이라는 오해의 소지도 있다. 그러나 폴란드인은 전통적으로 자신을 모든 슬라브족 중에서 '가장 부드럽다'고 생각한다.

폴란드인은 그들의 최근 역사를 의식하고 있다. 많은 사회적 태도가 과거의 사건에 영향을 받고 동인되었다. 20세기에 이 나라가 큰 고통을 겪었다는 것은 널리 알려진 사실이다. 거의 모든 폴란드 가정은 제 2차 세계 대전의 박해와 트라우마로 정도의 차이는 있지만 영향을 받았을 것이다. 전후에는 소련의 통제 하에 있었고, 1989년에야 독립했다. 이 해에 일반적인 산업화, 도시화 및 생활수준은 많이 향상되었다. 그러나 공산주의 정권은 사회적 불안, 심각한 경제적 어려움, 관료적 장애물, 특정한 자기표현과 개인의 자유 억압으로 인해 손상되었다. 이 기간의 영향으로 많은 사람들은 정치에 대해 다소 회의적이며 최우선 권한에 대한 불신을 계속하고 있다.

폴란드의 국가는"Jeszcze Polska nie zginęła", 즉 "폴란드는 아직 멸망하지 않았다"라는 타이틀에서 보듯이, 투쟁의 역사를 반영하고 있다. 많은 폴란드인들은 과거의 비극이 폴란드 정체성 형성에 필수적이라고 생각한다. 그럼에도 불구하고 폴란드 문화는 오해되기도 한다. 폴란드인은 침울하고 진지한 사람들이라는 특징이 부여되기도 했다. 이 고정 관념은 여전히 구세대에게는 진실을 담고 있을 수 있지만, 일반적으로 현대의 태도를 대표한다고는 볼 수 없다. 많은 폴란드인들은 스스로를 매우 편안하다고 생각하고, 다른 슬라브족 국가들은 자기네들을 '진지하지 않은' 사람들로 생각하기도 한다.

그 동안 폴란드는 많은 분야에서 엄청난 발전을 이루었다. 문화는 점점 더 빠르게 진행되고 성공 지향적이어서 세계화와 성장을 반영하고 있으며, 낙관주의로 눈에 띄는 변화가 있었다. 최근 설문 조사에서 폴란드인의 76%가 생활수준에 매우 또는 적당히 만족한다고 답했다.

1. 지리적 특징

북동쪽으로 러시아연방과, 동쪽으로 리투아니아, 벨라루스, 우크라이나와, 남쪽으로 슬로바키아, 체코공화국과, 서쪽으로 독일과 국경을 마주한다. 북쪽으로는 리투아니아, 발트해에 면한다. 남북 길이가 649km, 동서 길이가 689km로 국토가 거의 4각형 모양이다. 1980년대에 바웬사가 이끄는 자유노조 연대를 중심으로 민주화운동이 꾸준히 전개되었고, 1990년 바웬사가 전후 첫 민선 대통령이 되었다. 2004년 유럽연합에 가입하였다. 행정구역은 16개주(wojewodztwo)로 되어 있다.

■ 국기

흰 독수리가 빨간색 방패 바탕에 노랑 왕관을 쓰고 오른쪽을 바라보고 있는 모습이다. 왜 독수리일까? 폴란드 건국신화의 국가 창시자 레흐가 흰 독수리가 붉은 노을을 띤 하늘을 날았는데, 그 둥지를 발견한 후 길조로 여겨 폴란드 최초의 수도인 Gnizno(둥지)를 건설하였다는 전설과 함께, 폴란드 최초의 왕조인 피아스트 왕조의 문장으로 흰 독수리가 사용되었다. 이후 13세기 초 공식 국가 문장으로 채택되었다.

1931년 11월 7일 당시 폴란드 하원은 과거 폴란드-리투아니아 연합왕국 군대 문장색인 백색과 적색을 국기의 색으로 결정하였다. 1916년 독립 후 1919년 8월 1일 하원이 공식 국기로 채택했다. 국기의 흰색은 환희를, 붉은색은 독립을 상징한다.

폴란드 국기는 모나코와 인도네시아 국기와 헷갈리기 쉽다. 모나코 국기는 그리말디 왕조를 상징하는 색으로, 1339년에 처음 사용되었고, 1881년 4월 4일에 제정되었다. 모나코의 국기 비율은 4:5(또는 2:3)로, 싱가포르의 국기, 인도네시아의 국기와는 비율이 다르다. 또 폴란드의 국기와는 색 배치가 반대이다. 인도네시아 국기는 1945년 8월 17일에 정식 국기로 제정되었다. 인도네시아의 국기의 원형은 13세기 마자파힛 왕조의 기에서 유래되었고, 빨간색과 하얀색 가로 줄무늬로 구성되었다. 빨간색은 용기를, 하얀색은 순결을 의미한다. 인도네시아의 국기, 모나코의 국기와는 색 배치가 반대이고, 국기 비율은 5:8이다.

〈좌: 인도네시아 국기, 중: 모로코 국기, 우: 폴란드 국기〉

1) 자연

바르샤바 남쪽의 시비엥토크시스키에 산맥도 최고높이 612m에 불과하다. 남서부의 수데티 지방에는 수데티산맥이 있고, 체코와의 국경에는 스네지카산(1,602m)이 있다. 슬로바키아와의 국경인 타트라 산지에는 폴란드 최고봉인 리시산(2,499m)이 솟아 있다. 중부 및 남부의 일부 지역은 토질이 비옥하다. 수많은 지류와 함께 수로 망이 전국적으로 펼쳐져 있는데, 전국의 90%에 가까운 물이 모여드는 비스와 강과 오드라(오데르)강이 하천 수계의 중심이다. 이밖에 어류가 풍부한 빙하호가 산재한다. 서유럽의 습도 높은 해양성 기후와 동유럽 대륙성 기후의 점이지대에 위치한 관계로 강수량과 기온의 분포가 다양하다.

북부에서 남부까지, 그단스크에서 크라쿠프까지 폴란드에서만 누릴 수 있는 아름다운 도시들도 산재한다. 아름다운 구시가지, 정교한 주택 외관, 흥미진진한 역사 마니아라면? 폴란드에는 아름다운 역사적인 도시들도 수없이 많다. 수도 바르샤바, 발트해의 그단스크, 남부의 크라쿠프 등 폴란드 도시에서는 화려하게 장식된 외관, 예쁜 자갈길, 친근한 분위기의 매력에 빠지지 않을 수 없다. 폴란드는 제 2차 세계 대전 동안 큰 피해를 입었고, 대부분의 도시가 큰 피해를 입었지만, 오늘날 새로운 화려함으로 빛을 발하고 있다. 그단스크가 전쟁 중에 구시가지의 약 90%가 파괴되었다고는 짐작하기 힘들 것이다. 브로츠와프의 골목을 산책하고 오데르 강변의 스테틴을 탐험하고 크라쿠프에서 폴란드 맥주를 마시고 그단스크에서 신선한 바다 공기를 즐길 수 있는 곳이 폴란드만의 매력이다.

2) 민족

폴란드는 잦은 국토 변동과 다양한 역사적 배경에 따라 주민 구성이 현저하게 변화하였다. 제2차 세계 대전 이전에는 폴란드인 2,200만, 우크라이나인 320만, 유대인 300만, 러시아인 120만, 독일인 70만으로 민족 갈등을 보일 수 있는 복잡한 구성을 보였으나, 최근에는 슬라브인의 서부 계열에 속하는 폴란드인이 97% 이상을 차지한다. 외국에 거주하는 폴란드인은 약 1300만에 이른다. 대체로 미국에 1000만, 러시아연방을 비롯한 러시아 지역 각국에 120만, 브라질에 80만, 프랑스에 60만 등에 분포한다.

3) 언어

세상에서 가장 어려운 언어 중 하나로 꼽는다. 서슬라브어파에 속하며, 체코어나 슬로바키아어와 유사하다. 폴란드 이외 리투아니아 동남부에서도 인구의 1/4 정도가 사용한다, 미국에도 60만 명의 화자가 있어서 총 화자 수는 4,400만여 명에 이른다. 러시아어에 이어 2번째로 많이 쓰이는 슬라브어인 셈이다.

- 자음 36개, 모음 7개.

a b c d e f g h i j
k l m n o p r s t u
w y z
ą ę ó ł ć ń ś ż ź ch
cz dz dź dż sz rz

- a [아] / b [베] / c [체] / d [데] / e [에] / f [에프] / g [기예] / h [하] / i [이] / j [요트] / k [카] / l [엘] / m [엠] / n [엔] / o [오] / p [페] / r [에르] / s [에스] / t [테] / u [우] / w [부] / y [이그렉] / z [젠]
- Ł과 ł은 l로 오해하기도 한다. 예를 들어 폴란드 해변 도시들 중 하나인 코워브제크(Kołobrzeg)는 콜로브제크나 콜로브르제그로 오기되기도 한다. ł은 /w/ 발음이고 폴란드어의 w는 독일어와 같은 /v/ 발음이다.
- 폴란드어에서는 어말이나 자음 앞에 오는 유성음이 독일어나 러시아어와 비슷하게 무성음화 된다. 예컨대 폴란드 중부에 위치한 도시 우치(Łódź)가 로즈, 로지, 우지 등으로 오기되기도 한다. 국내에 수입된 폴란드 맥주 웜자(Łomża)는 '롬자'로 수입되었다.

4) 교통

폴란드는 북유럽에서 남유럽, 서유럽에서 동유럽으로 가는 길목에 자리한 주요 통과국이다. 이미 고대와 중세에 오늘날의 폴란드를 통과하는 주요 무역로가 있었다. 북유럽에서 지중해까지 이르는 앰버로드(고대의 호박 교역로), 북방 기마민족들이 중국까지 개척한 실크로드의 유럽 부분, 서유럽에서 아시아로 이어지는 무역 경로 등이 그런 사례들이다.

• 철도 운송

폴란드의 철도 수송은 지난 20년 동안 민간 수송의 강력한 성장 이후에도 폴란드 수송 시스템에서 여전히 중요한 역할을 하고 있다. 폴란드 철도 인프라 회사인 PKP PLK는 23,420km가 넘는 철도망을 보유한 유럽 최대 철도 회사 중 하나이기도 하다. 폴란드 동부 국경에서 유럽 표준 게이지 네트워크는 더 넓은 러시아의 광궤 시스템과 만난다.

[상식] 철도 궤간의 종류

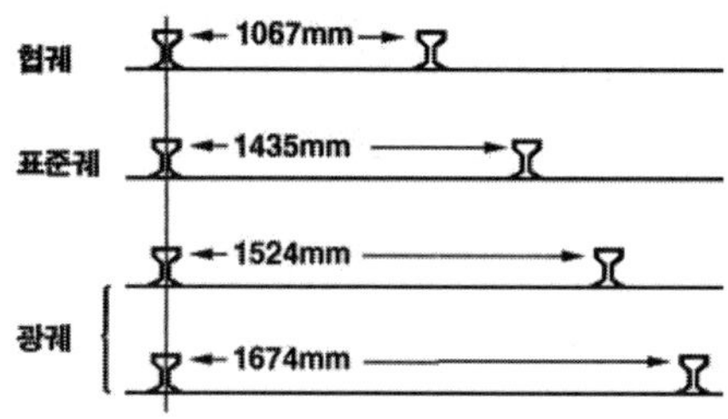

궤간은 레일 간의 규격을 말하는데, 그 종류는 100개나 된다.
현재 국제철도회의에서 정한 표준궤간의 간격은 1,435mm, 표준궤간보다 좁은 협궤의 궤간 간격은 1,067mm, 표준궤간보다 넓은 광궤의 궤간 간격은 1,520mm이다.
동아시아의 한국, 북한, 중국은 표준궤(1435㎜), 러시아는 광궤(1520㎜), 일본은 협궤(1067㎜)를 주로 사용한다. 러시아 극동 사할린 철도는 일본과 같은 협궤, 일본 고속철도 신칸센은 표준궤 방식을 쓴다. 또한 북한의 두만강–나진 구간은 러시아 광궤와 북한 표준궤 열차가 같이 다닐 수 있는 복합궤도(표준궤+광궤) 방식을 적용했다.

• 항공운송

국영항공 LOT는 유럽·중동·아프리카 지역 여러 나라와 정기항로를 개설하고 있다.

폴란드는 14개의 공항과 123개의 국립 공항과 3개의 헬리콥터 기지를 보유하고 있다. 승객 수가 최근 몇 년 동안 급격히 증가했다. 지역 공항이 이미 용량을 초과하여서, 2027년 완공예정으로 2017년에 바르샤바와 우쯔(Łódz) 사이, 바르샤바 남서쪽 30km 떨어진 그로디스크 마조비에스키(Grodzisk Mazowiecki)에 새로운 중앙공항(CPK, Polish for Centralny Port Komunikacyjny)을 건설하기로 결정했다. 이 새 메가 공항은 초기에는 4500만 여명의 승객을 처리하다가 나중에는 매년 1억 명의 승객을 처리할 수 있을 것으로 예상되는 점에서 유럽에서 가장 큰 공항 중 하나가 될 것이다.

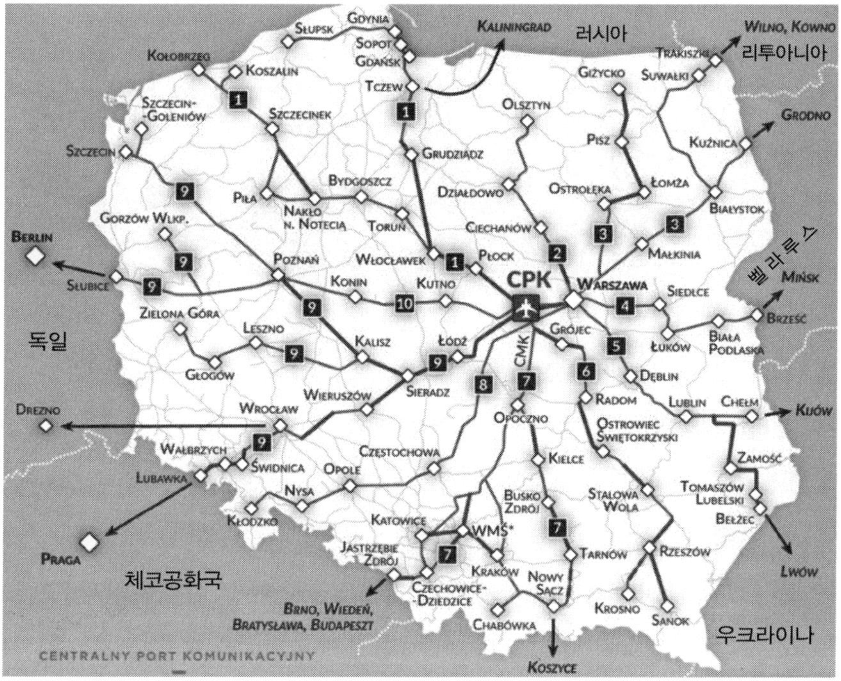

5) 사회

폴란드의 문화가 유·무형을 막론하고 동유럽 국가 중에서 가장 앞선 근거는 독립 지향적인 역사적 배경에서 배태된 불굴의 국민정신에서 찾을 수 있다. 과거 공산권 내에서 폴란드가 탈스탈린화의 디딤돌 역할을 했고, 특히 공산주의 체제 하에서 가톨릭 교회의 지위를 강화시켰던 사례는 독자적인 문화적 전통과 이에 기초한 국민정신에서 비롯한 것이다. 폴란드는 유럽 문화의 전통을 이어받은 자부심으로 여러 분야에서 수차례 노벨상을 수상하기도 하였다.

폴란드 인구의 대부분은 가톨릭 신봉자들이다. 그래서 기독교 휴일, 특히 크리스마스와 부활절은 중요하다. 이때 모든 교회 종이 울리고 교회에 가기 위해 가장 좋은 옷을 입더라도 놀라지 마시라. 결혼식 문화도 특별하다. 좀 들여다보자. 예식 장소는? 교회가 일반적이다.

- 예식장 출발: 신랑이 신부를 데리러 신부 집 방문.
- 예식 시간: 피로연까지 보통 이틀 동안 진행.
- 첫째 날: 교회나 호적 등기소에서 정오나 오후 1시 정도에 결혼식 후 연회장으로 이동하여 파티. 한 시간 정도의 식이 끝이 나면 밖으로 나와 선물과 꽃을 신랑 신부에게 축하의 의미로 건네면서 간단한 축하 인사를 한다. 선물로는 피로연장에서 즐길 수 있게 보드카를 준비하기도 하고, 봉투에 축의금을 넣어 주기도 한다. 다음으로 함께 미리 준비한 버스나 개인차량 편으로 피로연 장소(한쪽은 식사를 할 수 있는 테이블, 다른 쪽은 춤을 출 수 있는 홀로 구성된 레스토랑, 호텔, 시청 등)로 이동한다. 폴란드 전통의상을 입은 밴드(전통음악)나 DJ 섭외. 피로연은 대화, 음주가무 등으로 새벽 4시 정도가 되어서야 귀가한다.
- 둘째 날: 다음 날은 다시 한 번 같은 연회장에 모여 좀 더 자유로운 분위기 속에서 다양한 행사를 연다. 하객들을 위한 다양한 게임이나 행사('오토바이 경주'나 '풍등 날리기' 등)를 연다. 행사 도중에 "gorzko!"라고 외치기도 하는데, 젊은 커플들의 키스타임 정도라고 보면 된다. 게임 등을 한 후, 밤 12시에 면사포 던지기 행사가 끝나면 결혼식도 끝난다. 종료 후 부부가 따로 시간을 내어 폴란드 내 자코파네나 바다 근처의 도시에 가서 신혼여행을 즐긴다. 해외는 주로 따뜻한 스페인이나 그리스를 선호한다.

2. 역사

아일랜드와 함께 유럽에서 가장 비극적인 국가 중 한 곳이다. 폴란드의 남서부 오데르 강변 도시 '오폴레(Opole)'만 봐도 비극적이다. 오폴레는 폴란드의 가장 오랜 역사(11세기 초)를 자랑하는 도시들 중 하나다. 1171년에 폴란드에서 독립한 오폴레 공국의 수도가 되고, 1327년 보헤미아에 할양된다. 1532년부터 합스부르크 가문으로 넘어가서 게르만화가 되기 시작한다. 1742년에는 프로이센의 지배를 받았고, 1945년 폴란드로 넘어온다.

966년, 폴라니아인 미에슈코 1세(재위 960-992)가 폴란드 서쪽의 그니에즈노(Gniezno)에 폴란드 최초 왕조인 피아스트 왕조를 건립한다(966~1385). 카지미에쥬 3세(1333~1370) 때 영토를 확장하고 최고 전성기를 구가한다.

10~11세기, 가톨릭 개종. 1024년 볼레스와프 1세(재위 992-1025)가 1025년 사망하기 며칠 전에 폴란드 역사상 최초로 국왕 대관식을 거행하면서 국왕이라는 칭호를 처음으로 사용했다. 그가 폴란드의 국왕으로 즉위하면서 폴란드는 공국에서 왕국으로 격상되었다.

- 12세기, 신성 로마 제국과의 전쟁, 내란으로 분열되었다가 뒤이어 몽골제국의 침략으로 몰락한다.
- 폴란드-리투아니아 연합 왕조인 야기에우워 왕조(1385~1569). 이 연합은 양국의 독립성을 인정한 다음 공통의 군주를 섬기는 왕조적 연합에 불과하다. 국내에서 소귀족이 독립하여 국가의 통일성은 결여되어 있었으나, 독일 기사단을 격파하고 발트 해의 출구를 확보하여 15세기의 카지미에시 4세(1427~1492) 때 최성기를 맞이한다. 보헤미아와 헝가리 왕위까지 장악함으로써 야기에우워 왕가는 1526년 폴란드-리투아니아계와 헝가리-보헤미아계로 분열된다. 그러나 헝가리-보헤미아 왕가는 모하치 전투에서 러요시 2세(루도비흐 2세, 1506~1526)가 전사하면서 단절되고 합스부르크 왕가로 넘어간다.
- 폴란드-리투아니아 국가연맹 및 공화적 왕정시대(1569~1795). 지그문트 바자 3세(1587~1632)가 1596년 크라쿠프에서 바르샤바로 수도를 천도한다.

- 1795년, 러시아, 프로이센, 오스트리아의 폴란드 국토분할(1773~1795)로 1918년까지 123년간 국가가 소멸된다.
- 1772년, 1차분할(러시아, 프로이센, 오스트리아)
- 1793년, 2차분할(러시아, 프로이센)
- 1795년, 2차분할(러시아, 프로이센, 오스트리아)
- 1919년 6월, 미국 윌슨 대통령의 민족자결주의 원칙에 따라 독립한다.

현재의 11월11일 독립기념일은 1918년 11월 11일. 이 기념일은 폴란드 제2공화국의 독재자 유제프 피우수트스키(1867~1935)와 관련이 있다. 그는 1918년부터 1922년까지 국가수령의 지위에 있었고, 1920년부터 폴란드군의 원수를 겸임하였다. 피우수트스키의 정치적 영향력은 제1차 세계 대전 중반부터 급상승하였다. 피우수트스키는 123년간 이어져오던 폴란드 분할을 종식시키고 폴란드의 독립에 큰 역할을 하였다. 그는 리투아니아 출생이었으나 폴란드의 부흥을 위해 노력하였다.

- 1939년 9월 1일, 독일의 폴란드 침공으로 제2차 세계 대전이 발발한다. 독일과 불가침조약을 맺은 소련이 9월 17일 폴란드를 공격한다.
- 1939년~1941년, 독일과 소련에 의해 양분된다.
- 1941년, 독일의 소련 침공 이후 1945년 패망 직전까지 독일이 단독 지배한다.
- 1944. 8-10월, 대 독일 항전 바르샤바 봉기가 일어난다(20만 명의 시민, 봉기군 희생).
- 제2차 세계 대전 전후처리 결과, 폴란드가 독립한다. 그러나 폴란드 동부지역은 소련에, 독일 북동부 및 서부지역은 폴란드에 편입된다.

• 냉전시대

- 1947년 1월, 총선결과 인민전선이 압승하여 공산당 정부 수립
- 1980년 7~8월, 노동자 파업 단행, 자유화 운동 확산
- 1981년 9월, 자유노조 전국회의 개최 및 전국자유노조 의장에 바웬사 취임
- 1981년 12월, 계엄령 선포, 자유노조활동 금지 및 바웬사 등 반체제지도자 구금
- 1988년 9월, 폴란드 부두노동자, 광부 등 1만 3천여 명이 자유노조의 인정, 임금인상 및 경제개혁을 요구하며 파업

• 체제개혁 이후

- 1990년 1월, 폴란드 통일노동자당(공산당) 자진해산, 12월에 대통령 선거에서 바웬사가 당선된다.
- 1999년, NATO 가입.
- 2004년, EU 가입.

3. 공항

■ 바르샤바 쇼팽 국제공항(Warsaw Chopin Airport)

- IATA: WAW ICAO: EPWA

이 공항은 폴란드의 수도 바르샤바 오케치에 지구에 있는 국제공항으로 LOT 폴란드 항공의 허브 공항이다.

공항의 운영주체는 Polish Airports State Enterprise이고, 국영 항공사 LOT의 허브 및 본거지 역할을 한다. 이 공항은 2001년 폴란드 작곡가 프레데릭 쇼팽의 이름을 따서 명명되었다. 그 이전에는 1934년에 개장한 이후 바르샤바-오케치에 공항(Okęcie Airport)으로 불렸다.

이 공항은 바르샤바 남서쪽 약 7km 떨어진 오케시에 지구에 위치한다. 공항에서 다양한 대중 버스노선이 운행 중이다. 또한 30개 이상의 폴란드 도시로 가는 고속버스도 있다. 바르샤바 도심과 공항을 직접 연결하는 바르샤바-크라쿠프 철도 노선의 짧은 분기 노선이 2012년 6월 1일에 개통되었다. 공항에서 바르샤바 시내 중심까지는 차로 25분이 소요된다.

■ 역사

최초의 바르샤바 공항은 1924년에 개항한, 모코토프(Mokotów) 교외에 위치한 모코토프 비행장이었다. 확장 옵션이 부족하여 현재 위치로 이동하기로 결정했다. 당시 모코토프 평원에 있는 비행장 주위로 도시 개발이 시작되자 폴란드 철도청이 새로운 공항 건설을 위해 오케치에 마을의 토지를 매입했다. 1933년에 새로운 시설이 개항하면서 모코토프 비행장의 모든 노선을 인수하였다. 제2차 세계 대전까지 폴란드 공군의 군사 비행장으로 사용되었다. 항공기 제조업체 Doświadczalne Zakłady Lotnicze의 공장이 바로 근처에 있었다. 공항은 제2차 세계 대전으로 거의 완파되었다. 전쟁 종료 후 재건되어 LOT 폴란드 항공이 공항 운영을 시작했다. 1956년에 공항 운영권이 국영으로 넘어갔다.

1969년에 국제선 터미널이 추가되었고, 공항이 국제항공운송을 위해 개장한 때는 그해 4월 27일이었다. 공항의 2층짜리 터미널 1은 1992년에 건설되었다. 터미널 2는 2008년 3월 18일에 운영을 시작했다. 2003년과 2009년 3월 사이에 이른바 에튜다 터미널(Etiuda Terminal)이 저비용항공사 전용 처리 건물로 사용되었다.

2001년 3월 폴란드 출신의 작곡가 겸 피아니스트인 프레데릭 쇼팽을 기리기 위해 현재의 명칭으로 변경했다.

2010년에 약 860만 명의 승객이 이곳에서 처리되었는데, 승객 수는 2003년 (510만 명)에서 2007년까지 매년 약 100만 명씩 꾸준히 증가하고 있다. 시간당 34대의 이착륙을 처리할 수 있다.

공항이 수용 한계를 초과하였기 때문에 저비용항공사들은 이전에 군사 목적으로 사용되던 바르샤바-모들린 공항을 확장하여 2012년 7월 17일 개장하면서 이전했다. 이에 따라 먼저 Wizz Air가 베이스를 이곳으로 이전하고 Ryanair가 뒤를 이었다.

바르샤바-모들린 공항의 활주로 손상으로 인해 Wizz Air와 Ryanair는 2012 년 12월

22일부터 일시적으로 프레데릭 쇼팽 공항에서 다시 운항되었다. Ryanair는 2013년 9월 30일 바르샤바-모들린 공항으로 돌아왔고, Wizz Air는 프레데릭 쇼팽 공항에 머물렀다. 2017년에 정부는 2027년 개항을 목표로 쇼팽 공항을 대체하기 위한 핵심 허브공항으로 바르샤바 근처에 중앙공항 건설계획을 발표했다.

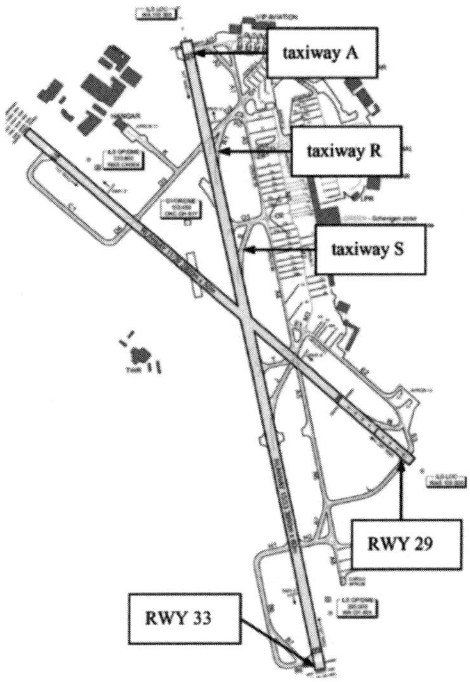

■ 활주로

공항에는 두 본의 교차 활주로가 있다. 현재 규칙에 따라 구성 및 사용 가능한 유도로는 시간당 34대의 이착륙을 허용한다.

공항을 위해 다음과 같은 우선 활주로 시스템이 구축되었다.

출발	도착
Runway 33	Runway 29
Runway 11	Runway 15
Runway 15	Runway 33
Runway 29	Runway 11

20:00~04:00(겨울: 21:00~05:00)에는 날씨와 기술적 고려 사항이 충족되면 활주로 15/33이 사용된다.

• 터미널

2010년까지 이 공항에는 공식적으로 1992 년과 2008년에 각각 개장한 터미널 1과 2가 있었다. 그러나 그 이후로 전체 단지는 터미널 A로 지정되어 A-B(이전 터미널 1)와 C-E(이전 터미널 2) 구역으로 구분되었다. 더 넓은 C-E 영역은 현재 LOT와 스타 얼라이언스 소속 항공사들이 사용하고 있다. 이스라엘 행 모든 항공편이 이곳에서 취급된다.

나머지 모든 항공사들은 2015년에 리모델링된 A-B 구역으로 이전했다.

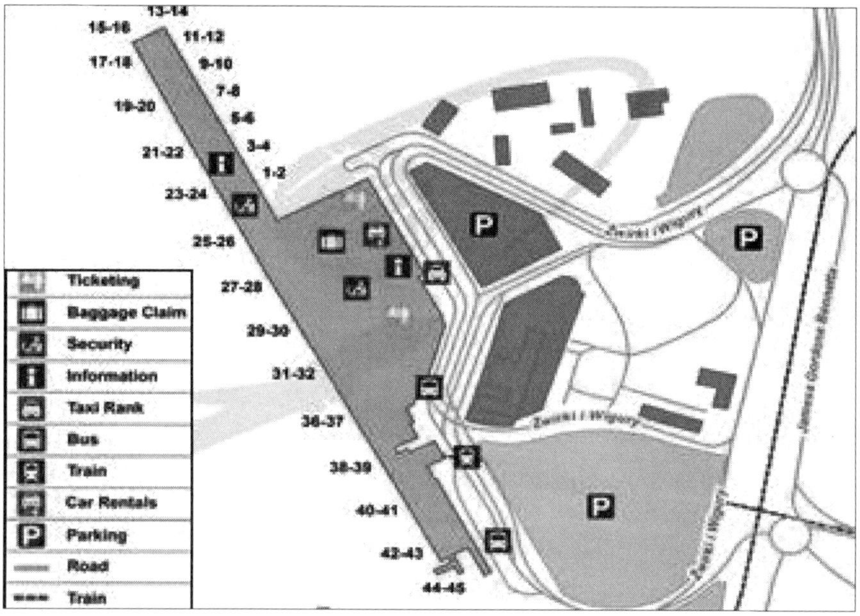

- 남쪽 홀

남쪽 홀에는 1992년 준공된 A, B(구 터미널 1) 체크인 구역이 들어 있으며, 공산주의 시대의 노후화된 복합 단지를 대체하기 위한 곳으로 연간 350만 명의 승객을 수용할 수 있다. 처음에는 모든 트래픽을 처리했다. 2007년부터 T1에 인접한 신축 터미널인 T2가 점차 교통의 대부분을 담당하고 있다. 2012년 9월 13일 남쪽 홀 재건축이 시작되었다. 2015년 5월 23일 재설계되어 재건축된 남쪽 홀은 '터미널 A' 단지에 완전 통합되었다. 개조하기 전에 남쪽 홀은 출발 홀, 기둥, 문틀 및 창문 등을 덮는 지붕을 포함하여 많은 건축 요소들이 아주 독특한 짙은 붉은 색으로 유명세를 탔다. 폴란드어에서는 'buraczkowy'(비트 색의 뜻)라고 불린다.

- 북쪽 홀

체크인 구역 C, D, E가 있는 이 새 터미널(이전의 터미널 2)은 원래 계획된 개장일로부터 2년 후인 2008년 3월 12일부터 전면 운영되기 시작했다. 입국장은 2007년 중반부터 운영되었으나, 안전 인증 문제와 공항과 건설사 간의 이견으로 본격적인 운영이 지연된 바 있다. 새 터미널은 이전 터미널 1보다 꽤 크며, 스타 얼라이언스, 원월드 소속 모든 항공사와 몇몇 다른 항공사들의 출발을 이어받았다. 2014년 8월, 쇼팽 공항은 터미널 A에서 모든 승객과 방문객에게 무료로 무제한 인터넷 접속을 제공하는 최초의 유럽 공항 중 하나이다.

4. 에티켓

1) 기본 에티켓

- 폴란드에서는 언제나 기본 예의범절을 지켜야 한다. 여기에는 누군가의 작은 행동에 주의를 기울이고 배려하고, 도움을 주고, 전문적인 자세 등이 포함된다. 명예와 예절, 격식을 중시한다.
- 공공장소에서 캐주얼 의류는 부적절하다. 예컨대 공공장소에서 맨발로 다니는 사람은 드물다. 사람들은 옷을 깔끔하게 입는 경향이 있다.
- 여성에게 나이를 묻지 마시라.
- 일부 폴란드인(특히 연로한 사람들)은 시간을 내어 여성에게 높은 수준의 존경과 배려를 한다. 이를테면 여성이 자리에서 일어나도록 도와주고, 여성이 걸을 수 있도록 팔을 내밀기도 하고, 여성을 위해 문을 잡거나 열기도 한다. 여성이 방에 들어갈 때 서 있거나, 필요하면 자리를 양보하는 것도 예의이다. 이런 기사도는 1960년대 이후에 태어난 사람들에게는 그다지 관련이 없다고 보면 된다.
- 누군가와 대화할 때 주머니에 손을 넣지 마시라. 나쁜 매너로 여긴다.
- 앉아 있는 동안 다른 무릎에 발목을 얹지 마시라.
- 무단횡단, 공공장소 음주, 비지정 구역 흡연은 대체로 눈살을 찌푸리게 하는 행동이다.
- 지각은 폴란드에서 나쁜 매너와 부주의의 표시이다. 직업적 상황이든 사회적 상황이든 어디에서나 시간엄수는 필수다. 그러나 지각은 여전히 꽤 흔한 편이다. 또한

예기치 못한 상황으로 이벤트와 일정이 지연되거나 빠르게 변경되기도 하므로 유연하게 대처하도록 하자.

2) 금기

■ Do's

- 어떤 부정적인 주제라도 재치 있고 민감하게 접근하시라. 비록 폴란드인이 꽤 솔직하게 커뮤니케이션을 하는 편이지만, 보다 간접적인 접근 방식으로 어려운 대화를 부드럽게 풀어나가는 경향이 있다.
- 작은 몸짓으로 사람들에게 관심과 배려를 보여줌으로써 여러분에게 보여준 관대함에 보답하도록 노력하시라. 이를테면 누군가가 넘어지거나 작은 사고가 났다면, 도움을 주시라.
- 제2차 세계 대전이나 정치, 특히 폴란드 노년층과 관련된 화두를 던질 때 매우 민감하게 반응해야 한다.
- 폴란드의 현재의 재정적, 사회적 상황에 대해 이야기하는 경우라면 정중하게 여러분의 의견을 물을 수 있다. 하지만 폴란드인은 이 문제를 그들끼리 열렬히 논의할 가능성이 더 크다. 그들은 꽤 감성적이어서 서로에 대해 이야기하려고 목청을 높일 수도 있다.
- 만약 그들이 부당하게 비난받았다고 느끼면, 자신을 정당화하고 꽤 강하게 방어한다고 보면 된다.
- 화장실 이용 시 팁 지불은 필수. '붉은 색 역삼각형'이 남성용, '푸른색 동그라미'가 여성용이다.

■ Do not's

- 무례한 행동으로 인식될 수 있는 발언은 하지 마시라. 폴란드인은 거들먹거리는 태도에 민감한 반응을 보이는 경향이 있다.
- 우크라이나 사람들, 특히 러시아 사람들에게 지나치게 열광하지도 칭찬하지도 마시라. 폴란드가 소련 정권에게 지배당한 역사 때문에 러시아에 대한 원한과 불신

이 여전히 남아있다. 이것은 국가적인 고정관념, 역사적 유산, 개인적인 경험, 시사적인 문제 또는 정치적인 관계의 영향을 받을 수 있다. 만약 주제가 발생하면, 솔직한 의견을 공유하시라.

- 모든 폴란드인이 가톨릭교도라고 가정하지 마시라. 이 종교가 폴란드의 문화적 원동력이기는 하였지만, 모든 사람들의 삶과 관련된 것은 아니다. 가톨릭의 대중적 가시성은 예전보다 못하다.
- 그렇다고 종교 기관이나 신앙에 대해 비판적으로 말하지 마시라. 다수임에도 불구하고 폴란드에서도 한때 기독교 교회가 탄압을 받았기 때문에 신성모독을 심각하게 받아들인 적이 있음을 잊지 마시라.
- 낙태, 동성애자 권리 또는 약물 사용과 같은 윤리적 문제 등에 대한 자극적인 논의는 피하시라. 논의하는 경우라면, 이러한 주제에 대한 폴란드인의 일반적인 견해가 가톨릭교회의 의견과 일치한다는 점을 염두에 두시라.
- 종교에 대한 믿음이 높은 나라이기 때문에, 성이나 성적인 것에 관한 주제는 보통 일상적인 대화에서 피한다.
- 모든 폴란드인이 공산주의/공산주의자를 싫어한다고 가정하지 마시라. 폴란드 내 소련 정권에는 제도적인 결함은 있었지만, 많은 사람들이 혜택을 받았으니 누구와 대화하느냐에 따라 개인적인 의견은 달라질 수 있다.
- 연인 사이가 아니라면 붉은 장미를 선물하지 않는다.
- 결혼반지는 오른손에, 이혼이나 사별한 경우는 왼손에 낀다.

3) 커뮤니케이션

■ 언어적 커뮤니케이션

- 직접 커뮤니케이션: 폴란드인은 꽤 사실대로 말하는 편이고, 대개는 직설적인 것에 익숙하다. 이를테면 사람들의 말을 바로잡는 데 주저하지 않고 꽤 정직하게 비판하기도 한다. 이는 폴란드인이 아닌 사람들에게는 그들이 꽤 무뚝뚝하거나 매우 자신만만하다는 인상을 줄 수 있다. 그러나 이러한 솔직한 소통 방식은 폴란드에서 자연스러운 것이어서, 사람들이 말할 때 지시하는 듯한 인상을 줄 수 있다. 게

다가 대화에서 조화를 유지할 필요가 있는 경우라면, 폴란드인은 꽤 부드럽고 간접적일 수도 있다.

- 언어 스타일: 사람들이 자신의 감정을 공개적으로 표현하기 위해 꽤 극적인 언어를 사용하는 경향이 강하다. 폴란드인들은 은유와 묵시적인 의미를 좋아한다.
- 유머: 폴란드인은 자신을 비웃는 데도 꽤 능숙한 것으로 알려져 있다. 그들은 유머를 대화에 자주 끼워 넣지만, 유머는 뉘앙스가 있어서 다른 언어로 번역하면 언제나 명쾌하지 않을 수도 있다. 상황을 아이러니컬하게 강조하고 과장하기를 좋아한다. 또한 풍자도 꽤나 많이 사용한다.
- 목소리 높이기: 폴란드인은 열정적인 것에 대해 말할 때 언성을 높여 말하는 경향이 있다.

■ 비언어적 커뮤니케이션

- 개인 공간: 폴란드에서 허용되는 개인 공간의 거리는 팔 길이보다 약간 짧다. 폴란드인은 여타 유럽인들보다 더 가까이 앉아 있을 수 있다.
- 신체 접촉: 알고 지내는 사람들과 접촉하기를 마다하지 않는다. 친구들은 팔짱을 끼고 걸을 수도 있고 안심해서 서로를 만지기도 한다. 부모들은 보통 10대나 성인이 될 때까지 자녀들에게 키스 같은 개방적인 애정을 보인다. 그러나 일반 대중들과의 애정 표현은 적당히 탐닉하는 편이다. 여러분이 잘 알지 못하는 사이라면, 악수 이외의 신체적 접촉은 부적절하다.
- 아이컨택: 직접적인 눈 마주치기가 필요하다. 이는 정직과 신뢰를 의미한다. 다른 사람의 시선을 피하는 것은 의심스럽고 무례하게 보일 수 있다.
- 감정 표현: 공공장소에서 낯선 사람에게 미소짓는 법이 거의 없다. 일단 사람들이 소개되면 일반적으로 깨지는 공적 격식 계층이 있다. 그러니 폴란드인의 드러난 '심각한' 태도에 주눅들 필요가 없다. 대개는 여러분을 잘 알게 되면 훨씬 더 활기차게 행동할 것이다.
- 가리키기: 한 손가락이 아닌 손 전체를 사용하여 가리키고 제스처를 취하는 것이 가장 좋다. 누군가의 이마를 직접 가리키면 불쾌해 한다.

- 제스처: 검지와 집게손가락 사이에 엄지손가락이 튀어나오게 주먹을 쥐는 것을 'fig' 또는 'figa'라고 한다. 사회주의 지배시기에 무화과는 구하기 매우 어려워서 희소성을 나타내는 뜻으로 사용되기 시작했는데, 오늘날에는 "아무것도 얻지 못할 것(you'll get nothing)"이라는 모욕의 뜻으로 사용된다. 가운데 손가락 치켜세우기도 무례한 행동이다. 이마를 가볍게 두드리는 것은 어리석음을 나타낸다.
- 악수 선호, 여성과 악수한 후에는 존중이 의미로 손등에 키스한다.
- 방문객 환대 전통. 초대 방문 시 여주인(꽃, 작은 선물)과 아이(사탕)를 위한 선물 준비가 기본. 방문 시 일찍 또는 정시보다는 5분 정도 늦게 도착하는 것이 예의다.

5. 문화 차원

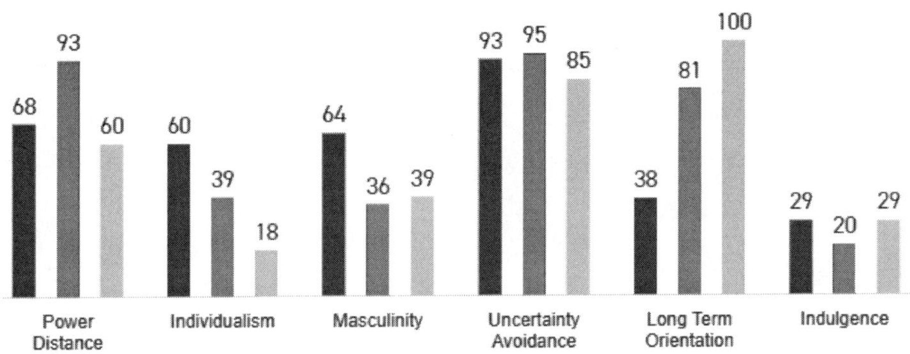

〈호프스테드 문화 차원: 폴란드-러시아-한국 비교〉

■ 권력 거리

폴란드는 68점으로 위계 사회이다. 이것은 누구나 자리를 차지하고 있고 더 이상 정당화할 필요가 있는 위계적 질서를 받아들인다는 뜻이다. 조직의 위계적 질서는 내재된 불평등을 반영하는 것으로 보이며, 중앙 집권화가 대중적이며, 부하 직원은 무엇을 해야 할지 듣고 싶어 하고, 이상적인 상사는 자비로운 독재자라고 할 수 있다.

■ 개인주의

60점을 받은 폴란드는 개인주의 사회이다. 이는 개인이 자신과 직계 가족만을 챙기는 느슨한 사회적 프레임 선호도가 높다는 뜻이다. 개인주의 사회의 범죄는 죄책감과 자존감 상실을 야기하며, 고용주와 직원의 관계는 상호 이익에 근거한 계약이다. 고용과 승진의 결정은 오직 자격에 근거해야 하며, 관리는 개인의 관리이다.

폴란드 문화는 '모순성'을 내포하고 있다. 개인주의가 매우 높기는 하지만, 폴란드인은 위계질서를 필요로 하기 때문이다. 이러한 조합(높은 권력 거리, 높은 개인주의)은 이 문화에서 특정한 '긴장'을 만들어내는데, 이는 관계를 한번 관리하면 그만큼 섬세하지만 강렬하고 알차게 만든다.

따라서 관리자는 불평등하더라도 조직에서 '누구나 중요하다'는 인상을 줄 수 있도록 구조 내의 모든 사람과 개인적으로 접촉하는 등 제2의 '레벨'을 확립하는 것이 좋다.

■ 남성성

이 차원에서 64점이라서 남성성이 강한 사회이다. 이런 국가에서는 사람들이"일을 하려고 살기" 때문에 관리자는 결단력 있고 단호해야 하며, 형평, 경쟁, 성과에 중점을 두며, 갈등은 그들과 싸우는 과정에서 해결된다.

■ 불확실성 회피

93점을 받은 폴란드는 전형적인 불확실성 회피 성향을 보인다. 불확실성 회피 성향이 강한 국가는 엄격한 신념과 행동 규범을 유지하며, 비정통적인 행동과 생각을 용납하지 않는다. 이러한 문화에서는 규칙에 대한 정서적 욕구가 있다(규칙이 작동하지 않는 것 같더라도). 시간은 돈이고, 사람들은 바쁘고 열심히 일하려는 내면적인 충동이 있고, 정확성과 정시성이 표준이며, 혁신에는 저항하는 성향이 있다. 보안은 개인의 동기 부여에 중요한 요소이다.

■ 장기 지향성

38점이라는 낮은 점수를 받은 폴란드는 실용성보다는 규범성을 더 강조하는 사회라고 할 수 있다. 이런 사회의 사람들은 절대적 진리 확립에 관심이 많다. 자기네 사고에서 규범적이다. 전통에 대한 존경심이 크고, 미래를 위한 절약 정신이 상대적으로 작고, 빠른 성과에 중점을 둔다.

■ 절제

낮은 29점을 받은 폴란드는 절제 문화권에 속한다. 이 차원에서 낮은 점수를 받은 사회는 냉소주의와 비관주의 성향이 있다. 또한 쾌락 사회와는 달리, 절제 사회는 여가 시간을 별로 강조하지 않고, 욕망의 만족을 통제한다. 이러한 성향을 가진 사람들은 자신의 행동이 사회적 규범에 의해 구속되고 자신의 탐닉은 다소 잘못되었다고 생각한다.

06
체코공화국

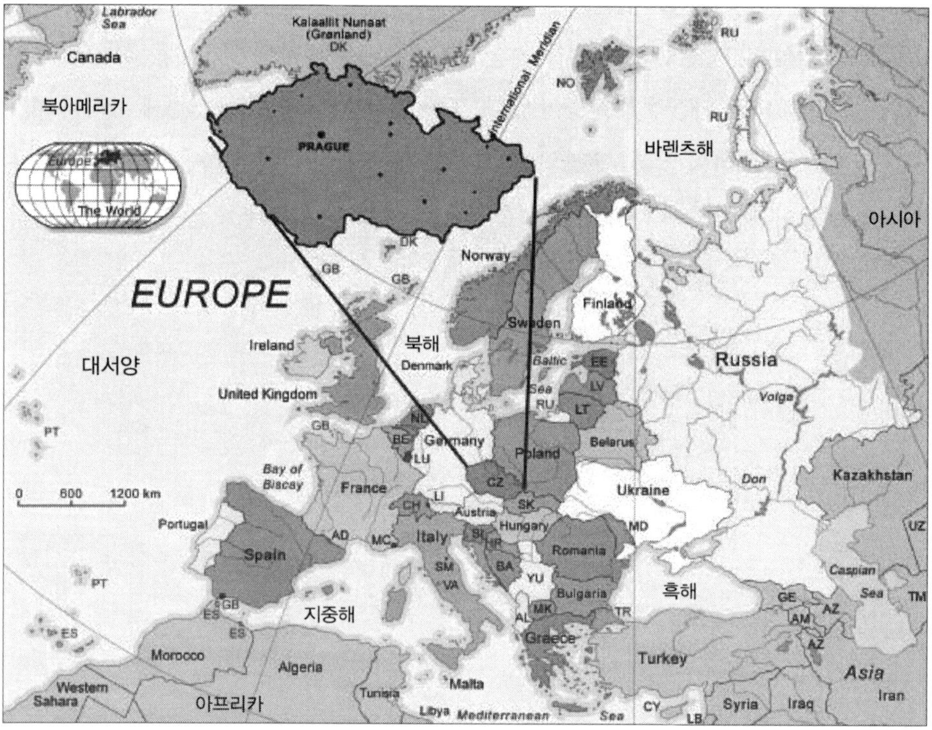

〈출처: http://www.maps-of-europe.net/maps-of-czech-republic/〉

국명	체코공화국(Czech Republic), 2016년부터 체키아(Czechia)
면적	78867 ㎢
수도	프라하(prague)
종족	체코인(64.3%), 모라비아인(5%), 슬로바키아인(1.4%), 기타 1.8%, 미분류 27.5% (2011년)
인구	10,652,812명 (2019)
공용어	체코어
종교	가톨릭(10.4%), 체코형제파, 후스파 등 개신교 (1.1%), 무종교(34.5%), 기타 및 특정하지 않음 (54%)
건국일	1993년 1월 1일
정체	공화제
통화	코루나(Koruna)
도메인	.cz

왜 체코인가

우리가 아는 체코공화국은 어떤 매력이 있기에 전 세계의 여행객들이 이곳으로 몰려드는 것일까? 지리적으로는 내륙으로 둘러싸인, 그래서 바다가 없는 중앙 유럽 국가이다. 역사적으로는 독립할 기회가 별로 없었던, 강대국의 틈바구니에서 무수한 수난을 겪은, 그래서 역설적이게도 찬란한 문화를 잉태할 수 있었던 나라이다. 특히 신성 로마제국과 이후 합스부르크 제국에서 왕국으로서의 역할을 경험한 역사가 있다. 제2차 세계 대전은 수십 년 동안 소련식 공산주의 통치의 시발점이 되었다. 1989년에 체코슬로바키아연방으로 독립하였고, 4년 후 이 연방은 체코와 슬로바키아로 분리되었다. 이러한 격동적인 과거는 오늘날의 풍부한 체코 문화에서 계속 표현되고 있으니 역사적 아이러니이다.

이 나라의 안정적인 시장경제는 2004년에 가입한 EU와 긴밀하게 결합되어 있다. 또한 중부 유럽에서 최고의 인프라를 보유하고 있어서 이 지역에서 직접 외국인 투자에 가장 큰 비중을 차지하는 것으로 알려져 있다. 다른 경제적 강점도 있다. 숙련된 노동력, 선진 산업 부문, 높은 수준의 민영화가 가능한 건전하고 내향적인 금융 시스템이 있다.

그러나 체코 경제는 제조업 의존도가 높아서 수출에 목메는 관계로 수혜국 인 독일, 슬로바키아, 폴란드의 변화에 민감하다. 2008년 서유럽이 불황에 빠졌을 때 체코 상품에 대한 수요가 급감했고, GDP는 몇 년 동안 급격히 떨어졌다. 2015년에 강한 회복세를 보였을 때, 안정적인 재정적 미래를 보장하려면 제조업보다는 서비스 기반의 첨단기술 경제로 다각화할 필요성을 절감했다.

아무튼 우리가 체코공화국에 대해 알아야 할 몇 가지 팩트를 체크해보자.

- 세계 최대의 경기장이 프라하의 스트라호프 경기장(Strahov stadium)이다. 공산주의 시대에는 멋진 체조경기인 스파르타키아드의 공연장이었고, 유명한 콘서트 장소이기도 하다. 롤링 스톤즈는 25만 명의 관중들 앞에서 공연했다. 많은 사람들이 리우데자네이루의 마라카나를 가장 규모가 큰 것으로 생각하지만, 그곳은 축구 경

기 때 20만 명의 관중이 모인 기록이 있다.

- 프라하 성은 세계에서 가장 큰 성곽 단지이다. 이 성의 스페인 홀은 권위 있는 회의나 갈라 디너를 위한 멋진 장소이다.

〈좌: 스트라호프 경기장, 중: 프라하 성, 우: 스페인 홀〉

- 체코는 현재 두 개의 육상 세계 기록을 보유하고 있다. 1983년 세계 육상 선수권 대회에서 400m와 800m를 우승하면서 400m 세계 기록을, 같은 해에 육상에서 가장 오래 남아있는 800m 세계신기록(1분 53.28초)을 세운 야르밀라 크라토츠빌로바(Jarmila Kratochvílová)와 남자 창던지기에서 올림픽 3연속의 얀 젤레즈니(Jan Železný)이다.
- 에밀 자토펙(Emil Zátopek)은 1952년 헬싱키에서 달성한 5000m, 10,000m에서 올림픽 금메달을 딴 유일한 남자이다. 마라톤 금메달 보유자가 다른 종목에서 금메달을 가지고 있는 경우는 현재까지 에밀 자토펙이 유일하다.
- 체코(또는 이전의 체코슬로바키아)는 1962년 칠레에서 열린 월드컵 축구대회의 결승에 올랐지만, 월드컵에서 우승한 적은 없다. 브라질에게 3대 1로 졌지만, 첫 득점은 먼저 했다
- 체코의 세계적인 테니스 선수로는 마르티나 나브라틸로바(Martina Navratilova)와 이반 렌들(Ivan Lendl)이 있다.
- 프라하는 아르데코와 아르누보를 볼 수 있는 멋진 도시이다. 세계적으로 유명한 체코 예술가로는 에곤 실레(Egon Schiele)와 알폰스 무차(Alphonse Mucha) 등이 있다.
- 문학계에서는 프란츠 카프카(Franz Kafka)와 밀란 쿤데라(Milan Kundera)가 세계적인 작가들이다.
- 체코의 유명한 작곡가로는 레오시 야나체크(Leoš Janáček), 안토닌 드보르작(Antonín Dvořák), 베드르지흐 스메타나(Bedřich Smetana), 보후슬라프 마르티누(Bohuslav

Martinů) 등이 있다. 구스타프 말러(Gustav Mahler)는 보헤미아에서 태어났다. 스메타나의 '나의 조국(Má Vlast)', 드보르작의 '슬라브 댄스(The Slavonic Dances), 말러의 5번 교향곡(5th Symphony, 베니스의 죽음이라고도 함)의 느린 악장 같은 작품들은 클래식 음악에서 유명하다.

- 과거에는 체코 공화국 또는 체코슬로바키아가 보헤미아로 알려졌다. 이 단어는 편안하고 비격식적이며, 전위적인 라이프 스타일을 나타내기 위해 영어로 사용되고 있다. 또한 이 이름은 지금까지 녹음된 유명한 노래 중 하나인 프레디 머큐리와 퀸의 〈보헤미안 랩소디(Bohemian Rhapsody)〉 제목의 일부였다.
- 보헤미안 크리스털은 세계적으로 귀한 것인데, 이 크리스털로 만든 물건과 샹들리에는 부유한 사람들의 저택과 궁전을 장식하고 있다.
- 마지막으로, 전문가들이 세계 최고라고 인정하는 체코 맥주가 있다. Pilsner Urquell, Budweiser, Staropramen 같은 상징적인 브랜드는 세계적인 명성을 누리고 있다.

1. 지리적 특징

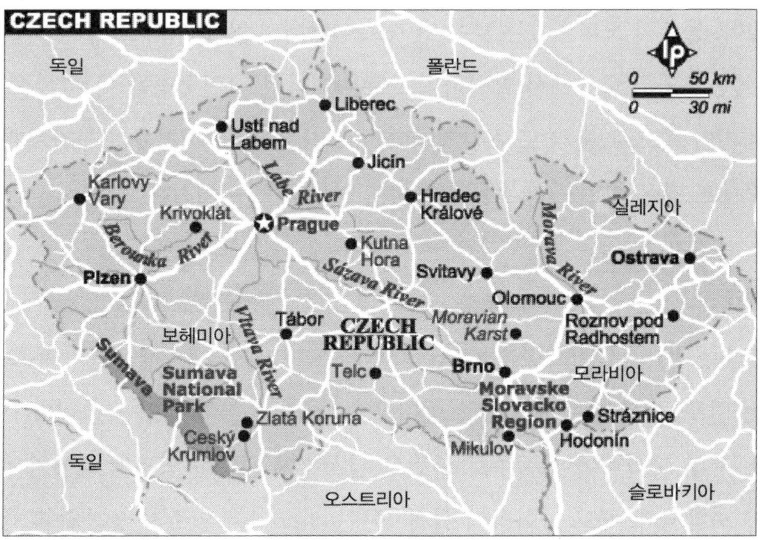

체코는 중부 유럽의 내륙국이다. 북쪽으로는 폴란드, 서쪽으로는 독일, 남쪽으로는 오스트리아, 동쪽으로는 슬로바키아와 접해 있다. 인구 130만 명의 수도이자 가장 큰 도시는 프라하이다. 체코 공화국은 보헤미아와 모라비아의 역사적 영토와 실레지아의 일부를 포함한다.

체코는 이미 1930년대부터 동유럽 국가 중에서 가장 발전된 국가였고, 의회민주주의를 시행한 경험이 있다. 1945년부터 1989년까지의 사회주의 시기에도 동유럽 블록 국가 중에서 가장 발전된 산업 국가였다. 체코인과 슬로바키아인은 유사한 언어와 유사한 종족으로 같은 민족으로 오해를 받기도 하지만, 실제로는 별개의 민족으로 상이한 역사적, 문화적 발전을 해왔다. 1989년 벨벳혁명으로 의회민주주의와 시장경제를 받아들였다. 1999년 NATO, 2004년 유럽연합에 가입해 현재에 이르고 있다. 체코의 행정구역은 프라하 특별시와 13개의 주(Kraj)로 구성되어 있다.

1) 자연

체코는 역사적으로 서부의 보헤미아(Bohemia)와 동부의 모라비아(Moravia)그리고 동북부의 체코 실레지아로 구분된다. 이 세 지역의 자연 지리적 특징도 확연히 구분된다. 서부의 보헤미아는 독일과의 국경지대인 수데텐 지역의 크르크노쉐(Krkonoše)와 같은 낮은 산지로 둘러싸여 있으며, 라베(Labe) 강과 블타바(Vlatava) 강이 흐르는 분지로 구성되어 있다. 동부의 모라비아는 낮은 산지로 이루어져 있다. 다뉴브 강의 지류인 모라바 강이 폴란드와의 국경에서 발원하여 슬로바키아와 자연국경을 이룬다. 모라바 강은 슬로바키아 쪽으로 흘러 도나우 강과 합류된다. 체코 실레지아의 산간지대에서 발원하는 오데르 강은 폴란드 서부를 관통하여 발트 해로 이어진다.

■ 체코인

'Czech'라는 용어는 체코 공화국(Česká republika)에 거주하는 체코인의 문화적 특성을 일컫는 말로, 서부의 큰 지역인 보헤미아(Čechy)와 동부 지역인 모라비아(Morava)가 포함된다. 북부 모라비아에는 주로 폴란드 남서부에 위치한 역사적 지역인 실레시아(Slezsko)가 포함된다. 체코 공화국의 실레지아인 (Slezané)은 민족적 성격을 유지하는 경향이 있지만, 많은 이들은 이들이 체코 문화 내에서 하위문화를 형성한다고들 한다.

체코 사람들은 자기네 문화를 česká kultura라고 한다. '보헤미안'이라는 역사적, 지리적 용어는 오해의 소지가 있다. 체코어를 사용하는 모라비아인을 제외할뿐 아니라 보헤미아에 거주하지만 체코어를 사용하지 않는 소수 민족을 포함하기 때문이다.

■ 언어 제휴

체코어(čeština 또는 český jazyk)는 슬라브어족의 서슬라브어 하위 지파에 속하며, 인도-유럽어족 언어이다. 이것은 슬로바키아어와 상호 이해가 가능하다. 체코어에는 여러 지역 방언들이 있다. 이 방언들 간의 차이점은 주로 모음의 발음과 지역 또는 지역 음식, 식물, 의상의 이름과 관련이 있다. 체코어는 적어도 위대한 모라비아제국 시대인 9세기 초에 여러 슬라브어 중 하나였다.

■ 국가

국가인 Kde domov můj? ("Where Is My Home?")는 원래 1834년에 유행한 풍자극의 노래였다. 제1연은 시골의 아름다움을 찬양하고, 제2연은 체코인들의 고귀함을 찬양한다.

■ 국기

현재의 국기는 체코슬로바키아 시절의 국기를 그대로 쓰고 있다. 이 깃발은 보헤미아의 깃발(흰색 + 적색)에 기초하여 폴란드 국기와 혼동하지 않도록 슬로바키아를 상징하는 파란 삼각형을 붙여 만든 것이다. 흰색은 평화, 적색은 용기, 파랑은 충성 등의 뜻이 있지만, 역사적으로는 보헤미아 국기에서 왔다.

3) 사회

■ 종교

체코는 전 세계에서 무신론자와 불가지론자의 비율이 가장 높은 국가 중 하나이다.

종교 중에서는 가톨릭 인구가 10.4%로 최대이며, 체코 후스파 교회, 복음주의를 포함한 개신교가 1.1%를 차지하고 있다. 또한 소수이기는 하지만 불교와 이슬람교도 존재한다. 반면, 종교가 없다는 응답자의 비율이 34.5%나 되며, 종교를 특정하지 않은 사람의 비율도 54%에 이른다. 제1차 세계 대전 이전까지 전체 인구의 90% 이상이 가톨릭 신도였던 체코에서 이렇게 종교에 대한 열정이 급격히 사라진 이유는 무엇일까. 우선 합스부르크 제국의 지배를 받던 당시 강제로 가톨릭으로 개종했던 이유 때문이다. 이전까지 많은 체코인들은 개신교인 후스파 신도였으나, 30년 전쟁 이후 가톨릭만이 유일한 종교로 선포되면서 강제로 개종을 해야 했기 때문에 가톨릭을 외세의 종교로 인식하는 경향이 남아있었다. 제1차 세계 대전 이후 독립국이 되면서 종교의 자유가 선포되면서 신앙생활을 하지 않는 사람이 많아졌다. 동시에 제2차 세계 대전 이후 공산주의 국가로 변모하면서 정권의 종교 통제로 인해 점차 종교에 무관심해진 때문이기도 하다.

■ 맥주의 나라

- 1인당 맥주소비량 세계 1위국이다. 최초의 맥주 양조법, 최초의 맥주 박물관 개관, 최초의 플젠식 맥주 생산 등으로 유명하다.
- 필스너 우르켈(Pilsner Urquell), 부데요비츠키 부드바르(Budejovicky Budvar), 벨벳(Velvet) 생맥주 등. 필스너 우르켈은 세계 최고의 맥주 중 하나, 알코올 도수 4.4도, 특유의 쌉싸름한 맛이 일품이다. 필스너라는 단어는 라거(Lager)의 한 부류로, 필스너라는 단어 자체가 필스너 우르켈이 탄생한 체코의 지역 이름인 필젠에서 나온 것이다.

2. 역사적 특징

■ 고대

- AD 5세기말~6세기 초. 민족 대이동 시기에 서슬라브인이 정착하기 시작한다. 당시 체코인들은 보헤미아와 모라비아 지방에, 슬로바키아인들은

현재의 브라티슬라바를 중심으로 서부 슬로바키아 지역에 정착하고, 폴란드인들은 폴란드 대평원 지역에 자리를 잡는다.

- 7세기 초. 슬라브 부족국가인 SAMO제국(Samo's Empire, 631~658) 성립
- 9세기 초. 833년, 일종의 연방국인 대모라비아 공국(Veľkomoravská ríša)을 건설한다. 체코족과 슬로바키아족이 결합된 초기국가 형태였다. 906년 헝가리의 마자르족이 대 모라비아 공국을 무너뜨리면서 체코인과 슬로바키아인이 분리되고, 이후 1000여 년 동안 슬로바키아인들은 헝가리의 지배를 받는다.

• 보헤미아 왕국(10세기-1526)

- 870~1306. 프르제미슬 왕조. 체코 국가 탄생, 프라하가 왕국의 수도. 모라비아 그리고 서북쪽의 실레지아와 동부의 루테니아를 포함하는 영토를 차지하여 중부유럽의 강자로 등장한다.
- 1212. 오타카르 1세(Přemysl Otakar I, 1155~1230) 시기에 신성 로마 제국의 황제였던 프리드리히 2세가 부여한 시칠리아의 금인칙서를 통해 세습왕국으로 인정받는다. 이 칙서를 통해 오카타르 1세는 보헤미아 국왕 칭호를 부여받고 왕위 세습 권한을 부여 받는다. 오카타르 1세의 손자 오카타르 2세(1233~1278) 시기에는 오스트리아를 보헤미아의 영향권에 포함시켜 왕국의 판세를 알프스에서부터 아드리아 해까지 확대시킨다. 특히 그는 보헤미아의 왕위는 물론 오스트리아 공작으로 고지 오스트리아와 저지 오스트리아를 차지하고, 정복 전쟁을 통해 오스트리아의 캐른텐과 슬로베니아의 크란스카 일부를 차지하기도 한다.

▶ 1310~1378. 룩셈부르크 왕조(1306~1437). 체코 역사상 황금기.

- 1355년, 카렐 4세는 신성 로마 제국 황제로 즉위하면서 프라하를 신성 로마 제국의 수도에 걸맞은 화려하고 장중한 도시로 탈바꿈시키고 보헤미아 왕국을 유럽의 정치, 경제, 문화 중심지로 발전시킨다. 보헤미아 왕이 신성 로마 제국의 황제를 선출하는 7명의 선제후 중 한 명이 되어 보헤미아 왕국이 중부유럽의 강자로 등장하는 배경이 된다.
- 1348년, 프라하의 카렐 대학 설립. 중부 유럽에서 가장 오래된 대학. 카렐 대학 설

립을 계기로 당시의 프라하는 예술과 문화의 중심지가 된다. 특히 후스((Jan Hus, 1372?~1415)에 의해 다수의 문학 작품이 체코어로 출판된다.

▶ 1419-1436. 후스 전쟁. 종교개혁을 추진하던 얀 후스가 1415년 화형되면서 촉발된 전쟁, 1436년 후스파와 교황청간 화약의 성립으로 후스주의 공인

■ 근세

• 합스부르크 왕조(1526-1867)

- 1526년, 오스만 제국이 헝가리를 침입하자 1526년 이에 대항한 오스트리아 합스부르크가문의 페르디난트 1세가 보헤미아와 헝가리의 왕을 겸임한 이후 체코는 300여 년간 오스트리아-헝가리 이중제국의 속령이 되어 1918년 독립할 때까지 300여 년 동안 합스부르크 왕조의 지배를 받는다.
- 1740~90: 계몽전제군주시대. 보헤미아 왕국은 합스부르크 가문의 통치하에 오스트리아제국의 1개 주로 편입되고, 공식 언어로 독일어 채택

▶ 1840년대: 파리혁명의 영향으로 체코 및 슬로바키아 민족운동 전개

• 오스트리아-헝가리 이중제국 지배 시기(1867-1918)

▶ 1914-18: 제1차 세계 대전. Masaryk, Benes, Stefanik 등에 의한 체코슬로바키아 독립 운동 전개

■ 현대

• 체코슬로바키아 공화국(1918-39)

- 1918년, 베르사유조약에 따라 오스트리아-헝가리 이중제국이 붕괴되자 10월 28일 독립을 선포하고 공화국이 된다. 초대 대통령은 토마시 마사리크(Tomas Masaryk, 1850~1937).
- 1938년, 영국, 프랑스, 독일, 이탈리아가 체결한 '뮌헨협정'에 따라 수데텐란트(Sudetenland) 지역이 독일에 할양되고, 소수민족 자결권을 주장하는 폴란드와 헝가리에도 땅을 빼앗겨 체코슬로바키아의 면적과 인구는 1/3로 줄어든다.

• 제2차 세계 대전(1939-45)

- 1939년 3월. 이에 불만이던 나치 독일은 1939년 체코슬로바키아를 침공해 체코를 보헤미아-모라비아 보호령으로 슬로바키아를 독일의 위성국가로 분리 독립시킨다.
- 1945년 4월. 소련군에 의한 체코슬로바키아 해방 및 제3공화국 성립
- 1960년. 사회주의 헌법 채택, 국명도 '체코슬로바키아 사회주의공화국'으로 개칭

• 공산주의 시기(1948-1987)

- 1968년. 1월, 공산당 제1서기로 선출된 둡체크(Alexander Dubček) 주도의 개혁파가 '프라하의 봄' 개혁운동을 추진하지만, 사회주의 블록의 결속을 내세우던 소련을 포함한 바르샤바조약기구의 군사침공으로 좌절된다.
- 1969년. 체코슬로바키아 사회주의연방공화국으로 국명을 바꾸어 양 공화국의 연방체제가 성립된다. 표면상 양 공화국의 자치가 보장되었으나, 실질적으로는 여전히 체코가 중심이 된 단일국가 체제였다. 슬로바키아 측의 불만은 계속 쌓였고, 그것은 1989년 11월 공산정권이 붕괴되면서 표면화됨에 따라 결국 1993년 1월, 국가 분리로 이어지게 된다.

• 1989년 이후

- 1989년 11월. 벨벳 혁명을 통한 자유민주정부 탄생. 바츨라프 하벨이 체코슬로바키아 41년 역사상 최초의 비공산계 대통령으로 선출된다.
- 1990년 3월. 체코슬로바키아 의회는 국명에서 사회주의를 삭제하기로 결정, 6월 자유총선을 통해 비공산계가 다수를 차지하는 의회를 구성하고 새로운 민주정부를 구성한다. 12월 16일 신헌법 제정으로 자유민주주의 기반 공화제

를 선포한다.

- 1993년 1월 1일. 체코슬로바키아 연방 해체, 체코공화국이 탄생한다.
- 2004년 5월 1일. EU 가입

3. 공항: 나라의 관문

■ 프라하 바츨라프 하벨 국제공항(Vaclav Havel Airport Prague)

- IATA : PRG ICAO : LKPR

공항은 프라하 도심에서 서쪽으로 약 15km 떨어진 Ruzyně 지역에 위치해 있다. 터미널 1과 2는 Dálnice 7의 30번 교차로를 통해 접근 가능하고, GAT 또는 3번 터미널은 28번 교차로를 통해 D7과 연결된다. 고속도로 교차로로 D7과 연결된 Dálnice 6도 공항 남쪽에서 시작된다.

지하철 Nádraží Veleslavín(메트로 A선) 역에서 119번 버스가 낮 동안 정기적으로(5-10분 간격) 공항(Czech letiště), Zličín지하철역(지하철의 끝)까지 운행한. 100번 버스는 일반 대중교통 티켓과 함께 사용할 수 있다. 또한 특별 요금이 적용되는 공항 익스프레스 버스는 낮 동안 프라하 중앙역에서 30분 간격으로 운행된다. 밤에는 30분마다 910번 버스가 공항을 운행한다. 지하철 A선을 공항까지 연장하는 방안이 논의 중에 있다.

원래 명칭은 지역 이름을 따서 루지네 공항이었으나, 극작가 출신의 정치가로 벨벳혁명을 이끌고 체코 공화국의 초대 대통령이 된 바츨라프 하벨을 기리기 위해 2012년 공항 이름을 변경했다. 지금도 프라하에서는 대중교통, 숙박시설 등에서 루지네 공항이라고 적힌 경우도 있다.

대부분의 비행기가 북쪽 터미널에서 출발하며, 남쪽 터미널에서는 소수의 비정기 노선 비행기가 떠난다. 이용 활주로는 2본으로, 길이는 각각 3,715m, 3,250m이다. 이전의 2,120m의 활주로는 사용하지 않는다.

체코의 국적 항공사인 Czech Airlines 외에도 자회사 Smart Wings, ABS Jets, Grossmann Jet Service 등이 베이스로 사용 중이다. 또한 수많은 외국 항공사들도 운항하고 있다. Wizz Air는 이 공항을 베이스로 사용하다가 2018 년 6월에 운항을 중단하였다. EasyJet, Jet2.com, Norwegian Air Shuttle, Ryanair, Volotea도 최소 5곳의 목적지로 비행 중이다. 대부분의 여타 항공사들은 한 목적지로만 비행 중이다. 아프리카, 아시아 및 북미로 가는 정기 항공편도 있다. 그러나 승객 수의 상당 부분은 유럽 내 환승객들이다. 참고로 대한항공이 체코항공의 지분 44%를 인수하면서 한국어 표지판이 설치되었다.

2) 역사

체코슬로바키아의 민간 항공교통은 1919년 프라하-크벨리(Prag-Kbelly)의 원래 군용 공항에서 시작되었다. 그러나 이 공항은 곧이어 용량 한계에 도달하는 바람에 정부는 1933년 루지네(Ruzyně)에 민간 공항 건설을 시작하여, 1937년 4월 5일 개관했다. 같은 해에 이 공항은 파리 세계 박람회에서 금메달을 땄다. 공항 지역은 처음에는 면적이 108헥타르에 불과했지만, 그 후 2년 동안 3배로 확장되었다.

1939년 3월 16일, 아돌프 히틀러는 보헤미아와 모라비아의 보호국을 선포했다. 같은 날, 공항은 독일 국방군에 의해 점령되면서 공군 비행기가 착륙했다. 그 후 공군은 폭격기 조종사 학교를 설립했다. 그로 인해 폭탄 공격이 더 자주 발생했다. 1945년 5월 5일 독일군은 항복을 요구받고, 그해 5월 7일부터 8일 밤에 공항을 떠났다. 1945년 5월 8일 공항은 다시 민간 운영을 위한 준비에 들어갔다.

종전 후 국가사회주의자(나치)들을 피해 도망갔던 많은 사람들이 이 공항을 통해 체코슬로바키아로 돌아왔다. 짧은 시간 동안 연합군의 군 수송이 계속되었다. 1945년 9월 8일, 카를 헤르만 프랑크(Karl Hermann Frank, 1898-1946))는 프랑크푸르트 암 마인에서 오는 특별기편으로 이 공항에 착륙하여 판 크락 감옥으로 끌려갔다. 같은 해 10월 12일, 드와이트 아이젠하워(Dwight D. Eisenhower) 장군도 프라하를 방문하기 위해 이 공항에 착륙했다.

[상식] 카를 헤르만 프랑크(Karl Hermann Frank)는 어떤 인물?

오스트리아-헝가리 이중제국 시기에 카를로비바리에서 태어난 헤르만 프랑크는 체코계 주민과 유대인을 증오하는 아버지의 교육 탓에 왜곡된 인종철학을 가지게 되었다.

프랑크는 슈다텐(수데텐) 독일향토전선의 준군사조직 창설에 관여했는데, 1935년 4월 19일에 결사명이 〈슈다텐 독일인민당, 약칭 SdP〉로 바뀌면서 선전부장이 되었다. 1935년 5월 19일에 있었던 체코슬로바키아 의회선거에서 카를로비바리의 선거구에 SdP의 후보로 출마하여 당선되었다.

1935년 12월에 SdP당수대리로서 당 중앙정치국 국장에 취임한 프랑크는 슈다텐의 독일편입 입장을 견지했다. 1938년 10월에 슈다텐 지방이 독일에 할양되자 프랑크는 11월 1일에 SdP에서 나치당으로 이적하여 이 날, 하인리히 히믈러의 초청으로 친위대에 입대해 친위대 소장계급을 부여받았다. 1938년 12월 4일에는 슈다텐에서 선거에 출마해 독일 국회의원이 되었다.

1939년 4월 28일에 독일에 병합된 체코의 친위대 및 경찰고급지도자가 된 프랑크는 유대인과 반체체분자 색출에 열을 올렸다. 원래 총독은 콘스탄틴 폰 노이라트였지만, 그는 히틀러의 눈 밖에 나서 1941년 9월에 잔학했던 라인하르트 하이드리히가 부총독으로 임명되어 실권을 장악했다.

프랑크는 하이드리히의 자리를 노렸기 때문에 처음엔 하이드리히와 대립했지만 이후 하이드리히와 가까워져 부관으로서 늘 곁에 함께했다. 그러던 와중에 1942년 5월 27일 아침, 나치 독일의 친위대 대장인 라인하르트 하이드리히가 프라하 교외에 있는 자택에서 집무실인 프라하 성까지 자동차를 이용해 가던 중 체코슬로바키아 레지스탕스에게 피습을 당했고, 같은 해 6월 4일 병원에서 치료 중 죽었다. 이 소식을 듣고 격분한 아돌프 히틀러는 1942년 6월 9일 카를 헤르만 프랑크에게 리디체를 파괴하라고 명령했다. 나치 군대와 죄수들까지 동원하여 1년 만에 리디체는 사라졌으며, 체코의 모든 기록에서도 리디체는 찾아볼 수 없게 되었다.

1943년 8월 달루게가 병석에 누우면서 부총독을 사임하자 마침내 프랑크가 체코의 실권을 잡았다. 1943년 8월 20일에 히틀러 내각의 보헤미아 멜른 보호령(체코) 담당장관직이 신설되자 프랑크는 그 장관으로 취임했다. 대전말기에 일어난 프라하 폭동에서 프랑크는 잔인무도한 진압을 실시하여 라디오에선 〈폭동을 일으킨 자는 피바다에 빠져 죽을 것〉이라 경고했다.

프랑크는 연합군을 환영하려는 군중에게 독일군과 경찰을 동원해 발포하여 수많은 체코인을 살해했다. 독일의 패전 후 프랑크는 1945년 5월 9일에 미군에 투항했지만 신병은 체코슬로바키아로 넘겨져 프라하의 인민법정에 세워지게 되었다. 법정은 그에게 사형을 선고하여 판크라치 형무소의 앞뜰에서 교수형에 처해졌다. 프랑크의 죽음을 보기위해 형무소의 마당에 5,000명의 군중들이 모여들었다고 한다.

공산주의 독재가 시작되면서 서구 항공기 모형들은 점차 사라졌다. 체코항공(ČSA)은 기단을 소련 항공기 모델로 전환하여 향후 수십 년 동안 공항의 이미지는 주로 Ilyushin과 Tupolev의 항공기로 형성되었다. 1957년 말, 체코항공은 최초의 Tupolev Tu-104 항공기를 인수하여 프라하 공항에서 제트기 항공 시대를 예고했다.

1960년대 체코슬로바키아의 국제 데탕트정책으로 교통량이 증가하여 더 긴 활주로와 공간을 많이 차지하는 제트기 사용이 증가함에 따라 공항 확장이 필요했다. 1958년부터 1959년까지 출도착 활주로(SLB) 12/30은 임시로 2620m로, 나중에 3250m로 확장되었고, 1960년에서 1968년까지 여러 단계에 걸쳐 주기 공간과 항공 교통 관제탑이 있는 오늘날의 터미널 북쪽에 새 건물 단지가 건설되었다. 새로운 주요 SLB 06/24에 초점을 맞춘 새 활주로 시스템(초기 3100m, 이후 3715m)도 구축되었다. 그 후 이전 SLB 04/22와 08/26은 보조 활주로로만 사용되었다.

바르샤바 조약 군대가 프라하의 봄을 습격했을 때, 공항 직원들 사이의 시민 불복종이 헤드라인을 장식했다. 최초의 소련군 수송선이 상륙했을 때 공항단장은 1968년 8월 20일 늦은 저녁에 모든 제어 센터(전원 공급 장치 등)를 차단시켜 항공운항을 마비시켰다. 이런 식으로 공항 직원들은 적어도 일정 기간 동안 추가 침입자들의 착륙을 막았다.

1970년대와 1980년대에는 공항에 큰 확장이 없었다. 연료 부족으로 인해 모든 단거리 국내선 항공편은 1980년대 초에 중단되었다.

민주화에 의한 정치적 전환 이후, 1989년 새로운 건설과 개축이 시작되었다. 먼저 터미널 건물을 개축하고 확장했다. 1997년에 남쪽 터미널이 개장했다. 2006년 1월 17일, Václav Klaus 당시 대통령이 참여하여 새로 건설된 북쪽 터미널 2를 개장했다.

2012년 10월 5일, Praha-Ruzyně 공항은 12월 76세로 사망한 바츨라프 하벨(Václav Havel)의 이름을 따서 개명되었다.

공항은 2016년 5월부터 Airbus A380 정기운항 서비스를 하고 있다. 에미리트 항공은 두바이 노선에 A380을 운항한다.

참고로, 이 공항은 2006년 James Bond 영화 〈Casino Royale〉에서 마이애미 국제공항을 대신한 곳이기도 하다.

3) 시설

■ 터미널

프라하 공항에는 2개의 주요 여객 터미널, 2개의 일반 항공 터미널, 그리고 화물 시설이 있다. 대부분의 항공편은 북쪽 터미널에서 프라하공항을 출발한다. 남쪽 터미널(터미널 3과 터미널 4)은 일부 비정기 항공편과 VIP 항공편, 특별 항공편 및 소형 항공기가 이용한다.

터미널 1(⇨)은 솅겐 지역 내 항공편에 사용된다. 1968년에 개장하여 1997년에 개축되었으며, 중앙 홀 A와 B를 포함한다.

터미널 2는 솅겐 지역 내 항공편에 사용된다. 2006년 1월 17일에 개장했으며, 중앙 홀 C와 D를 포함한다.

터미널 3은 개인 및 전세 항공편에 사용된다. 1997년에 개장했다

터미널 4는 VIP 항공편 및 국빈 방문 전용으로 사용된다. 1937년 4월 5일에 개장한, 공항에서 가장 오래된 부분이다.

화물 터미널도 2개나 있다. 화물 터미널 1은 Menzies Aviation Czech에서 운영하고, 화물 터미널 2는 Skyport에서 운영한다.

■ 활주로

공항에는 세 본의 활주로가 있지만, 그중 하나는 폐쇄되어 항공기 주기 공간으로 사용되고 있다. 폐쇄된 남동쪽 활주로 04/22는 원래 1937년에 950m 길이의 잔디 활주로로 만들어진 것이었다. 이것은 1977년에 마지막으로 길이 2300m, 폭 60m로 확장되

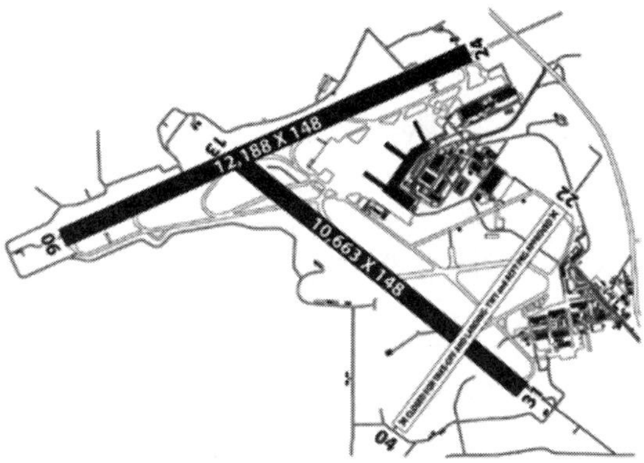

었다. 공항 부지의 남쪽에는 길이 3250m, 폭 45m의 남서 활주로 12/30이 있다. 1937년 800m 길이의 잔디 활주로로 건설되었으며, 1977년에 마지막으로 확장되었다. 이 활주로는 전천후 비행 운항 수준인 ILS CAT-I로 승인되었다. 공항 부지의 북동쪽에는 길이 3715m, 폭 45m의 북서쪽 활주로 06/24가 있다. 이 활주로는 길이 3115m로 1963년에 지어졌다. 마지막 확장은 1982년에 있었다. 현재 공항에서 가장 많이 사용되는 활주로이며, 전천후 비행 운영 레벨인 ILS CAT-IIIb로 승인되었다.

또한 앞으로 계획 중에 있는 활주로는 04/22 활주로와 나란히 건설될 예정이며, 06/24 활주로와 병렬을 이룬다. 이에 따라 두 본의 활주로가 동시에 이용될 수 있을 것이다.

활주로(RWY) 06/24: CATI(RWY 06)와 CAT III B 운용을 위해 최대 가시거리
50m(RWY 24)에 3715 x 45m 완비
활주로(RWY) 12/30: CATI 운영을 위해 3250 x 45m 완비

- 야간 비행 제한

21:00(20:00) 시에서 05:00(04:00)시까지는 야간 운용이 허용된 항공기 형식 목록에 나열된 MTOW 45t 이상의 항공기의 이착륙이 허용된다.

MTOW가 45t 이하인 항공기의 이착륙은 21:00(20:00)에서 05:00(0400) 시까지 허용된다. 각 특정 항공기는 GEN(공항사용료) 4.1.1.4에 따라 1에서 9까지의 소음 범주 중 하나의 표준을 준수해야 한다. 야간 운항은 교통 규제에 따라 예정 편수를 제한하고 있다.

- 활주로 시스템의 기본 설정

최대 이륙 중량이 7톤 이상인 제트 항공기의 이착륙은 통상 활주로(RWY) 06/24부터 수행해야 한다. RWY 12 도착 또는 RWY 30 출발도 05:00~21:00(04:00~20:00) 시까지 가능하다.

RWY가 작동하지 않거나 AIP CRAD 2.21.2(즉, 제동 효과 불충분, 강한 측풍 등)에 정확하게 정의된 다른 경우, 동시에 AIP CR에 명시된 조건을 따르는 경우 다른 RWY에서도 이착륙이 허용된다.

하강 각도의 관점에서 도착과 출발, 활주로 방향 또는 SID(표준 이륙 절차, Standard Instrument Departure)로부터의 전환 가능성 및 제트 항공기의 출발 절차(즉, 플랩의 위치, 모터 성능 저하...)를 실행하기 위한 규칙도 AIP CRAD 2.21.3 및 2.21.4에 명시되어 있다.

프라하-루지네 공항의 항공기 이동(이착륙)은 소음 및 활주로 모니터링 시스템의 일부로 14개의 모니터링 스테이션을 통해 지속적으로 모니터링 된다.

4. 에티켓

■ 인사

• 남성이 남성에게

남성들은 눈을 마주하고 인사하며 악수한다. 단호하지만 꽤 짧은 악수가 일반적이다. 친구와 함께라면 간단한 인사나 고개를 끄덕이는 것만으로도 충분하다. 좋은 친구와 가족이라면 가볍게 포옹하거나 등을 가볍게 두드리기도 한다.

• 여성이 여성에게

첫 번째 미팅에서는 간단한 인사말이나 고개를 끄덕이는 것으로 족하다. 비즈니스와 보다 격식을 갖춘 상황이라면 직접 눈을 마주치지 않고 악수를 하는 것이 일반적이다. 좋은 친구들과 가족 간이라면 가벼운 포옹과 각 뺨에 키스를 주고받는 것이 일반적이다.

• 남성과 여성 간의 인사

첫 번째 미팅에서는 간단한 인사말이나 고개를 끄덕이는 것으로도 족하다. 비즈니스와 보다 격식을 갖춘 상황이라면 직접 눈을 마주치지 않고 악수를 하는 것이 일반적이다. 여성이 먼저 손을 내밀기를 기다리는 것이 가장 좋다. 좋은 친구와 가족 간이라면 가벼운 포옹이나 각의 빰에 키스를 할 수 있다.

■ 터부

- 누군가에게 손가락질하는 것은 무례한 제스처이다.
- 돈/월급에 대해 묻지 말 것. 사람을 불편하게 하고 무례하다고 여겨질 수 있다.
- 게이 문화는 체코에서 일반적이다.
- 인종 차별과 외국인 혐오증이 만연한데, 주로 집시를 겨냥한 것이다.
- 일반적으로 상품판매에 적극적인 베트남 이민자들은 체코인들이 용인하는 편이며, 그들에 대한 부정적인 감정은 없다.

■ 선물

- 저녁 식사에 초대를 받으면 양질의 초콜릿이나 꽃을 안주인에게 선물하거나 와인이나 브랜디를 한 병 바깥주인에게 선물하시라.
- 일반적으로 35세 이상의 사람들은 꽃을 낭만적인 의미로 보는 경우도 있으니 꽃 선물은 주의하시라.
- 꽃을 주는 경우, 13이 아닌 홀수를 주시라. 13은 불길한 숫자다.
- 흰 백합은 장례식용이니 선물하지 마시라.
- 선물은 보통 받을 때 개봉한다.

■ 커뮤니케이션 스타일

- 체코인은 보다 간접적인 커뮤니케이션 스타일을 선호하는 성향이 있다.
- 직접적인 질문에 대한 대답은 모호하거나 불명확하기도 하다.
- 유머는 의사소통에 큰 역할을 한다. 지저분한 농담도 꽤 흔한 편이다.

- 대화중에 목소리는 큰 편이다.
- 대중교통에서는 서로 이야기하지 않는 성향이 있다.

■ 개인 공간과 접촉(터치)

- 대화할 때 개인 공간은 팔 길이 정도가 일반적이다. 이 거리는 상대가 낯선 사람이면 더 멀어지고, 가까운 친구나 가족이면 더 가까워진다.
- 비즈니스와 공적인 상황에서 대화하는 동안에는 스킨십이 거의 또는 전혀 없다고 보면 된다.
- 사회생활에서 친구나 가족 간에는 가벼운 스킨십이 가능한데, 성별에 따른 차이는 별로 없다.

■ 아이컨택

- 대화할 때 직접 눈을 마주치는 것이 일반적이다.
- 눈 접촉을 피하는 것은 일반적으로 무례와 무관심의 징표로, 매너가 나쁘다거나 무례하다고 여긴다.

■ 제스처

- 집게손가락 치켜세우기: 조심하라는 경고의 뜻이다.
- 집게손가락으로 가리키기: 물건을 보여주고, 방향을 가리킨다.
- 집게손가락 앞뒤로 흔들기: 'no!'의 뜻이다.
- 손을 들기: 질문하거나 주목하기의 뜻이다.
- 손바닥을 위로 향하게 하여 집게손가락을 앞뒤로 움직이기: 'come here'의 듯이다.

■ 가정에서의 저녁 정찬 에티켓

- 정시에 도착하시라.
- 신발을 벗으시라.
- 사업 얘기는 금물. 체코인은 사업과 개인 생활을 분리한다.

- 체코의 식탁 매너는 다소 격식을 갖췄다.
- 앉으라고 할 때까지 기다리시라. 특정 좌석이 지정되어 있을 수 있다.
- 테이블 매너는 유럽식. 포크는 왼손, 나이프는 오른손이다.
- 안주인이 시작할 때까지 식사를 시작하지 마시라.
- 정찬이 아닌 이상, 냅킨은 접시에 접힌 채로 있다. 정창 시에는 냅킨을 펼쳐서 무릎 위에 올려놓으시라.
- 일반적으로 가장 나이 많은 여성이나 귀빈이 먼저 서비스를 받는다.
- 식사 중에 음식 칭찬을 잊지 마시라. 이렇게 하면 안주인과 음식에 관한 대화의 물꼬를 틀 수 있다.
- 식사가 끝났으면 칼과 포크를 접시의 오른쪽에 나란히 놓으시라.

5. 문화 차원

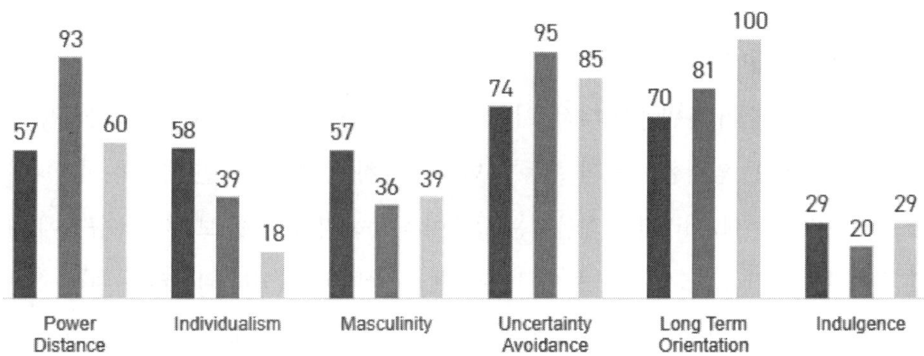

〈호프스테드 문화 차원 체코-러시아-한국 비교〉

■ 권력 거리

체코 공화국은 이 차원에서 상대적으로 높은 57점을 받았다. 이는 위계적 사회임을 암시한다. 즉, 누구나 자리를 차지하고 더 이상 정당화할 필요가 없는 위계적 질서를 받아들인다는 뜻이다. 조직의 위계구조는 내재된 불평등을 반영하는 것이라고 할 수 있으며, 중앙 집중화를 선호하며, 부하 직원은 무엇을 해야 할 지 듣고 싶어 한다. 이상적인 상사는 자비로운 독재자이다.

■ 개인주의와 집단주의

58점을 받은 체코는 개인주의 사회에 속한다. 이는 개인은 자신과 직계 가족만 돌본다는 뜻이고, 느슨한 사회적 프레임에 대한 선호도가 높다는 뜻이기도 하다. 개인주의 사회에서 범죄는 죄책감과 자존감 상실을 야기한다. 고용주와 직원과의 관계는 상호이익에 기초한 계약이며, 고용 및 승진 결정은 장점만을 기반으로 해야 하며, 관리는 개인의 관리이다.

■ 남성성과 여성성

체코 공화국은 이 차원에서 57점을 받은 남성성이 강한 사회이다. 남성성이 강한 나라에서는 사람들이 '일하기 위해 살아'가고, 관리자는 결단력이 있고, 중점은 형평, 경쟁, 성과에 두며, 갈등은 관리자들과 싸우면서 해결된다.

■ 불확실성 회피

체코 공화국은 이 차원에서 74점을 받아서 불확실성 회피를 선호한다. 불확실성 회피가 높은 나라는 엄격한 신념과 행동 규범을 유지하며, 비정통적인 행동과 아이디어를 용납하지 않는다. 이러한 문화에서는 규칙이 작동하지 않는 듯 보이지만, 규칙에 대한 정서적 욕구가 있다. 시간은 돈이고, 사람들은 바쁘고, 열심히 일하려는 내적 충동이 있다. 정확성과 정시성이 기본이며, 혁신에는 저항적인 편이며, 보안은 개인의 동기부여에 중요한 요소이다.

■ 장기 지향성

이 차원에서 높은 70점를 받은 체코 문화는 실용적이다. 실용 지향적인 사회의 사람들은 진실이 상황, 맥락, 시간에 크게 좌우된다고 믿는다. 그들은 전통을 변화된 조건에 쉽게 적응시키는 능력, 저축과 투자에 대한 강한 성향, 절약과 성과를 얻는 끈기를 보인다.

■ 절제

낮은 29점은 체코인이 일반적으로 자기 하고 싶은 대로 하는 욕구 지향형(indulgent)이 아니라는 뜻이다. 이 차원에서 점수가 낮은 사회는 냉소주의와 비관주의의 성향을 보인다. 또한 욕구 지향적, 곧 쾌락 중심 사회와는 달리, 절제 지향적(restraint) 사회는 여가 시간을 크게 강조하지 않고 욕구 충족을 제어한다. 이러한 성향을 가진 사람들은 자신의 행동이 사회적 규범에 의해 통제받는다는 생각이 있으며, 탐닉적인 생활은 다소 잘못되었다고 본다.

07
오스트리아

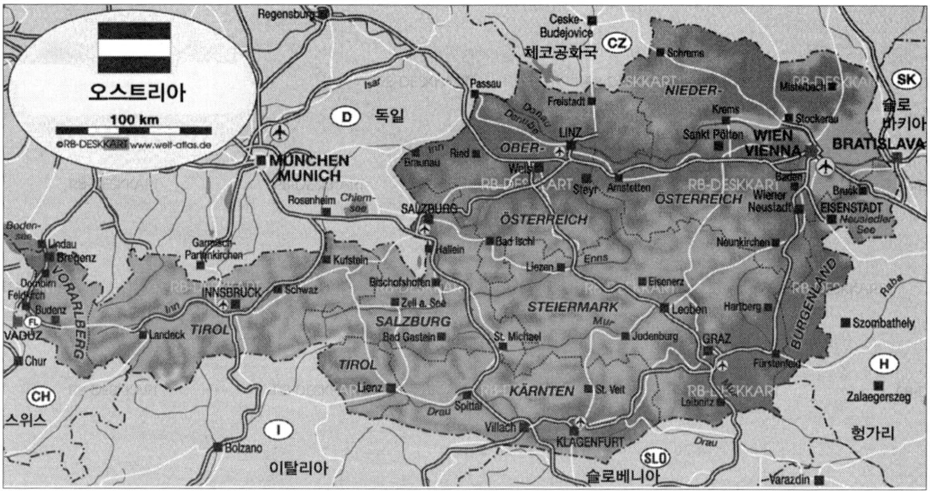

〈출처: https://www.welt-atlas.de/karte_von_%C3%B6sterreich_1-189〉

국명	오스트리아 공화국(Republic of Austria)
언어	독일어 - 지역 공용어: 크로아티아어, 슬로베니아어, 헝가리어 - 공인 소수민족어: 특히 오스트리아 수화
수도	빈(Wien)
면적	83.882,56 km²
인구	8.901.064명(2020)
화폐	Euro (EUR)
도메인	.at

오스트리아만의 특징

오스트리아를 떠올리면 대부분의 사람들은 알프스, 스키, 모차르트를 연상한다. 이것 모두 맞는 말이지만, 오스트리아는 그 이상이다.

세계적 컨설팅회사 머서(Mercer)의 연구에 따르면, 빈은 세계에서 삶의 질이 가장 높은 도시 중 한 곳이기도 하다. 알프스와 잘츠부르크도 잘 알려진 곳이다. 오스트리아에 살고 싶거나 비즈니스를 하고 싶은 사람은 누구나 그네들의 정신과 문화를 이해할 필요가 있다.

1) 오스트리아인의 특성

이웃 독일과는 달리, 오스트리아는 모든 것이 좀 더 차분하고 아늑하다.

비즈니스 점심식사에서는 탁 터놓고 이야기하지 말고, 먼저 서로 잘 아는 사이가 되어 스몰토크를 나눈다. 오스트리아인의 침착함은 결정할 때에도 드러난다.

"Schook'ma ball (Have a look)"은 일종의 좌우명이다. 이는 기본적으로 관심은 있지만 실현가능성은 아직 확실하지 않음을 뜻한다. 나쁜 소식조차도 "아, 잘 될 거야"라고 하면서 차분하게 반응하는 경향이 있다.

2) 타이틀이 중요한 나라

오스트리아인들은 타이틀에 많은 가치를 둔다. 대부분의 유럽 국가에서는 학위가 자랑스럽기는 하지만, 박사학위가 아니라면 서명이나 명함에 그 직함을 생략한다.

오스트리아에서는 그렇지 않다. "Ms. Magister", "Mr. Diplom-Ingenieur", "Herr Doktor" 또는 "Herr Oberstudienrat"와 같은 타이틀에 많은 가치를 둔다. 좌우명은 너무 적은 것보다는 너무 많은 것을 선호한다는 것이다. 오스트리아에서는 웨이터에게도 "Herr Ober"라는 품위 있는 타이틀로 말을 건넨다.

3) FKK(Freikörperkultur, naturism) 문화

오스트리아인은 독일인 못지않게 알몸을 편하게 느낀다. 그래서 사우나에 가면 아주 흥미로운 광경을 목격하게 된다. 사우나에서는 모든 사람이 알몸이며 (신이 창조한 것처럼) 수영복조차도 위생적인 이유로 허용되지 않는다.

하지만 여성 독자 여러분, 걱정하지 마시라. 보통 일주일에 하루는 여성 전용이다. 그러나 사우나는 오스트리아인들이 벌거벗은 모습을 드러내고 싶어 하는 유일한 장소는 아니다. 누드 목욕도 인기가 많다. FKK 야영장도 있다.

4) 만남의 장소 뷔르스텔슈탄트(Würstelstand)

오스트리아 수도 빈의 시내 거리에 있는 패스트푸드 가게, 우리의 포장마차(포차)인데, 오스트리아-헝가리 이중제국 시기에 가장 번성했다. 처음에는 이동식 스탠드였다.

초기에는 장애인 참전용사의 소득원을 제공하기 위해 오스트리아-헝가리 이중제국 시기에 만들어진 이동식 페스트 푸트 가게(우리의 포장마차)이었다. 1960년대까지만 해도 판매대들이 정역할 수 있게 되었다. 특히 빈 시내에서는 이들 중 상당수가 지하철역 주변과 환승 허브 근처에 밀집해 있었으며, 올빼미 족들에게 늦은 저녁 식사를 제공한다. 일부 오스트리아 도시에서는 모바일 가게들이 야간 판매용으로만 운영 면허를 보유하고 있다.

오늘날 이곳은 대부분 사람들이 만나서 맥주를 마시는 작은 포차들로 이루어져 있다. 소시지는 인간관계의 연결고리 역할을 하는데, 그 선택의 폭은 프랑크푸르터(Frankfurter Würstchen, 독일의 '비엔나 소세지'), 캐제크라이너(Käsekrainer), 데브레치너(Debreziner), 보스나

(Bosna), 부렌부르스트(Burenwurst), 발트피어틀러(Waldviertler) 등 다양하다.

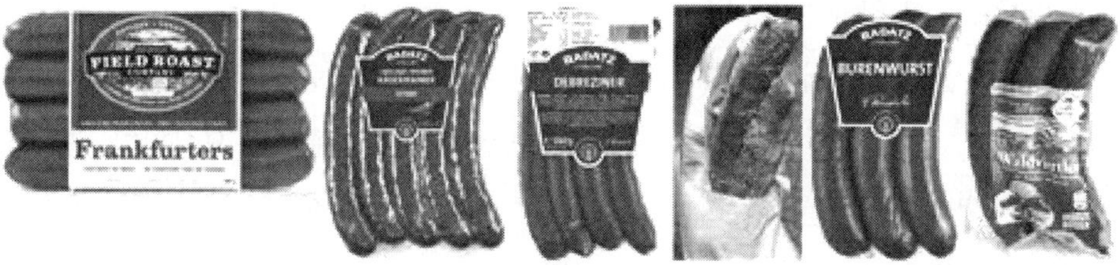

5) 커피 하우스 문화

맥주 외에도 오스트리아 사람들은 커피를 신성시한다. 오스트리아는 독특한 커피 하우스 문화를 가지고 있다. '멜랑쥐(Melange, 에스프레소에 우유 거품(휘핑크림)을 올려놓은 커피), '페어랭어터(Verlängerter, 물탄 에스프레소), '아인슈패너(Einspänner, 말 한 마리가 끄는 마차라는 뜻, 잔에 생크림을 가득 넣은 스몰 모카커피)', '브라우너(Brauner, 블랙커피 위에 따뜻한 크림을 아주 살짝 넣은 커피) 등을 마시며 간단한 대화를 나누기 위해 만난다.

직원의 행동을 통해 여러분이 진정한 비엔나 커피하우스에 있는지를 알 수 있다. 손님으로서 웨이터가 여러분의 존재에 괴로워하는 느낌이 든다면 여러분은 전통적인 카페를 잡은 것이다.

〈멜랑쥐, 페어랭어터, 아인슈패너, 브라우너〉

6) Wiener Schmäh(비엔나식 말장난)

비엔나 유머의 독특한 측면을 설명하는 구어체 표현으로, 비엔나식 말장난 커뮤니케이션 스타일을 뜻한다.

어떤 사람은 이 '비엔나식 말장난'을 좋아하고 또 어떤 사람은 싫어한다. 어쨌든 이것을 다루는 것에 익숙해져야 한다.

비엔나식 말장난은 어둡고 자기 비하적이고 훌륭하지만, 종종 등골이 오싹하기도 한 비엔나 특유의 유머를 묘사한다. 죽음과 같은 심각한 주제조차도 눈 깜짝할 사이에 건네진다.

비엔나식 말장난은 유머와 모욕 사이를 미묘하게 넘나드는 것으로, 여행객 같은 이방인에게는 올바로 이해하기가 쉽지 않다.

7) 흡연 천국

오스트리아 국민의 1/3은 담배(Tschick)가 오후 커피에 더해지는 일부이다. 오스트리아인의 1/3은 규칙적으로 담배를 피우는데, 상당수 사람들은 아주 일찍 흡연을 시작한다. 유럽의 많은 국가들과는 달리, 오스트리아의 레스토랑과 바에서는 흡연을 엄격하게 금지하지는 않는다.

흡연자를 위한 별도의 공간이 있으면 담배 소비가 허용된다. 이런 공간은 녹색과 적색 표지판으로 표시된다. 이 규칙은 50m^2 미만의 음식점에는 적용되지 않는다. 음식점은 흡연 로컬이 될 것인지 금연 로컬이 될 것인지 결정해야 한다.

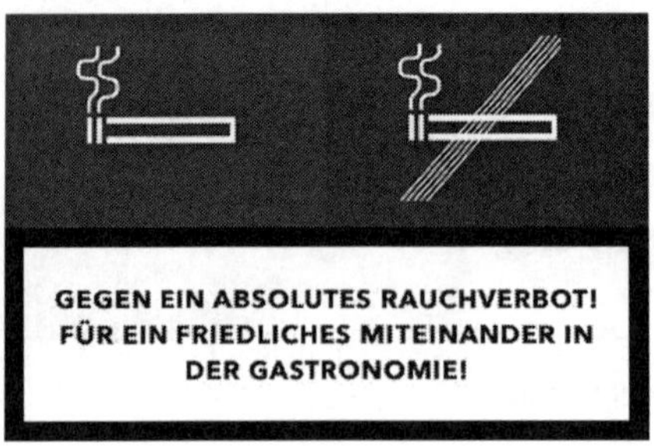

흡연을 위한 공간 구분 구역이 있는 한, 흡연은 허용된다. 구역은 녹색과 빨간색 표지로 표시되어 있다. 50m^2 이하의 지역에만 이 규칙이 적용되지 않는다. 당신은 흡연점이 될 것인지 금연점이 될 것인지 결정해야 합니다.

8) 비너 슈니첼(Wiener Schnitzel)은 블루베리잼과 함께

비너 슈니첼은 세계적으로 유명하지만, 오스트리아인이 아닌 외국인이라면 이것이

실제로 들상추(Vogerlsalat, 양상추와 혼합된 감자 샐러드), 크랜베리 잼과 함께 먹는다는 사실을 거의 모를 것이다. 슈니첼이 감자튀김과 함께 제공되고 케첩이 제공되는 경우라면 이는 이 레스토랑이 관광객들만 방문한다는 징표이다.

오스트리아인들이 아주 좋아하는 것으로는 치즈, 햄, 소시지, 피클, 양파가 곁들여진 스낵거리 '브레트야우슨(Brettljausn)'도 있다.

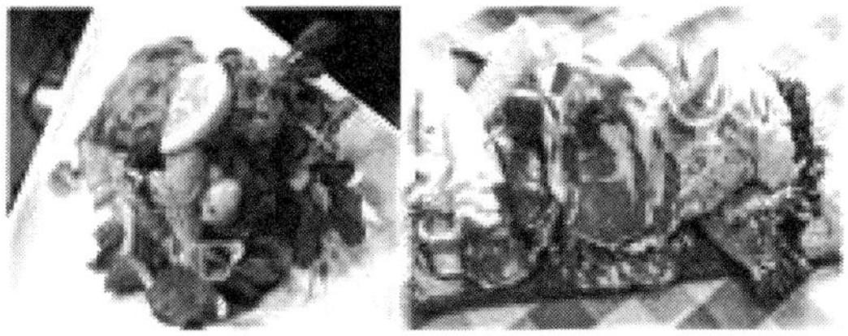

〈비너 슈니첼과 브레트야우슨〉

9) 오스트리아는 스키 스타를 사랑한다.

오스트리아에서 스키는 국민 스포츠다. 알파인 스키 스타와 점프스키가 겨울 스포츠 애호가들 사이에서 가장 인기가 있다.

스키 선수들 중에는 Marcel Hirscher, Benjamin Raich, Marlies Schild, Nicole Hosp가 슈퍼스타들에 속하며, 점프스키 선수들로는 Gregor Schlierenzauer, Andreas Kofler, Manuel Fettner, Thomas Morgenstern가 유명하다. 이들 스키 스타도 광고와 텔레비전에 많이 등장한다. 이를테면 전 오스트리아 스키 선수 Armin Assinger[1]는 Millionenshow("Who Wants to Be a Millionaire"의 오스트리아 버전)를 진행한다.

10) 일요일은 신성한 날

일요일에 쇼핑? 오스트리아에서는 불가능하다. 대다수 상점들이 문을 닫기 때문이다. 예외는 기차역이나 주유소에 있는 편의점들이다.

원래 이것은 종교적인 훈령이었다. 일요일은 주님의 날이어서 일을 하면 안 되는 쉬는 날이었기 때문이다. 이제는 사람들이 가족과 취미를 위해 귀중한 시간을 가지는 전

1 출처: https://www.ef.at/blog/language/10-dinge-die-du-nur-verstehst-wenn-du-osterreicher-bist/

통이 되었다. 오스트리아인들은 일을 하지 않는다는 훈령을 정확히 받아들이고 있으니 일요일에 잔디 깎으려고 하지 마시라!

1. 지리적 특징

오스트리아는 남중부 유럽에 위치한 내륙국이다. 8개의 유럽 국가들과 국경을 공유하고 있는데, 이들 국가는 수세기 동안 다양한 방식으로 오스트리아 문화에 기여해 왔다. 사실, 현대 오스트리아의 땅은 한때 오스트리아-헝가리 이중제국(옛 합스부르크 왕조의 일부)으로 알려진 보다 광범위한 제국의 일부였다. 현재의 헝가리, 체코공화국, 슬로바키아, 크로아티아, 슬로베니아, 보스니아-헤르체고비나, 폴란드, 루마니아, 이탈리아의 일부를 포함하기도 하였다.

오스트리아와 스위스, 독일 등 여타 독일어권 국가들 간의 유사성을 인식하는 사람들도 있겠지만, 오스트리아는 합스부르크 제국, 제 2차 세계 대전, 가톨릭교회 등과 같은 다양한 역사적 사건과 제도에 의해 여타 독일어권 국가와 차별화되었다. 협력, 형식 및 아늑한 분위기의 가치는 현대 오스트리아 문화의 초석이다. 오스트리아인은 또한 환경, 예술적 재능, 풍부한 대화를 존중한다.

■ 지역성과 지리

오스트리아는 9개의 연방주('Bundesland)로 나뉜다. 거의 모든 오스트리아 지방은 빈(비엔나)을 제외하면 여타 유럽 국가들과 국경을 마주하고 있다. 차례로, 각 지방의 사람들은 언어와 방언에서 눈에 띄는 몇 가지 차이점을 보이기도 한다. 지역 간의 차이를 결정짓는 주요 요인들 중 하나는 지리, 특히 산과 숲이다. 실제로 오스트리아의 풍경에서 가장 두드러진 부분 중 하나는 알프스이다. 역사적으로 알프스는 공식적인 지방 경계를 구분하지 않았지만, 산악 지대의 통행 불가한 특성 때문에 알프스의 많은 주민들은 나머지 지역과 고립되었다.

지리적 및 지정학적 요소로 인해 오스트리아의 지역과 도시 간의 문화적 특성이 달라졌는데, 이는 전통적인 유산, 음식, 건축 및 축하 행사가 전국적으로 다양한 방식으로 나타난다. 오스트리아 사람들은 일반적으로 자기네 지역 정체성을 자랑스럽게 생각하며, 사람들이 자기네 지역에 대한 충성심을 나타내는 것은 극히 정상적인 것이다. 비록 그들이 지역적 정체성과 차별성을 소중히 여기고는 있지만, 오스트리아인들은 또한 더 넓은 오스트리아의 정체성과 연결되어 있다고 생각한다. 이러한 지역적 차이는 대중 매체의 출현과 이동성 증가 이후 다소 감소했다.

■ 민족과 언어

오스트리아는 민족적으로 대개는 동질적이며, 90% 이상이 오스트리아인으로 알려져 있다. 그러나 슬로베니아인(캐른텐 주), 크로아티아인(부르겐란트 주), 체코인, 슬로바키아인, 헝가리인 등의 소수민족이 있다. 오스트리아 법은 그들의 언어와 문화의 보존을 보장하고 있다. 이 나라는 또한 제2차 세계 대전 종전 이후에 주로 입국한 수많은 이민자, 난민, 그리고 이민자 단체들의 본거지이기도 하다. 1945년 이후, 남유럽, 발칸반도, 북아프리카의 노동자들은 '이주노동자(Gastarbeiter)'로서 오스트리아로 이주했다. 이러한 노동자들, 특히 보스니아계와 세르비아계 근로자들 중 상당수는 그 이후에 자기네 가족을 위해 오스트리아에 영구적인 가정을 꾸려왔다.

오스트리아의 민족 구성은 최근 수십 년간 눈에 띄는 변화를 겪었는데, 오스트리아의 인구 증가는 주로 이민에 의한 것이다. 오스트리아는 일반적으로 난민들을 환영하고, 국가 차원에서 가족 상봉에 전념해 왔다. 실제로 이 나라는 여타 유럽 국가들에 비하면 1인당 망명 신청자 수가 가장 많다. 최근 많은 이민자와 난민들이 중동과 북아프리카에서 왔다. 오스트리아 정부는 독일어 강좌와 직업 훈련을 통해 신규 이민자 돕기에 만전을 기하고 있다. 최근에 정부는 이주민 대량 유입으로 인해 자원이 경색되고 여론이 바뀌면서 이민 규제를 강화하는 방향으로 전환했다. 실제로 전례 없는 규모의 신규 이민자들이 오스트리아에 경제적, 문화적으로 도전하고 있다.

오스트리아의 공식 언어는 독일어이다. 오스트리아와 독일에서 사용되는 독일어 버전에는 눈에 띄는 차이가 있다. 이것은 어휘에서 두드러진다. 예컨대 오스트리아에서 '감자'라는 단어는 'Erdapfel[땅속사과의 뜻]'이고, 독일에서는 'Kartoffel'이다. 독일어 방언에도 지역적 차이가 있다. 이를테면 비엔나에서는 Wienerisch[비엔나식]로 알려진 방언이 사용된다. 변증법적 차이는 시골 지역에서 더 두드러지는 경향이 있는데, 오스트리아의 어느 지역에서는 언어적 차이로 인해 다른 지역의 방언을 이해하지 못하기도 한다. 캐른텐 주와 슬로베니아 국경 지역에서는 슬로베니아어를 사용하는 것이 일반적이다. 마찬가지로 부르겐란트 주에는 헝가리어와 크로아티아어 사용자들도 있다. 거의 모든 오스트리아인은 적어도 두 가지 언어를 알고 있다.

2. 역사적 특징

■ 고대

- 기원전 약 500,000년, 오스트리아에 Homo erectus 출현
- BC40,000~BC7,000년경, 후기 구석기 시대에 오스트리아에 사냥꾼 등장
- BC4,000년대, 신석기 시대의 선형도기문화(Linear pottery culture)의 대표자들에 의해 농업이 도입된다.[2]

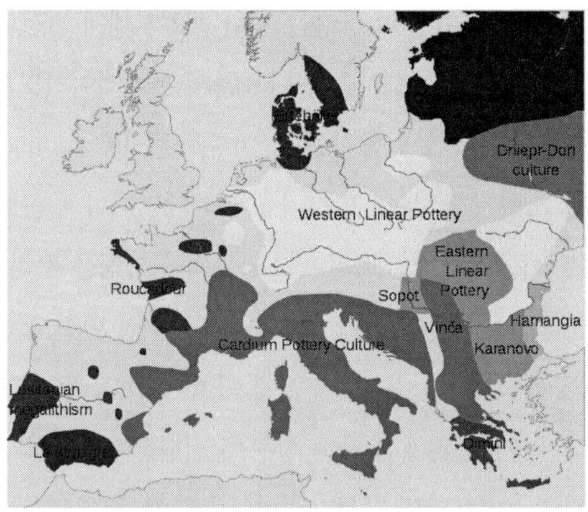

- BC3,000년대, 알프스의 구리 매장지가 채굴되기 시작한다.
- BC2,000~BC600년, 청동기 시대
- BC1,000~BC100년, 오스트리아는 BC800년부터 인도유럽계 일리리아족이 세운 풍요로운 산악 할슈타트(Hallstatt) 문화의 핵심 지역이다. BC100년에는 노리쿰 왕국이 남쪽에 둥지를 튼다. 이후 켈트족이 이 문명을 계승한다. 이제 이 나라에 켈

2 지도 출처: https://en.wikipedia.org/wiki/Linear_Pottery_culture

트족, 일리리아인, 독일인이 거주하게 된다.

- BC15~BC10년, 다뉴브강 남부의 오스트리아는 로마인의 침략을 받는다. 이 지역은 로마제국의 라에티아(Raetia), 노리쿰(Noricum), 파노니아(Pannonia) 주에 통합된다.
- 서기 2세기, 알프스 및 다뉴브 연안 지역의 전략적 요충성이 인정되어 경제, 문화면에서 급속한 발전을 이룩한다. 이 무렵 기독교가 전파된다.
- 370년, 훈족이 다뉴브강 북쪽 지역을 침략한다.
- 470년, 5세기에 게르만족의 남진 이후 오스트리아 지역이 아바르, 슬라브 및 마자르족들에 의해 순차적으로 점령된다. 470년에 마침내 로마는 오스트리아의 지배권을 포기한다. 이후 이 나라는 수십 년간 랑고바르드족에게 점령된다.

■ 중세

- 600년, 500~700년경 게르만계 바바리아족이 정착한다.
- 788년, 8세기 말경 카롤링거 왕조 프랑크 왕국의 2대 국왕 샤를마뉴 대제의 제국으로 편입된다. 마지막 아길롤핑 가문의 공작 타실로 3세(749~788)가 샤를마뉴 대제에 의해 폐위된다. 샤를마뉴 대제는 동부 지역을 관구들로 설정하고, 이들 중 하나를 900년대에 Ostmark, 나중에 Ostarrichi로 명명한다. 여기에서 오스트리아 역사의 뿌리가 시작된다. 이후 프랑크왕국이 분리되면서 동프랑크왕국이 게르만왕국을 거쳐 신성 로마 제국으로 변천해가는 과정은 지금의 독일과 그 궤를 같이 한다. 현재 오스트리아의 영토범위와 건국의 시원을 형성하는 최초는 신성 로마 제국의 2대 황제 오토 2세에 의해 바벤베르크 가문에게 부여한 동프랑크왕국의 남서부 지역의 여러 영방 통치권이라 할 수 있다.
- 880년, 마자르족의 침략을 받지만, 955년 오토대제가 이들을 격퇴함에 따라 오스트리아 지역에는 게르만족이 항구적으로 정착한다.
- 976년, 바벤베르크 가문의 레오폴트 1세(Leopold I, 1640~1705)가 오스트리아 관구를 받는다.
- 1156년, 오스트리아가 공국으로 승격된다. 바벤베르크 가문의 통치하에서 오스트리아는 독일 동부 식민지에 참여한다.

- 1246년, 바벤베르크 가문이 소멸한다. 바벤베르크 왕조는 976~1246까지 270년간 오스트리아를 지배하면서 비인(비엔나)을 수도로 확정하고 수많은 건축물을 남기며 안정된 지배체제를 형성한다. 996년 현재의 국명과 유사한 오스타리히(Ostarrichi)라는 국호가 처음 사용되기도 한다. 1246년 마지막 군주 프리드리히 2세가 후손 없이 사망하자 이후 30여 년간 군주 없는 공위기간(Interregnum)이 지속된다.

■ 합스부르크왕국

- 1273년, 독일 선제후들(황제 선거 자격을 가진 제후)이 슈타우펜 왕가와 가까운 스위스 합스부르크가문의 루돌프 백작(루돌프 1세)[3]을 신성 로마 제국의 황제로 선출하게 되면서 이후 640년간 오스트리아 뿐 아니라 유럽역사의 가장 강력한 지배왕조인 합스부르크 왕국이 시작된다.
- 1276-82년, 1275년 합스부르크 가문 최초의 황제 루돌프 1세는 오타카르 2세(1233~1278)를 신성 로마 제국의 적으로 규정하고, 빈의 호프부르크 궁전(Hofburg)에 있던 오타카르 2세의 거처를 포위한다. 1276년 11월 오타카르 2세는 조약에 따라 오스트리아와 인접한 공작령에 대한 모든 권리를 포기한다. 이에 루돌프는 오스트리아를 그의 아들 알브레히트 1세(Albrecht I., 1255~1308)와 루돌프 2세(Rudolf II., 1552-1612)[4]에게 넘겨준다.
- 1315년, 1386년, 모르가르텐(Morgarten) 전투(1315)와 젬파흐(Sempach) 전투(1386)에서 스위스에게 대패한다. 합스부르크왕가는 스위스 칸톤 동맹의 독립을 인정한다.
- 1438년, 오스트리아 공작 알브레히트 5세가 신성 로마 제국의 황제의 이전 단계 격인 독일의 국왕으로 선출되지만, 정식 황제로 대관하지 못한다. 1439년 10월 오스만 제국과의 전쟁 도중에 급사한다.
- 1493-1519년, 막시밀리안 1세(1459-1519)는 전쟁과 결혼을 통해 합스부르크왕가의 영향력을 유럽 전체로 확산시킨다. 그는 1477년 부르고뉴 공국의 마리 드 부르고

---

3 신성 로마 제국 황제와 독일 왕, 스페인 왕을 배출한 합스부르크 왕가의 선조였다.

4 신성 로마 제국의 황제이자 보헤미아의 왕, 헝가리 왕국의 왕인 막시밀리안 2세의 아들이다. 어머니 마리아는 신성 로마 제국의 황제이자 스페인의 왕인 카를 5세의 딸이다.

뉴 여공작(Marie de Bourgogne, 1457~1482)과 결혼하여 오늘날의 네덜란드 및 벨기에 지방을 합스부르크의 영토에 편입시키지만, 구 스위스 연방의 독립을 인정하여 오늘날 스위스의 영토를 잃기도 한다. 그는 1498년 아들 펠리페와 후아나의 결혼을 성사시켜 합스부르크 가문이 스페인 통치의 근거를 마련한다.

- 1521-22년, 막시밀리안 I세(1459~1519)의 손자인 카를 5세(1500~1558)[5]가 카스티야 왕국과 아라곤 왕국을 모두 다스리게 되면서 막시밀리안 1세의 소망이 성사된다.
- 1526년, 보헤미아-헝가리 국왕 러요시 2세(1506~1526)가 오스만 제국의 쉴레이만 1세(1494~1566) 술탄이 이끄는 오스만 제국 군대와의 모하치 전투(1526)에서 오스만 제국 군대의 공격을 받고 전사한다. 이에 따라 헝가리 왕국 영토의 대부분은 오스만 제국에 편입된다. 러요시 2세가 후사 없이 사망하면서 신성 로마 제국의 대공이었던 페르디난트(신성 로마 제국의 황제인 페르디난트 1세가 됨)가 보헤미아의 왕위, 헝가리의 왕위를 승계받는다. 이에 따라 합스부르크왕가가 보헤미아의 왕위, 헝가리의 왕위를 세습하게 됨에 따라, 페르디난트 1세는 자기 땅인 보헤미아, 모라비아, 라우지츠, 실레지아 및 서부 헝가리 지역들과 오스트리아 간에 지속적인 역사적 연결 고리를 만든다.
- 1529년, 쉴레이만 1세가 이끄는 오스만군이 비엔나를 포위하지만 반격한다.
- 1520-40년, 종교개혁이 오스트리아에서도 자리를 잡지만, 곧이어 예수회의 지도하에 가톨릭이 반격한다.
- 1618-48년, 페르디난트 2세(Ferdinand II, 1578~1637)[6]는 1619년 등극하자마자 자신의 통치권 내에 있는 모든 왕국의 이단을 근절하겠다는 강한 의지를 실천에 옮긴다. 급기야 신교탄압에 항의하기 위해 열린 프라하 신교도대회(1618년)에서 황제가 임

---

5 19세의 나이에 신성 로마 제국의 황제가 되었다. 그의 직함은 신성 로마 제국 황제, 스페인왕, 독일왕, 이탈리아왕, 오스트리아 대공, 네덜란드 영주 등 20여 가지였고, 제국에서는 카를 5세, 스페인왕으로는 카를로스 1세(Carlos I)로 호칭되었다.

6 페르디난트 1세의 손자이자 오스트리아 대공 카를 2세의 아들이다. 반종교개혁의 전형적인 군주이다. 예수회원들에게 교육을 받은 그는 전제주의자이자 예수회파였다. 그는 황제에 선출되자마자 개신교 탄압에 앞장섰다.

명한 프라하의 부총독을 시민들이 왕성의 창밖으로 내던져 살해한 사건을 기화로 신교(프로테스탄트)와 구교(가톨릭) 세력 사이에 '30년 전쟁'이 시작된다. 이 종교전쟁은 실제로는 합스부르크 왕조와 프랑스의 부르봉 왕조 간의 주도권 전쟁으로 이어지면서 중부유럽을 피폐화시킨다.

- 1683년, 외젠 드 사부아 공자(Eugen of the Savoy, 1663~1736)가 60년의 기간 동안 3명의 합스부르크 황제 레오폴트 1세, 요제프 1세와 카를 6세를 섬겼다. 외젠의 첫 활동이 1683년의 빈 공방전(Siege of Vienna)에서 오스만 제국을 상대로 벌인 것이고, 뒤이어 신성 동맹 전쟁(War of the Holy League)과 그 후 9년 전쟁에서는 그의 사촌인 사부아 공작(Duke of Savoy)과 함께 싸웠다.
- 1697년, 외젠 공자가 젠타 전투에서 오스만 군을 상대로 압승을 거둔다. 오스만제국이 트란실바니아, 슬라보니아, 크로아티아 남부와 함께 헝가리 전역에서 물러감에 따라 오스트리아가 중앙 유럽에서 지배적인 초강대국이 된다.
- 1714년, 스페인 왕위 계승 전쟁(1701-1714)은 위트레흐트 조약(Utrecht 1713년)과 라슈타트 조약(Rastatt 1714년)으로 종결된다. 이 조약들로 펠리페 5세는 스페인의 왕이 되었지만, 프랑스의 왕위는 계승할 수 없게 되고, 따라서 두 왕국이 합쳐질 위험은 사라진다. 오스트리아는 이탈리아와 네덜란드에서 스페인이 소유한 영토의 대부분을 확보한다.
- 1740~63년, 오스트리아 왕위계승전쟁(1740~48)과 7년 전쟁(1756~63)을 통해, 오스트리아는 중앙 유럽의 지배적인 초강대국의 위치를 확고히 한다.
- 1772년, 1795년, 제3차 폴란드 분할을 계기로 러시아 제국, 오스트리아 제국, 프로이센 왕국의 분할 통치를 받는데, 오스트리아 제국은 갈리시아와 레서 폴란드(Lesser Poland, 마워폴스카 소폴란드라고도 함)의 핵심지대를 취득한다.
- 1740~90년, 마리아 테레지아(Maria Teresia)와 요제프 2세(Joseph II)가 계몽 전제주의의 정신으로 적극적인 개혁 정책을 추진한다.
- 1792~1815년, 봉건적 사회질서와 유럽의 세력균형을 유지하기 위해 오스트리아는 프랑스와 나폴레옹 1세의 혁명에 맞서는 연합전쟁에 참가하여 일련의 성공을 거둔다.

- 1804년, 신성 로마 제국의 마지막 황제이자 오스트리아 제국 초대 황제인 프란츠 2세(1768~1835)는 오스트리아의 세습 황제가 될 것을 선언하고, 2년 후 독일-신성 로마 제국 황제는 폐지된다. 그는 신성 로마 제국의 황제로서 '프란츠 2세'이며, 오스트리아 제국 황제로서는 '프란츠 1세'이다. 오스트리아 황제가 된 1804년부터 신성 로마 제국이 해체된 1806년까지는 신성 로마 제국 황제와 오스트리아 황제를 겸했기 때문에 이 기간 동안은 이중 황제(독일어: Doppel Kaiser)로 불린다.
- 1814~15년, 빈 회의(Wiener Kongress)는 나폴레옹 전쟁의 결과를 수습하기 위해 오스트리아의 재상 클레멘스 폰 메테르니히(1773~1859) 후작의 주도하에 영국, 프로이센, 오스트리아, 러시아 등이 모여 빈에서 열린 회의로, 오스트리아는 남독일과 남부 네덜란드를 포기하는 대가로, 이탈리아 지역에서 보상을 얻는다. 티롤과 잘츠부르크를 회복하고, 롬바르디아, 베네치아를 새로이 얻으며, 달마티아 지방의 라구사도 차지한다. 또한 합스부르크-로트링겐 왕가의 분가가 다스리던 토스카나 대공국과 모데나 공국에 군주들이 다시 복귀한다.
- 1848~49년, 제국의 모든 지역에서 일어난 자유 및 민족 봉기가 메테르니히의 몰락으로 이어졌지만, 절대주의 중앙 정부는 곧 군사적 수단으로 복원된다.
- 1859년, 나폴레옹 3세의 프랑스가 지원하는 사르데냐 왕국과의 전쟁. 오스트리아는 이탈리아의 통일을 받아들이고 롬바르디아를 잃는다.
- 1866년, 독일 통일 전쟁에서 프로이센이 패배한 후, 오스트리아는 독일 통일 문제가 프로이센의 요구조건으로 해결된다는 사실을 받아들이도록 강요받는다. 동시에 오스트리아는 프로이센의 동맹국 이탈리아에게 베네치아를 포기한다.

■ 오스트리아-헝가리 이중제국

- 1867년, 오스트리아는 비인 회의를 통해 프랑스에게 잃었던 땅을 되찾으며 국경을 재정리하지만, 1866년 프로이센과의 전쟁에서 패하자, 유럽 내 위상이 극도로 저하된다. 오스트리아-프로이센 전쟁은 소독일주의로 통일을 추구하던 프로이센과 대독일주의를 지향하던 오스트리아의 합스부르크 왕조 간에 독일 연방내의 주도권을 둘러싸고 벌인 전쟁이다. 이 전쟁으로 연방 내의 오스트리아의 지위는 약화되

고, 여러 민족으로 구성되어 있던 오스트리아 내부에서 독립 운동이 일어나 헝가리 왕국이 세워진다. 1867년 프란츠 요제프 1세가 양쪽의 국왕을 겸하는 오스트리아-헝가리 이중제국이 성립한다.

- 1882년, 오스트리아는 1882년 이탈리아의 가입으로 3국 동맹으로 확대된 독일과 동맹에 가입한다.
- 1907년, 남성의 일반 투표권이 도입된다.
- 1908년, 오스트리아가 보스니아와 헤르체고비나를 합병한다.

■ 패전과 병합

- 1914년, 프란츠 페르디난트(Franz Ferdinand, 1863~1914) 대공 부부가 6월 28일 보스니아의 수도 사라예보에서 세르비아 독립주의자에게 암살당한다. 이에 세르비아와 전쟁이 시작되고, 독일과 러시아 동맹군이 오스트리아 쪽에, 프랑스와 영국이 세르비아 쪽에 서면서 제1차 세계 대전이 일어난다.
- 1918년, 오스트리아는 패전(10월 9일)하고, 합스부르크 왕가의 마지막 왕 카를 1세가 왕위에서 물러나면서 군주제가 폐지되고, 임시 국민회의에 의해 독일-오스트리아 공화국(11월 12일)이 선포된다.
- 1919년, 연합국과 오스트리아의 단독 강화 조약인 생제르맹(St. Germain) 조약(9월 10일)에 의해 오스트리아-헝가리 이중제국은 해체되고, 헝가리와 체코, 슬로바키아가 독립하여 오스트리아는 제국 시대에 비해 영토는 1/8, 인구는 1/9로 줄어든다. 독일과의 연합이 금지되어 오스트리아 제1공화국(10월 21일)으로 불린다.
- 1920~38년, 종전 후 세계 경제 대공황이 일어나고 정치적으로도 혼란에 빠지면서 1920년대 말, 오스트리아에도 나치세력이 생긴다. 여기에 1934년 나치스 당원이 총리를 암살하고, 1938년 오스트리아 나치스의 총수가 정부를 조직하여 독일 나치스에 군대를 요청하면서 오스트리아는 독일에 합병된다. 국제연맹의 허가 없이는 타국과 오스트리아의 합방을 금하는 생제르맹 조약의 당사국인 영국과 프랑스는 전쟁의 위협 속에 이를 묵인한다. 독립국으로서의 지위를 잃은 오스트리아는 오스트마르크(Ostmark)라는 이름으로 독일의 지배하에 놓인다.

- 1939~45년, 수도 비인이 연합군의 공격과 독일과 소련의 전투로 전쟁터가 된다.

■ 현대

- 1945년, 독일이 패망하자 독일을 도왔던 오스트리아는 또다시 패전국이 되고, 영토는 미국, 영국, 프랑스, 구소련 등 4국 연합군에 의해 분할 점령된다. 1945년 사민당 출신 카를 렌너(Karl Renner, 1870~1950)를 대통령으로 모든 정당이 연합하여 제2공화국이 출범한다. 제2공화국의 영토는 1938년 독일 합병 이전의 상태로 복귀되고, 헌법도 1920년 제1공화국 헌법으로 복귀한다.
- 1955년, 5월 15일 4대 연합국과 오스트리아 간에 주권회복을 위한 국가 조약이 서명되고, 동년 7월 27일 동 조약이 발효됨으로써 오스트리아는 다시 독립 국가가 된다. 4대 연합국은 오스트리아가 독일과 연합하지 않고 영원히 중립국으로 남으며, 합스부르크가를 되찾지 않는다는 조건으로 물러간다. 10월 26일 오스트리아 영구 중립을 규정한 제2공화국 헌법이 선포되고, 12월에 국제연합(UN)에 가입한다.
- 1995년, 국민투표(1994년) 이후 오스트리아는 EU에 가입한다.
- 2002년, 당시 화폐(실링)가 유로화로 대체된다.
- 2004년, 체코, 슬로바키아, 헝가리와 슬로베니아가 유럽공동체(EU)에 가입하면서 오스트리아는 스위스와 리히텐슈타인을 제외하고는 EU가입국에 의해 둘러싸이게 된다. 그리하여 오스트리아는 방위 정책이 테러에 대한 방위와 유럽공동체 및 유엔의 범주 내에서 국제적 차원의 군대 투입에 집중된다.

3. 공항: 나라의 관문

■ 빈-슈베하트 국제공항(Flughafen Wien-Schwechat)

- IATA: VIE, ICAO: LOWW

오스트리아 최대의 국제공항이다. 빈 남동쪽에 위치한 도시 슈베하트의 한 구역에 있어서 빈-슈베하트 공항이란 이름을 갖게 되었다. Austrian Airlines, Ryanair(Lauda), Wizz Air의 본거지이자 허브공항이다.

1938년에 군사 비행장으로 운영되었고, 제2차 세계 대전 이후에는 아스페른 공항(1912년 개항, 2009년 폐쇄)이 현재의 빈 공항 역할을 떠맡았다. 이 공항은 주로 동유럽과 중동으로 가는 항공편의 허브이며, 오스트리아 동부 지역에서 가장 큰 고용주이다. 2019년에는 77개 항공사와 전 세계 68개국 217개 취항지와 연결된 노선을 갖추었다. 주식 상장된 빈공항공단(Flughafen Wien AG, FWAG)이 공항운영의 주체이다.

오스트리아에서 코로나-19 대유행이 시작된 이후 이전보다 훨씬 적은 수의 항공기가 이착륙했다. 2020년 6월 24일에 이 공항은 2020년에 착륙료를 완전히 폐지하고, 2021년에는 출발 시 승객 관련 요금을 인하하겠다고 발표했다.

[쉬어가기] 빈(비엔나) 공항 착륙료 면제

비엔나 – 오스트리아 항공의 본거지 공항이 2020년 연말까지 모든 착륙료를 보류한다고 한다. 이로 인해 비엔나 공항공단은 코로나 봉쇄 이후 재가동을 용이하게 하고 여행 비즈니스를 광범위하게 활성화하고자 노력하고 있다. 승객 관련 요금도 인하될 것으로 예상된다. 공항 당국의 설명에 따르면, 이는 항공사의 공항 비용을 20–30% 절감하는 효과가 있다. 승객들도 혜택을 받게 된다고 한다.
빈공항공단 이사장 율리안 얘거(Julian Jäger)는 "2020년까지 원래 계획된 용량의 최소 65%를 항공사에 제공할 경우 승객 당 2-4유로를 할인받을 수 있다"고 말했다.
평균적으로 출발 시 승객 관련 요금은 1인당 14유로이므로, A320은 760유로가 드는 셈이다. 이 조치는 공항이 최대 3,500만 유로의 비용을 부담할 수 있다.
3월과 5월 사이에 비엔나 공항의 교통은 거의 중단된 상태였다. 승객 수는 총 20,202명으로 5월에만 99.3% 감소했다. 6월 14일에 국적기 Austrian Airlines는 처음으로 정기 항공편을 재개했다. 7월 초까지, Austrian Airlines는 뉴욕, 시카고, 방콕 행 첫 장거리 항공편을 포함, 현재 용량의 5%에서 20%까지 용량을 늘릴 계획이다.
이미 5월에 Wizz Air는 관광지로 가는 첫 비행을 포함하여 최소 프로그램으로 시작했다. 봉쇄 기간 동안 이 공항은 몇몇 화물 항공사를 제외하면 루프트한자(프랑크푸르트), 유로 윙스(뒤셀도르프), KLM(암스테르담), 카타르 항공(도하)의 항공기만 운항했다.
한편, 비엔나 공항에서는 Eva Air(타이페이), Air China(베이징) 및 Emirates(두바이) 등 최초의 장거리 항공사들이 재개하고 있으며, 루프트한자 그룹의 항공사 외에도 유럽 노선에는 Air Baltic, Air Serbia, Turkish Airs, Croatroa, Tarom, Luxair, Ryanair, Wizz Air가 운항하고 있다.
〈출처: https://www.aero.de/news-35994/Flughafen-Wien-verzichtet-auf-Landegebuehren.html〉

• 역사

- 군용 비행장 설립

공항은 1938년 5월 14일(제3제국 항공장관 헤르만 괴링(Hermann Göring)에 의해 착공) 크리스토프 밀러(Christoph Miller)에 의해 피샤멘트(Fischamend)와 슈베하트(Schwechat) 사이의 "하이드펠트(Heidfeld)"에 독일 공군의 공군기지로 건설되었다. 전투기 조종사학교 5가 여기에 있었다.

1942년, 이곳 공항 시설의 일부가 비행기를 생산하는 하인켈 공장(독일 북부 로슈토크 소재)에 넘겨졌다(Heinkel He 219, He 162 "Volksjäger"). 이를 위해 보상구역과 사격시설을 건설하고, 길이 1500m 활주로 12/30을 포장했다(현재의 활주로 11/29로 운영 중). 그리고 몇 개의 항공 격납고가 추가되었다. 하인켈 기획사무소 전체가 이곳으로 이전되었다. 1944년 12월 7일부터 공항의 일부가 마트하우젠의 강제수용소(KZ Mauthausen, KZ-Schwechat II "Santa")의 위성 강제수용소로 사용되었는데, 여기에는 하인켈 공장과 리징 맥주회사("Ostmärkische Brau AG")를 위해 강제 노동을 해야 하는 수감자들이 수용되었다. 오늘날에도 여전히

1945년 이전의 두 개의 관리부서 건물(대상 610과 620)과 활주로 옆 격납고(대상 230)가 보존되어 있다. 1945년 4월 6일과 7일에 적군이 공항과 그 주변을 점령했다.

1945년 가을에 이 시설은 오스트리아의 소련 점령 지역에 있었지만, 합의에 따라 영국 점령군이 인수했다. 영국군은 슈베하트 공군 기지(RAF Schwechat)를 설립했다. 1946년부터 British European Airways는 예정대로 빈 항공노선을 운항했다. 프랑스 점령군도 비행장을 사용했다. 소련은 빈의 역사적인 아스페른 공항을 사용했으며, 미국은 랑엔레바른 군용 비행장을 사용했다. 1953년부터는 Austrian Handling Unit에 의해 운영되었다.

- 1954년부터 민자 개발

바로 이 Austrian Handling Unit에서 출범한 것이 1953년 12월 1일에 설립되어 1954년 1월 1일에 관리 및 운영을 넘겨받은 빈공항공사(Wiener Flughafenbetriebsgesellschaft)이다. 따라서 빈 공항은 오스트리아 최초의 민간 관리 공항인 셈이다. 같은 해에 터미널 1 건물이 건설되었다. 관제탑이 있는 독특한 건물은 2009년까지 소방본부 1이 입주했고, 2016년에 철거되었다. 현재 빈공항공사의 제1 주주는 1992년까지 오스트리아 공화국(50%)과 빈 연방주와 니더외스터라이히 연방주(각각 25%)였다. 운영 첫 해에 53,786명의 승객을 처리했다. 당시 현장에는 약 100명의 직원이 근무했다.

1954년 12월부터 1955년 5월까지 향후 수십 년 동안 예상되는 항공 교통 처리시설에 대비한 종합개발계획 관련 공모전이 있었다. 이의 핵심 프로젝트는 활주로 연장과 새 터미널 건설이었다. 1956년 3월 27일, 교통부는 일반 교통용 공항의 건설과 운영을 허가하였다. 당시 유일한 활주로는 1954/55년에 2000m, 1959년에 3000m, 1997년에 3500m로 연장되었다. 현재의 터미널 2는 1956년부터 1960년까지 건설되어 1960년 6월에 개장했다. 당시 승객 수는 약 409,000명으로 집계되었다.

전체 시설은 이미 병렬 활주로 시스템의 확장 계획에 포함되어 있었다. 그러나 늘어나는 항공 교통과 관련된 이착륙 활주로를 고려하여 원래의 평행 활주로 계획은 포기되었다. 1962년에는 다른 위치(방향: 16/34)에서 제2 활주로를 계획하였는데, 1972년 교통부가 승인한 이 활주로는 1977년 10월 6일 개장하였다. 이는 일반 확장 계획의 마지막 프로젝트로, 아스페른 비행장에서의 운항이 1977년 4월 30일에 완전히 중단되었다는 뜻이기도 하다. 그렇지 않았다면 항공 교통이 새로운 접근 경로에 너무 가까웠을 지도 모른다. 1977년에는 아스페른 비행장의 시설들을 대체할 GAC(General Aviation Center)가, 1979 년에는 VIP 및 비즈니스 센터가 설립되었다.

당시 공항으로 가는 가장 중요한 현지 교통수단은 오스트리아연방철도(ÖBB)가 운영하는 정기노선버스였다. 이 노선버스는 현재 빈 미테(Wien Mitte) 기차역 옆에 있는 Hilton Hotel의 City Air Terminal에서 20분마다 출발했다. 1970년대의 추가 투자는 오스트리아 항공용 최초의 정비고, 화물 수입창고 및 지하 공항 역이었다.

1980년대에는 대규모 신축 건물 대신 기존 건물을 점진적으로 확장하는 마스터플랜이 2000년에 의뢰되었다. 1982년 공항은 A4 고속도로와 연결되었고, 1986년에는 확장된 도착 구역이 개장했다(2012년 6월 5일까지 이 형태로 운영). 철의 장막(동서장벽)이 열리기 전, 오스트리아의 중립성 때문에 동구권 승객들이 공항을 자주 이용했다. 동쪽 탑승동(Pier East) 건설은 1986년 8월에 시작되어 1988년 4월 14일에 가동되었다. 당시에는 좁은 다리(서쪽 탑승동(Pier West)과 유사함)를 통해 기존 체크인 홀과 연결되었다. 1992년 터미널 1과 인접한 비즈니스 아케이드인 "쇼핑 아케이드"가 건설되었다. 터미널 지역의 추가 확장은 1988년에 처음으로 계획되었다. 당시 연간 약 460만 명의 승객이 처리되었다. 1989년에는 처음으로 5백만 명 이상의 승객이 이용했다. 2000년의 성장 추정치와 전략적 목표가 원래 예상했던 것보다 훨씬 높았기 때문에 계획된 확장은 가용면적을 9,000m²에서 25,000m²로 다시 조정했다.

'2015년 마스터플랜'은 1998년 4월에 발표되고 이듬해에 시행에 들어갔다. 활주로 16/34의 점유 시간을 최소화하기 위해 1999년 5개의 새 고속 유도로가 건설되었는데, 그 중 2개는 착륙 방향 16에, 3개는 착륙 방향에 건설되었다. 이 과정에서 두 번째 평행 유도로가 건설되었다.

- 21세기의 운영

2004년 EU 확대 이후 승객 수와 물동량이 급상승했다. 공항은 이전 동구권 전역을 운항하는 수많은 회사들의 물류 중심지가 된 것이다. 이 공항은 또한 동유럽, 근동 및 중동, 장거리 운항의 항공 허브로 발전했다. 대한 항공은 2007년 9월 15일부터

주 3회 인천 직항 편을 운항하고 있다. 2016년에는 동유럽의 34개 목적지가 직접 서비스되었다(당시 프랑크푸르트공항은 30개 노선이 있었음). 또한 많은 저비용 항공사의 존재가 증가했다. 예컨대 영국의 easyJet은 2007년부터 빈 노선을 개설했다. 2017년 7월 18일 easyJet Europe이라는 오스트리아 자회사를 설립했다.

1999년에는 승객 수가 1,100만 명으로 집계되었고, 2011년에는 그 두 배가 되었다. 2015년 마스터플랜에 따라 공항 기반 시설의 용량을 확대하였다.

2000년부터 2006년까지 주차 공간을 확장하였는데, 남부 주차장을 확장하고 다층 주차장 7과 8이 새로 재건되었다. 후자는 주로 현장 고용인들을 위한 것이다. 2003년에는 공항 역을 장거리 열차에 최적화된 역으로 확장하였다. 오피스 파크는 2004년에서 2007년 사이에 건립되어 단계적으로 운영되었다.

2002년부터 2005년까지 오스트리아항공(AUA) 기지 구역의 서쪽 계류장 일부를 확장하고, 공항의 북동부 지역에 새 계류장 구역을 만들었다. 유도로 시스템의 확장과 새로운 주기 위치 생성 외에도 터미널 3 건설로 인한 공간 손실을 보상했다. 2005년에는 터미널 1A로 체크인 수용 인원이 확장되었다. 같은 해에 핸들링 센터 웨스트와 새로운 항공 교통 관제탑이 문을 열었다. 관제탑 높이는 109m로, 방콕(132.2m), 쿠알라룸푸르(132m), 애틀랜타(121m)에 이어 유럽에서 가장 높고, 세계에서 네 번째로 높다.

2006년 확장된 Air Cargo Center가 운영에 들어갔고, 완전히 새로 지어진 VIP 및 General Aviation Center가 출범했으며, Lufthansa Flight Training 조종사 교육센터가 오스트리아항공 기지에 건설되었다. 이 센터는 이전에 해외에서 훈련을 마쳤던 오스트리아 조종사들도 이용할 수 있다. 현재는 빈 항공 캠퍼스의 일부이기도 하다.

그러나 2015년 마스터플랜 중 가장 잘 알려진 프로젝트는 "Skylink"라는 터미널 확장인데, 2006년에 초석을 놓은 것이다. 터미널 면적을 두 배로 늘리고 기존 도착 구역을 대체한 신축 건물은 6년간의 공사를 거쳐 2012년 6월 가동되었다.

향후 공항의 구조적 확장은 약 50억 유로를 투자할 마스터플랜 2020에서 확인할 수 있는데, 세 번째 활주로 건설도 포함되어 있다.

Vienna Aircraft Handling을 위한 새로운 유지 보수 격납고가 2014년 VIP-GAC에 건설되었다. 새로운 격납고 7의 면적은 4,300m²에 달한다.

2014년 12월 14일 장거리 정류장으로 확장된 공항역이 운영에 들어갔다. 2015년 8월 10일부터 새로 설립된 Eurowings Europe은 빈 기지에서 독일 모회사인 Eurowings의 노선으로 운항하고 있다. 2016년 7월 1일부터 에미리트 항공은 Airbus A380편으로 두바이까지 매일 두 번 정기 노선 중 한 노선을 운항하고 있다. 2017년 12월 22일 역사상 처음으로 공항 승객 수가 2400만 명을 돌파했다. Air Cargo Center도 2017년 말까지 약 13,000m² 확장되었다. 2018년 헝가리 저비용 항공사 Wizz Air가 비엔나 공항에 기지를 열었다. 2019년 Wizz Air는 빈에서 220만 명의 승객을 맞이했다.

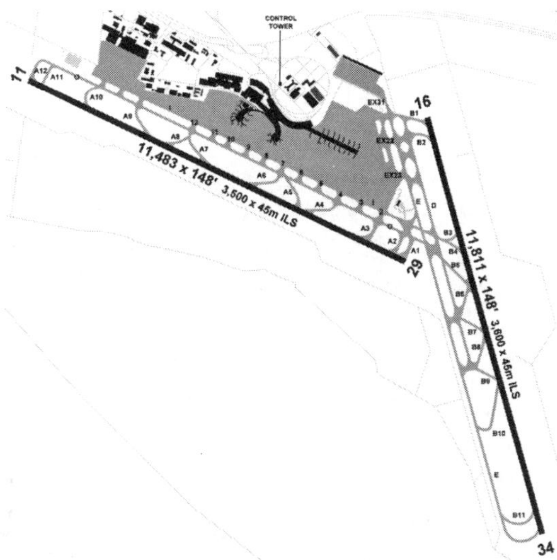

• 활주로

이 공항에는 끝부분이 교차하는 두 본의 활주로가 있다. 그래서 활주로 시스템의 용량을 따진다면 활주로는 1.6개에 불과하며, 각각 완전히 독립적으로 작동하기는 어렵다.

두 활주로 모두 가장자리에 아스팔트로 된 너비 7.5m의 갓길이 있다. 유도로는 폭 23m, 갓길 폭은 4.5m이다. 2013년 4월 8일부터 5월 26일까지 활주로 16/34의 표면과 연결 층(Binderschicht)이 리뉴얼되었고, 갓길 하중 지지력도 증가했다. 개별 유도로의 내부 곡선도 넓혀졌다.

명칭	방향	길이+폭	표면	분당 유도시간	
				진입지역	탑승동지역
29	296°	3500m × 45m	아스팔트	3	4
11	116°			4	5
16	164°	3600m × 45m	아스팔트	7	10
34	344°			5	7

• 터미널

빈공항공사는 터미널 건물의 건설자, 소유주 및 운영자이다. 터미널 건물은 4개의 체크인 구역(터미널로 불림)과 5개의 게이트 구역으로 나뉜다.

짧은 환승 시간 요구사항을 충족시키기 위해 건물 일부가 랜드사이드 쪽과 연결되어 있다. 빈 공항은 최소 25분(스타 얼라이언스 동맹 소속 항공편인 경우)에서 30분까지의 환승 시간이 걸린다.

터미널은 아래에서 위로 여러 층들로 나뉘어져 있다. 즉, 공항 역은 2층, 도착 홀은 지하 2층, 체크인, 보안 검색대와 대부분의 출발 게이트는 1층에 있다. 통과 층인 2, 3, 4층은 터미널 3과 북쪽 피어형 탑승동(Pier Nord)에서만 이용 가능하다. 2층은 이곳에 도착하는 사람들을 위한 곳이고, 3층은 비셍겐 지역을 위한 곳이다. 방문자 테라스는 4층에 있다.

〈체크인 구역 전경. 우측 아래 모서리에서 위쪽 순서로 터미널 1, 터미널 2, 터미널 3. 왼쪽 아래는 터미널 1A〉

- 터미널 1

스타 얼라이언스 소속이 아닌 항공사의 승객 대부분은 42개 체크인 카운터에서 처리되는데, 항공사의 서비스 카운터는 진입로를 따라 체크인 구역 맞은편에 있다. 상점과 다층 주차장 3으로 가는 길은 카운터 홀 서쪽에 연결되어 있다.

- 터미널 1A

승객 수가 늘어나자 2005년 8월에 임시 체크인 용량을 추가로 구축한 곳으로, 터미널 1 맞은편 독립형 건물에 위치한다. 현재 22개의 체크인 카운터는 전세 및 저비용 항공사가 주로 사용한다.

- 터미널 2

1960년에 완공된 이 건물은 터미널 1이 지어지기 전까지는 공항의 유일한 리셉션 건물이었다. 처음에는 출·도착 여객을 처리하다가 나중에는 출발 여객만 처리했다. 현재 이곳에서 처리하는 승객이 없다. 터미널 2에 남아있던 마지막 항공사는 2012년 1월에 다른 체크인 구역으로 이전했다. 2013년 봄에는 체크인 카운터와 티켓 카운터가 폐쇄되고, 지하 수하물 분류 구역도 해체되었다. 현재 터미널 2는 새로 설계된 동쪽 탑승권 통제 지점만 운영 중인데, 게이트 B, C 및 D로만 접근 가능하다. 승객이 터미널 3으로 쉽게 이동할 수 있도록 2014년 7월 중순까지 임시 경사로와 계단 시스템을 설치했다.

〈좌: 터미널 3, 우: 터미널 3의 스타 얼라이언스 체크인 구역〉

- 터미널 3

오스트리아 항공과 다수의 스타 얼라이언스 회원들이 2012년 6월 5일부터 프로젝트명 'Skylink'로 건설된 신축 건물을 사용하고 있다. 2017년 1월에는 공항 승객의 60%가 이곳 터미널 3에서 처리되었다.

터미널 구역의 길이는 270m, 면적은 76,000m²에 이른다. 초승달 모양의 건물은 종축을 따라 늘어선 측면 건물에 의해 분리된 두 개의 홀로 이루어져 있다. 진입로 쪽의 높이는 19m이며, 지상 층이 공항의 중앙 도착 구역으로 사용 중이다. 또한 이곳에는 다수의 상업시설 및 레스토랑들이 들어서 있으며, 공항역과 곧장 연결되어 있다. 공항역은 출발 승객이 진입로에서부터 두 번째 홀에 도달할 수 있는 4개의 다리에 의해 1층(우리의 2층)에 걸쳐 있다. 이 두 번째 홀에는 64개의 체크인 카운터와 중앙 보안 검색대가 있다. 방문자 테라스는 지붕 전체의 가장자리에 걸쳐 있다.

• 게이트 및 탑승동

▶ 탑승동(게이트) B, C, D는 터미널 1과 2에 연결되어 있다. 터미널 2의 탑승권 통제 지점을 통해 접근 가능하다. 그 다음에는 소매점 및 케이터링 시설이 있는 이른바 플라자가 이어진다. 그 다음에는 소매점 및 케이터링 시설이 있는 소위 플라자가 이어진다. 이곳을 통과하여 또 다른 가게와 식당들이 있는 비행기 탑승구(게이트)를 갖춘 실제 보안 구역으로 이동한다. B와 C 게이트 모두 중앙 보안 통제를 공유하며, 구역 D는 개별 게이트 바로 앞에 분산된 통제 지점이 있다. 위치한 분산 제어 지점을 가지고 있으며, 중앙 통제는 버스 게이트에서만 받게 된다.

- 탑승동 B 구역: 탑승동 C의 지하에 있으며, 솅겐 국가 목적지행 탑승구 B31～B42(버스 이동에 의한 탑승)가 있다.
- 솅겐 국가 전용 C 구역(서쪽 탑승동): 게이트 C31～C42(제트 브리지: 탑승교), 버스 게이트C71～C75(솅겐 국가 전용)가 있다. 2014년에 리뉴얼되었는데, 소매 공간도 재배치되고 푸드 코트가 설치되었다.
- 동쪽 탑승동 입구에서 여권 심사대를 공유하는 비솅겐 국가 목적지용 중앙 D 구역(동쪽 탑승동, 이전에는 중앙 홀 A): 게이트 D21～D29(제트 브리지로 탑승), 버스 게이트 D31～D37과 D61～D70(버스 이동에 의한 탑승)이 특징이다. 탑승동 D는 2016년 3월에 발표된 개조 프로그램의 일환으로 Airbus A380을 처리할 수 있도록 개조 및 장착되었다.

▶ 게이트 구역 F와 G는 터미널 3을 거쳐서 접근 가능하다. 탑승권을 확인한 후 곧장 보안 검색대를 통과한다. 구역 B, C, D 및 F, G는 D 및 G 게이트 사이의 연결 통로에 의해 연결되어 있다. 그러나 이곳은 보안 구역이 아니므로, 두 구역은 계류장을 거치는 환승 버스로도 연결된다.

- 탑승동 F(북쪽 탑승동 1층): 솅겐 국가 목적지용이며, 게이트 F01～F37(제트 브리지 및

버스 이동)로 구성되어 있다.

- 비셍겐 국가 목적지 전용 탑승동 G(3층 및 북쪽 탑승동 지하): 3층 입구에 공유 여권 심사대가 있다. 그래서 이 출발 구역은 F구역과 동일한 탑승동을 이용하므로 승객은 먼저 에스컬레이트와 리프트 시설을 이용하여 1층으로 가야 한다. 게이트 G01-G37(제트 브리지 및 버스 게이트) 및 G61-67(버스 이동에 의한 탑승).

▶ 모든 게이트에는 자동 탑승을 위한 자동 격리 시스템(Vereinzelungsanlage)이 장착되어 있다. 빈 공항은 모든 항공사의 탑승권에 사용할 수 있는 이 판독기를 최초로 도입한 운영자였다. 터미널의 게이트 이름(예: C33, F04)은 계류장의 주기 위치에 기초한 것이다.

▶ 게이트 C와 D에 도착하는 승객은 출발 층을 거쳐 수하물 찾는 곳에 도착한다. F 및 G 구역에 도착하는 승객은 별도의 도착 층을 거쳐 수하물 찾는 곳으로 안내된다. B-게이트는 도착용으로 사용되지 않는다.

• 빈 항공 캠퍼스

이전에 여러 지역에 분산되어 있던 교육 시설을 오스트리아 교육 센터가 개장된 2008년에 한 곳으로 묶은 곳이다. 2006년에 운영을 시작한 루프트한자 비행훈련원(Lufthansa Flight Training, LFT)의 비행 시뮬레이터 센터와 오스트리아항공의 비행안전 및 보안센터('비행모형센터(Mock-up Hall)'를 연결한 건물이 교육실, 사무실, 식당 등의 공간이다. 4300m²나 되는 건물의 외관(파사드)은 픽셀화된 이미지를 생성하는 다양한 색상의 유리 표면으로 구성되어 있는데, 건축가에 따르면 '구름나라'(Wolkenhimmel)을 상징한다. '비행모형센터'에서는 특히 Airbus A320의 복제품으로 객실 교육을 수료할 수 있다. LFT센터에는 2대의 Airbus A320-200, 1대의 DHC-8-400, 1대의 Embraer E195 시뮬레이터가 작동 중이다. 따라서 사용 가능한 4대의 시뮬레이터들이 배치되어 있다.

LFT센터, 오스트리아 교육센터 그리고 오스트리아 '비행모형센터'가 '빈 항공 캠퍼스(Vienna Aviation Campus)'를 이룬다. 즉, 외부 회사의 인력을 포함하여 전체 비행 운영 인력이 여기서 교육을 받을 수 있다. 비행 시뮬레이터는 하루 24시간 작동한다.

• Catering

빈 공항으로 운항하는 30개 항공사의 기내 메뉴는 빈의 제11구역인 빈-짐머링(Wiena-Simmering) 소재 Do & Co[7]에서 제작 후 하루 11번 공항으로 운송된다. 그런 다음, 식사는 공항 구내 케이터링 건물의 개별 항공편에 할당된다. 그곳에서 트롤리는 계류장 차량 편으로 항공기로 가져가서 리프팅 플랫폼을 이용하여 기내 갤리로 이동한다. 적하와 식기세척 같은 케이터링 물류는 Skygourmet 회사가 공항에서 직접 처리한다.

• 라운지

빈 공항은 터미널에 총 4개의 라운지를 운영하고 있다. B, C, D 게이트 구역에는 “제트-라운지(Jet-Lounge)”가 “플라자” 옆에 있고, “에어-라운지(Air-Lounge)”는 동쪽 탑승동에 있다. F와 G 게이트에는 각각 별도의 “스카이 라운지(Sky Lounge)”가 있다. 오스트리아항공은 스타 얼라이언스 소속 승객과 여행자에게 총 7개의 라운지를 제공한다. 3개의 셍겐 라운지와 3개의 비셍겐 라운지가 F와 G 게이트 구역에 각각 비즈니스, 세네이터 / 스타 골드 및 HON 서클 라운지가 있고, 한 개의 비즈니스 라운지가 D게이트에 있다. 모든 라운지의 케이터링 관리는 Do&Co 주식회사가 한다.

4. 에티켓

■ 기본 에티켓

- 오스트리아에서는 시간 엄수를 높이 평가한다. 회의, 약속, 서비스 및 파티에 늦지 않게 참석하시라. 마감일은 여유가 거의 없다. 사교 상황에서는 지정된 시간보다 5∼10분 전에 도착해야 한다. 지각이 예상된다면 상대 담당자에게 알려주시라. 그

7 비엔나에 본사를 둔 오스트리아 케이터링 주식회사. 항공사 케이터링, 기차 케이터링, 국제 이벤트 케이터링 등의 부문에서 활동하고 있다. 또한 레스토랑, 바, 라운지, 호텔 등에도 서비스를 제공한다. 1998년부터 DO & CO는 비엔나 증권 거래소에 상장되었다. 2018년 2월 DO & CO는 벨기에 브뤼셀에 본사를 둔 Airline Catering Association을 공동 설립했다.

렇지 않으면 상대측에서 귀하 없이 행사를 시작하거나 가버릴 수 있다.

- 전화를 걸거나 받을 때 자신의 성명(보통은 성이지만, 선호하면 이름도 가능)을 말하여 자기소개를 하는 것이 일반적이다. 'hello'나 'good morning' 같은 다른 정중한 인사를 곁들이더라도 발신자나 수신자가 이름을 말하지 않으면 실례로 여겨진다.
- 오스트리아 사람들은 가게를 드나들 때 판매원을 맞이하는 경향이 있다. 가장 일반적인 인사말은 일상적인 'Grüß dich' 또는 'Grüß Gott'(God bless you)이다.

■ 금기

• Do's

- 좋은 대화 주제는 오스트리아의 지역적 다양성이다. 오스트리아 사람들은 고향에 대해 이야기하는 것을 좋아한다. 많은 사람들이 몇 년 전에 떠났음에도 불구하고 자신이 태어난 지역에 소속감을 느낀다. 또한 오스트리아의 자연의 아름다움과 풍경에 대한 감탄의 감정을 보여주시라.
- 오스트리아인의 개인 공간을 존중하시라. 많은 사람들이 낯선 사람들 사이에서 신체적, 개인적 사생활을 중요하게 생각한다. 따라서 누군가의 사진을 찍거나 비디오를 찍기 전에 허락을 구하시라. 들어가기 전에 문을 두드리는 것도 기본이다. 오스트리아 사람과의 관계가 확고해지면 개인적인 문제에 대해 이야기하고 신체언어에 더 개방적인 태도를 취할 수 있다.
- 풍성한 대화를 하려고 노력하시라. 오스트리아 사람들은 일반적으로 지식을 습득하고 배우기를 좋아한다. 여러분의 상대방인 오스트리아 사람이 열정을 보이는 주제를 배우려는 관심을 보여주시라. 마찬가지로 관심 있는 주제에 대해 여러분의 생각을 자유롭게 공유하시라.
- 유럽의 많은 지역에서 제2차 세계 대전은 특히 노인들에게 민감한 대화 주제이다. 집단적 책임감은 여전히 일부 기성세대 오스트리아인들을 괴롭히고 있다. 홀로코스트와 관련된 사건이 주제로 떠오르면 민감하게 중립적으로 말하시라. 젊은 세대는 그러한 논의에 더 개방적이다.

• Do Not's

- 오스트리아인과 독일인이 동일하다고 가정하지 마시라. 두 나라의 문화, 관습 및 가치관에는 뚜렷한 차이가 있다. 일부 오스트리아인은 독일인에 대해 분개할 수도 있다. 따라서 오스트리아인을 독일인이라고 부르지 말고 두 국가를 비교하지도 마시라.
- 겸손함이나 수줍음으로 의미를 흐리게 하지 마시라. 오스트리아인은 간단하고 직접적인 의사소통과 질문을 선호한다. 명확하고 정직한 것은 매우 중요하다.
- 'Sound of Music' 뮤지컬 및 영화를 바탕으로 오스트리아인에 대한 고정 관념이나 가정을 하지 마시라.
- 이주 관련 대화에 신중하게 접근하시라. 오스트리아는 이탈리아 해안에서 독일로 가는 망명 신청자들을 위한 환승 국가이다. 즉, 역에서 배회하는 환승 난민들을 많이 보게 된다. 많은 오스트리아 사람들은 이런 상황을 매우 잘 이해하고 있는 반면, 여타 사람들은 이런 상황을 부정적인 관점에서 바라본다. 집시들에 대해서도 비슷한 태도를 볼 수 있다.

■ 언어적 커뮤니케이션

- 커뮤니케이션 스타일: 오스트리아인은 처음 대화하는 경우 다소 내성적이고 형식적이며 예의를 갖추는 경향이 있다. 일단 관계가 형성되면, 더 따뜻하고 개방적인 경향이 있지만 어느 정도의 격식과 예의를 유지한다.
- 직접 커뮤니케이션: 의사소통할 때 오스트리아 사람들은 직설적인 편이다. 사람들은 곧장 요점에 이르기 위해 정직하고 명확하고 명시적으로 말하는 경향이 있다. 오스트리아인은 특히 서면 커뮤니케이션에서 직접적이다. 직설적 임에도 불구하고 오스트리아인은 상대방과 관계를 발전시킬 때까지 개인적인 질문은 피한다. 실제로 친분이 쌓일 때까지는 논란의 여지가 있는 의견을 공개적으로 표명하기를 꺼릴 수 있다.
- 주의: 오스트리아인은 일반적으로 겸손하고 내성적이다. 따라서 그들은 큰 목소리, 부적절한 복장 또는 과도한 칭찬으로 자신에게 주의를 끌지 않는 경향이 있다.

공공장소에서 화를 내는 것은 눈살을 찌푸리게 하고 무례한 것으로 간주된다.

- 격식성: 일반적으로 성인은 한 사람(대개 나이가 많거나 지위가 높은 사람)이 다른 사람에게 비격식체인 'du'(you)의 사용을 제안할 때까지 격식체인 'Sie'(you)로 서로를 대한다. 'du'를 무차별적으로 사용하는 것은 달리 말하기 전까지는 실례라고 여긴다. 그러나 'du' 사용과 관련된 사회적 규범은 특히 젊은 오스트리아인들 사이에서 최근 몇 년 동안 다소 느슨하게 바뀌었다.
- 유머: 'Schmäh'라는 단어는 오스트리아(특히 비엔나)의 유머를 묘사하는 구어체 표현이다. 오스트리아의 유머 감각은 대개 미묘하고 간접적이며, 냉소주의와 어두운 유머(dark humor)를 포함하기도 한다. 아이러니와 재치가 말장난이나 조잡한 유머보다 선호된다. 유머가 때로는 표정의 변화나 웃음과 미소가 항상 수반하는 것은 아니어서 유머의 사용을 감지하기 어려울 수 있다. 영어로 말할 때 오스트리아인은 영어를 사용하는 서양의 유머를 그 반대의 경우보다 이해하기가 더 쉽다. 이는 주로 독일어에서 영어로 번역할 때 농담의 핵심이 사라지기 때문이다. 이는 때로는 사실이 아니지만 오스트리아의 유머가 건조하다는 인상을 줄 수 있다.

■ 비언어적 커뮤니케이션

- 신체 접촉: 신체 접촉과 관련하여 오스트리아인은 내성적이지만 다정다감하다. 키스, 포옹, 스킨십 같은 공개적인 애정 표현도 가능하다. 오스트리아 사람들은 일반적으로 대화중에 서로 접촉하지 않는다. 이는 개인의 사생활 침해로 보일 수 있기 때문이다. 실수로 누군가와 부딪히게 된다면 사과하시라. 그러나 이는 친구와 가족 사이에서 항상 그런 것은 아니다. 가까운 사람들끼리라면 오스트리아인은 손을 잡거나 팔짱을 끼거나 포옹을 통해 공개적으로 애정을 나타내기도 한다.
- 개인 공간: 오스트리아인은 일반적으로 대화할 때 서로 팔 길이 정도를 유지한다. 친밀한 대화를 하지 않는 한, 팔 길이보다 더 가까운 것은 개인 공간 침해로 해석될 수 있다.
- 아이컨택: 대화중에 눈을 맞추는 것은 오스트리아인들에게 매우 중요하다. 눈 마주치기는 예의이고, 존경의 표시로 간주된다. 그러나 계층적 관계에 있는 사람들

사이에서는 때때로 시선을 낮추는 것이 존경스러운 것으로 간주된다. 더욱이 응시하는 것은 적절한 눈 마주치기로 여기지 않는다. 집단과 대화하는 경우 참석한 모든 사람들과 동등하게 눈을 마주치시라.

- 제스처: 손동작은 대화에서 보수적으로 사용된다. 실제로 사람들은 제스처나 보디랭귀지보다 말로 자신을 더 많이 표현하는 경향이 있다. 일반적으로 집게손가락을 사용하는 것보다 손 전체를 사용하는 것이 더 예의바른 것으로 간주된다.

5. 문화 차원

기어트 호프스테드 교수는 대규모의 경험적 연구에서 네 가지 문화 범주를 걸러냈는데, 이는 이후 연구 및 동료 평가에서 확인 및 보완되었다. 미하일 민코프 교수와의 공동 작업으로 한 차원이 완전히 수정되고 새로운 차원이 추가되어, 현재 호프스테드의 문화 모델은 여섯 가지 차원으로 구성되어 있다.

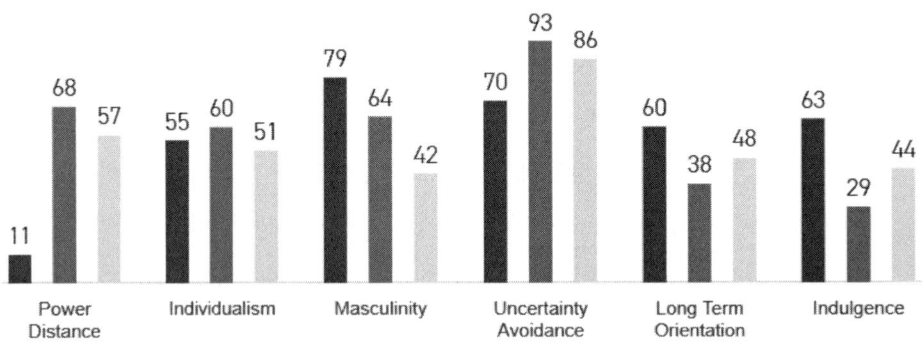

〈호프스테드의 문화 차원 비교: 오스트리아-폴란드-스페인〉

■ 권력 거리(PDI)

0에서 100까지의 척도 값은 영향력이 적은 사회 구성원들이 그것을 어느 정도로 받아들이고 권력과 영향력이 불균등하게 분배될 것으로 기대하는지를 보인 것이다.

높은 권력 거리를 특징으로 하는 문화의 조직 형태는 종종 피라미드 구조를 이룬다. 의사소통은 선택적이고 공식적인 행위는 지시가 있어야 하며, 진입장벽은 다소 높으며, 출신(사회 계급)과 적합성(경영 시험)에 따라 달라진다. 위임은 수취인이 수여자에게 계속 의존하는 권한으로 이해된다. 위로부터의 통제가 예상되며, 인정의 표시라고도 할 수 있다. 궁극적으로 결정과 책임의 힘은 모든 권한이 부여되는 계층구조에서 가장 높은 수준으로 유지된다.

낮은 권력 거리를 가진 조직문화에서는 의사소통이 더 포괄적이고, 교환은 여러 단계로 구성되며, 개인의 주도권이 더 장려되는 편이며, 자발적인 행동이 허용된다. 여기서 위임은 수신자가 업무수행에서 어느 정도 독립성을 부여하는 권한 양도로 간주된다. 개인적 통제는 불쾌한 것으로 보일 수도 있으며, 심지어 불신의 신호로 여겨질 수도 있다. 권한은 - 투명하지 않다면 - 부당한 것으로 간주된다.

■ **불확실성 회피(UAI)**

척도 값은 사회나 조직의 구성원이 불확실하거나 알려지지 않은 상황의 위협을 느끼는 정도를 나타낸다.

높은 값은 회원이 알 수 없는 것에 대해 자신을 보호하려고 노력하고 있음을 시사한다. 질서, 법률, 표준 또는 이론과 전문가는 필수 요건으로 간주된다. 그러나 그 편차는 스트레스를 유발하고 제재를 받기도 한다.

UAI 값이 높은 사회나 조직에서는 낯선 사람이나 새로운 것을 위협적인 것으로 본다. 프로젝트는 타당하고 세부적으로 계획되어야 한다. 품질은 사전에 정의된 기준에 따라 검증 가능해야 한다. 그 외의 모든 것은 경솔한 것으로 간주된다. 의사결정의 직위는 입증된 전문가로 채워진다. 정확하고 사실에 입각한 의사소통이 높이 평가된다. 표준과 규칙을 준수해야 한다. 신참들의 수용은 신참들이 그들의 능력을 증명할 수 있고 지배 규칙과 절차에 따라 행동할 때 더 쉬워진다.

UAI 값이 낮은 조직에서는 새로운 아이디어나 신규 진입자가 호기심으로 보일 가능성이 높다. 프로젝트는 행동 주도적이다. 시도하기, 소위 시행착오라고 하는 것이 지원된다. 편차, 조치 및 목표 매개변수에 대한 단기 조정을 환영한다. 일상적인 행동의 유연성과 실용주의는 친근한 제작자를 특징으로 한다. 프로젝트 커뮤니케이션은 상대적으로 직접적이고 비공식적이며, 다음 단계에 초점을 맞춘다. 비전문가도 참여하여 공동 결정을 내릴 수 있다. 특히 호기심과 개방성을 보여 주면 신참자의 수용도 쉬워진다.

■ 개인주의(IDV)

이것은 사회에서 개인의 위치와 의미 관한 것이다.

IDV 값이 높은 사회는 개인주의 사회라고도 한다. 여기서 개인은 매우 중요한 역할을 한다. 개인의 (결정) 자유와 사생활은 높은 자산으로 평가되고 보호된다. 개인은 도덕적으로 규제되는 것보다 더 계약적인 사회적 관계를 스스로 선택할 수 있다. 관계는 느슨하다. 즉, 그것은 일시적이고 각 당사자에 의해 깨질 수 있다. 계약과 업무의 이행에 최우선이다. 의사소통은 계약 관계에서 직접 이루어지며, 개인의 기대와 희망은 물론 비판도 구두로 표현된다. 일과 사생활은 분리되어 있다.

IDV 값이 낮은 사회가 집단주의 사회이다. 여기서 출생, 즉 가족의 지위가 사회적 관계를 결정한다. 사람들은 고정된 사회 집단에서 태어나 집단에 절대적으로 충성하는 한, 평생 보호를 받을 수 있다. 도덕, 즉 그룹의 관습과 규범에 따라, 결합은 제도적, 계약적 의무보다 높다. 개별 구성원은 그룹에 대한 특별한 기여나 충성도 증명을 통해 더 많은 기회와 자신에 대한 더 높은 명성을 얻을 수 있다. 근접성은 관계에서 중요한 요소이다. 이러한 친밀함을 증명하는 것보다 말은 중요하지 않다. 각 집단 구성원은 집단의 기대와 조화를 이루고 친근한 방식으로 의사소통을 위해 주의를 기울인다. 기대, 소원 또는 비판은 상징적인 언어를 통해 전달된다. 자신의 결정을 내리거나, 자신의 취향에 따라 여가 시간을 설계하거나, 결혼과 가정에서 자아실현과 같은 개인주의적 행동은 이기주의로 해석된다. 이것은 직장 생활에도 영향을 미친다. 즉, 가족과 직업 세계가 서로 얽혀 있는 것이다. 사람들은 많은 가족 구성원과 친구들이 회사에서 함께 일하는 것으로 여긴다.

■ 쾌락과 절제(IND)

인간의 욕구에 대한 보상과 만족을 얼마나 엄격하게 규제해야 할까? 이동의 자유와 여유가 얼마나 허용되어야 할까? 아니면 집단이 도덕을 엄격하게 모니터링하는 것이 더 유용할까?

높은 IND 값은 관습과 도덕성에 대한 쾌락적인(자적적인) 접근 방식과 남녀 간의 관계를 뜻한다. 삶의 균형을 유지하려면 재미와 안일이 있어야 한다. "Don't-wear-be-happy-happy-happy-happiness"는 미소와 웃음으로 가득한 동료들, 상사들, 선생님들, 이웃들과 마찬가지로 환영받다. 자신의 신체에 대한 편안한 접근이 용인될 가능성이 더 크다.

반면, 낮은 IND 값은 남녀 간의 상호작용과 품위와 도덕성의 가치를 엄격하게 통제하는 것이다. 주어진 틀, 공간, 시간을 제외하고는 풍성한 즐거움을 환영하지 않는다. 하나는 쾌락적인 감정 표현에 적대적이다. 미소와 웃음은 비겁하거나 심지어 어리석은 것으로 해석되기도 한다. 자신의 체력과 쾌락은 외부로 드러내지 않는다.

■ 남성성(MAS)

이것은 '남성다움' 또는 '여성다움'에 관한 것이 아니라 집단이나 사회를 일반적으로 남성적이거나 일반적으로 여성적인 것으로 나타내는 추진 패턴과 행동방식에 관한 것이다.

MAS 값이 높은 사회를 남성적 문화에 속한다. 성별의 역할 기대는 뚜렷하다. 남성은 집행능력을 갖추고 단호해야 한다. 승리, 돈, 권력은 동기부여의 요인으로 받아들여진다. 반면, 여성은 겸손하고 부드러우며, 삶의 질을 위해 노력해야 한다. 사회의 남성 구성원들에게는 '경력'과 (물질적) 성공을 위한 적극적인 투쟁이 기대된다. 승자는 흠모의 대상이다. 갈등은 정면 대응이 가능하다. 합의는 행위 지향적이며, 다수 또는 최고/최강/가장 효율적인 등의 대안을 찾는 것이다.

MAS 값이 낮은 사회를 여성적 문화에 속한다. 여기서는 두 성별의 역할 기대치가 점점 더 겹친다. 겸손함, 민감성, 삶의 질을 위한 노력은 여성과 남성 모두에게 중요하다. 남자와 여자 모두 질문을 받고 싶어 한다. 사람들은 섬세함, 연약함의 가치를 인정하고, 패자를 동정한다. 갈등은 대립하지 말고 부드럽게 접근해야 한다. 합의는 공유 가치와 관용을 찾는 것이다.

■ 장기 지향성(LTO)

원래는 유교적 역동성이라고도 하는데, 1980년대 마이클 본드(Michael Bond)의 사회심리학적 연구에 기초하여 기어트 호프스테드 교수가 이 차원을 재평가한 것이다. 이는 호프스테드의 차원과 관련하여 정기적으로 업데이트되는 WVS(World Value Survey)의 광범위한 데이터를 평가한 미하엘 민코프 교수의 작업에 기초한 것이다.

LTO-WVS 값이 높은 사회는 근면, 절약 및 장기적인 가치와 성취에 대한 규율을 존중한다. 이러한 장기적 사고를 가진 회사는 수년에 걸쳐 개발 계획을 수립한다. 시장 포지션 강화와 지속 가능한 고객 리더십은 분기별 실적보다 더 높은 가중치를 두고 있다. 변화된 맥락에서 원칙과 지침은 장기적인 노력(가치 실용주의)에 따라 재해석 될 수 있다.

LTO-WVS 값이 낮은 사회는 단기 목표를 달성하고 변화하는 현재 상황에 신속하게 대응하는 데 자부심을 느낀다. 신용과 소비는 번영의 원동력으로 간주된다. 회원들은 원칙과 전통, 진실과 진실성을 바탕으로 행동한다. 이러한 공통된 신념과 계명을 준수하고 세부적인 행동 권고사항을 따르는 것은 사회의 인정받는 사회 구성원이 되고 유지하는 데 필수적이다.

08
스위스

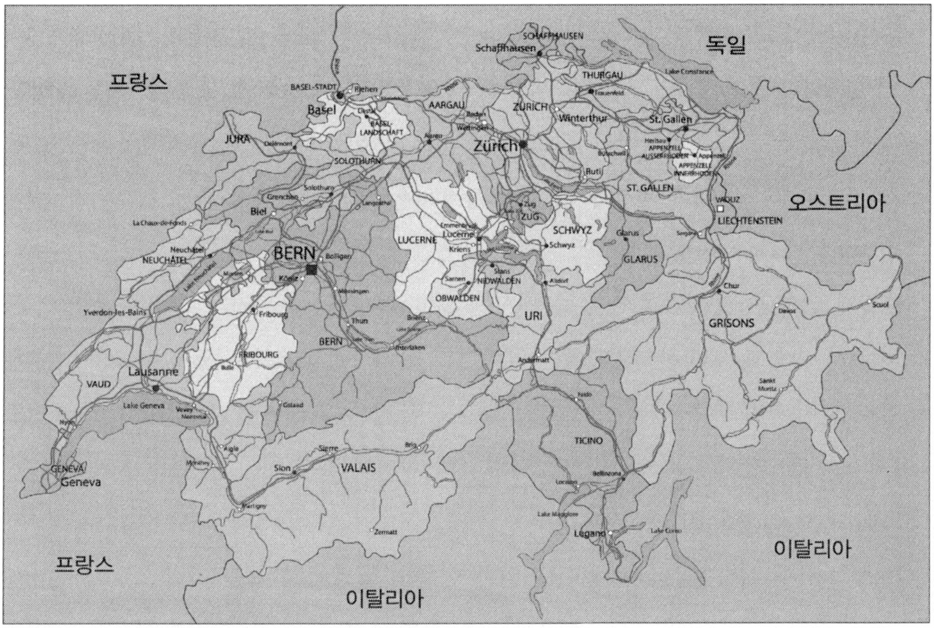

〈출처: https://www.nationsonline.org/oneworld/map/switzerland-administrative-map.htm〉

국명	헬베티아 연방(Confoederatio Helvetica), 스위스 연방(Swiss Confederation)
사법수도	로잔
행정수도	베른
면적	41,285 km²
인구	8,606,033명 (2019)
언어	독일어, 프랑스어, 이탈리아어, 레토로망스어
화폐	스위스 프랑 (Fr., CHF)
도메인	.ch

■ 스위스가 'Schweiz(슈바이츠)'로 불리는 이유

칸톤(Kanton, 스위스의 주 명칭) 슈비츠(Swyz)의 병사들은 합스부르크(당시는 하비히스부르크)와의 전쟁에서 큰 역할을 했다. 남부 연맹이 1386년 젬파흐 전투에서 합스부르크 가문의 레오폴트 공작(Leopold I of Austria, 1290-1326)의 대군을 격파했을 때 독일과 오스트리아의 역사가들은 Swiz 또는 Swyz에 관해 보고했다. 1415년 법률 문서에서 처음으로 스위스인(Schweizer)에 관해 언급했다.

당시의 세 칸톤의 동맹인들(Eidgenossen)은 이 집단 이름을 싫어했다. 1499년 슈바벤 전쟁에서 그들은 스위스인으로서 모욕을 받고서야 자존심에 상처를 입은 동맹인들이 자신들을 스위스인이라고 부르기 시작했다. 18세기에 스위스 연맹이라는 용어가 생겨났고, 1803년에 헬베티아 공화국(Helvetische Republik)은 공식적으로 스위스 동맹(Schweizerische Eidgenossenschaft)으로 이름이 바뀌었다.

전설에 의하면, 알레만족의 부족 지도자 Suito와 그의 추종자들이 오늘날의 칸톤 Schwyz의 미텐(Mythen) 산악지역에 머물렀다고 한다. Schwyz라는 용어는 그의 이름에서 유래한 것으로 추측된다. 1291년 Schwyz 사람들은 우리(Uri), 운터발덴(Unterwalden, 나중에 Obwalden과 Nidwalden으로 나뉨) 사람들과 함께 발트슈테테 연방[1]을 설립하여 동맹(Eidgenossenschaft)을 결성하였다.

'Helvetier'[헬베티아인]라는 용어는 같은 이름의 켈트족 부족을 기반으로 17세기에 유행하였다. 마침내 1848년 베스트팔렌조약에 따라 현대 스위스가 설립되었고, 연방헌법이 발효되었다. 그 이후로 'Confoederatio Helvetica'(헬베티아 공화국)라는 라틴어 이름이 문서, 동전 및 인장에서 발견되었는데, 네 가지 언어들(독일어, 프랑스어, 이탈리아어, 레토로망스어) 중 어느 것도 선호되지 않았다. 약어인 CH는 1909년 국제 자동차 번호판 협약이 체결된 이후로 알려진 것으로, 스위스의 인터넷 도메인이기도 하다.

스위스의 국기에서 빨간색 바탕의 흰색 십자가는 1889년 이후 스위스의 공식 국장이었다. 이것은 기독교의 상징물을 그들의 깃발에 새겼던 십자군의 문장으로 소급된

1 구 스위스 연방(Alte Eidgenossenschaft)은 오늘날 스위스의 전신 국가이다. 14세기에 형성된 독립적인 소국가들(칸톤, 현재는 주 명칭)의 느슨한 국가연합이었다. 오늘날의 중앙스위스가 중심이었던 구 스위스 연방은 14세기 중반에 취리히와 베른 등의 도시들로 확장하였다.

다. 1339년 당시 칸톤 베른 사람들은 흰색 십자가를 가지고 라우펜(Laupen) 전투에 참가했다. 그 후, 이 십자가는 계속해서 스위스 연방의 문장이 되었지만, 1841년이 되어서야 스위스 연방 모든 지역의 공통 군대 깃발로 지정되었다. 스위스 국기의 정사각형 모양은 192개 유엔 회원국이 직사각형 국기를 가지고 있기 때문에 모두가 환영하지 않는 특별한 경우이다.

1. 지리적 특징

스위스는 유럽 한복판에 위치한다. 북쪽에는 독일, 서쪽에는 프랑스, 남쪽에는 이탈리아, 동쪽에는 오스트리아와 라이텐슈타인 공국과 인접한다. 내륙국가로서 스위스는 바다에 직접 접근할 수 없다. 국토의 총 면적은 41'285km^{2}인데, 그 중 30'753km^{2}가 정착 및 농업 지역이다. 나머지는 호수, 산, 그리고 비생산적 목초지들이다.

스위스 남부에는 면적이 60.9%나 되고 높이가 4,000m 넘는 알프스가 있다. 북쪽과 서쪽에는 쥐라 산맥이 있다. 스위스의 주요 지리적 영역은 쥐라, 중앙고원, 알프스 등의 세 지역으로 나뉜다.

스위스는 현재 인구밀도가 193명/km^{2}으로, 생산지역에 밀집되어 있다. 그러나 알프스 때문에 전국적으로 인구 분포는 매우 다르다. 스위스 인구의 10%만이 알프스 지역에 거주하고 있다.

서쪽에서 동쪽으로 이어지는 알프스 산맥은 기후 장벽으로 인해 스위스의 자연 및 문화 공간에 결정적인 영향을 미치고 있다. 알프스 북쪽에는 온화한 중유럽 기후이지만, 알프스 남쪽은 지중해 기후에 더 가깝다. 알프스 북쪽 지역의 평균 기온은 1월 1°C, 7월 17°C이다. 알프스 남쪽의 평균 기온은 2-3°C 더 높다.

■ 칸톤과 게마인데

칸톤(Kanton)은 스위스 연방을 구성하는 주이다. 스위스는 26개의 칸톤으로 구성되어 있는데, 20개는 '완전 칸톤'이고, 6개는 '반쪽 칸톤'이다.

'완전 칸톤'에는 Aargau(AG), Bern(BE), Fribourg/Freiburg(FR), Genève(GE), Glarus(GL), Graubünden(GR), Jura(JU), Luzern(LU), Neuchâtel(NE), St. Gallen(SG), Schaffhausen(SH), Schwyz(SZ), Solothurn(SO), Thurgau(TG), Ticino(TI), Uri(UR), Valais(VS), Vaud(VD), Zug(ZG), Zürich(ZH)가 있다.

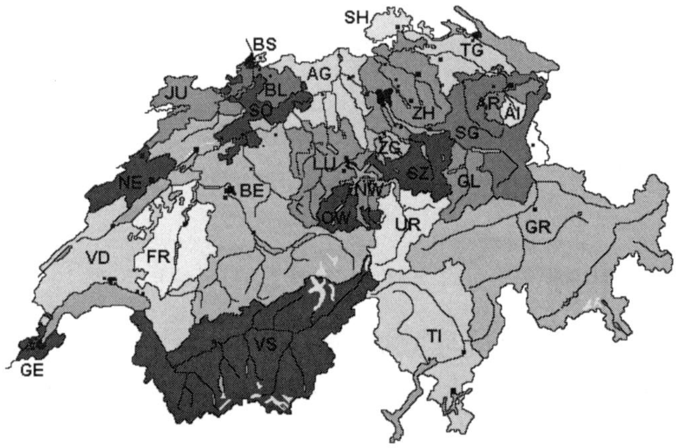

'반쪽 칸톤'은 공식 명칭은 아니지만, 분할된 칸톤의 통상적인 명칭인데, 반쪽 칸톤은 상원(Ständerat)에서 한 의석만 주어지는 반면, '완전 칸톤'은 의회에서 2 의석을 차지한다. '반쪽 칸톤'에는 Appenzell Ausserrhoden(AR) - Appenzell Innerrhoden(AI), Basel-Stadt(BS) - Basel-Landschaft(BL), Obwalden(OW) - Nidwalden(NW)가 있다.

운터발덴(Unterwalden)은 이미 오래전에 Obwalden과 Nidwalden으로 나뉘었지만, 역사적 칸톤인 아펜첼(Appenzell)은 1597년 종교개혁의 결과로 가톨릭계 Innerrhoden과 개신교계 Außerrhoden으로 나뉘었다. 바젤(Basel)은 도농 간의 갈등으로 인해 1833년에 정치 중심의 Basel-Stadt와 후원 중심의 Basel-Landschaft로 분할되었다.

• 언어[2]

스위스에는 독일어, 프랑스어, 이탈리아어, 레토로망스어의 4개 언어가 공식 국가언어로 지정되어 있다. 독일어는 가장 널리 사용되는 언어이며, 영어의 중요성은 점점 더

2 출처: https://www.babbel.com/en/magazine/languages-spoken-in-switzerland

커지고 있다. 인구의 거의 2/3가 일주일에 한 언어 이상을 사용한다.

이러한 다국어 사용은 스위스만의 특징으로, 독일, 오스트리아, 프랑스 및 이탈리아 등의 이웃 국가와의 문화적 연관성과 무관하지 않다. 독일어권 스위스는 가장 큰 언어 커뮤니티를 이룬다. 구어체 스위스 독일어와 문어체 표준 독일어는 엄청난 차이가 있다. 거의 알아들을 수 없을 정도이다.

스위스에 거주하는 많은 외국인과 글로벌 네트워크도 언어적 다양성을 창출한다. 그 결과, 지난 수십 년간 자국어의 분포가 바뀌게 되었다. 프랑스어를 제외하면 자국어의 비율은 감소했고 비 국어의 비율은 증가했다. 특히 영어는 일상적인 글로벌 비즈니스에서 중요해지고 있으며, 자국어들 간의 다리 역할을 하고 있다.

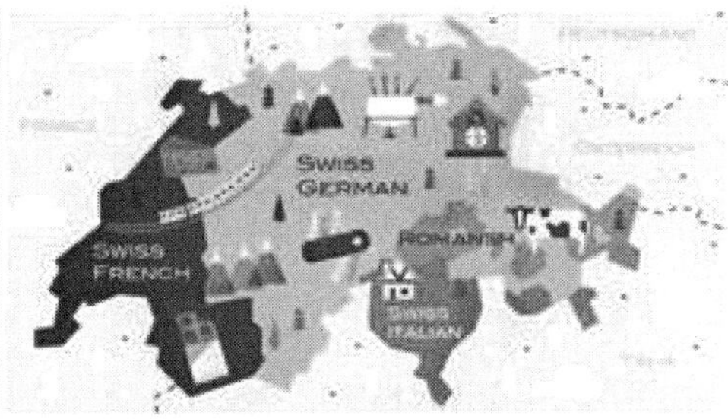

• 교통: 철도와 버스

다른 어떤 나라도 스위스만큼 철도망이 촘촘하게 네트워크화 된 곳은 없을 것이다. 2006년 스위스에서 철도를 이용한 평균 연간 이동 거리는 주민 당 2009km였다. 철도 교통은 취리히 주변에 가장 밀집되어 있다. 예컨대 2050대의 기차가 매일 취리히-알트슈테텐 구간을 운행한다. 평균 42초마다 한 대의 기차가 운행하는 꼴이다.

기차는 보통 1시간이나 30분 단위로 운행되며, 도심 주변에서 더 자주 운행한다. 전국 네트워크는 스위스 연방철도청(SBB)에서 운영한다. SBB 외에도 여타 소규모 철도 회사들이 있는데, 그중 일부는 SBB 네트워크에 통합되어 있다.

도시와 집합체는 또한 잘 발달된 버스와 트램 네트워크를 가지고 있다. 철도망에 연결되지 않은 지역들은 PostAuto AG 버스 서비스가 제공한다. 정기 운행이 없는 인구 밀도가 낮은 외딴 지역에는 필요 시 전화로 주문해야 하는 호출버스(PublicCar)가 운행된다.

대중교통회사는 다양한 티켓(Billette)과 할인권을 제공한다. 티켓은 부분적으로 온라인으로 지불하고 집에서 출력하거나 모바일 티켓으로 휴대폰에 직접 로딩할 수도 있다. 어린이, 노인, 가족, 동물 등을 위한 티켓과 시즌 티켓에 다양한 할인행사도 한다. 다양한 티켓 제공 관련 정보는 인터넷이나 기차역의 SBB 카운터에서 확인할 수 있다. 장애인 여행자를 위한 다양한 특별 혜택도 있다.

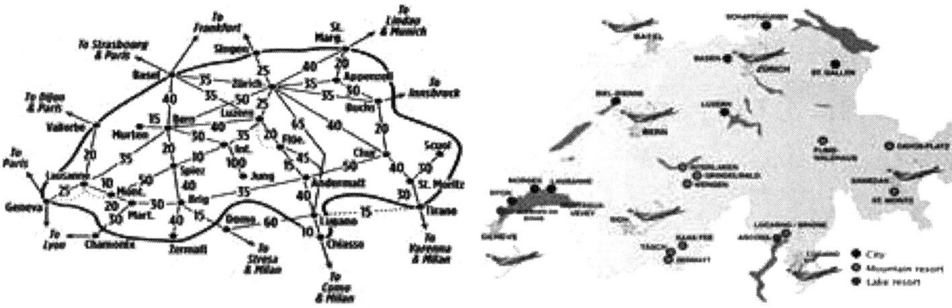

〈좌: 스위스의 철도망, 우: 스위스의 국제 및 지역 공항〉

• 교통: 항공

스위스에는 취리히공항, 제네바공항, 바젤 유로공항 등 중형 국제공항이 3곳 있다. 또한 부분적으로 국제 비행도 제공하는 소규모 지역공항도 4곳(Bern-Belp공항, St. Gallen-Altenrhein 비즈니스공항, Lugano공항, Sion공항) 있다.

■ 국가 정체성

스위스는 공유된 정체성 때문이 아니라 연방이 독립을 보장하는 것처럼 보였기 때문에 점차 연방에 가입한 작은 지역들의 집합체(patchwork)이다. 주, 언어, 종교 등의 차이를 초월하는 국가 정체성의 존재는 여전히 논쟁의 여지가 있다. 자신을 타인의 모범이라고 여기는 축복받은 사람들에 대한 자기만족 담론과 국가의 존립에 의문을 제기하는 자기비하 담론 사이에 진동이 발생했습니다. 1992 년 세비야 만국 박람회 스위스관에서 사용된 'Suiza no existe'(스위스는 존재하지 않는다)는 슬로건은 스위스가 1991년 700년의 존속을 기념하며 직면한 정체성 위기를 반영한 것이다.

국가 이미지에 대한 재검토는 제2차 세계 대전 동안 이 나라의 은행들이 유대인 자금을 취급한 결과였다. 1995년, 나치 집단학살 때 그 소유자들이 사라진 스위스 은행의 '잠자는' 계좌에 대한 공개적인 폭로가 시작되었다. 역사가들은 이미 수천 명의 난민들이 받아들여졌지만, 수천 명의 또 다른 난민들이 죽음으로 내몰리는 기간 동안 은행과 스위스연방 당국의 행동에 대한 비판적 분석을 발표했다. 이 분석의 저자들은 자국을 훼손한 혐의로 기소되었다. 국가의 최근 역사에 대한 비판적 재검토가 일어나기까지 내부 성숙과 국제적 비난이 나타나는 데 50년이 걸렸으며, 이러한 자체 검토가 국가 정체성에 어떤 영향을 미쳤는지 평가하기에는 시기상조다. 그러나 이 문제는 아마도 20세기의 마지막 수십 년을 장식한 집단적인 의심 시기의 절정을 상징한다고 할 수 있다.

■ 민족 관계

민족 집단의 개념은 언어 또는 문화 집단의 개념이 선호되는 나라에서는 거의 사용되지 않는다. 민족에 대한 언급은 4개의 국가언어 집단의 경우 극히 드물다. 민족성은 공유된 역사와 대대로 내려오는 공유된 뿌리에 바탕을 둔 공통의 정체성을 강조한다. 스위스에서 언어 그룹의 구성원은 개인의 문화적, 언어적 유산만큼이나 언어적으로 정의된 영역에서의 확립에 크게 좌우된다. 언어 영토 원칙에 따르면, 국내 이주민은 당국과 접촉할 때 새로운 영토의 언어를 사용할 수밖에 없고, 자녀가 부모의 모국어로 교육을 받을 수 있는 공립학교도 없다. 서로 다른 언어권의 인구 구성은 오랜 결혼생활과 내부이동이 낳은 결과이며, 주민들의 '민족성'을 판별하기는 쉽지 않을 것이다. 게다가 많은 사람들은 스위스인들 사이의 인종 차이가 국가 통합에 위협이 된다고 본다. 문화의 개념조차 불신으로 바라보는데, 지역 간의 차이는 본질적으로 언어적인 것에 그치는 경우가 허다하다.

언어적, 문화적, 종교적 집단 간의 긴장관계는 언제나 집단 간 차이가 국가 통합을 위태롭게 할 것이라는 두려움을 불러 일으켰다. 가장 어려운 관계는 독일어를 사용하는 대다수와 프랑스어를 사용하는 소수 사이의 관계이다. 다행히도, 스위스에서는 종교적 차원이 언어적 차원을 넘나드는데, 예컨대 가톨릭 전통의 영역은 프랑스어권뿐 아니라 독일어권 지역에도 존재한다. 그러나 종교적 차원의 사회적 중요성이 감소함에 따라, 언어적, 문화적 차원에 집중할 위험도 무시할 수 없다.

■ 독일어권 스위스 – 종교와 감성문화

종교적인 믿음. 독일어권 스위스는 개신교(44.4%, 1980년)와 가톨릭(47.6%, 1980년)으로 똑같이 나뉘어 있다. 독일어권 스위스 내의 종교 분열은 연방국 전체의 분열을 반영하고 있다. 이러한 분열은 종교개혁 이후 내부 갈등의 주요 원인이었다. 칸톤 베른(베른주)은 개신교도가 75% 이상이고, 고산지대는 가톨릭교도가 대부분이다. 종교는 독일어권 스위스 자체와 연방 내에서 언어적 다원주의에 대응하는 구조적인 역할을 한다. 독일어권 스위스 개신교와 가톨릭교도 사이에는 독일어권 스위스인과 프랑스어권 스위스인보다 긴장관계가 더 크다. 정치적 제휴는 이러한 차원을 넘나들며 오늘날 종교적 차이를 상쇄하는 경향이 있다. 독일어권 스위스의 고산지대에는 전통적인 종교 이외의 초자연적인 믿음과 관련된 관습이 있다. 산에서 자연력은 일반적으로 악의적이거나 기껏해야 중립적인 것으로 여겨진다. 이러한 힘은 눈사태, 산사태, 안개 또는 폭풍으로 나타난다. 알프스를 넘어온 고온 건조한 거센 바람으로 인해 급격한 기온 역전을 일으키는 열풍 푄현상은 편두통이나 우울증으로 인한 미친 듯한 행동과 무관하지 않다. 이러한 믿음은 오늘날 알프스에서 사라지고 있다.

■ 스위스, 이탈리아어 – 역사와 문화 관계

고산 수송 도로를 통제하려는 욕망이 스위스 이탈리아어권 인구에 큰 영향을 준 전쟁의 원인이었다. 최초의 고산 통로는 서기 2세기에 파소 디 스플루가(Passo di Spluga)와 베르니나(Bernina)였다. 로마 제국 멸망 이후, 티치노는 롬바르디아 영주, 수도원, 교회, 독일의 지배자나 영주들에 의해 차례로 지배를 받았다. 그리고 15세기부터 프랑스 혁명까지, 이곳은 여타 스위스 칸톤(주)들의 지배를 받게 되었다. Leventina와 Bienio는 독립적이었고, 12세기에 잠깐 동안 민주적인 정치 체제를 가지기도 했다. 14세기와 15세기에 그리지오니의 다른 동맹들이 창설되면서 브레갈리아(Bregaglia)[3]와 메솔치나[4]/칼

3 브레갈리아는 현재 스위스의 그라우뷘데 주의 말로야(Maloja) 군에 있는 게마인데.

4 메솔치나(mesolcina)는 산-베르나르디노 고갯길(San-Bernardino-Pass) 남쪽 스위스의 그라우뷘덴 주에 위치한 골짜기(해발 2067m)이다.

란다[5]가 독립 지역들로 조직되었다.

이 지역이 나폴레옹의 프랑스 제1공화국의 괴뢰 정권인 치살피나 공화국(Repubblica Cisalpina, 1797-1802)[6]에 통합되는 경우, 프랑스나 오스트리아에 의한 외국의 지배를 받게 된다는 두려움 때문에, 티치노는 1803년 자유 공화국이 되면서 스위스의 칸톤(주)이 되었다. 1848년 이탈리아와의 면세 무역이 종식되고 1888년 티치노가 바젤과 루가노의 주교 관할지역으로 편입되면서 티치노는 스위스의 일원이 되었다.

1882년에 개통된 고트하르트 고개(Passo del San Gottardo)를 통과하는 철도는 경제나 산업 발전을 거의 가져오지 못했다. 오직 독일어권 스위스인들만 이익을 챙겼는데, 그 이유는 티치노 사람들이 지불하기에는 기차 이용 세금이 너무 높았기 때문이다. 이탈리아 통일과 파시즘에 대한 티치노 사람들의 태도는 스위스 이탈리아어권 정체성의 또 다른 측면을 보여준다. 이탈리아 파시스트 운동 기간 동안, 파시즘에 대한 동정심이 커졌고, 이탈리아로의 편입에 대한 열망이 불거진 곳은 티치노였다. 그러나 전통이 전통문화로 바뀌면서 스위스 이탈리아어권 지역 문화는 무해한 '티치니스테'(Ticinesità, 'Ticino에서 이루어진 친환경 무역')가 되었다. 이러한 변화의 이유는 제2차 세계 대전 이후 티치노와 독일어권 스위스, 이탈리아와의 관계 그리고 경제 개발, 관광, 이주 등의 문제와 무관하지 않다.

2. 역사적 특징

국가로서 스위스의 역사와 발전은 주로 국가의 지리적 위치에 따라 형성되었다. 현재의 스위스 형태는 1848년 연방 헌법과 함께 탄생했다. 그 이전에 이 지역의 역사는 로

5 칼란다(Calanda)는 그라우뷘덴 주의 북부 또는 상트 갈렌(St. Gallen) 주의 남쪽과 쿠어(Chur)의 북서쪽에 위치한 스위스 산맥으로, 최고봉은 해발 2804m이다.

6 이 공화국은 1802년 국명을 이탈리아 공화국으로, 1805년 이탈리아 왕국으로 변경했다. '치살피나'라는 국명은 고대 로마 시절 이탈리아 북쪽 지방의 이름인 '갈리아 키살피나'(Gallia Cisalpina, '알프스 이쪽의 갈리아')에서 유래된 이름이다.

마인, 부르고뉴인, 알레만인, 프랑크인, 합스부르크, 오스트리아-헝가리 이중제국, 프랑스의 나폴레옹 등의 치하에서 이웃 민족들과 싸웠던 다른 영토의 역사였다. 수세기에 걸쳐 이 지역은 점진적으로 함께 성장하여 오늘날의 스위스로 성장했다.

■ 고대와 초기 중세

로마제국이 알프스 북쪽 지역으로 확장되는 과정에서 오늘날의 스위스의 원주민 켈트 부족 지역은 서기 1세기까지 로마인에 의해 정복되어 로마제국에 통합되었다. 로마인들은 스위스에 도시를 세운 이후, 이 지역은 후기 고대 때 점차 기독교화되었다. 로마제국이 멸망한 후, 부르고뉴와 알레만의 게르만 부족은 오늘날의 스위스의 중부지역에 정착하여 로마화된 켈트족과 뒤섞였다. 로망스어는 스위스 서부와 남부, 알프스 계곡(오늘날의 프랑스어, 이탈리아어 및 레토-로망스어)에서 상용되었지만, 독일어는 스위스 북부에 전파되어 오늘날의 독일어 지역의 토대가 되었다. 서기 8세기에 현재의 스위스는 프랑크족에게 정복되었고, 나중에 독일 신성 로마 제국이 된 동프랑크제국의 일부가 되었다. 상트 갈렌(St.Gallen) 또는 라이헤나우(Reichenau) 같은 주요 수도원 중심지들에서 시작하여 이주해온 독일인들도 9세기까지 기독교화되었다.

- BC58년, 오늘날의 스위스에 정착한 켈트족인 헬베티아인은 당시 갈리아(프랑스)의 남서쪽으로 이동하려 할 때 비브락테(Bibracte) 근처에서 율리우스 카이사르(Julius Caesar)가 이끄는 로마군에게 패배한다.
- BC15년, 로마 황제 아우구스투스의 군단은 오늘날의 스위스 동부 지역의 레티안인(Rhätier)의 알프스지역을 정복한다. 이후 몇 년에 걸쳐 로마인들은 오늘날의 스위스 전체 영토를 순차적으로 정복한다.
- 400-1000년, 로마인의 통치가 끝나고 북부로부터 게르만족이 침공하면서 초기 중세 시대로 접어든다. 800년경 잠시 동안 샤를마뉴 대제는 스위스를 포함한 서유럽의 대부분을 통치하지만, 그의 제국은 빠르게 무너진다. 그 후 봉건 제도가 발전한다. 수도원은 라틴어 학습의 유산을 보존하고 새로운 농업 방법을 개발한다.

■ 옛 동맹 시대

스위스 국가의 기원은 중세 방위연합체인 동맹(Eidgenosschenschaft)이다. 합스부르크 왕가의 독일 국왕 루돌프 1세 사망 후, 우리(Uri), 슈비츠(Schwyz), 운터발덴(Unterwalden)의 세 원조 칸톤(주)들이 그들의 "오랜 자유"를 보호하기 위해 느슨한 연합을 결성한다. 전설에 따르면, '뤼틀리 선서(Rütlischwur)'의 일환으로 최초의 국가 연합이 결성되었다. 현존하는 가장 오래된 동맹 문서는 스위스 국가의 비공식적이고 신화화된 창립 문서인 세 원조 칸톤들 간의 연합증서(Bundesbrief, 1291년)이다. 이어지는 세기 동안, 오늘날의 영토에서 특히 합스부르크와 부르고뉴의 귀족가문들과의 무력충돌 과정에서 또 다른 지역들이 점차 국가연합에 합류한다. 1798년 나폴레옹 치하의 프랑스 침공으로 구 동맹체제는 무너진다.

- 1291년, 스위스 동맹(연방)이 설립된 원년: 우리, 슈비츠, 운터발덴의 세 칸톤 대표들은 연합군으로 자유를 수호할 것을 맹세한다(뤼틀리 선서). 현재의 스위스 연방의 창립조약으로 간주되는 이들의 합의는 연방증서라는 문서에 기록되어 있다. 전설에 따르면, 빌헬름 텔(William Tell)은 합스부르크 왕가의 총독이던 헤르만 게슬러(Hermann Gessler)에 의해 아들의 머리에 놓은 사과를 석궁으로 쏘도록 명령한다. 텔은 아들의 머리 위에 올려 놓은 사과를 화살로 명중시켰지만, 실패했을 경우 게슬러의 심장을 쏘기 위해 준비했던 화살이 발각되면서 체포된다. 성으로 끌려간 텔은 배를 타고 호수를 건너다가 폭풍을 만났지만, 배를 잘 다루는 그는 배를 몰다 몰래 육지로 탈출하는 데에 성공한다. 그 후, 텔은 게슬러를 화살로 사살하면서 주민들 사이에서 영웅으로 떠오른다. 텔과 그의 이야기는 스위스 동맹의 창립 신화의 일부가 되었다. 텔이 실존 인물인지는 알 수 없지만, 그의 이야기에 스위스의 역사적 핵심을 담고 있다는 사실이다.
- 1499년, 그라우뷘덴이 스위스 동맹과 연합하자 1497년에 스위스동맹이 오스트리아 합스부르크 왕가의 통치자 막시밀리안 1세와 벌인 슈바벤 전쟁에서, 황제군이 지면서 1499년 바젤 평화조약이 체결됨에 따라 스위스는 신성 로마 제국으로부터 완전히 독립한다. 1648년까지 연맹은 신성 로마 제국에 속해 있었다. 슈바벤 전쟁을 기점으로 연맹은 북쪽을 향한 확장을 끝마쳤다.

- 1513년, 그 동안 13개 칸톤들이 동맹의 느슨한 국가연합체에 소속된다.
- 1519년, 종교개혁이 취리히에서 시작된다. 그 과정에서 스위스는 두 종파(가톨릭과 개신교)로 분리된다.
- 1523년, 울리히 츠빙글리(Huldrych Zwingli)에 의한 취리히 종교개혁. 츠빙글리는 1531년 스위스 중부에서 가톨릭 군과의 전투에서 사망한다.
- 1536년, 종교적 이유로 프랑스를 떠난 장 칼뱅(Jean Calvin)이 주도한 제네바 종교개혁. 그의 엄격한 교리는 다른 나라들의 개신교 교회에도 영향을 미친다.
- 1618-48년, 30년 전쟁으로 유럽의 수많은 지역들이 황폐화된다. 스위스동맹은 중립을 유지한다. 당시 스위스동맹의 일부가 아니었던 그라우뷘덴은 전략적 중요성 때문에 프랑스, 오스트리아, 스페인 군들 간의 전쟁터가 된다.
- 1648년, 30년 전쟁이 베스트팔렌조약으로 종결된다. 이 조약을 통해 유럽 열강은 스위스동맹(Schweizer Eidgenossenschaft)의 국가 독립을 법적으로 인정한다.
- 1798년, 오늘날의 스위스 영토의 대부분은 프랑스군이 점령하고, 연방 영토에서 오스트리아군과 러시아군이 참여하는 전투가 벌어진다. 프랑스의 압력으로 프랑스 모델을 기반으로 한 중앙 집중식 헬베티아 공화국이 설립된다. 이 공화국이 내분으로 곧장 찢어지자 프랑스군이 다시 스위스로 칩입한다.

■ 현대 연방국가의 탄생

나폴레옹 치하이던 1803년 새 칸톤들이 연방헌법에 따라 헬베티아 공화국에 합류한다. 개신교 자유주의 칸톤들이 스위스 통일전쟁(Sonderbundskrieg, 1847년 11월 3일~11월 29일)에서 가톨릭 보수주의 칸톤들을 패배시키고 분리주의를 종결한 이후 1848년에 스위스는 현대 연방국가로 변신한다. 최초의 연방헌법이 채택됨에 따라 칸톤의 자치권이 제한적으로 확립된다. 19세기 후반, 스위스는 강력한 산업화의 물결을 맞이한다. 이 새로운 국가는 칸톤 간의 단결을 강화하여 20세기 전환기에 스위스의 경제발전을 촉진한다. 스위스 헌법은 1848년, 1874년 그리고 1999년 이후 두 번에 걸쳐 완전히 개정된다.

- 1803년, 중앙집중식 헬베티아 공화국이 작동하지 않아서 중재법이 나폴레옹의 압

력 하에 파리에서 서명된다. 헬베티아 공화국은 당시의 19개 칸톤들의 국가연합이 된다.

- 1815년, 빈회의에서 유럽 열강은 스위스의 '영구 중립성'을 보장한다. 발레, 제네바, 뇌샤텔이 기본적으로 오늘날의 스위스 국경을 이루는 스위스 동맹에 가입한다.
- 1847년, 현재까지 스위스 땅에서 일어난 마지막 군사 분쟁인 스위스 통일전쟁이 7개의 가톨릭 보수주의 칸톤과 대부분의 개신교 자유주의 칸톤 사이의 짧은 내전 형태로 발생한다.
- 1848년, 전쟁의 결과(가톨릭 칸톤들이 항복함)로, 궁극적으로 새로운 연방헌법을 가진 이전의 느슨한 칸톤 연합이 상하 양원으로 구성된 하나의 의회를 가진 연방국가로 탈바꿈하게 된다. 중앙 정부는 외교 및 금융 정책과 같은 분야에서 칸톤들의 업무를 위임한다.[7] 헌법의 목적은 연방국가 전체의 이해관계와 칸톤들의 다양한 이해관계를 화학적으로 접목시키는 것이었다.
- 1871년, 제1차 바티칸 공의회는 1870년 교황의 무오성(infallibility of the Pope)에 대한 교리를 선포한다. 그 결과, 약 40만 명의 스위스인들이 로마 가톨릭 교회를 떠나 기독교 가톨릭교회(Christkatholisch, 고대가톨릭(Altkatholisch) 교회라고도 함)를 구성한다.
- 1874년, 선택적 국민투표가 도입된다.
- 1891년, 국민발안제(Volksinitiative)[8]가 도입된다.

---

7 연방정부는 외교, 국방, 농업, 교통, 에너지, '사회보장'에서 주도적 역할을 수행하지만, 외교를 제외한 나머지 분야는 칸톤, 코뮌과 협력하여 공공서비스를 제공하고, 칸톤 정부는 사법, 보건, 경찰, 소방, 교육, 연구 분야에서 주도적인 역할을 수행하지만, 연방정부와 코뮌정부의 역할도 중요하다. 코뮌정부는 위생, 문화, 여가, 스포츠 등이 '지역사회서비스' 분야에서 가장 중요한 역할을 수행하지만, 이 분야에서 연방정부와 칸톤 정부의 역할도 존재한다. 기본적으로 연방정부, 칸톤, 코뮌이 서로 협력하여 정치하며, 분야마다 각자 더 많은 역할을 담당하는 단위는 존재한다.

8 직접민주주의의 한 형태로, 정수의 선거권자들이 연대 서명을 통해 중요 법률이나 조례의 제·개정안이나, 헌법 개정안, 헌장 수정안 등을 행정부나 입법부에 요구할 수 있는 제도이다. 적용 범위에 따라 국민 발안제와 주민 발안제라고도 한다. 스위스 연방헌법은 정수의 선거권자(현행 헌법상에서는 10만 명)의 탄원으로 연방헌법의 제·개정을 요구할 수 있도록 했다. 이 발안제는 스위스 연방헌법 뿐 아니라, 주 개념인 칸톤과 코뮌의 단위에까지 적용된다. 많은 칸톤들이

- 1914년, 스위스인들을 군사 동원한다. 군대는 제1차 세계 대전 때 국경을 수호한다. 건강 및 상해 보험에 관한 연방법이 발효된다.
- 1919년, 국민의회(Nationalrat)[9] 선거를 위해 비례 대표제(Proporzsystem)가 도입된다.
- 1939년, 무장 중립의 틀에서 스위스 군대를 동원하여 스위스의 독립을 유지한다.
- 1948년, 의무보험인 노령연금(AHV)이 도입된다.
- 1960년, 스위스가 유럽 자유 무역 연합(EFTA)의 공동 창립자가 된다.
- 1963년, 스위스가 1949년에 설립된 유럽평의회(Europarat)에 17번째 회원으로 가입한다.
- 1971년, 연방차원에서 여성투표권을 도입한다.
- 1972년, 스위스가 유럽 공동체(European Community, EC)와 자유 무역 협정을 체결한다.
- 1975년, 스위스가 유럽안보협력기구(OSCE)에 가입한다.
- 1978년, 스위스의 26번째 칸톤(주) 쥐라(Jura)가 칸톤 베른의 일부에서 나와 탄생한다.
- 1999년, 유럽연합과 스위스가 양자 협정에 서명한다.s
- 2000년, 새 연방헌법이 발효된다.

비헌법적인 영역의 법률에까지 발안제를 적용하고 있다면, 연방 제도는 헌법의 제·개정에만 적용하고 있다.

9 스위스 연방입법부는 상하 양원으로 구성된다. 'Nationalrat'(국민의회)은 200명으로 구성되는 하원으로, 그 의원은 각 칸톤을 하나의 선거구로 하는 26개 선거구에서 선출된다. 각 칸톤을 하나의 선거구로 삼는 제도는 두 가지 특징이 있다. 하나는 유권자들의 선택이 작은 칸톤과 큰 칸톤 간에 차이가 있다는 점이다. 예컨대, 스위스 국민의 1/6인 100여만 명의 칸톤 취리히 주민은 35명의 하원의원을 선출하지만, 주민수가 3만4천 명에 불과한 칸톤 우리는 1명의 하원의원을 선출한다. 다른 하나는 세분된 스위스 정당제도에서 작은 정당들에게 더 유리한 기회를 제공하는, 1918년에 도입된 비례대표제의 효과가 작은 칸톤들에서는 올바로 나타나지 않았다는 점이다. 예컨대, 가장 큰 칸톤 취리히에서는 총 투표의 3% 미만 득표로도 35명 중 1명의 의원을 확보할 수 있지만, 2명을 뽑는 칸톤에서는 동일한 정당이 총 투표의 34%를 얻어야 한 의석을 얻을 수 있다. 'Ständerat'(전체 칸톤)은 칸톤을 대표하는 상원인데, 그 의원은 보통 일반 칸톤에서는 2명을, 작은 반쪽 칸톤에서는 1명을 선출하여 총 46명으로 구성된다.

- 2002년, 스위스가 190번째 회원국으로 유엔(UN)에 가입한다. EU와의 양자 협정이 발효된다.
- 2004년, 셍겐협정과 더블린 협정이 양자 협정의 두 번째 패키지의 일환으로 EU와 체결된다.

3. 공항: 나라의 관문

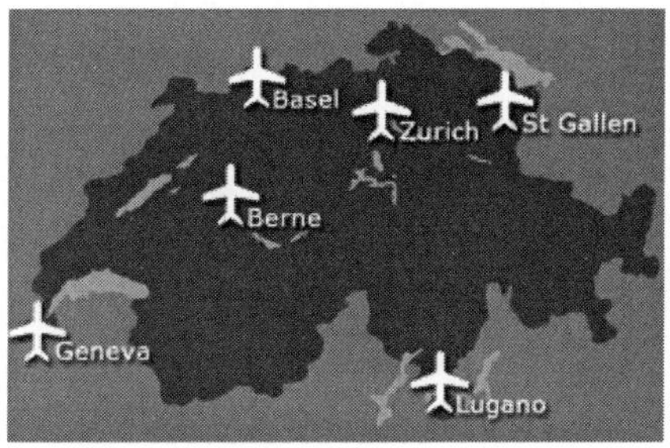

스위스는 국토가 협소한 관계로 국제선 항공편에 중요한 공항이 몇 개 밖에 없다. 유럽 중부의 중심에 위치한 지리적인 이점으로 인해 많은 국내 항공노선과 기차에 의한 주변 국가로의 여행이 가능하다.

총 3개의 국가 공항, 11개의 지역 공항, 소형 동력 및 글라이더 조종사용 44개의 비행장이 있다. 9개의 가장 큰 국가 및 지역 공항에서 매년 약 4,300만 명의 승객과 45만 건 이상의 운항이 발생한다.

스위스에서 가장 큰 공항은 취리히공항이고, 그 다음은 제네바 공항이다. 둘 다 국제노선을 제공한다. 세 번째로 큰 공항은 유로 에어포트(EuroAirport Basel-Mulhouse-Freiburg)인데, 스위스와 프랑스 두 국가에서 운영하는 세계 유일의 공항이다. 스위스에는 단거리 및 장거리 항공편의 출발점으로 공항을 이용하는 다수의 스위스 항공사들이 있다. 스위스에서 가장 잘 알려진 정기 항공사(Scheduled airlines)로는 Swiss, Edelweiss Air, Etihad Regioinal, Helvetic Airways 등이 있다.[10]

---

10 Air Operator Certificate(운항증명)의 약자로, 항공운송사업 면허를 취득한 항공사가 운항을 개시하기 전에 안전 운항을 위해 필요한 전문 인력, 시설, 장비 및 운항·정비지원체계를 갖췄는지 종합적으로 확인하는 절차다. 국제민간항공기구(ICAO) 국제기준에 따라 전 세계 항공사가 자국 정부로부터 필수적으로 취득해야 하는 안전 능력 검사·증명이다.

항공사	AOC[22] no.	항공사 사진	IATA	ICAO	Hub 공항
Chair Airlines	CH.AOC.1052		GM	GSW	Zürich Airport
EasyJet Switzerland	CH.AOC.1018		DS	EZS	EuroAirport Basel-Mülhouse-Freiburg, Geneva International Airport
Edelweiss Air	CH.AOC.1007		WK	EDW	Zürich Airport
Helvetic Airways	CH.AOC.1033		2L	OAW	Zürich Airport
Swiss International Air Lines	CH.AOC.1006		LX	SWR	Zürich Airport

[상식] 정기편과 부정기편의 차이

정식 명칭은 국제 정기편 운항, 국제 부정기편 운항이다. 항공사업법에 따르면, 두 방식의 차이는 '일정하고 정기적인 운항계획이 있느냐'이다. 쉽게 말해 해당 노선의 운항이 출발지와 도착지 국가 간 항공 협정 내에 포함됐는지가 핵심이다. 항공 협정은 '비행기의 원활한 운항을 위하여 국가 간에 맺는 협정'을 말한다. 이 협정을 통해 양국은 항공 노선과 운항 편수 따위를 결정한다. 반대로 부정기편은 운항이 일정하고 지속적으로 이어지지 않음을 뜻한다. 항공사업법 시행규칙 제3조에 따르면 부정기편에는 지점 간 운항, 관광비행, 전세운송 등 세 종류가 있다.

항공사업법 시행규칙에 따르면, 지점 간 운항은 '한 지점과 다른 지점 사이에 노선을 정하여 운항하는 것'이다. 쉽게 말해 정해진 노선을 일시적으로 운항하는 것이다. 소위 말하는 임시편으로, 정기 노선의 수요 증가 혹은 정기 노선 개설 직전에 확인하는 차원의 운항이다.

관광 비행은 '관광을 목적으로 한 지점을 이륙하여 중간에 착륙하지 아니하고 정해진 노선을 따라 출발지점에 착륙하기 위하여 운항하는 것'이다. 쉽게 말해 한 바퀴 도는 비행이다.

전세운송은 '노선을 정하지 아니하고 사업자와 항공기를 독점하여 이용하려는 이용자 간의 1개의 항공운송계약에 따라 운항하는 것'이다. 쉽게 말해 여객 및 화물을 임차인과 임대인 간 '전세계약'을 통해 항공기 일부 또는 전부를 사용하여 운항하는 것이다.

부정기편 운항 등은 항공사가 운수권을 배분받을 때도 중요한 역할을 한다. 운수권 배분 시 '전세기 운항 실적'을 평가 받기 때문이다. 이 때문에 항공사들은 통상적으로 부정기편 운항을 통해 정규 노선 취항을 준비한다.

• 취리히공항

취리히 공항은 스위스에서 가장 큰 공항으로, 국제선 및 대륙 간 항공편의 출발점이다. 매년 거의 2,500만 명의 승객이 이곳에서 출발한다. 이 공항은 또한 Swiss, Edelweiss Air, Helvetic Airways 등의 항공사의 허브이자 홈 공항이다. 스위스 항공 구조대(Rettungsflugwacht)도 취리히 공항에 있다.

이 공항은 11년 연속 세계 여행상을 수상했다. 이는 고객 친화성과 일반 품질 기준을 충족한 것으로 인정받았다는 뜻이다. 공항에는 거의 60개의 상점과 30개의 레스토랑이 있다.

• 제네바공항

공식 명칭이 Aéroport International de Genève이다. 국제공항으로, 스위스에서 두 번째로 큰 공항이다. 초점은 런던, 파리, 취리히, 암스테르담 및 브뤼셀과 같은 다른 유럽 목적지로가는 저렴한 항공편에 있다. Swiss와 easyJet은 이러한 목적으로 제네바 공항을 허브공항으로 이용하고 있다. 그러나 미국, 아랍 에미리트, 북아프리카 국가들의 여러 목적지로 취항하는 대륙 간 항공편도 여기에서 시작된다.

저비용 항공사 외에도 UN과 같은 지역 국제기구의 수많은 개인 비행기도 이 공항에 착륙한다. 지리적 위치로 인해 공항에는 스위스 세관 구역을 통과하지 않고도 프랑스로 갈 수 있는 프랑스 구역이 있다.

• 바젤-뮐루즈 유로공항

바젤-뮐루즈 공항은 스위스와 프랑스 두 국가가 운영하는 세계 유일의 공항이다. 이중 국적 지위로 인해 프랑스와 스위스에 속하며, 주로 이 공항을 허브로 사용하는 저비용 항공사 easyJet가 서비스를 제공한다.

유로 에어포트(Euroairport)의 승객 수는 주로 easyJet 항공편에 의해 최근 몇 년 동안 거의 600만 명으로 증가했다. 지정학적 위치로 인해 독일 남서부 지역에서도 매우 중요하기 때문에 1987년부터 EuroAirport Basel Mulhouse Freiburg라는 고유 이름을 갖게 되었다.

■ 취리히 공항

- IATA: ZRH, ICAO: LSZH

이전에는 취리히-클로텐 공항으로 불렸으며, 스위스 최대 공항이다. 공항 운영사는 '취리히 공항(주식)회사'(Flughafen Zürich AG)이다. 제네바공항, 바젤공항과 함께 스위스의 3대 국영 공항 중 하나다.

2018년에 16회 연속 '유럽 최고의 공항' 부문에서 World Travel Award를 수상했다. 또한 Skytrax Award는 매년 수백만 명의 여행객들 사이에서 취리히 공항을 세계 10대 최고의 공항 중 하나로 꼽았다. 2017년에는 '2~3천만 명의 승객' 부문에서 1위를 차지한 공항이었다.

공항은 취리히 중심에서 북쪽으로 13km 떨어진 클로텐(Kloten) 커뮤니티 지역에 있다. 공항 지역은 Opfikon, Rümlang, Oberglatt, Winkel 등의 커뮤니티로도 확장된다.

이 공항은 여러 항공사들의 허브 역할을 하고 있다. 스위스 국적 항공사인 Swissair의 허브 공항이다. 저비용 항공사들인 Edelweiss Air, Helvetic Airways의 홈 공항이기도 하다. Swiss Air Rescue(Rega)의 본사도 취리히 공항에 있다. 우리나라에서 스위스로 입국하는 경우 이 공항을 거치게 된다. 인천-취리히 직항 편은 대한항공이 주 3회 운항 중이다. 유럽 내에서 저비용 항공사 편으로 스위스로 입국하는 경우는 대부분 제네바 국제공항이나 바젤의 유로 에어포트에 도착하게 된다.

■ 역사

• 초기와 프로젝트

취리히 지역에서는 1909년부터 도시의 북동쪽에 위치한 뒤벤도르프 비행장에서 민간 및 군용 혼합 비행장이 개발되었다. 이 비행장은 1919년부터 Swissair의 전신인 Ad Astra Aero의 본거지였다. 1932년부터 Swissair로 전환되었다. 제2차 세계 대전이 발발한 1939년에 민간 운송은 군사전략상 중단되었다. Swissair는 1940년 9월에 예정된 항공운송을 재개할 수 있었지만, 전쟁 중에는 그다지 활발하지 못했다. 지난 3월, 취리히 주 정부 의회는 대형공항 건설이 가능한 입지 조사를 의뢰했다. Locher & Cie 회사가 주도하는 엔지니어 및 건축가 연구단은 보고서에 이전에 논의된 뒤벤도르프 비행장 확장 옵션을 반대하고, 대신 클로텐-뷜라흐(Kloten-Bülach)의 황무지 지역에 별도의 민간 비행장 건설을 권장했다. 1943년 8월 연방국방부는 근본적으로 '더 높은 국익을 위해' 무기고를 포기하겠다고 선언했다.

Locher & Cie사는 1943년 12월 31일 주정부 의회에 "프로젝트 I"를 제출했다. 네 본의 활주로와 고층 건물을 합하여 필요한 면적은 472헥타르였다. 토지 매입이 없더라도 이 프로젝트는 8,700만 스위스 프랑이 들었을 것이다. 주정부 의회는 비용 과다로 수정을 명령했다. 1944년 4월 29일의 〈프로젝트 II〉는 여전히 290헥타르의 면적과 6천 5백만 프랑의 비용을 예상했지만, 주정부 의회는 규모를 더 축소할 것을 요구했다. 1944년 7월 31일 제출한 〈프로젝트 III〉는 5,440만 프랑과 215헥타르가 필요했지만, 대륙 간 공항의 요구 사항을 충족하여, 주정부 의회는 공식적으로 승인하고 연방 의회에 제출했다.

연방 하원과 연방 상원은 1945년 6월 22일 "민간 비행장 확장에 관한 연방 법령"을 승인했다. 바젤, 베른 그리고 제네바는 비교적 작은 대륙 공항을 수용하고 30%의 비용 분담 지원금을 받게 되었다. 취리히 프로젝트는 대륙 간 공항의 지위와 35%의 최고 보조금을 받았다. 사실 제네바 공항은 1946년 스위스 최초의 대륙 간 공항이었다. 제네바 주정부가 전쟁 중 연방 정부의 기부를 기다리지 않고 만들었기 때문이다.

전쟁이 끝난 후, 클로텐에는 임시 비행장이 계획되지는 않았지만 전면적으로 확충된 공항이 있었다. 이러한 이유로 뒤젠도르프 비행장은 미군용품의 강판을 사용하여 과도기 동안 확장되었다. 1945년 5월, 취리히 주정부는 1944년 말에 처음 수립된 ICAO 표준에 기초한 수정 〈프로젝트 IV〉를 승인했다. 비행장 부지 매각은 1945년 12월 말에 완료되었다. 군부는 655헥타르의 무기고를 취리히 주에 약 1천만 프랑에 매각하고 실제 보상을 요구하지 않았다.

클로텐 공항으로도 알려진 취리히 공항은 1948년 개항 이후, 유럽에서 가장 편리한 허브 공항 중 하나로 발전했다.

• 뒤벤도르프 비행장(Dübendorf Airfield)

1948년 취리히-클로텐 공항이 개항하기 전에 취리히의 주요 공항은 취리히에서 북동쪽으로 7.5km 떨어진 뒤벤도르프 비행장이었다.

이 지역은 이전에는 습지였는데, 1910년 여름에 지형 개선이 시작되었다. 1910년 10월 22일 첫 번째 에어쇼가 이 비행장에서 열렸고, 1914년 스위스 공군은 뒤벤도르프를 공군 기지로 사용하기 시작했다.

마침내 1919년 뒤벤도르프는 민간 항공사용 공항이 되었다. 처음에는 Swissair의 전신인 Ad Astra Aero가, 1932년부터는 Swissair가 사용하기 시작했다. 그해에 여객 터미널 전용 여객터미널 건물이 문을 열었다.

〈좌: 1929년의 뒤벤도르프 비행장, 우: 1935년의 뒤벤도르프 민간 비행장〉

위의 왼쪽 사진은 1929년 뒤벤도르프 비행장 남서쪽을 항공기에서 바라본 모습인데, 그 지역은 취리히 근처에 비행장을 건설하기에 적합한 몇 안 되는 장소 중 하나였다. 1932년 이전에는 승객 전용 시설이 없었다.

위의 오른쪽 사진은 1935년 6월 남동쪽의 여객 터미널과 정비 격납고를 바라본 모습이다. 1932년 7월 16일에 뒤벤도르프 민간 비행장의 공식 개항식이 열렸다.

왼쪽 사진은 1939년 9월 3일 뒤벤도르프 비행장 모습인데, 방문객들은 꼬리에 나치 만자 기호를 단 두 대의 루프트한자 융커스 Ju52도 보인다. 제2차 세계 대전은 그보다 이틀 전에 시작되었다. 스위스는 전쟁 중 더 큰 사건들이 침략을 지연시켰기 때문에 군사적 억지력, 독일에 대한 경제적 양보, 행운을 묶어서 독립을 유지할 수 있었다. 터미널 오른쪽에 있는 대형 테라스도 볼거리다.

• 취리히 클로텐 공항

위의 사진은 1950년 6월에 클로텐 공항 서쪽을 바라본 이미지이다. 서쪽 활주로(중간 위에서 우측 아래로 뻗은 것, 1,900m)가 1948년 6월 14일에 개장했다. 같은 해 11월에 계기 활주로(왼쪽 아래에서 우측 위로 뻗은 것, 2,600m)가 개장되면서 모든 상업 노선들이 뒤벤도르프에서 클로텐으로 이전되었다. 계기 활주로는 당시 유럽에서 가장 긴 활주로 중 하나였다. 세 번째 활주로(1,535 미터)는 풍향에 따라 드물게 사용되었다.

〈좌: 1950년 5월 신공항 플랫폼, 우: 1950년대 중반의 뉴 터미널 건물〉

앞의 좌측 사진은 1950년 5월에 찍은 신공항 플랫폼인데, 처음에는 나무 막사 마을이 터미널 역할을 했다. 그래서 영구적인 터미널 건물이 여전히 건설될 필요가 있어서 지은 것이 이 플랫폼이다. 운영 첫해인 1949년에 이 공항은 176,412명의 승객과 1,819톤의 화물을 처리했다. 기획자들은 앞으로 수십 년 동안 공항 개발에 영향을 미칠 레이아웃인 곡선형 플랫폼을 선택했다.

1950년대 중반에 새 터미널 빌딩(위의 우측 사진)은 'Flughof'로 불렸는데, 'Flightyard'로 번역된다. 메인홀은 중앙에 위치한다. 왼쪽은 29m 높이의 관제탑이 있고, 그 왼쪽이 행정동이다. 메인홀의 우측 건물에는 레스토랑과 대기 라운지들이 있다.

새 터미널 빌딩의 가장 인상적인 특징은 승객들이 계류장을 방해받지 않고 볼 수 있도록 메인 승객홀의 창을 크게 확장한 것이다. 건물 전체의 전면을 따라 183m 거리에 펼쳐진 개방형 관람 테라스가 있었다. 이 터미널은 워싱턴 내셔널 공항[11]에서 영감을 얻은 것이다.

11 현재는 로날드 레이건 워싱턴 내셔널 공항(Ronald Reagan Washington National Airport)으로, 미국 버지니아 주 알링턴 군에 위치한 국제공항이다.

• 제트 시대

오른쪽 사진은 클로텐의 북서쪽을 바라보는 1960년대 후반의 공항 모습이다. 제트기에 대처하기 위해 핵심 계기 활주로(사진의 위에서 아래로 이어지는 것)를 3,700m 이상으로 연장하고 고속 유도로를 추가했다. 서쪽 활주로(사진에서 왼쪽 상단에서 오른쪽 중간으로 뻗은 것)는 2,500m로 늘어났는데, 1961년 초에 완공된 것이다.

〈좌: 1967년 10월 계류장과 터미널 모급, 우: 1968년 10월 스위스에어 DC-8 이미지〉

위의 좌측 사진은 계류장과 터미널의 1967년 10월 모습이다. 터보프롭에서 제트기 시대로의 전환을 뚜렷하게 볼 수 있다. Tarom Ilyushin Il-18 터보프롭이 Swissair Caravelles, Coronados, DC-8s, DC-9s 등으로 둘러싸여 있다. 1967년에 취리히 공항은 3백만 명 이상의 승객을 처리했다.

우측 사진은 1968년 10월, Swissair DC-8이 비행할 준비를 하는 모습을 보여주는 계류장 모습을 담고 있다. 당시 승객은 여전히 계단을 통해 항공기에 탑승했다. 1970년대에 와서 비로소 탑승교가 클로텐 공항에서 등장했다.

■ 활주로

방향	길이		표면
	ft	m	
10/28	8,202	2,500	콘크리트
14/32	10,827	3,300	콘크리트
16/34	12,139	3,700	콘크리트

취리히 공항에는 길이 3,700m의 16/34, 길이 3,300m의 14/32, 길이 2,500m의 10/28의 세 본의 활주로가 있다. 다음의 도표에서 보듯이, 활주로의 용도와 빈도는 기후 조건에 따라 다르다. 대개 활주로 14는 착륙에 사용되고, 활주로 16과 28은 이륙에 사용되지만, 이른 아침과 저녁에는 패턴을 달리한다.

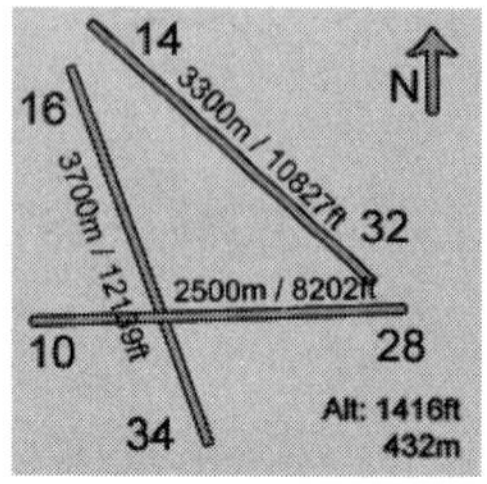

활주로	길이	ILS	용도	빈도
10	2500m	-	동쪽에서 강풍이 불 때 출발. 착륙 없음	드뭄
14	3300m	ILS	주간에 메인 착륙 활주로, 이륙 불가	상시
16	3700m	ILS	주간에 대형기의 메인 출발 활주로, 드물게 착륙	빈번
28	2500m	ILS	주간에 출발 활주로, 저녁에 착륙	상시
32	3300m	-	아침에 출발 활주로, 착륙 없음	보통
34	2700m	ILS	아침에 착륙 활주로, 저녁에 이륙 활주로	보통

■ 터미널

• 터미널 단지

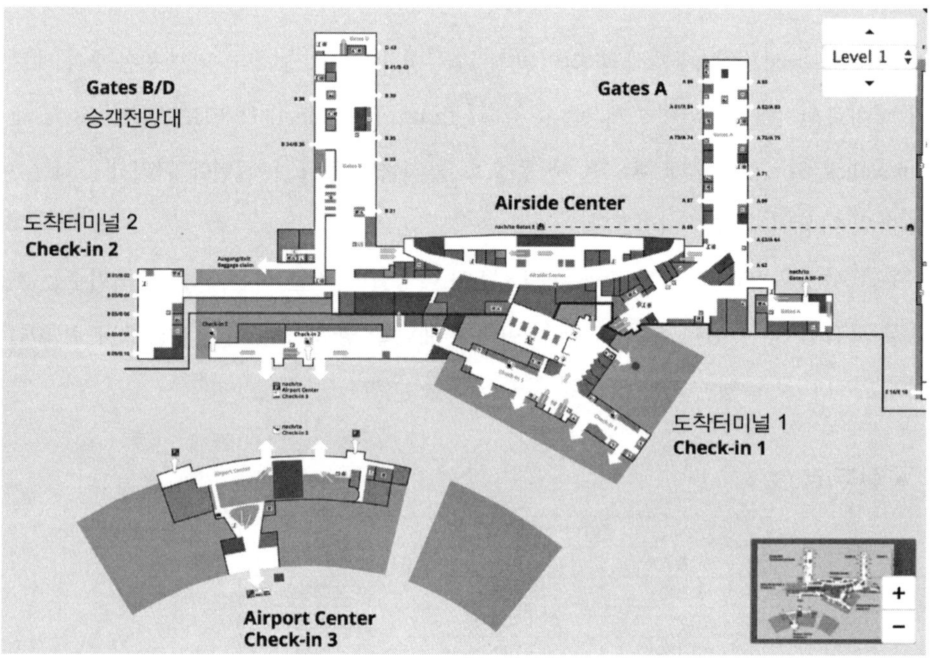

공항에는 터미널 A, B, E(게이트 A, B/D, E로도 표시됨)로 알려진 3개의 에어사이드 탑승동이 있다. 이들은 2003년에 지어진 에어사이드 센터라는 중앙 에어사이드 빌딩과 연결되어 있다. 에어사이드 센터와 함께 에어사이드 센터라는 지상 터미널 단지는 여러 건물로 구성되어 있으며, 항공사 체크인 구역, 쇼핑몰, 철도를 포함한다. 역, 주차장, 버스 및 트램 터미널. 모든 출발 승객은 공항 보안 검색대를 통해 면세 쇼핑과 다양한 바와 레스토랑이 포함된 에어사이드 센터의 동일한 출발층에 액세스 할 수 있다. 그런 다음, 게이트 라운지로 가는 도중에 승객들은 셍겐과 비셍겐 취항지로 나눠지는데, 비셍겐 승객은 먼저 출입국 관리를 통과한다. 도착하는 셍겐 승객과 비셍겐 승객은 에어사이드 센터의 별도 구역에서 처리되며, 비셍겐 승객은 먼저 출입국 심사를 통과하여 다른 경로를 통해 도착하게 된다. 3개의 에어사이드 터미널은 다음과 같다.

• 터미널 A

터미널 A에는 A가 붙은 게이트가 있다. 1971년에 개장했으며, 스위스 국내선을 포함하여 셍겐 지역 취항지를 오가는 항공편만 독점적으로 사용한다. 1982년부터 1985년까지 확장된 이래로 한쪽 끝이 에어사이드 센터에 직접 연결된 핑거형 탑승동 형태를 취했다. 터미널 A는 2021년부터 철거되고 완전히 새로운 시설로 대체될 예정이다.

〈출처: https://search.zonealarm.com/Search/?q=map+of+zurich+airport〉

• 터미널 B

터미널 B에는 접두어 B와 D가 들어간 게이트가 있다. 1975년에 개장했고, 3년간의 대대적인 재건을 거쳐 2011년 11월에 재개장했다. 터미널 A와 마찬가지로, 한쪽 끝이 에어사이드 센터에 직접 연결된 핑거형 탑승동 형태를 취한다. 재건축 이후, 동일 게이트에서 셍겐 및 비셍겐 항공편을 모두 수용할 수 있게 되었다. 각 게이트에는 접두어 B와 D

가 붙은 두 개의 번호가 있지만, 셍겐 승객과 비셍겐 승객의 흐름을 구분하기 위해 게이트를 오가는 승객 경로가 다르다.

• 터미널 E

터미널 E에는 접두어 E가 들어간 게이트가 있으며, 미드필드 터미널 또는 도크(Dock) E라고도 한다. 에어사이드 센터에서 10/28 활주로 반대편에 위치한 독립형 위성 터미널로, 16/34와 14/32 활주로 사이에 있다. 셍겐 국제선이 아닌 나머지 국제선용으로 운영하기 시작했으며, 2003년 9월 1일에 개장했다. 자동화된 지하 피플무버(people mover)인 Skymetro에 의해 에어사이드 센터와 연결되어 있다.

터미널과 그 용도를 정리하면 다음의 도표와 같다.

터미널/계류장	사 용
터미널 1(게이트 A)	스위스에어/스타얼라이언스 셍겐 (유럽) 전용
터미널 2(게이트 B)	스위스에어, Edelweiss + Air Berlin 셍겐/비셍겐 환승 (대부분 유럽행 항공기이지만 장거리 항공기도 가능)
터미널 E(게이트 E)	비셍겐 (UK/나머지 대륙): 대부분의 스위스에어 장거리, 모든 외국 장거리, 대부분의 스타얼라이언스 소속 유럽 항공사들. A380은 북서쪽 끝에 주기한다.
계류장 I/H/F	Swiss Avros, Darwin, 여타 commuters, 일부 bizjets은 계류장 F 사용
계류장 C/D	일부 유럽 정기 항공편(예: 이베리아), 저비용/차터 항공편(스위스에어, 에어베를린, 외부 회사들)
계류장 Whiskey	장기 비즈젯(biz-jets) 주기, 화물, VVIP, 헬리콥터
계류장 Tango	Maintenance/SR Technics parking, 일부 biz-jets
계류장 GAC	일반 항공, 소형 bizjets
계류장 ExecuJet	Execujet의 Bizjets, CAT 항공

4. 에티켓

■ 인사

- 남자들 간의 인사 - 남자는 직접 눈을 마주치면서 서로 인사하며 악수한다. 가벼운 포옹은 친한 친구와 가족 간에서 흔하다.
- 여자들 간의 인사 - 볼에 가볍게 키스하는 것이 가장 일반적인 인사법이다. 실제 키스가 아닌 가벼운 볼터치이다. 오른쪽 뺨에서 시작하여 세 번 번갈아가며 볼에 키스하는 것이 일반적이다. 첫 만남에서 여성들은 일반적으로 악수한다.
- 남자가 여자에게 인사하기 - 뺨에 가벼운 키스는 친구나 가족에게 가장 흔한 인사법이다. 오른쪽 뺨에서 시작하여 세 번 번갈아 가며 뺨에 키스하는 것이 일반적이다. 첫 만남이라면 악수하는 것이 좋다.
- 참고: 독일, 프랑스 및 이탈리아 문화에는 강한 지역주의와 영향력은 매우 만연해 있다. 프랑스어와 이탈리아어를 사용하는 지역의 인사말은 독일어를 사용하는 지역보다 따뜻하고 긴 경향이 있다.

■ 터부

쓰레기를 버리거나 주변에 방치하는 것은 매우 무례한 행동으로 간주된다.

스위스인은 평화를 높이 평가하므로 대중 앞에서, 특히 휴대 전화를 사용하면서 너무 큰 소리로 말하는 것은 예의에 어긋난다.

■ 커뮤니케이션 스타일

커뮤니케이션 스타일은 성격에 따라 크게 좌우되지만, 스위스인은 일반적으로 공손하고 직접적인 소통을 한다.

스위스인은 사적인 경향이 있고, 개인적인 질문은 그리 흔하지 않다.

■ 아이컨택

눈을 마주치는 것은 존경의 표시이며, 누구와 대화하든 유지되어야 한다.

직접 눈을 마주치는 것은 선택이 아니라 필수다. 상사든 자녀든 식품점 점원이든 사람과 아이컨택을 하지 않는 것은 무례한 것으로 여겨진다.

■ 제스처

손을 평평하게 펴서 목을 자르는 시늉은 "배불리 먹었다!"는 뜻이다.

집게손가락으로 관자놀이를 두드리는 것은 누군가가 미쳤다는 뜻이다.

5. 문화 차원

기어트 호프스테드는 사회가 스스로를 조직하기 위해 고려해야 할 여섯 가지 기본 문제를 제시했다. 이것이 문화 차원이다. 각각은 대략 0에서 100까지의 지수로 나타낸다.

각각의 차원은 전부는 아니지만 많은 나라들을 비교하여 도출된 것이다. 각 차원에 대한 연구 결과를 요약해서 제시한 것이 각 차원의 세계지도이다. 물론, 현실에서는 한 나라 안에서도 다양한 차이와 변화가 있을 수 있다; 각 차원에서 제시한 지도는 국가문화에 대한 대략적인 일종의 '기후지도(climate map)'와 같은 것으로 보아야 할 것이다.

■ 개인주의 차원

개인주의-집단주의 세계지도

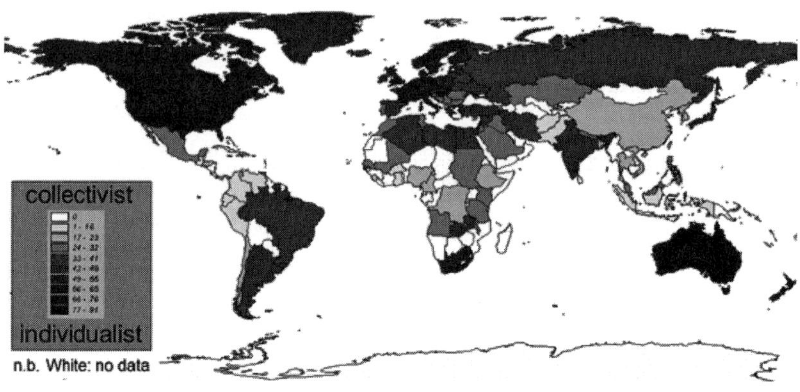

독일어와 프랑스어를 구사하는 스위스와 북유럽 국가들은 개인주의 성향이 강한 높은 점수를 받고 있다. 이는 개인이 자신과 직계 가족만을 돌봐야 하는 느슨한 사회 구조를 선호한다는 뜻이다. 고용주와 직원의 관계는 상호 이익에 근거한 계약이며, 고용 및 승진 결정은 실적에 따라서만 가능하다. 족벌주의와는 거리가 먼 사회이다.

관리는 개인의 관리이다. '자신'이 중요하고, 개인의 의견은 존중된다. 범죄는 죄책감과 자존감 상실을 야기한다. 의사소통은 명백하고, 스몰토크는 최소한으로 유지된다. 사생활에 대한 권리는 중요하고 존중되며, 업무와 사생활에는 뚜렷한 차이가 있다. 직업 이동이 빈번하고, 개인의 경력을 중시한다.

■ 권력 거리 차원

권력 거리 세계지도

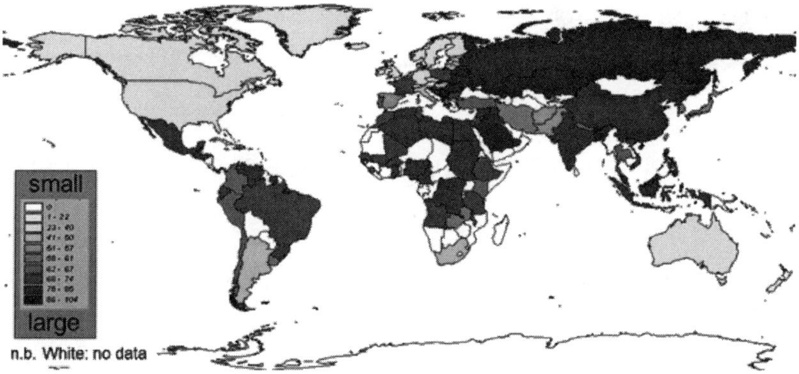

독일어와 프랑스어를 사용하는 지역에서 큰 편차를 보이지만, 전반적으로 스위스는 권력 거리가 낮은 평등주의 사회라고 할 수 있다. 프랑스와 마찬가지로, 스위스의 프랑스어 지역 사람들은 조직 체계에 대한 수용도가 더 높은데, 이는 내재된 불평등을 반영하는 것으로 보이기 때문에 더 이상의 명분이 필요하지 않다는 뜻이다.

그러나 스위스의 독일어 지역은 독립성과 동등권을 특징으로 하는 북유럽 국가들과 유사한 선호도를 보인다. 계층 구조는 편의를 위한 것일 뿐이며, 상급자에게 접근하기도 용이하며, 관리를 촉진하고 권한을 부여한다. 권력은 분산되어 있으며, 직원들은 상담받기를 선호하며, 관리자는 팀원들의 경험을 존중한다. 통제는 싫어하고, 관리자에 대한 태도는 비공식적이며 이름에 기초한다. 소통은 직접적이고 참여적이며 합의 지향적이다. 덴마크는 심지어 직원 자율성 면에서 유럽연합 28개국 중 가장 높은 순위를 차지하고 있다.

■ 남성성-여성성 차원

여성성-남성성 세계지도

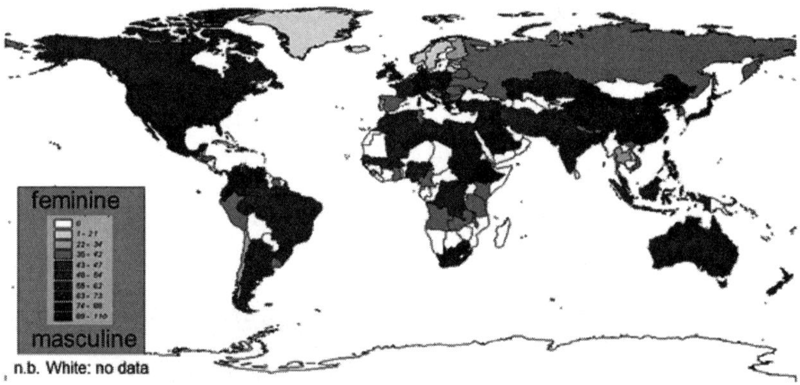

스위스의 독일어와 프랑스어는 모두 남성적 사회로서 높은 점수를 받고 있지만, 그 영향은 독일어권 지역에서 훨씬 더 두드러진다.

그러니까 스위스는 경쟁, 성취 및 성공에 의해 움직이는 사회이며, 성공은 승자 또는 분야 최고로 규정된다. 즉, 학교에서 시작하여 조직 생활 전반에 걸쳐 이어지는 가치 체계이다. 남성적 국가의 사람들은 일하기 위해 산다. 경영자들은 결단력이 있어야 하며, 중요한 것은 형평, 경쟁, 그리고 성과이다. 갈등은 투쟁하는 과정에서 해결된다.

반면에, 북유럽 국가는 모두 전형적으로 여성성이 강한 문화이다. 노르웨이와 스웨덴은 세계에서 가장 여성적인 사회로 여겨지기도 한다. 이러한 국가에서, 일과 삶의 균형은 중요하고, 삶의 질은 성공의 신호이다. '살기 위해 일'을 하는 사람들과 자유 시간 및 유연한 근무 시간/장소와 같은 인센티브가 선호된다.

효과적인 관리자는 자기 직원들을 지지하며, 의사 결정은 참여를 통해 이루어진다. 경영자들은 합의를 위해 노력하고, 사람들은 자기네 직장 생활에서 평등, 연대, 품질을 중요시한다. 갈등은 타협과 협상으로 해결되는데, 북유럽 국가들은 합의가 이뤄질 때까지 오랜 논의를 하는 것으로 알려져 있다.

사회적 연대, 약자에 대한 동정, 그리고 모든 것을 포용하는 것은 여성적 사회에서도 중요하다. 지위는 드러나지 않으며, 군중 속에서 두드러지거나 다른 사람들보다 더 나아지려고 노력하는 것은 사회적으로든 물질적으로든 보상받지 못한다. 이러한 행동은 이른바 '얀테의 법칙(Jante Law)'[12]에서 읽을 수 있는데, 이 법칙은 사람들에게 자신을 자랑하거나 다른 사람보다 우월하게 여기지 말라고 충고한다.

■ 불확실성 회피 차원

불확실성 회피 세계지도

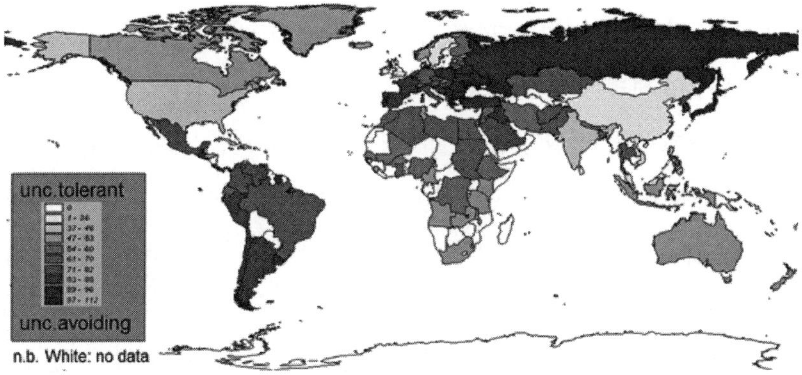

불확실성에 대한 태도에서는 스위스의 프랑스어 및 독일어 사용 지역 간에도 큰 차이가 있다. 프랑스어 지역에서는 불확실성 회피 선호가 강한 반면, 독일어권 지역에서는 이러한 선호가 덜한 편이다. 이에 비해 북유럽 국가들 간에도 스위스의 사례처럼 큰 차이를 보인다.

전반적으로 스위스는 불확실성을 회피하는 선호도가 강하다. 북유럽의 핀란드도 마찬가지다. 불확실성 회피 정도가 낮은 사회는 믿음과 행동에 대해 엄격한 규범을 유지

12 덴마크 출신 노르웨이 작가인 악셀 산데모제가 쓴 소설 〈A Fugitive Crosses His Track〉(도망자, 지나온 발자취를 다시 밟다)'에서 정리된 것으로, 10가지 법칙으로 구성되어 있다. 참고로 얀테는 소설의 배경이 된 덴마크의 소도시 이름이다.

하는 경향이 있고, 규범을 벗어난 행동과 아이디어에 더 관대한 편이다. 이러한 문화권에는 규칙에 대한 정서적인 필요가 있다. 시간은 돈이고, 정확성과 정시성은 기본이다. 사람들은 언제나 바쁘고, 열심히 일하고 싶은 내면의 충동을 가지고 있다. 보안은 개인의 동기 부여에서 중요한 요소이며, 혁신은 거부될 수 있다. 이용 가능한 모든 정보를 신중하게 분석한 후에야 어떤 결정을 내리는 성향이 강하다.

예컨대 북유럽의 노르웨이와 아이슬란드는 중간 정도의 점수를 받았는데, 모두 불확실성 차원에서 중립적인 선호도를 보인다. 이것은 일반인과 전문가 모두가 필요하다는 뜻이다. 계획에 초점이 맞춰져 있지만, 이러한 계획은 예고 없이 변경될 수 있고 즉흥적으로 이루어질 수도 있다. 이러한 사회에서는 감정을 많이 드러내지 않는다. 사람들은 꽤 느긋하고, 위험을 무릅쓰기도 한다. 결과적으로, 새로운 아이디어와 혁신적인 제품에 대한 수용도가 높아지고, 기술, 사업 관행, 식품 등과 무관하게 새로운 또는 다른 무언가를 시도하려는 의지가 상대적으로 강하다.

불확실성과 모호함에 더 편안해 하는 사람들은 덴마크와 스웨덴 사람들이다. 그들은 많은 구조와 예측 가능성이 불필요하고, 하룻밤 사이에 바뀌는 계획이 그들의 직장생활의 자연스러운 부분이다. 일정은 유연하고 정확하며, 시간 엄수는 자연스럽게 이루어지지 않는다. 힘든 일은 필요할 때 행해지지만, 그 자체로는 수행되지 않는다. 이러한 사회에서는 원칙보다 실천이 중요하다. 사람들은 필요 이상의 규칙은 없어야 하며, 모호하거나 효과가 없다면 버리거나 바꿔야 한다고 생각한다.

호기심은 아주 어린 시절부터 자연스럽고 장려된다. 개성과 호기심이 강한 나라라는 점도 혁신과 디자인의 원동력이다. 새롭고 혁신적인 제품에 대한 소비주의가 심하고 광고, 마케팅 및 금융 공학과 같은 빠르고 매우 창의적인 산업이 번창한다.

■ 장기/단기 지향성 차원

앞의 네 가지 차원에 이어 추가된 것이 장기 지향성과 절제 차원이다. 이 두 가지 차원 때문에 여타 국가들도 지도에서 표기할 필요가 있었다. 이 지도는 민코프가 20년에 출간한 〈우리는 왜 다르고 비슷한가〉에서 따온 것이다. 2010년 버전에서는 0에서 100에 이르는 방식으로 스케일이 조정되었다. 융통성(Flexhumility, 장기 지향성, 지도에서는 파란색)와 기념성(monumentalism, 단기 지향성, 지도에서는 주황색)의 경우에도 스케일이 반전되고 있다.

단기 지향성-장기 지향성 세계지도

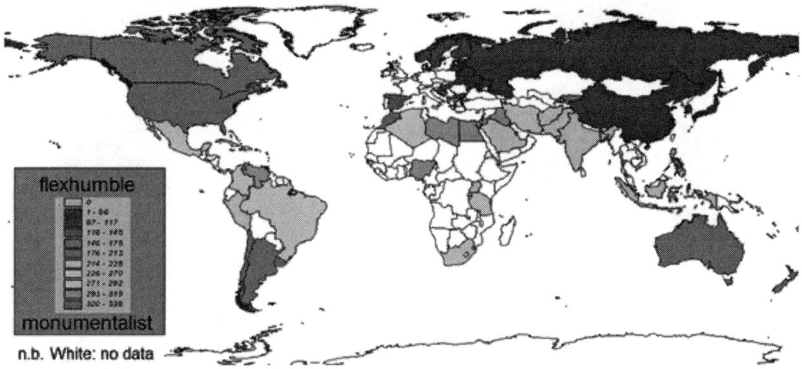

기억해야 할 것은 숫자는 실제로 아무런 의미가 없다는 사실이다. 숫자는 단지 편의상 주어진 것이다. 중요한 것은 세계적인 패턴이다.

장기 지향성에서 높은 점수를 받은 스위스 문화는 분명히 실용적이다. 사람들은 진실은 상황, 맥락, 그리고 시간에 달려있다고 믿는다. 그들은 전통을 변화된 환경에 쉽게 적응시키는 능력을 보여주며, 저축과 투자에 대해 강한 성향을 보인다. 그들은 또한 미래에 대비하기 위한 방법으로 현대적인 교육에 대해 절약과 노력을 장려한다.

예컨대 북유럽 문화는 모두 단기 지향적이다. 물론 스웨덴은 이 차원에서 명확한 선호도를 보이지 않고 있다. 스웨덴을 제외한 북유럽 사회의 사람들은 자기네 사고방식이 규범적이며 절대적인 진실 확립에 강한 관심을 보인다. 그들은 사회 변화를 의심하면서 오랜 전통과 규범을 유지하는 것을 선호한다. 미래를 위해 저축하는 경향은 상대적으로 적고, 빠른 성과 달성에 초점을 맞춘다.

■ 쾌락과 절제 차원

스위스와 북유럽 국가들은 모두 쾌락 지향적 경향이 있는데, 이는 사람들이 인생을 즐기려는 충동과 욕망을 실현하려는 의지가 강하다는 뜻이다. 그들은 긍정적인 태도와 낙관적인 성향을 보인다. 게다가, 여가 시간을 더 중요시하고, 자기가 하고 싶은 대로 행동하고, 쓰고 싶은 대로 돈을 쓴다.

쾌락-절제(자적-자제) 세계지도

정리하면, 호프스테드의 국가 비교 분석은 스위스와 북유럽 국가 간의 주요 문화 차이와 이 두 지역 내에 존재하는 특정 차이점을 알아내기에 적합한 기본적 통찰력을 제공한다.

그의 분석은 다소 일반적인 것이어서, 산업에서의 잠재적인 차이를 포착하기는 어렵지만, 이러한 국가에서 국가 문화가 직장 가치와 행동에 어떻게 영향을 미치는지를 좀 더 깊이 있게 이해하려는 사람들에게 유용한 출발점이 될 수 있다.

09
세르비아

〈출처: http://www.maps-of-europe.net/maps-of-poland/〉

국명	세르비아공화국
수도	베오그라드
인구	706만 명(2019, 코소보 포함)
인종	세르비아인(83.3%), 헝가리인(3.5%), 로마인(2.1%), 보스니아인(2%)
면적	88,361Km²(한반도의 1/3)
종교	세르비아정교(84.6%), 카톨릭(5.5%), 이슬람(3.1%) 등
언어	세르비아어
화폐	디나르(Dinar, RSD) (1$=103.4Dinar)
도메인	.rs

1. 지리적 특징

세르비아는 20세기 대부분 유고슬라비아로 알려진 이전 국가의 일부였다. 민족과 언어는 세르비아 문화에서, 특히 정체성 형성 및 상호 작용 측면에서 계속 큰 역할을 하고 있다. 더욱이 역사의 주요 사건들은 세르비아인들의 국가 정체성에 영향을 미쳤다. 그런 사건들로는 오스만 제국의 세르비아 점령, 유고슬라비아 형성, 세르비아의 독립 등이 있다. 많은 세르비아 관습과 전통은 과거의 이러한 주요 사건들과 연관된 경우도 드물지 않다. 현대 세르비아는 과거에 경의를 표하며 전 세계에서 영감을 이끌어 내고 있다.

■ 민족의 상호작용

세르비아 인구의 절대다수는 인종적으로 세르비아인(83.3 %)에 속한다. 세르비아 민족의 정체성은 출생지에 의해서만 정의되지 않는 경우도 없지 않다. 실제로 세르비아인으로 알려진 사람들은 크로아티아, 보스니아-헤르체고비나 또는 다른 곳에서 태어났을 수도 있다. 두 번째로 큰 민족 집단은 헝가리인 (3.5 %)으로, 이들 대부분은 북부 보이보디나 주의 세르비아-헝가리 국경 근처에 거주한다. 보이보디나의 문화는 부분적으로 헝가리의 영향을 받았다. 나머지 인구의 2.1%는 집시족, 2.0%는 보스니아 무슬림(Bosniak), 5.7%는 여타 인종이다. 3.4%는 신고되지 않았거나 알려지지 않은 민족이다.

많은 세르비아인의 경우 종교와 민족성의 연관성은 사회적 인식에 영향을 미치므로, 민족성에 기초한 종교적 소속성을 추론하기도 한다. 예컨대 세르비아인으로 알려진 사람들은 동방정교도로 식별되는 경향이 있다.

일반적으로 보스니아인 외에 세르비아인과 크로아티아인 간의 상호작용도 매우 평화롭다. 그러나 정치와 정치사라는 주제가 불거지면, 긴장된 상호작용으로 탈바꿈한다. 국가와 민족에 대한 민족주의는 세르비아보다 국외자들 사이에서 더 강해지는 경향이 있다. 민족 집단과 동일시되는 일부 사람들은 잠재적 인 불쾌한 접촉이나 과거의 기억을 떠올리지 않으려고 다른 집단과의 상호작용을 피하려 할 수도 있다. 세르비아인들은 또한 세르비아 남서부에 위치한 몬테네그로와의 오랜 교류역사를 가지고 있다. 이 두 국가는 2006년까지 국가 연합에 속해 있었다. 세르비아인과 몬테네그로인 사이의 관계는 일반적으로 조화롭다.

■ 정체성과 자긍심

자주 크게 떠벌리지는 않지만, 국가 슬로건 'samo sloga Srbina spasava'('단결은 세르비아인을 살린다')은 생존을 위해 연대가 필요하다는 공통된 태도를 반영한 것이다. 이러한 태도는 유고슬라비아 전쟁을 포함한 세르비아의 격변 역사에서 비롯된 것이다. 또한 사람들이 친구와 가족에게 극도로 충성하는 경향이 있는 집단주의 사회의 성격을 반영하고 있다.

세르비아에서 일어난 다양한 역사적 사건들은 민족적 자긍심에 기여했다. 예컨대, 대부분의 세르비아인은 1389년 기독교와 오스만 군대 간의 전투에서 라자르 왕자가 한 역할을 잘 알고 있다. 이 전투는 세르비아인의 국가적 고통을 상징하는데, 세르비아의 국가 정체성을 형성한 뿌리들 중 하나로 여겨지기도 한다. 이러한 사건과 신화들은 이전 세대에서 전승되고 있는데, 세르비아 정체성의 핵심으로 간주되기도 한다. 이는 갈등을 피해 해외로 도피한 예술가들에 의해 증폭되었다. 이 예술가들 중 다수는 이러한 국가 신화를 상기함으로써 한층 더 민족주의적 관점에서 세르비아 문화를 묘사했다.

민족성과 종교적 소속성, 즉 민족과 종교활동 간의 상관관계도 세르비아의 정체성에 중심 역할을 한다. 국가 슬로건은 세르비아 정교회 십자가의 각 분기마다 네 개의 큰 글자 C로 상징된다. 이 상징은 세르비아 전역과 전 유고슬라비아의 여타 세르비아인 거주 지역에서 널리 볼 수 있으며, 그라피티 형태로 그려지기도 한다. 세르비아의 정체성과 종교 간의 연결은 언어에 의해서도 강화되고 있다. 세르비아어는 일반적으로 키릴 문자로 기록되기 때문에 구별된다. 이것은 주로 세르비아의 구어가 아닌 문어로 된 종교적 전례를 통해 탄생했다. 수많은 개인의 입장에서 보면, 세르비아 정교회 신앙과 언어는 세르비아를 이웃들과 구별하는 특징이기도 하다.

2. 역사적 특징

■ BC 2세기경

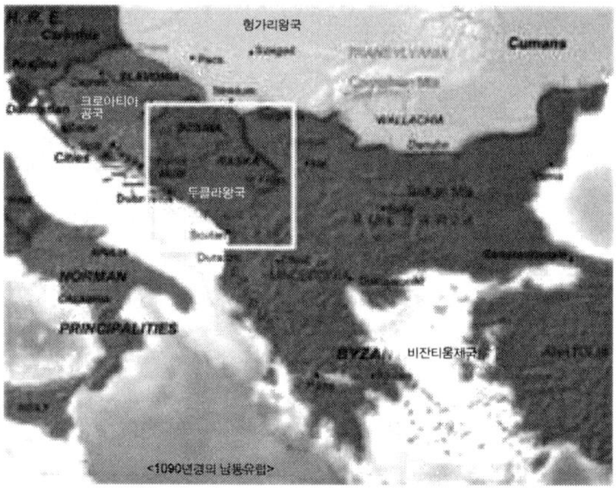

<1090년경의 남동유럽>

- 로마제국은 세르비아가 위치한 발칸반도의 대부분을 점령한다. 로마는 현재의 세르비아 지역을 모이시아 속주, 일리리아 속주, 판노니아 속주 등으로 분할·지배했다.
- 395년, 로마제국이 동로마제국과 서로마제국으로 분할될 때 세르비아지역은 동로마제국의 지배에 들어간다.

■ 세르비아인의 발칸 이주

- 6~7세기경, 중부유럽, 동부유럽에 지리적 기원을 둔 슬라브족이 당시 동로마제국이 지배하던 발칸반도로 이동하여 정착한다.
- 630년경, 이들 중 일부가 오늘날의 세르비아의 베오그라드(당시 Singidunum)에 정착촌을 형성한다. 슬라브족은 이후 오늘날의 크로아티아, 보스니아, 몬테네그로, 세르비아의 뿌리를 이루는 공국을 건설하고 국가의 토대를 구축한다.

■ 768~960년: 중세 세르비아 공국

- 768년경~960년, 발칸반도의 세르비아 지역에서 세르비아공국이 번성한다.
- 971년, 세르비아공국이 동로마제국(비잔틴제국)에게 합병된다. 이때 오늘날의베오그라드는 세르비아의 영토가 아닌 불가리아제국에게 827년 점령된 상태.

■ 960~1091년: 두클랴왕국

- 960년~1091년, 두클랴왕국(Kingdom of Dioklea)은 오늘날의 몬테네그로 지역으로, 이

지역의 패권을 장악한다.

- 11세기에 이 지역을 석권하지만, 권력다툼으로 몰락한다.

■ 1091~1217년: 세르비아대공국

- 1091년, 두클랴왕국이 쇠퇴할 즈음, 세르비아지역의 영주 부칸(재위 1083~1112)에 의해 다시 세르비아가 부상한다('세르비아 대공국' 또는 '부카노비치 왕가'으로 불림).

■ 1217–1346년: 중세 세르비아 왕국으로 승격

- 1217년, 대공 스테판 네마니치(재위 1196-1228)는 교황으로부터 왕관을 수여받으면서 세르비아대공국은 '세르비아왕국'으로 승격된다.
- 1219년, 그의 동생 '성 사바(1174-1236)'가 세르비아 독립 정교회를 선포한다.

■ 1346–1371년: 세르비아 제국(스테판 우로쉬 4세 두샨)

- 1331년, 스테판 두샨(국왕, 재위 1331~1346), 차르, 재위 1346~1355)은 대관식 직전에 세르비아 대주교를 총대주교로 격상하고, 비잔틴 제국의 제도를 따르고, 내정 개혁을 실시하여 행정 조직을 통합하고 중앙 집권화를 추진한다. 1349년 두샨 법전을 공포하여 세르비아 역사상 가장 큰 영향을 끼치는 법전을 만든다. 콘스탄티노폴리스 정복을 위해 베네치아 공화국과 가까운 관계를 유지하지만 헝가리 왕국과 교회의 방해로 실패한다. 두샨은 세르비아 민족주의가 폭발한 19세기에 세르비아인의 우상이 되었는데, 이 두샨의 제국을 되찾는 것이 근대 세르비아 정치의 이상적 목표였다.
- 1386년, 헝가리가 베오그라드를 다시 점령한다.
- 1371년, 세르비아의 스테판 우로쉬 5세가 후사 없이 사망하여 세르비아제국은 멸망의 길을 걷는다.

■ 1371–1402년: 혼란기의 세르비아

- 세르비아의 가장 강력한 지방 귀족 라자르 흐레벨랴노비치(재위 1371-1389)가 세르

비아의 재통합을 내걸고 세력을 넓혔지만, 1389년 오스만제국과의 코소보전투에서 전사한다. 그의 아들 스테판 라자레비치(재위 1389-1402) 등 세르비아의 지방 귀족들은 오스만제국의 제후국이 되고, 스테판 라자레비치는 1402년까지 오스만제국을 위한 전투에 참여한다.

■ 1402–1459년: 세르비아 전제공국(Serbian Despotate)

- 1402년, 벌어진 앙카라전투에서 오스만제국이 티무르제국(1370-1507)에 패하자, 세르비아에게 다시 독립의 기회가 찾아온다. 또한 동로마제국과 헝가리왕국은 오스만제국과의 완충지대로 스테판 라자레비치에게 작위를 수여하고, 당시 헝가리왕국의 영토였던 베오그라드를 세르비아에 할양하고 세르비아 전제공국(1402-1427)으로 삼았다.
- 1427년, 라자레비치가 후사 없이 사망하자, 헝가리는 베오그라드를 되찾고, 세르비아 전제공국은 그의 사촌 주라지 부란코비치(Durad Brankovic)가 차지했으나 1456년 사망하자 아들 간 계승분쟁으로 몰락하게 된다.

■ 1459–1804: 오스만제국 지배 하의 세르비아

- 1453년, 오스만제국은 콘스탄티노폴리스를 점령하고 동로마제국을 멸망시키고, 1459년 세르비아를 완전 점령한다. 당시 헝가리영토였던 베오그라드는 1521년 오스만제국에게 넘어간다. 이후 1804년까지 세르비아는 약 4백년간 오스만제국의 지배를 받는다.

■ 1804–1815년: 세르비아혁명, 1815–1882년: 근대 세르비아 공국

- 1804년, 세르비아인들은 오스만제국에 대항하는 봉기가 발발했으나, 1차 봉기는 1814년 실패하고, 1815년 2차 봉기는 성공하여, 세르비아는 형식상 오스만제국의 속국이고 실질적으로 공국의 자치권을 갖게 된다.
- 1835년, 입헌군주제가 된다.
- 1877-78년, 러시아를 중심으로 하는 연합군(러시아, 세르비아, 불가리아, 몬테네그로, 루

마니아)과 오스만제국 간 전쟁이 발발한다(6차 러시아-오스만 전쟁). 이 전쟁에서 연합군의 승리로 베를린조약(1878)에서 러시아는 크림전쟁(1853-56)에서 잃은 크림반도를 되찾고, 세르비아, 루마니아, 몬테네그로가 완전 독립국이 되고, 불가리아는 불가리아공국을 수립한다.

■ 1882–1918년: 근대 세르비아 왕국

- 입헌군주국이었던 당시 세르비아공국 공작 밀란 1세(1868년 즉위)가 1882년 초대 국왕(재위 1882~1889)에 올라 입헌군주제 왕국을 선포한다.
- 그의 아들 알렉산다르 1세 오브레노비치(재위 1889-1903)가 왕위에 올라 1893년 의회를 해산하고 자유주의헌법을 폐지하자 1903년 암살된다. 이후 입헌군주제가 복원되면서 페타르 1세(재위 1903-1918)가 왕으로 추대된다.
- 1912년, 제1차 발칸전쟁 발발. 1911년 이탈리아-오스만 전쟁에서 오스만제국이 패배하자, 발칸반도의 세르비아-불가리아-그리스-몬테네그로-알바니아 등이 연합하여 러시아의 지원 하에 오스만제국과 벌인 전쟁이다. 연합군의 승리로, 발칸국가들은 완전 독립하면서 추가 영토를 확보한다.
- 1913년, 전후 영토배분을 둘러싸고 불가리아와 세르비아-그리스-몬테네그로-루마니아 간 내분으로 발생한 제2차 발칸전쟁은 불가리아가 패배한다.
- 당시 세르비아는 발칸반도의 슬라브인을 중심으로 통합하자는 대-세르비아주의를 주창하였는데, 이는 '가브릴로 프린치프(Gavrilo Princip)'가 반 오스트리아 결사단체인 '검은손'에 가입하고 오스트리아 황태자를 보스니아의 사라예보에서 살해하는 요인이 된다. 이에 오스트리아가 세르비아에 전쟁을 선포하면서 제1차 세계 대전(1914-18) 발발의 방아쇠가 된다.

■ 1918–1941년: 유고슬라비아 왕국

- 제1차 세계 대전에서 세르비아는 승전국이 되었고, 이웃나라인 몬테네그로, 슬로베니아, 크로아티아를 강제로 합병하게 되며, 세르비아왕국은 국호를 '세르비아-크로아티아-슬로베니아 왕국'으로 개칭한다.

- 1929년, 왕국을 '유고슬라비아 왕국'으로 개칭한다.
- 1943년경, 티토(Josip Broz Tito)가 유고슬라비아민주연방을 선포하고, 1944년 베오그라드 함락, 1945년 유고 전역을 차지한다.

■ 1945–1992년: 유고슬라비아사회주의연방공화국

- 1945년, 종전 후 티토가 유고슬라비아사회주의연방공화국(SFR Yugoslavia) 창설한다(6개 사회주의 공화국(SR, Socialist Republic)과 2개 자치정부(SAP, Socialist Autonomous Province, 코소보, 보이보디나)로 구성).
- 1991년, 6월 25일 연방의 슬로베니아와 크로아티아가 연방탈퇴 및 분리독립을 선언하자, 세르비아의 반대로 전쟁이 발생하지만, 1991년 슬로베니아, 크로아티아, 마케도니아가, 1992년 보스니아-헤르체고비나가 독립하며 연방이 붕괴된다.

■ 1992–2006년: 세르비아–몬테네그로 공화국

- 세르비아-몬테네그로가 연방을 구성했지만, 2006년 몬테네그로가 독립한다.

[상식] 구유고연방의 해체 과정

– 구유고 연방: 세르비아, 크로아티아, 슬로베니아, 몬테네그로, 보스니아–헤르체고비나, 마케도니아, 코소보가 한때는 유고슬라비아사회주의연방공화국(1945~1991).
– 유고슬라비아란 명칭은 20세기 초반 이 지역에 있던 세 나라(세르비아, 크로아티아, 슬로베니아)가 국명을 바꾸면서 쓰기 시작. 그 의미는 '남(南)'을 뜻하는 '유고'와 '슬라비아'의 합성어로 '남슬라브족의 땅'이란 뜻.
– 410년, 로마제국이 서로마와 동로마로 나뉠 때, 그 경계가 구 유고연방지역의 일대. 이들 동서 로마는 정치적인 분열 외에 종교적 갈등을 겪으며 로마가톨릭과 동방정교회로 분열(1054년). 반도의 서쪽에 위치한 슬로베니아, 크로아티아는 로마 가톨릭 중심의 서로마로, 세르비아, 보스니아–헤르체고비나, 몬테네그로, 마케도니아는 동방정교회 중심의 동로마(후에 비잔틴 제국)로 분열. 이후 약 500년간 오스만제국이 이 지역을 점령하면서 알바니아와 보스니아–헤르체고비나 지역을 무슬림화 하고, 세르비아의 민족성을 약화시키고자 무슬림 알바니아인을 강제 이주시켜 그들을 코소보에 정착시킨다.
– 이런 역사적 배경으로 인해 구 유고연방 지역은 동방정교회, 가톨릭, 이슬람이 혼재된 지역이 되었는데, 종교적으로 크게 동방정교회, 로마 가톨릭, 이슬람교가 서로 혼합되어 있

는 상황. 국가별로 보면, 슬로베니아, 크로아티아는 주로 로마 가톨릭이고, 세르비아, 몬테네그로, 마케도니아는 동방정교회가 강하다. 반면, 보스니아-헤르체고비나, 코소보는 이슬람교가 주류. 그러나 각 국가 내부에도 지역별로 동방정교회, 로마가톨릭, 이슬람교가 따로 존재한다. 이곳에서는 종교는 바로 나의 민족의 정체성이라는, 즉 내가 세르비아인이라면 나는 동방정교도이고, 알바니아인이면 무슬림이라는 공식이 성립한다.

ㅇ 1991년, 슬로베니아 내전

– 슬로베니아 독립 선언에 따라 유고연방군과 슬로베니아 간에 충돌.

– 유고군 10일 만에 독립 묵인 후 철군.

ㅇ 크로아티아 내전(1991년)

– 크로아티아 독립선언으로 유고연방군과 크로아티아군 간 충돌.

– 유고연방군 철수에 이어 크로아티아군이 세르비아민병대를 제압하여 분쟁 종결

ㅇ 1991년, 마케도니아는 세르비아와 충돌 없이 독립.

ㅇ 1992년, 보스니아 헤르체고비나 내전 –

– 보스니아계와 크로아티아계가 독립 강행하자 세르비아계와 충돌.

– 19995년, Dayton 평화협정으로 내전 종결.

ㅇ 2006 몬테네그로가 독립투표를 통해 평화적으로 독립.

ㅇ 2008 코소보 독립 선언.

– 코소보 국회는 특별회의를 개최하고 독립 선포

3. 공항: 나라의 관문

과거 수르친(Surčin)이란 이름으로 더 잘 알려진 베오그라드 국제공항은 2006년 7월 10일 세르비아계 미국인 라디오 발명가 니콜라 테슬라(Nikola Tesla)의 이름을 따서 베오그라드 국제공항이 개칭되었다. 이곳은 세르비아의 주요 국제공항 역할을 하는데, 훌륭한 박물관 외에도 발전 가능성이 커서 방문할 가치가 충분한 곳이다.

■ 니콜라 테슬라 베오그라드 공항(Belgrade Nikola Tesla Airport)

- IATA: BEG, ICAO: LYBE

니콜라 테슬라 베오그라드 공항은 세르비아의 최대 공항이다. 2006년 물리학자, 발명가 그리고 엔지니어인 니콜라 테슬라의 이름을 딴 이 공항은 에어 세르비아(Air Servia)의 허브이자 Wizz Air의 거점 공항으로, 수도 베오그라드 서쪽 Opstina Surčin 지역에 위치해 있다. 공항 운영 주체는 베오그라드 공항사(Belgrade Airport DOO)[1]로, 2018년 12월말부터 운영하고 있다.

■ 역사

• 민간 항공교통의 시작

베오그라드 최초의 (임시변통으로 마련된) 비행장은 1910년 반지차(Banjica) 군사훈련지역에 건설되었다. 항공 선구자인 Simon, Maslenikov, Vidmar, Cermak가 그들의 능력을 보여주었다. 1912년 초 오스만 제국과의 전쟁 중 반지차에서 첫 번째 격납고가 개업했는데, 세르비아의 항공비행 개척자인 미하일로 메르체프(Mihailo Merćep)가 개발하고 계획한 것이다.

세르비아는 1919년 파리에서 국제항공운송협약에 서명한 최초의 국가 중 하나였다. 베오그라드 인근에서 세르비아의 국제항공교통을 처리할 공항이 계획되었다. 당시 이 거대한 공항 면적은 판체보(Pančevo) 시 근처에서 찾았다.

국제노선을 가진 최초의 항공기가 파리에서 출발하여 1923년 3월 15일 새로 개항한

---

1 '베오그라드 공항 DOO'는 베오그라드 니콜라 테슬라 공항의 세르비아 사업부로, 프랑스 VINCI Airports SAS의 일부이다. 이 운영사는 베오그라드에 1,775명의 직원을 고용하고 있으며, 1억 3,033만 달러(USD)의 매출을 기록하고 있다. 또한 이 운영사에 5,627개의 협력사가 있다.

공항에 착륙했는데, 그것이 프랑스-루마니아 항공사 CINDA[2]의 항공기였다. 같은 해 9월 2일, 베오그라드에서 부쿠레슈티까지 처음으로 야간 비행을 했다. 1926년까지 여러 회사의 많은 항공기가 베오그라드 공항에서 중동 및 극동 지역으로 이륙했다.

현재 베오그라드의 노비 베오그라드(Novi Beograd) 지구에 위치한 국제공항은 1927년 3월에 개장했다. 그곳에 본사를 둔 세르비아 국영회사인 Aeroput[3]의 첫 항공기도 이 공항에서 이륙했다. 당시 공항에는 길이 1,100m에서 2,900m에 이르는 4본의 활주로가 있었다. 관제탑은 1931년에 완공되었고, 1936년 활주로에 악천후 조명등이 설치되었다. 1941년에 공항은 나치 국방군이 점령하여 자체 목적에 사용되었다. 1944년 여름에 연합군에 의해 폭격을 받았고, 같은 해 10월 독일군이 철수할 때 공항의 나머지 건물들은 완전 파괴되었다.

• 1945년 이후

제2차 세계 대전 후, 공항은 1944년부터 1945년까지 완전히 재건되었다. 그러나 소련과 유고슬라비아 공군의 전쟁 작전과 구호물자와 부상자의 수송에 사용되었기 때문에 대중교통수단으로는 아직 허가되지 않은 상태였다. 1947년에 공영사업이 재개되었는데, 그 이후 JAT와 JUSTA 회사가 운송을 담당했다. 1948년, 한 서유럽 항공사의 첫 번째 항공기가 착륙했다.

국제 항공편 수가 증가함에 따라 공항을 갱신하고 확장해야했지만, 당시에는 토지 문제로 불가능했다. 그래서 신공항을 건설해야했다. 신공항 건설 기간이 길었기 때문에, 구 공항에서 출발한 마지막 항공편은 1964년에 운항되었다.

• 수르친으로 이동

신공항은 도심에서 18km 떨어진 수르친 마을 옆 큰 고원지대에 건설되었다. 항법,

---

2 Compagnie franco-roumaine de navigation aérienne. 이 항공사는 1920년부터 1933년까지 프랑스와 동유럽 및 발칸지역을 왕래하는 항공노선을 운항했다.

3 베오그라드에 본사를 둔 최초의 유고슬라비아 항공사였다. 1927년에 설립된 Aeroput은 1947년에 Jugoslovenski Aerotransport로 이름이 변경되었다.

기상 및 교통에 적합한 위치이기 때문에 신공항에 적합한 위치 선정이 성공적인 것으로 밝혀졌다. 또 다른 장점은 신공항 주변의 인구밀도가 낮다는 점이다.

니콜라 도브로비치(Nikola Dobrović, 1897-1967)는 신공항의 첫 번째 초안을 제시했다. 그러나 이것은 결국 거부되었고, 1957년 완성된 엔지니어 밀로시 루키치(Miloš Lukić)의 것이 채택되었다. 건설은 1958년 시작되어, 1962년 4월 28일 당시 유고슬라비아 대통령 티토(Josip Broz Tito)에 의해 공식적으로 신공항 개장이 선포되었다. 신공항은 3400m 길이의 활주로와 동일 길이의 유도로를 갖추고 있으며, 16대의 항공기 동시 착륙이 가능하다. 당시 터미널 건물의 면적은 8000m²였다. 면세 쇼핑 지역이 건설되었고, 공항의 모든 사건을 통제하는 관제탑이 있는 기술복합단지가 건설되었다. 당시 공항의 기술 항법 및 무선 장치는 세계에서 가장 혁신적인 장치 중 하나였기 때문에 ICAO에서 최고 등급의 공항으로 분류되었다.

• 현재

유럽공항협회(ACI Europe)는 2014년 상반기 보고서에서 이 공항이 7월까지 승객 수가 100만 명에 달했던 32%나 증가해서 유럽에서 두 번째로 빠르게 성장하는 공항이라고 밝혔다. 2015년 연초부터 250만 명 이상의 승객이 등록되었다. 2015년 여름에 이미 여러 차례 기록이 깨졌다. 8월 2일에는 하루에 20,380명의 승객이 탑승했다. 그래서 공항 당국은 추가 확장 및 새로운 터미널 건설을 발표했다. 세르비아 정부는 현재 추가 증설에 더 많은 자본을 투입하고 공항의 경쟁력을 높이기 위해 외국의 컨세션 파트너를 찾고 있다. 제빙 플랫폼은 2016년에 설치되었다. 2014년 공항 승객 수는 4,638,577명이었다.

■ 항공사와 목적지

한국은 베오그라드 행 직항편이 없지만, 유럽의 독일어권 국가는 직항편을 운항하고 있다. 예컨대 2018년의 경우, 루프트한자는 프랑크푸르트와 뮌헨과 베오그라드 노선을 하루 3회, 에어 세르비아는 하루 2회 운항하고 있다. 에어 세르비아는 베를린-테겔, 뒤셀도르프 및 슈투트가르트로도 매일 운항 중이다. 스위스 항공은 취리히에서 주말에 하루 2회, 평일에는 하루 1회 운항하고 있다. 오스트리아 항공은 비엔나에서 출발하는 에어 세르비아와 하루에 세 번 코드 공유로 운항 중이다. Wizz Air는 도르트문트, 카를스루에, 하노버, 메밍엔에서 매주 여러 번 운항하며, Germanwings는 슈투트가르트에서 매주 여러 번 운항하고 있다.

■ 활주로

방향	길이		표면
	m	ft	
12/30	3,400	11,155	아스팔트/콘크리트

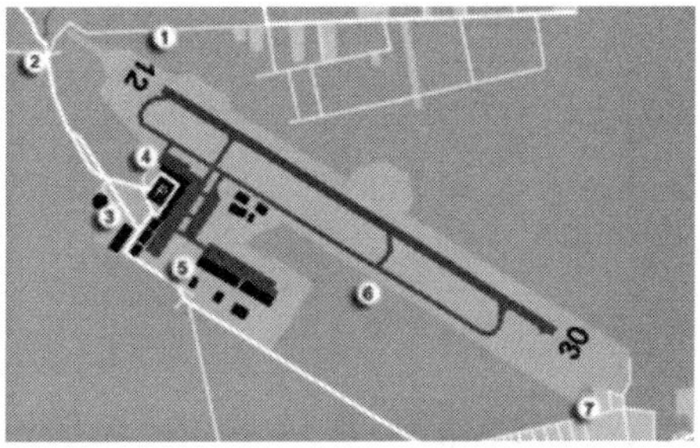

니콜라 테슬라공항은 12/30의 단일 활주로를 가지고 있다. 모든 시설은 활주로 남쪽에 위치해 있으며, 공항의 고속도로 출구로 쉽게 도달할 수 있다. 공항은 탁 트인 평지이기 때문에 일반적으로 경치가 아주 좋다.

오른쪽 그림에서 ③은 박물관, ④는 12번 활주로로 가는 유도로, ⑥은 30번 활주로로 가는 유도로, ⑦은 30번 활주로를 남쪽에서 접근하는 도로, ①은 12번 활주로를 북쪽에서, ②번은 12번 활주로를 남쪽에서 접근하는 도로이다.

■ 터미널

공항에는 2개의 터미널이 있는데, 전체 면적이 33,000m^{2}에 이른다. 터미널 2는 터미널 1보다 더 크며, 복도를 통해 연결되어 있다. 공항에는 66개의 체크인 카운터와 27개의 게이트(이 중 16개에는 제트브리지가 설치되어 있음)가 있다.

• 터미널 1

터미널 1(T1)은 공항이 건설된 당시 있었던 유일한 기존 터미널이었다. 이 터미널은 유고슬라비아, 세르비아, 몬테네그로 시대에 국내선 항공편을 처리했다. 이후 대다수 저비용 및 전세 항공사가 국제선 항공편에 사용하게 되었다. 이 터미널은 2016년과 2017년 내부 점검 당시 대대적인 개보수 공사를 거쳤다.

• 터미널 2

터미널 2(T2)는 공항의 늘어나는 승객 수를 위해 1979년에 건설되었다. 이 터미널은 5백만 명의 승객을 수용할 수 있다. 터미널에는 항공사 사무실, 환승 데스크 그리고 다양한 소매점들이 있다. 터미널은 2004년부터 2006년까지 터미널의 도착 및 출발 구역을 완전 재건한 두 번의 주요 개조 공사를 거쳤다. 2012년과 2013년에 C 플랫폼을 확장하고 정비하는 개조 공사를 거쳤다. 공식적으로 확인된 것은 없지만, 정비 공사를 거친 T1은 외국 항공사가, 터미널 2는 Air Serbia와 Etihad Airways 코드쉐어 파트너들이 독점적으로 사용할 것으로 보인다.

4. 에티켓

■ 기본 예절

- 세르비아에는 커피 문화가 강하다. 블랙커피('crna kafa')는 하루 종일 흔하게 제공된다.
- 세르비아 인은 일반적으로 매우 친절한데, 다른 사람을 느닷없이 방문하기도 하고 채팅도 즐긴다.
- 옷차림을 단정히 하는 경향이 있다. 공공장소에서 지나치게 캐주얼한 옷을 입는 것은 부적절한 것으로 여긴다.

■ 인사

- 직접 눈을 마주 치며 힘차게 악수하는 것이 가장 일반적인 인사법이다.
- 처음 만나는 사이라면 악수하며 "kako ste?"("how are you?") 또는 "drago mi je"("nice to meet you")라는 질문을 덧붙이는 경향이 있다.
- 키스는 친구와 가족 간에 흔한 인사법이다. 일반적으로 뺨을 번갈아서 세 번 키스하는 것이 관례이다.
- 만약 여러분이 앉아 있는 경우에, 특히 나이든 사람들을 만나게 되면 일어나시라.
- "hello"에 상응하는 일반 표현법은 "zdravo"나 "chao"이다.

■ 금기

• Do's

- 세르비아 인은 거의 모든 주제에 대한 관점이나 견해를 물어보는 것에 긍정적인 반응을 보인다. 그들은 가족과 여가 활동에 대해서도 질문함으로써 이방인의 삶에 관심을 보이기도 한다. 또한 세르비아 문화에 대해 이야기하는 것을 좋아한다.
- 세르비아 인은 자국의 문화를 매우 자랑스럽게 여긴다. 그러니 불만이나 비판은 제안의 형태로 제시하는 것이 좋다. 그러나 세르비아 인은 국가의 정치 상황과 정치 문제 관련 대화에도 개방적이다.

• Do Not's

- 구 유고슬라비아 국가의 국적을 비교하지 마시라. 이것은 특히 세르비아의 구세대에게는 꽤 민감한 주제이다.
- 상대방의 출생지, 민족, 언어 등을 추측하지 마시라. 많은 세르비아 인은 세르비아에서 태어나지 않았으며, 자신의 출생지의 현지 언어를 사용할 수 있다. 그러니 상대방에게 자신이 태어난 국가, 사용하는 언어 외에도 추측을 피하기 위해 어떤 민족인지를 물어보시라.
- 자신의 재산은 자랑하지 말되, 사회적 지위는 과시할 필요가 있다. 세르비아 인은 외국인이 자신에게 우월한 행동을 하면 싫어하는 경향이 있다.

■ 커뮤니케이션 스타일

• 언어적 커뮤니케이션

- 세르비아 인은 대화중에 큰 소리로 감정을 드러내며 말하는 경향이 있다. 이것은 분노라기보다는 열정을 드러낸 것이라고 할 수 있다. 일부 세르비아 인은 부드럽고 나긋나긋하게 말하는 스타일은 자신감이 부족한 것으로 여긴다.
- 세르비아 인은 대화에서 직접적인 소통을 즐긴다. 자신의 의견이나 불일치를 자유롭게 표현하는 편이다. 이는 가끔 직설적인 것처럼 보일 수 있지만 악의적인 것은 아니다.
- 유머는 대화에서 널리 사용된다. 세르비아 인의 유머 감각에는 풍자, 재치, 블랙 유

머 같은 것이 포함된다. 때로는 표정의 변화나 웃음과 미소가 언제나 수반되는 것은 아니기 때문에 유머의 사용을 감지하기가 쉽지 않다.

[참고] 유머와 'Inat'

유머는 세르비아인에게 익숙한 태도 중 하나이다. 'Inat'은 고집과 반항의 조합을 뜻하며 유머라고도 한다. 많은 세르비아 인들은 이것을 압도적인 역경 속에서도 자신의 힘을 반영하는 좋은 자질이라고 생각한다. 그런 사례 중 하나가 베오그라드 주민들이 1999년 나토 개입에 호응하여 록 콘서트를 개최하고 등에 타깃 상징을 표시한 셔츠를 입고 대응한 때이다.
블랙 유머와 격언도 세르비아 전역에서 인기가 있다. 격언은 대개 일반적인 사회 문제나 심리 상태에 대한 진실을 직설적이고 종종 무딘 용어로 묘사하는 한두개의 짧고 날카로운 문장으로 구성되어 있다. 최근에 이런 형태의 유머는 전쟁 후 과도기를 극복하는 데 도움이 되었다. 그런 사례가 유고슬라비아 전쟁 중에 쓴 세르비아 작가 라스트코 자키치(Rastko Zaki , 1942-2014)의 경우이다. "우리는 더 이상 동족상잔을 겪지 않도록 최선을 다할 것입니다. 우리는 형제 관계를 그만 둘 것입니다(We will do our best not to have any more fratricide. We will stop being brothers)".

• 비언어적 커뮤니케이션
- 신체 접촉: 세르비아인은 처음 만나는 사이라면 신체 접촉을 매우 꺼리는 경향이 있다. 그들은 친숙한 사이라면 서로 포옹하고 어깨를 두드리며, 대화하는 경우라면 가볍게 만지기도 한다.
- 개인 공간: 세르비아 인은 서로 가까이 다가서는 경향이 있다. 처음 만나는 사이라면 개인 공간에 더 민감할 수 있다. 이 거리는 친해지면서 줄어든다.
- 감정 표현: 세르비아 인은 감정을 스스럼없이 표현한다. 세르비아 사람이 어떻게 느끼고 있는지는 얼굴 표정에서 읽을 수도 있다. 세르비아에서는 일상적인 불편함과 관료주의에 대한 좌절감이 흔한데, 사람들은 이것을 숨기지 않고 표현하는 경향이 있다. 그러니 이러한 감정 표현을 사적인 것으로 받아들이지 않는 것이 현명하다.
- 제스처: 엄지, 검지, 중지를 한꺼번에 올리는 것은 세르비아 민족주의와 관련된 세르비아의 일반적인 제스처이다.
- 아이컨택: 거의 모든 상황에서 눈을 직접 맞춘다. 눈을 마주치지 않거나 눈을 맞추지 못하는 것은 여러분이 신뢰할 수 없거나 기만적임을 드러내는 것으로 간주된다.

5. 문화 차원

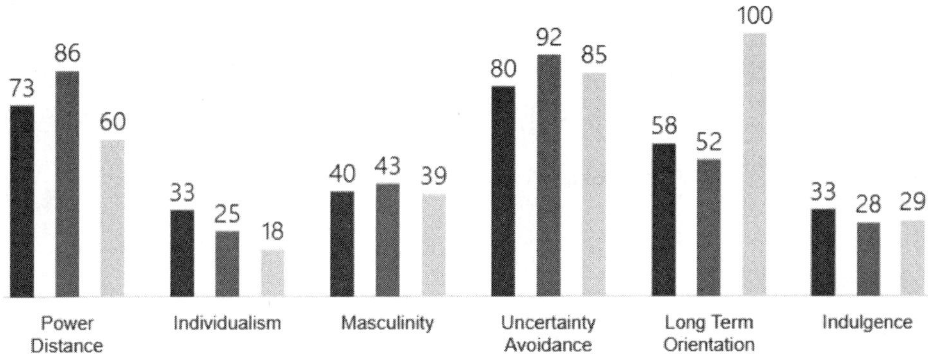

〈호프스테드의 문화 차원 비교: 크로아티아-세르비아-한국〉

■ 권력 거리

세르비아는 이 차원에서 점수가 높다(86점). 이는 사람들이 모두가 직위를 차지하고 더 이상 정당화할 필요가 없는 위계적 순서를 수용한다는 것을 의미한다. 조직의 계층 구조는 내재된 불평등을 반영하는 것으로 간주되고, 중앙 집중화가 인기가 있으며, 부하 직원은 무엇을 해야 하는 지에 대해 듣길 기대하며, 이상적인 상사는 자비로운 독재자이다.

■ 개인주의

25점의 낮은 점수를 얻은 세르비아는 집단주의 사회로 여겨진다. 이는 가족, 대가족, 대인 관계 등 구성원 '집단'에 대한 긴밀하고 장기적인 약속에서 나타난다. 집단주의 문화에서 가장 중요한 것은 충성이며, 다른 사회의 대다수 규칙 및 규정을 무시한다. 사회는 누구나 집단의 동료 구성원에 대해 책임을 지는 강력한 관계를 조성한다. 집단주의 사회에서 범죄는 부끄러움과 체면 상실로 이어지고, 고용주와 직원의 관계는 도덕적 측면(가족 연계 등)으로 인식되고, 고용 및 승진 결정은 직원의 내집단(in-group)을 고려하고, 관리는 집단관리를 선호한다.

■ 남성성

세르비아는 이 차원에서 43점을 받았으므로, 상대적으로 여성성이 강한 사회로 보인다. 여성적인 국가에서는 '살기 위해 일하는 것'에 초점을 맞추고, 관리자는 합의를 위해 노력하고, 사람들은 평등, 연대, 일하는 삶의 질 등을 중요하게 생각한다. 갈등은 타협과 협상으로 해결된다. 자유 시간, 유연성과 같은 인센티브가 선호된다. 초점은 웰빙에 있으며, 지위는 드러내지 않는다.

■ 불확실성 회피

이 차원에서 92점을 받은 세르비아는 불확실성 회피가 매우 높은 사회이다. 불확실성 회피가 높은 나라는 엄격한 신념과 행동 규범을 유지하며, 규범에서 어긋나는 행동과 아이디어를 용납하지 않는다. 이러한 문화에서는 규칙에 대한 정서적 욕구가 강하다. 비록 규칙이 작동하지 않는 것처럼 보이더라도 시간은 돈이고, 사람들은 바쁘고, 열심히 일하려는 내적 충동이 있으며, 정확성과 정시성이 기본이며, 혁신에 저항할 수 있으며, 보안은 개인의 동기 부여에 중요한 요소가 된다.

■ 장기 지향성

이 차원에서 중간치에 해당하는 52점을 받아서, 세르비아에 대한 명확한 선호도를 가려내기가 어렵다.

■ 절제

이 차원에서 받은 낮은 28점은 세르비아 문화가 절제 사회에 속한다는 근거다. 이 차원에서 점수가 낮은 사회는 냉소주의와 비관주의의 성향이 있다. 또한 쾌락(자적) 사회와는 달리, 절제 사회는 여가시간을 크게 강조하지 않고 욕망의 충족 행위를 제어한다. 이러한 방향의 사람들은 자신의 행동이 사회적 규범에 의해 통제받는다는 인식이 강하며, 자신의 욕망을 위해 탐닉하는 것이 다소 잘못되었다고 생각한다.

10
헝가리

〈출처: http://www.maps-of-europe.net/maps-of-poland/〉

국명	헝가리공화국(1989년 10월 23일 헌법 개정으로 헝가리인민공화국 (Hungarian People's Republic)에서 개명함)
면적	9만3028㎢
수도	부다페스트(Budapest)
인구	9,730,000명(2021)
언어	마자르어(헝가리어)
민족	마자르인 85.6%, 루마니아 3.2%, 독일계 1.9%, 기타 2.6% 등
종교	가톨릭 37.2%, 개신교 13.8%, 그리스정교 1.8% 등
화폐	포린트 (HUF)
도메인	.hu

1. 지리적 특징

헝가리는 문화적 환경이 다양한 중부 유럽의 내륙국이다. 역사를 통틀어 헝가리인들은 오스만 제국, 합스부르크, 소비에트연방 등 다양한 세력의 지배를 받으면서 나름의 목소리와 정체성을 찾기 위한 투쟁은 끊임없이 있어왔다. 오늘날 이러한 투쟁은 헝가리의 사회와 태도에 지속적으로 영향을 미치고 있다. 이를테면, 일부 헝가리인들은 여전히 과거의 특정 시기를 헝가리의 황금기로 되돌아보는 반면, 또 다른 사람들은 헝가리와 현재의 성과에 초점을 맞추고 싶어 한다. 오늘날의 헝가리인들은 음식에 대한 자부심, 높은 수준의 환대문화, 언어 및 기타 전통과 관습(헝가리쿰)에서 읽을 수 있는 독특한 정체성을 가지고 있다.

■ 국기

헝가리의 국기는 적색, 흰색, 녹색의 수평 삼색기이다. 헝가리 국기의 적색은 힘이나 유혈 사태 (전투 중)를, 흰색은 충실함이나 자유를, 녹색은 희망이나 푸른 들판을 뜻한다. 이 깃발은 20세기 중반부터 헝가리의 국기였지만, 이 색상은 수세기 동안 헝가리를 대표하는 깃발에 사용되었다.

■ 국장

왼쪽에 적색과 흰색 가로 줄무늬를 한 방패 디자인(헝가리의 4개의 강[도나우 강, 티서 강, 드라바 강, 사바 강]을 나타냄)과 오른쪽의 이중 십자가를 담은, 방패 위에 성 이슈트반 왕관(헝가리 왕국의 대관식에서 헝가리의 군주가 받았던 왕관)이 올려진 문장이 헝가리의 현대 문장이다.

■ 지리적 구분

헝가리의 농촌 문화와 도시 문화 간의 오랜 격차는 줄어들지 않고 있다. 한편으로 시골의 헝가리 전통은 시골 풍습, 마을 생활, 민속에 의해 보존되었다. 반면에, 도시는 교육과 혁신의 중심지였다. 일부 사람들은 도시 문화와 농촌 문화 중 어떤 문화가 현대 헝가리를 더 대표하는 것인지 의문을 제기한다.

오늘날 헝가리 인구의 70% 이상이 도시에 거주하고 있다. 수도 부다페스트는 국가의 과학, 학술 및 예술 기관의 대부분이 위치한 곳으로서, 인구 규모와 국경 내 집중 측면에서 국가를 지배하고 있다. 특히 부다페스트의 도시 문화는 꽤 국제적이고, 시골 문화와 구별되는 경향이 있다. 실제로, 어떤 사람들은 '두 개의 헝가리'가 있다고 말한다. 하나는 부다페스트에 있고, 다른 하나는 외부에 있다.

유럽 내에서 헝가리인은 자신을 중부 유럽의 일부로 지칭하기를 선호한다. 이는 헝가리가 동유럽과 서유럽의 교차로 또는 두 해안 사이의 페리 국가인"kompország"라는 일부 믿음 때문이다. 역사적 사건과 고유한 헝가리어로 인해 헝가리인들은 그들의 국가 정체성을 고립적이고, 이웃 국가들에 비해 독특하다고 생각한다.

■ '헝가리쿰(Hungarikum)'

'헝가리쿰'이란 용어는 헝가리 특유의 현상을 말한다. 이 용어는 헝가리어로 'Hungary' 또는 'Hungaria'와 'unique'를 뜻하는 'unikum'의 합성어에서 유래한 것이다. 헝가리쿰은 헝가리와 해외의 많은 헝가리인들에게 자부심과 정체성의 원천이기도 하다. 헝가리쿰은 동물과 식물에서 민속음악과 춤에 이르기까지 다양한 것이 될 수 있다. 특히 굴라시(gulyás)와 파프리카와 같은 다양한 식품도 헝가리쿰으로 여겨진다.

헝가리어의 한 가지 주목할 만한 예는 헝가리의 공용어이다. 거의 모든 국민이 마자르어(99.6%)로 알려진 헝가리어를 사용한다. 언어는 지역에 따라 다르지만, 다양한 방언은 전국의 거의 모든 헝가리인들도 이해 가능하다. 헝가리어는 인도-유럽어족과 반대로 우랄어족에 속하기 때문에, 유럽 국가들에게는 독특하다. 이는 헝가리어가 주변국 언어와 무관하다는 것을 의미한다. 이러한 독특함과 헝가리어가 특히 배우기 어려운 언어라는 믿음과 결합되어 헝가리어는 많은 사람들에게 헝가리어의 정체성과 자부심의 원천이 되고 있다.

■ 종교

대부분의 헝가리인은 11세기에 기독교인이 되었다. 헝가리는 종교개혁이 일어난 16세기까지 대부분 가톨릭 교도로 남아 있었고, 그 결과 처음에는 루터교가, 그 후 곧이어 칼뱅교가 거의 모든 국민의 종교가 되었다. 그러나 16세기 후반에 예수회는 헝가리인들 사이에서 반개혁 운동을 성공적으로 이끌었지만, 개신교는 특히 극동과 북동부에서 소수민족의 신앙으로 살아남았다. 헝가리의 정통 기독교는 주로 루마니아인, 러시아인, 우크라이나인, 세르비아인 등 일부 소수 민족의 종교였다.

유럽에서 가장 큰 펜테코스트파(성령의 힘을 강조하는 기독교 교파) 교회 중 하나인 Faith Church(Hit Gyülekezete)도 헝가리 부다페스트에 있다. 헝가리는 역사적으로 중요한 유대인 공동체의 본거지였다.[1]

2011년 인구조사 자료에 따르면, 기독교는 약 520만 명의 신자들(52.9%)를 거느린, 헝가리에서 가장 큰 종교이다. 헝가리에서 가장 큰 교단은 가톨릭(38.9% - 로마 가톨릭 37.1%, 그리스정교 1.8%)이다. 칼뱅교(인구의 11.6%)와 루터교(2.2%), 정교회(0.1%), 유대교(0.1%) 등의 소수 신도들도 있다. 그러나 이 인구조사 수치는 출석보다는 종교적 소속을 대표한다. 헝가리인의 약 12%는 적어도 일주일에 한 번 이상, 약 50% 이상은 일년에 한 번 이상 종교 예배에 참석하는 반면, 헝가리 인의 30%는 신을 전혀 믿지 않는다. 인구 조사에 따르면, 10년 만에 74.6%에서 54.7%로 응답을 원하는 종교신도의 수가 크게 감소하여, 응답을 원하지 않는 사람이나 종교를 따르지 않는 사람으로 대체했다.

■ 헝가리 전통 의상 – 헝가리의 민속 의상

헝가리의 전통 민속 의상은 예전만큼 흔하지는 않지만, 여전히 민속 공연뿐 아니라 결혼식과 축제 때에도 가끔 입는다. 헝가리 민속 의상은 화려하고 풍성하게 수를 놓

---

1 Calvary in Tata, Komárom-Esztergom.
출처: https://www.wikiwand.com/en/Demographics_of_Hungary

은 것이다. 레이스, 새시, 부츠 또는 자수 신발을 특징으로 한다. 부풀게 만든 소매는 여성의 옷을 특징으로 하며, 조끼와 긴 소매는 남성복의 일부로 착용한다.

■ 헝가리 자수 – 헝가리 민속 자수

헝가리의 자수 전통은 중세로 거슬러 올라간다. 헝가리의 딸들은 아주 어린 나이에 자수하는 법을 배웠고, 가족의 부는 종종 자수를 한 옷의 수에 의해 측정되거나 결정되었다. 헝가리 자수는 민속 의상을 장식하지만, 식탁보, 냅킨, 침대 커버 및 서빙 타월에서도 찾을 수 있다. 오늘날이야 헝가리 자수를 기념품으로 선택할 수도 있지만, 헝가리 자수의 가장 좋은 사례 중 일부는 가족이 소중히 여기는 가보 품목이다.

대담한 색상, 꽃무늬, 풍부한 질감이 헝가리 자수의 특징이다. 대대로 이어지는 전통적인 디자인은 국가 및 지역 유산을 특징짓는다. 머초(Matyó)는 가장 유명한 헝가리 자수 스타일 중 하나이다.

일부 착용 가능한 헝가리 자수 조각에는 블라우스와 숄이 포함된다. 그레이트 마켓 홀(Great Market Hall)은 전통적으로 수를 놓은 작품을 찾을 수 있는 곳이다.

■ 헝가리의 와인 전통

헝가리의 토커이(Tokaj) 지역은 와인으로 유명하다. 소규모 와인 작물은 유럽의 다른 곳에서 생산되는 와인과는 차별화된 와인을 생산한다. 많은 와인

애호가들이 헝가리를 두루 여행하는데, 이는 와인의 풍미와 헝가리 시골 풍경을 모두 즐길 수 있다. 일부 와인은 여전히 역사적인 기법(예: Egri Bikavér = Bull's Blood of Eger)[2]을 사용하여 생산되는데, 이는 헝가리 와인에 독특한 특성을 읽어내기에 충분하다.

■ 헝가리 파프리카

파프리카는 고추과의 향신료이다. 최고급 파프리카 중 일부는 헝가리 세게드(Szeged) 지역에서 온 것으로 알려져 있다. 헝가리인들은 자기네 파프리카를 진지하게 받아들인다. 헝가리에서 구입한 파프리카는 순한 것에서부터 매운 것까지 몇 단계에 걸쳐 적절하게 라벨이 붙는다. 헝가리산 파프리카를 기념품으로, 아니면 다른 누군가에게 줄 선물로 생각해볼만 하다.

■ 헝가리 굴라시(구야시[Gulyás])

'Gulyas'는 원래 '양치기'의 뜻으로, 원래 헝가리 시골에서 소나 양을 치던 사람들이 고기에다 여러 채소를 같이 넣고 푹 삶아먹던 것에서 발전한 요리이다. 굴라시는 기본적으로 고기와 감자 스튜이지만, 더 가벼운 수프로 만들 수도 있다. 파프리카, 양파, 마늘, 후추로 맛을 낸다. 일부 굴라시에는 양고기와 야채가 추가되기도 한다. 헝가리를 포함한 유럽권에서는 일반적으로 구야시 국물에 빵 또는 달걀을 넣어 만든 파스타를 곁들여 먹는다.

이처럼 헝가리의 전통요리인 굴라시는 역사적으로 여러 곳으로 퍼져나가서 오스트리아, 체코, 슬로바키아, 폴란드, 우크라이나, 벨라루스 등 동북유럽 지역을 비롯한 유럽 다수의 국가에서 즐겨먹는 쇠고기 수프 중 하나가 되었다.

---

2 Bulls blood는 희귀한 비트 품종이다.

■ 민족 간 상호 작용

헝가리 내에서는 인구의 대부분이 민족적으로 헝가리인(85.6%)으로 분류된다. 헝가리인은 자신을 'Magyars'라고 부른다고 한다. 이 용어는 특히 민족 집단과 언어 모두를 가리키는 말이다. 제1차 세계 대전 이후, 헝가리는 트리아논 조약에 서명할 수밖에 없었는데, 이로 인해 국경이 다시 그려졌다. 이것은 헝가리인들이 전체 국토의 2/3를 잃었다는 뜻이기도 하다. 결과적으로, 3백만 명 이상의 헝가리인이 인접국가에 거주한 셈이다. 일부 가족들은 강제로 집을 떠나거나 다른 가족들과 헤어졌다. 공산주의 시대 말기(1989년)에 헝가리 정부는 국경 밖에 거주하는 헝가리 민족을 지원하는 책임을 맡았다. 이들 지역에서 헝가리 이외의 지역에 거주하는 많은 헝가리 민족들은 여전히 모국과 강한 문화적 유대관계를 유지하고 있으며, '국경을 건너온 헝가리인'으로 알려지곤 한다.

나머지 인구 중 3.2%는 집시족, 1.9%는 독일인, 2.6%는 여타 민족이고, 14.1%는 불특정 민족이다. 집시 인구는 공식 통계에서 과소평가되곤 하는데, 헝가리 인구의 5~10%를 차지한다고 한다. 그들은 유목 생활을 하는 경향이 있고, 일반적으로 불리한 경제적 지위와 사회적 위상을 가지고 있다. 다수의 헝가리인과 소수의 집시족의 관계는 복잡한데, 이는 두 민족 간의 긴장성을 말해주는 것이다.

헝가리에는 유태인 인구가 꽤 많지만, 이 인구는 민족 공동체라기보다는 종교 공동체로 여겨진다. 또한 인구조사 자료에서 민족으로 식별되지 않는다. 그럼에도 불구하고, 헝가리의 유대인 존재는 역사적, 문화적, 지적 유산의 맥락을 고려할 때 중요하다. 최근에 유태인 공동체의 규모가 줄어들어서, 많은 이들이 일부는 차별을 우려해 해외로 이주하고 있다.

■ 헝가리 사회와 계층화

공산주의 시대는 헝가리에 존재했던 많은 사회적, 경제적 차이를 줄였다. 공산주의 시대에 대부분의 사람들은 안정적인 수입으로 안정된 일자리를 얻었지만, 정부에 대한 불만을 느꼈다. 공산주의 이후, 고용 안정의 감소와 경제의 엄청난 변화로 인해 삶은 불확실해졌다. 또한, 주택을 포함한 많은 서비스와 산업이 민영화되었다. 이는 헝가리에 계속 영향을 미치고 있는데, 헝가리는 주택과 같은 재정 문제가 많은 사람들에게 계속해서 관심의 대상이 되고 있다. 가용 주택이 부족하고 집값이 오르면서 많은 사람들이 집을 소유하기가 점점 더 어려워지고 있다.

오늘날 헝가리 사회는 공산주의 이후 시대의 변화에 비추어 더욱 계층화되고 있다. 많은 헝가리인들이 취업 기회를 찾기 위해 해외로 이주하고 있다. 이것이 헝가리 사회에 중요한 영향을 미치는 한 가지 방법은 의료 종사자의 부족이다. 어떤 사람들에게는, 건강관리의 기준이 문제가 될 수 있으며, 적절한 건강관리를 받기가 어려울 수 있다. 헝가리의 노인들은 경제 변화(생활비 상승 등)를 세계적인 요인보다는 정부 탓으로 돌리는 경향이 많다. 이러한 사고방식은 정부가 사회의 거의 모든 측면을 통제했던 공산주의 시대의 유산이다.

헝가리인은 꽤 개인주의적 성향이 있는데, 이는 자신과 직계 가족의 이익이 우선시된다는 뜻이다. 헝가리인은 가까운 친구와 가족에게 손을 벌린다. 많은 헝가리인들에게, 가까운 친구와 가족은 더 넓은 공동체나 기관보다는, 그들이 필요로 하는 시기에 가장 먼저 접촉하는 사람들이 될 것이다.

■ 처신과 태도

많은 헝가리인들 사이에서 공통적인 태도는 자각과 향수에 대한 감각이다. 사람들은 종종 과거의 사건, 현재의 상황, 또는 그들 자신의 미래에 대한 의구심을 드러내기도 한다. 일부 헝가리인들은 과거 지향적 성향이 있으며, 과거를 현재보다 더 위대하다고 본다. 예컨대 일부 헝가리인들은 트리아농 조약[3] 이전 시대를 헝가리가 경제적으로 번영하였고 삶의 수준이 높았던 시대로 보고 있다. 이러한 경향은 트리아농 신드롬으로 일컬어지는데, 역사의 여러 지점에서 다시 나타났다. 공산주의 이후, 트리아농 신드롬은 일부 헝가리인들 사이에서 다시 나타나서 오늘날에도 계속되고 있다. 일부 사람들은 여전히 트리아농 조약 관련 사건들을 걱정하는 반면, 또 다른 사람들은 그 사건

3 트리아농 조약 또는 트리아농 평화조약은 1920년 6월 4일 헝가리와 연합국이 맺은 헝가리의 국경 확정 조약이다. 이 조약으로 오스트리아-헝가리 제국은 해체되었고, 특히 헝가리는 제1차 세계 대전의 영토 중 72%를 상실하여 국토 면적이 325,111m^2에서 93,073m^2로 줄어들었다.

너머를 보고 싶어 한다. 이러한 태도 분열은 정치, 사회, 문화 등의 생활에서 뚜렷하다. 예컨대, 어떤 사람들은 그 날짜를 과거의 패배로 생각하는 반면, 또 어떤 사람들은 과학, 장학금, 예술 분야의 업적과 같은 헝가리의 성공을 축하하려 한다.

헝가리인의 또 다른 공통적 특징은 적응력이다. 역사를 통틀어 헝가리인들은 다양한 사회적, 정치적, 경제적 변화에 적응해야 했다. 오늘날에는 헝가리인들 앞에 장애물이 나타난다면, 그들은 자기네 주변에서 길을 찾으려 노력할 것이다. 이는 헝가리 속담인 "Azørtnagykapu mellett, mindig vanegy kiskapu"("큰 문이 닫혀 있으면 항상 작은 문은 열려 있다")에 반영되어 있다. 예컨대, 헝가리에서는 냉장고를 살 수 없는 시기가 있었다. 차례로 많은 헝가리인들이 냉장고를 사려고 비엔나로 차를 몰고 가서 차 지붕에 묶어서 집으로 가져 왔다.

헝가리인은 또한 후대하는 경향이 있다. 실제로 헝가리인들은 친구나 가족과 함께 주최하고 사교하는 것을 즐기는 편이다. 음식은 헝가리인들 간에 사교의 주요 지점이자 자부심의 주요 원천이기도 하다. 많은 사람들은 음식이 매우 중요하고, 많은 자부심이 헝가리 요리와 무관하지 않다고 믿는다. 파프리카로 알려진 향신료와 같은 헝가리 요리 첨가물들은 매우 소중하다.

■ 수도 부다페스트의 의미

어원적으로, 부다페스트의 'pest'는 '도자기 굽는 마을'의 뜻을 담고 있다. 1873년에 도나우 강 서편의 부더(Buda)와 오부더(Óbuda), 동편의 페슈트(Pest)가 합쳐져 현재의 부다페스트가 형성되었다. 과거에 '부다(부더)'에는 왕궁과 관청, 귀족 등 상류층, 지배층이, '페스트(페슈트)'에는 서민들이 거주했다. 1987년, "부다페스트, 도나우강안과 부다성"이란 이름으로 세계문화유산에 등록되었다가, 2003년에 등록 명칭이 "도나우강안, 부다성 지구, 안드레시 거리를 포함한 부다페스트"로 바뀌었다.

도시의 역사도 역사적이다. 서기 89년 무렵에 건설된 로마제국의 아쿠인쿰(Aquincum) 성에서 시작했는데, 이 성은 켈트족의 주거지역에 건설된 것이다. 106년부터 4세기말까지는 로마제국의 저지 판노니아(Lower Pannonia) 속주의 주도였다. 페스트 자리에는 '아쿠인쿰 반대편'이란 뜻인 콘트라 아쿠인쿰(Contra Aquincum, 트란스 아쿠인쿰 Trans

Aquincum)이 건설되었다.

900년 무렵, 헝가리인의 조상인 마자르(Magyar)인이 아르파드의 인솔로 이 지역에 들어와, 판노니아와 도시를 점령했다. 1세기 후에 헝가리 왕국이 창건되었다. 당시 중요한 성이었던 페스트는 1241년 몽골제국의 침략을 받았다. 1247년부터 왕궁 소재지였던 부다가 페스트를 대체하여 헝가리의 수도가 되었다(1361년).

페스트는 1526년에, 부다는 1541년에 오스만제국에 점령되어 부다 주가 설치되면서 헝가리 오스만 총독의 주류지역으로 승격되었다, 페스트 지역은 대부분 버려진 지역으로 전락했다.

부다와 오부다, 페스트의 행정 통합은 1849년 헝가리의 혁명 정부가 추진했으나, 합스부르크 왕가의 지배를 받으며 철회되었다가, 1867년 합스부르크와 헝가리와의 타협으로 헝가리 왕국의 자치 정부가 들어서면서 현재의 부다페스트로 통합되었다. 참고로 부다페스트에는 1896년 런던에 이어, 세계에서 두 번째로 지하철이 개통되었다.

문화유적들도 도시의 역사성만큼이나 많다. 부다성은 헝가리 국왕들이 살았던 역사적인 성채이다. 과거에는 왕궁(Királyi-palota) 또는 왕성(Királyi Vár)으로 불렸다. 마차시 성당(Mátyás-templom)은 1255년에 부다 성안 중앙에 건축되어 역대 국왕의 결혼식과 대관식의 장소로도 유명하다. 1479년에 마차시 1세에 의해 대대적으로 개축되었는데, 이때 높이 80m의 첨탑도 증축되었다. 도나우 강의 양안에 펼쳐진 부다 지구와 페스트 지구 연결하는 현수교가 세체니 다리(szechenyi lanchid, Chain bridge)인데, 부다페스트의 도나우 강을 가로질러 놓인 최초의 다리이기도 하다. 다리의 이름은 다리 건설의 주요 후원자였던 헝가리의 국민적 영웅 이슈트반 세체니에서 따왔다.

[상식] 영화 〈글루미 선데이〉

국민가요 '글루미 선데이'를 기반으로 1999년 제작된 독일 영화. 감독 롤프 슈벨은 원곡 노래에 얽힌 실화를 소재로 한 바르코프(Nick Barkow)의 소설 〈우울한 일요일의 노래 The Song of Gloomy Sunday〉(1988)를 각색해 영화를 만들었다. 한 여자를 둘러싼 세 남자의 사랑 이야기를 그리면서, 원곡을 번안, 각색한 노래가 영화 전반적인 흐름을 이끈다.

– 시놉시스

부다페스트의 겨울은 맑고도 스산했다. 매서운 날씨가 이어졌는데도 이상하게 늦가을의 공기가 서려 있었다. 역사적 건물이 많은 서쪽 부다와 신시가지가 펼쳐진 동쪽 페스트 지역으로 나뉘는 이 천년고도 한가운데로 두나 강(다뉴브 강의 헝가리어)이 흘렀다.'우울한 일요일'을 뜻하는 '글루미 선데이'의 부제는 '사랑과 죽음의 노래'였다.

– 사랑

바티아니 광장 근처 기오르스코시 거리가 이소콜라 거리로 이어지는 삼거리 한쪽엔 아담한 2층 카페 건물이 있다. 카페를 사이에 둔 양측엔 각각 10층 남짓한 건물 두 동이 힘겨루기를 하는 듯 마주 서 있다. 연인 일로나의 마음속에 안드라스가 새로 자리잡기 시작하자 사보는 이 카페 앞에서 두 남자 중 하나를 선택하라고 요청한 뒤 돌아서서 걷는다. 안드라스가 반대쪽 길로 사라진 직후였다. 곧 그녀가 따라오리라 믿었지만, 사보는 결국 그 길을 혼자 가야 했다. 남자는 어떤 여자를 사랑하지 않는 한 그녀와 행복할 수 있다. 그러나 사랑이 아니면 행복이 무의미해질 때가 있다. 일로나가 안드라스 집에서 하룻밤을 지낸 다음날 사보는 말한다. "전부 잃느니 한 부분이라도 갖겠어." 두 남자가 한 여자를 독점하지 않고 사랑하는 기묘한 3각 관계는 프랭클린 밤거리 계단을 오르내리며 그들만의 방식으로 이어졌다.

– 죽음

삶에서 핵심 줄거리를 짜주는 것은 열정이다. 한바탕 열정이 끓어 넘친 뒤 사라진 안드라스를 찾아 일로나가 자전거로 누볐던 두나 강변. 페스트 지역 동쪽 국립묘지는 안드라스 장례식이 열린 곳. 장례식을 치르자마자 이 회랑 옆을 거닐며 독일 장교 한스는 사보에게 탈출시켜주는 대가로 돈을 요구한다. 돈은 수렁에서 벗어날 날개 값을 흥정할 때 가장 더럽다.

〈영화 포스터, 두나강 다리 중 가장 아름다운 세체니교. 영화 속 사랑과 죽음의 장소〉

세체니 다리의 으르렁대는 듯 우는 듯 기묘한 표정의 돌사자상이 입구를 지키는 이 아름다운 다리는 극중 항상 죽음의 모티브와 연결된다. 제2차 대전이 터지기 전 순진했던 한스는 일로나에게 청혼을 한 뒤 거절당하자 여기서 투신했다 구출되고, 안드라스는 자신이 작곡한 노래 때문에 자살한 사람들을 떠올린 뒤 망연자실 강을 내려다보다 '유혹'을 느낀다. 인생에서 한 페이지를 찢어내지 못해 괴로워할 때 어떤 사람들은 책 전체를 불 속에 던지고 싶어 한다. 차도와 보도가 철저히 분리된 세체니 다리는 걸어서 건널 때 자연스레 그 아래 강을 쳐다보게 한다.

– 노래

'글루미 선데이'에서 가장 중요한 공간은 사보가 일로나와 함께 운영하고 안드라스가 피아니스트로 일하는 레스토랑이었다. 세트에서 촬영한 이 레스토랑의 모델은 영웅 광장 인근에 있는 유럽 굴지의 레스토랑 '군델'이었다.

〈최고급레스토랑 군델(Gundel)은 영화 속 식당의 모델〉

2. 역사적 특징

■ 고대

- 언어, 고고인류학적 연구에 의하면 마자르 족의 조상은 BC3000년경 볼가 강과 우랄 산맥 사이의 스텝지방에 거주한 핀우그리아어파로서, 서기 3~5세기에 중앙아시아에서 남부 러시아 스텝지방을 거쳐 흑해 북쪽 볼가 강과 돈강 유역에 정착한다.
- 서기 600년까지의 헝가리 역사는 언어학적, 고고인류학적 추정일 뿐이고, 역사의 기록이 남아 있는 것은 서기 700~750년부터이다.
- 800년대 말, 마자르 족이 볼가 강과 우랄 산맥 사이의 고향에서 현재의 헝가리 지역으로 이동한다.

- 약 50년 동안 콘스탄티노플(이스탄불)을 건너 중부와 남부 유럽을 침략한다. 955년, 신성 로마 제국의 오토 1세에게 패배한다.
- 1000년, 가톨릭으로 개종하면서 서구 크리스트교 국가의 일원이 된다.

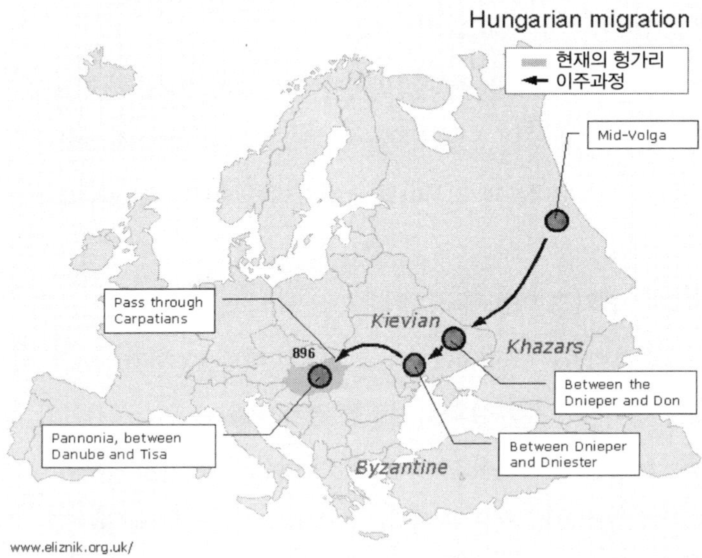

■ 몽골 및 오스만의 침입

- 13세기, 바투를 선도로 한 몽골 정복군이 헝가리를 침공한다, 헝가리의 전역이 유린되고 황폐화된다.
- 14~15세기에는 야노시 왕가의 마챠시 1세(Mátyás, 1440~1490, 재위 1458~1490)의 강력한 리더십으로 중부유럽의 강대국으로 성장한다, 르네상스문화의 꽃을 피웠으나, 이후 귀족세력의 부상에 따른 왕권 약화로 인해 국력이 쇠퇴한다.
- 1490년, 마차시 1세가 죽으면서 헝가리 제국은 붕괴되고, 1526년 오스만 제국에 함락된다.
- 1541년 이후, 오스만군은 당시 헝가리의 수도 '부다'를 점령함으로써, 국토의 대부분이 오스만의 지배하에 들어가고, 서부 일부는 오스트리아의 합스부르크에 귀속

되고, 17세기말에는 헝가리 전체가 합스부르크 왕가의 영향하에 들어간다.

- 1686년, 오스만 제국이 오스트리아군에 의해 헝가리에서 축출하고, 헝가리의 왕위는 합스부르크 왕조에게 넘어간다.

■ 합스부르크왕가의 통치와 독립 전쟁

- 프랑스 혁명 이후, 19세기 초 민족의식이 고조되어 1848년에 러요시 코슈트(Lajos Kossuth)를 중심으로 국민군을 조직하여, 합스부르크 왕가에 대해 무력 항쟁을 전개하지만, 지도부의 내분과 러시아의 오스트리아 지원으로 실패한다.

■ 오스트리아-헝가리 이중제국 시대

- 1866년 오스트리아는 프러시아와의 전쟁에서 패한 뒤, 헝가리인의 저항운동이 가열될 것을 우려하여 유화정책을 시도한 결과, 1867년 오스트리아와 헝가리 간 화해 협정이 체결된다. 이로써 헝가리는 일견 내정 상 독립을 회복한 듯하지만, 오스트리아 황제를 헝가리 왕으로 섬기는 2중군주국(Dual Monarchy)으로 바뀐다. 이러한 이중군주국의 형태는 1918년 합스부르크 왕조가 해체될 때까지 지속된다. 이중제국 시기에 헝가리는 입법, 행정, 사법을 갖는 자치정부를 구성하고, 외교, 국방 및 연방 재정문제는 오스트리아와 공동 행정 체제를 갖게 되었지만, 인구와 국부면에서 우월한 오스트리아가 외교, 국방 분야에서 강한 발언권을 행사한다.

■ 제1, 2차 세계 대전

- 1914년 6월, 제1차 세계 대전이 발발하자 오스트리아-헝가리 이중제국의 일원으로 참전한다. 1918년 11월, 오스트리아-헝가리 이중제국이 해체되고 공화국을 선포한다.
- 1918년, 11월 혁명으로 오스트리아와 분리되고, 뒤이어 트리아농 조약(1920)으로 영토의 2/3를 상실하면서 유럽의 약소국으로 전락한다. 이에 따라 실지회복을 최대의 외교 목표로 삼게 되고, 제2차 대전 시 주축국에 가담하는 계기가 된다.
- 1941.6월 독일의 소련 침공과 함께 제2차 세계 대전에 참전하지만, 헝가리의 반 나치 감정 및 전선이탈 동요 등을 우려한 독일은 1944년 3월 헝가리를 완전 점령한다.

■ 공산정권 시대

- 1944년 12월 22일, 데브레센(Debrecen)에서 소련 지배 하 임시 정부가 수립된다. 1945년 1월 20일, 헝가리는 연합군과 정전협정을 체결하고, 동년 11월 4일 총선거를 실시하고, 1946년 1월 신헌법을 제정하고, 동년 2월에는 공화국을 선포한다.
- 소련 주둔군의 지원으로 공산당은 각 국가기관에서 세력팽창을 도모하여, 1949년 5월 총선이후 정권을 장악하며 인민공화국을 선포하고, 소련의 위성국이 된다.

■ 1989년 체제전환 이후

- 1989년 10월, 헝가리 사회주의 노동자당은 전당대회를 개최, 스스로 일당통치체제를 포기하고, 당명도 서구식 사회민주주의를 표방하는 헝가리 사회당으로 변경함으로써 공산통치를 종식시킨다.
- 1989년 10월 19일, 헝가리 의회는 내각책임제로의 전환 및 헝가리 공화국으로의 국호 변경을 주요내용으로 하는 헌법개정안을 통과시키고, 1989년 10월 23일 "헝가리 공화국(The Republic of Hungary)"으로 국호를 개칭한다.
- 1996년, 경제협력개발기구(OECD)에, 1999년, 북대서양 조약기구(NATO)에, 2004년 5월 1일, 폴란드, 체코, 슬로바키아와 함께 유럽연합(EU)에 가입한다.

3. 공항: 나라의 관문

헝가리에는 6개의 공항이 있다. 그 중 3곳이 수도 부다페스트에 있다. 역사와 문화에 흠뻑 젖어있는 이 도시는 다채로운 색으로 가득한데, 부다페스트의 공항들도 볼거리를 제공한다. 현재 가동 중인 부다페스트 공항은 3개뿐이지만 헝가리 수도의 중심부까지 쉽게 이동 가능하다.

- 부다페스트 페렌츠 리스트 국제공항(IATA BUD)

이 국제공항은 헝가리 전역에서 가장 큰 공항 중 하나이다. 부다페스트 남동부에 위치한 이 공항은 일찍이 부다페스트 페리헤기 국제공항으로 알려진 곳인데, 나중에 유명한 음악 작곡가를 기리기 위해 부다페스트 페렌츠 리스트 국제공항으로 개칭되었다.

이 공항은 부다페스트를 전 세계 주요 도시들과 연결시켜 세계에서 가장 효율적인 공항 중 하나로 유명하다. 유럽 동부 지역의 저명한 신진 허브로 알려진 이 공항은 SkyCourt, 멀티 브랜드 매장, 다양한 상점 등의 놀라운 특징으로 인해 대다수 여행객들이 선호하는 곳이다. 그 외에도 처리 시간, 짧은 대기 행렬, 빠른 인터넷 접속 등의 서비스도 여행객들의 많은 사랑을 받고 있다.

이 공항을 이용하는 주요 항공사로는 LOT 폴란드 항공사, Smartwings Hungary, Wizz Air, Ryanair 등이 있다.

- 부다외르시 공항

헝가리 부다페스트 남서부의 11구역에 위치한 공항으로, 인근 도시 부다외르시(Budaörs)의 이름을 따서 명명되었다.

이 공항은 부다페스트 페렌츠 리스트 국제공항이 개항하기 전에는 부다페스트 유일의 국제공항이었다. 이 공항은 현재 대부분의 글라이더와 경비행기의 기지를 이루며, 일반 항공, 레크리에이션 활동 및 비행 훈련을 위한 공동 기지 역할을 한다. 그 외에도 공항은 여행자들에게 차량을 제공하는 것은 물론, 현장에서 빈티지 항공기를 복원하는 'Goldtimer Foundation'의 본거지 역할도 한다. 이 공항을 이용하는 주요 항공사로는 British Airlines, Swiss Airlines, Air Canada, Jet Airways 등이 있다.

- 하르마샤타르헤기 공항

스포츠에 전념하는 하르마샤타르헤기(Hármashatárhegyi) 공항은 영혼을 자극하는 마을 쾨바르(Kővár)와 역사적 마을 하르샤칼야(Pesthidegkút Hársakalja) 사이에 자리 잡고 있다. 쾨바르 언덕에 가까운 하르마샤타르(Hármashatár)의 유명한 언덕 이름을 따서 명명되었다. 하르마샤타르헤기 공항은 부다페스트의 모든 공항들 중 가장 지명도가 낮지만, 관련 도착 및 출발에 있어서는 가장 중요한 부다페스트 공항 중 하나이다.

이 공항을 이용하는 주요 항공사로는 개인 임대 비행기들이다.

■ 부다페스트 공항들에 관한 빈번한 질문들

- 부다페스트로 운항하는 주요 공항은 어디인가?

세계 주요 도시들과의 연결성이 뛰어난 부다페스트 페렌츠 리스트 국제공항은 부다페스트로 여행하는 국제 여행객들에게는 가장 중요한 공항으로 꼽힐 것이다. Ryanair, British Airways, Wizz Air 등의 항공편은 전 세계에서 이 국제공항으로 운항한다.

- 공항에서 부다페스트 도심으로 가는 가장 좋은 방법은?

유명한 푀텍시(Főtaxi)가 국제공항에서 부다페스트 도심으로 가는 가장 좋은 방법이다. 가장 편리한 방법이기는 하지만, 한번 탈 때마다 도심까지 약 22유로를 청구하니까 가장 저렴하다.

- 부다페스트에서도 우버택시(Uber)를 이용할 수 있는가?

불행히도 우버택시 서비스는 일부 법적 제약 때문에 헝가리에서 중단되었다. 그러나 'Taxify'[4]가 승객들이 도시를 돌아다니기 쉽고 편리하며, 저렴한 대안이 될 수 있다.

- 부다페스트는 돌아다니기 쉬운가?

이 문화 도시는 유럽 전체에서 최고의 대중교통 시스템을 갖추고는 있지만, 이 아름다운 도시를 도보로 탐험하는 것이 도시를 돌아다니는 가장 좋은 방법 중 하나라고 할 수 있다.

■ 부다페스트 페렌츠 리스트 국제공항(IATA BUD)

- IATA: BUD, ICAO: LHBP

부다페스트 공항은 구어체로 '페리헤기(Ferihegy) 공항'이라고도 한다. 작곡가 페렌츠 리스트의 이름을 따서 2011 년에 공항명을 바꿨다. 이 공항에는 3개의 터미널이 있으

4 2013년 에스토니아에서 시작한 차량공유 기업으로 우버 등 기존의 기업이 진출하지 않은 중·동부 유럽과 아프리카 등의 시장을 주로 공략함.

며, 연간 1,600만 명 이상의 승객을 처리한다. 저비용 항공사인 Ryanair와 Wizz Air의 베이스로 이용되고 있으며, 국영항공사인 말레브 항공과 민영항공사인 SkyEurope Hungary Kft(슬로바키아의 수도 브라티슬라바에 본부를 둔 저비용 항공사 SkyEurope Airlines의 자회사)가 2009년 8월 31일 파산 선언을 할 때까지 홈베이스로 사용한 공항이기도 하다.

공항은 도시의 동쪽 18구역에 위치한다.

고속버스 노선 200E가 터미널 2A/2B과 Kőbánya-Kispest 지하철 종점 및 M3 지하철 노선의 지역 기차역과 연결되고 있다.

일반버스 노선 100E가 2017년부터 도심의 Deák Ferenc tér에서 공항까지 운행하고 있다. 이는 추가 요금이 부과되며, 일반 시내 교통 티켓으로는 사용할 수 없다.

2007년 7월 16일에 운영을 시작하여 현재는 폐쇄된 터미널 1의 역과 함께 서부역(Nyugati pályaudvar)으로 가는 철도 연결편이 있다. 서부역에서 출발하는 첫 기차는 오전 3시에 출발하고, 막차는 오전 0:30에 출발한다. 반대로 기차는 오전 4시 5분부터 오후 11시 23분까지는 보통 30분 간격으로 운행된다(소요 시간 22~25분).

• 역사

- 개항

1939년까지 부다페스트를 오가는 모든 항공편은 점차 한계에 부닥친 부다외르시(Budaörs) 공항을 이용하였다. 그래서 1939년 9월, 신공항을 건설하기로 결정했다. 헝가리인 Károly Dávid 주니어는 페리헤기(Ferihegy) 비행기 형태의 공항 단지를 디자인하여 공항 건설 입찰에서 승리했다. Károly의 디자인에서 출도착 홀은 항공기의 동체 모양이었다. 날개는 활주로 앞의 다층 건물이었고, Károly는 활주로를 향한 건물 전면에 전망 테라스와 두 개의 관제탑을 계획했다. 이것은 항공기의 엔진을 나타낸 것이라고 한다. 건축공학적으로 보면, 공항은 당시 유럽에서 가장 현대적인 공항 중 하나였다.

- 1945년 이후

페리헤기 공항도 제2차 세계 대전으로 심각한 피해를 입어서, 1950년 5월 7일에야 재개장할 수 있었다. 이 공항은 원래 말레브 헝가리 항공(Malev Hungarian Airlines)[5]의 법적 전신인 Mavszovlet(Magyar-Szovjet Polgári Légiforgalmi Részvénytársaság, 헝가리-소련 항공주식회사)을 위해 지은 것이다. 말레브 헝가리항공은 또한 서유럽(부다페스트-비엔나)에 최초의 정기 항공편을 제공한 항공사였다.

- 1980~1989년

페리헤기 공항이 1980년대 중반에 서서히 용량 한계에 도달하기 시작하면서, 두 번째와 세 번째 터미널이 계획되었다. 1985년 터미널 2 공사가 완료되었다. 터미널 2의 계획에서 국영 말레브항공이 새로 디자인된 부지에 적절한 공간을 부여하는 것이 매우 중요했다. 터미널 2A는 말레브항공 전용으로 예약되었다. 항공사가 새로운 터미널 2로 이전한 후, 터미널 1의 중요성은 서서히 줄어들기 시작했고, 헝가리 정부의 화물기, 소형 항공기 및 특수 항공기들만 이용했다.

- 1989년 이후

냉전 종식 후 부다페스트를 오가는 항공 교통량이 급격히 감소함에 따라 공항의 상당 부분이 사무공간으로 사용되었다. 이것은 최초의 저비용 항공사가 항공 시장에 진입한 2003년부터 서서히 바뀌었다. Wizz Air, Germanwings, Norwegian, easyJet 및 Jet2.com은 당시 터미널 1로 운항했다. 시간이 지날수록 증가하는 승객 수가 터미널 2의 한

5 1946년 헝가리와 소련의 합작 회사 형태로 설립됐다. 1956년 헝가리 정부가 소련 정부의 지분을 모두 인수하면서 순수한 헝가리 기업으로 변신했다. 1968년 중동 노선을 신설했다. 1980년대 후반까지 대부분의 항공기를 소련에서 도입했지만, 냉전 종식을 앞두고 1988년 자유 진영의 항공기인 보잉 737-200 항공기를 처음으로 구입했다. 2007년 헝가리 정부가 보유 지분 전체를 브리지 항공에 매각하면서 민영화됐다. 같은 해 항공 동맹인 원월드에 가입했지만, 막대한 부채와 경영난을 이기지 못하고 2012년 2월 3일 파산했다. 말레브가 파산한 후 부다페스트를 허브로 하는 헝가리 국적사는 위즈 에어만 남았다. 하지만 위즈 에어가 저비용 항공사인 탓에 대륙 간 장거리 노선 취항에 한계가 있어서, 헝가리의 우방국인 폴란드의 LOT 폴란드 항공이 2017년에 부다페스트를 제2허브로 편입해 부다페스트를 오고가는 대륙 간 장거리 노선을 운항하고 있다.

계치를 초과할 것으로 예상되어서, 터미널 1을 재활성화하고 리모델링하기로 결정했다. 2004년에 마침내 부다페스트 공항 유회사가 이끄는 첫 번째 공사가 시작되었다. 그러나 당시의 터미널은 이미 기념물로 등록된 건물이었기 때문에, 승객에게 오늘날과 같은 서비스와 안락함을 제공할 수 있도록 건물을 리모델링하기가 거의 불가능했다. 따라서 환승 승객을 위한 운송수단도 없고, 비즈니스 및 VIP 대기실도 없었다. 수하물도 그다지 효율적으로 운송되지 않았다. 이로 인해 리모델링 작업 후 저비용 항공사들만 이 터미널의 사용에 관심을 보였다.

- 민영화

헝가리 정부가 부다페스트 공항을 민영화하기로 결정한 후, 2005년 최고 입찰자인 영국공항청(British Airports Authority)에 낙찰되었다. 이 회사는 헝가리 공항에서 75%의 지분을 차감하여 18억 유로가 조금 넘는 금액에 인수했다. 입찰경쟁에는 독일 프랑크푸르트공항공사(Fraport AG)와 호티에프 공항 유한회사(Hochtief AirPort GmbH)도 참여했다. 구매 가격은 공항의 이자, 세금, 감가상각 전 수익의 거의 30배나 되었기 때문에, BAA에 의한 구매는 애널리스트들이 매우 비판적으로 보았다. BAA는 공항의 성장 잠재력이 매우 높고(최대 20%), 모든 여유 용량이 아직 고갈되지 않았다는 점을 고려하여 이동성을 정당화했다. 또한 헝가리의 규제 기관들이 서방 국가들보다 덜 엄격하다 점도 이점으로 작용했다.

2006년 6월 스페인 회사 Ferrovial이 BAA를 인수한 후 2007년 5월 Hochtief AirPort, Canadian Caisse de dépôt et placement du Québec (CDPQ)로 구성된 컨소시엄에게 주식을 19억 유로에 매각했다. 컨소시엄은 싱가포르 GIC 특별 투자, Aero Investment(Goldman Sachs의 일부) 및 KfW IPEX-Bank으로 구성되어 있다. 따라서 이 공항은 Hochtief AirPort가 37.25%, GIC Special Investment 및 CDPQ가 각각 13.625%, Aero Investment가 7.5%, KfW IPEX-Bank가 3.0%, 헝가리 국가가 25.0%를 소유했다.

2억 유로 이상을 투자한 후, 2011년 3월 말 공항명을 작곡가 페렌츠 리스트의 이름을 따서 부다페스트 리스트 페렌츠 공항으로 바꿨다. 그 이후로 터미널 2A와 2B 사이에 상점과 식당들이 들어선 새로운 중앙 대기실을 갖춘 이른바 Skycourt도 있다. 또한 새로운 사무실, 새로운 우편물 분배 시스템 그리고 현대화된 수하물 처리 시스템이 들어섰다.

2012년 2월 3일, 국영 항공사인 말레브항공이 운항을 중단했다. 같은 날 Ryanair는 부다페스트 공항을 51번째 베이스로 만들겠다고 발표했다.

2006년부터 2013년까지 연간 승객 수는 800만에서 900만 명 사이였다. 2014년에는 거의 900만 명을 돌파했고, 2015년에는 1,000만 명 이상의 승객을 처리했다.

• 항공사와 취항지

부다페스트 공항은 유럽의 수많은 목적지와 중동의 몇몇 목적지로 연결되고 있다. 아메리칸 항공의 뉴욕 행 항공편이 중단 된 후, 2018년 5월까지 가장 긴 장거리 노선은 Wizz Air의 에미리트 두바이까지, Air China의 베이징까지 노선이었다. LOT 폴란드 항공은 2018년 5월부터 뉴욕과 시카고 노선을 운항하고 있다. 아메리칸 항공도 필라델피아로 운항 중이다.

한국에서는 2019년 9월 22일부터 LOT 폴란드 항공이 인천-부다페스트 직항노선을 첫 취항했다. 대한항공은 2020년 2월 21일에 인천-부다페스트 화물편을, 5월 23일에 인천-부다페스트 여객편을 취항 중이다.

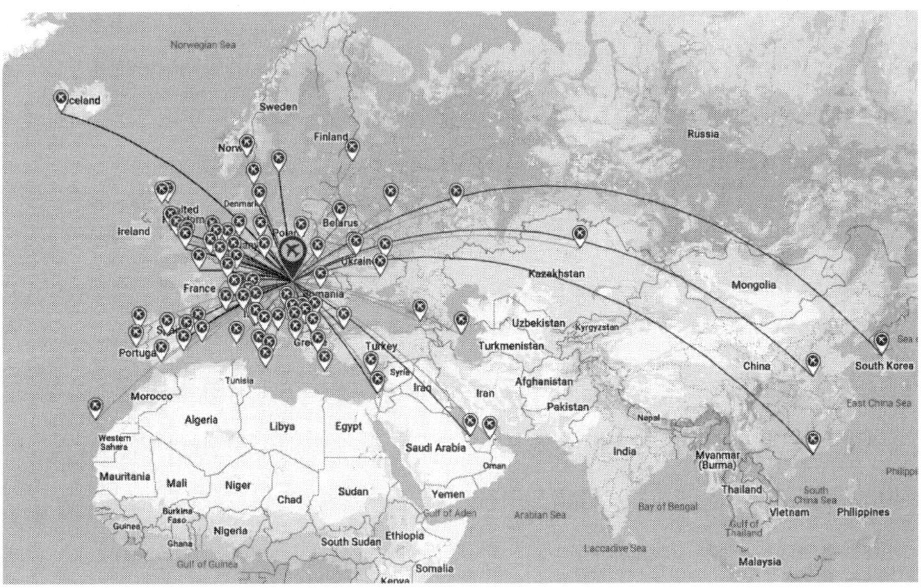

〈출처: https://corporatetravelcommunity.com/〉

• 활주로

출도착 활주로	
13R/31L	3010m × 45m 콘크리트
13L/31R	3707m × 45m 콘크리트

• 터미널

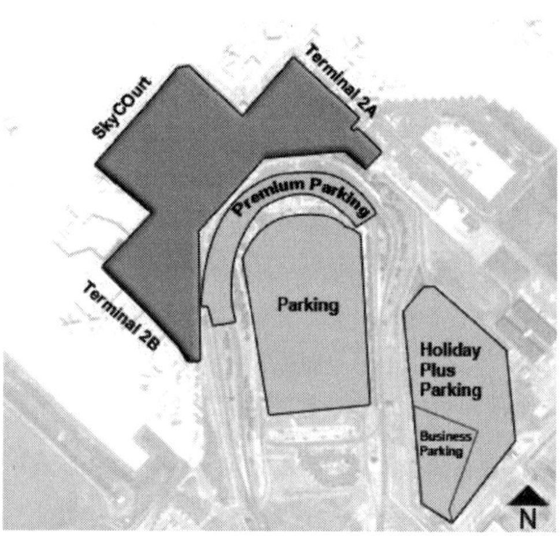

공항의 여객 건물은 네 가지 영역으로 구성되어 있다. 터미널 1은 전세 및 개인 항공편에만, 터미널 2A는 솅겐 지역 내 항공편에(2008년 3월 30일부터 발표), 그리고 터미널 2B는 솅겐 지역 외 항공편에 사용 중이다. 터미널 2A와 2B를 잇는 지역에 중앙 대기실과 쇼핑 구역을 갖춘 SkyCourt가 있다.

터미널 1에는 일반 항공을 위한 별도의 소형 처리 터미널도 있다. 현재 새 화물 터미널 건설 계획이 진행 중에 있다. 터미널 1에는 기차역이 있고, 터미널 2A와 2B에는 공용 버스 정류장이 있다. 공항 바로 근처에는 창고, 사무실 및 상업 공간을 갖춘 공항 비즈니스 파크가 있다. 구 터미널 1과 신 터미널 2A 및 2B 사이에는 항공 박물관도 있다.

- 터미널 1

1950년에 개장한 터미널 1은 등록된 기념 건물로 지정되었다. 2005년에 부분적으로 개조되고, 내부가 새로워지고, 나중에 역도 설치되었다. 그 이후로 국영 철도 회사인 MÁV에 의해 도심과 연결되었다. 터미널 1은 터미널 2A/2B에서 도보로 접근하기는 불가능하지만, 부다페스트 방향으로 약 7km 떨어져 있다. 공중에서 보면 비행기 모양이다.

2005년 9월 준공된 이후, 터미널 1은 주로 Norwegian Air Shuttle, Skyeurope, easyJet, Wizz Air 등의 저비용 항공사들이 이용했다. 유리벽을 통해 솅겐 지역 외의 여행자와 솅겐 협정 국가를 오가는 여행자가 구분된다. 터미널 1은 영업 구역과 카페 외에도 일반 대중이 자유롭게 이용할 수 있는 방문자 테라스를 갖춘 레스토랑도 있다. 또한 다양한 공항 사무소와 헝가리 항공 국이 인접해 있다.

헝가리 국영 항공사 말레브 항공의 파산과 이로 인해 해제된 수용 인원이 발생하여 여객기의 전체 처리가 터미널 2A와 2B로 이전되었다. 터미널 1은 2012년 5월 이후 폐쇄되었다. 현재는 전세 및 개인 항공편만 이용 가능하다.

- 터미널 2A

〈출처: https://budapest-travel-tips.com/budapest-airport/〉

1985년 11월에 개장한 이 터미널은 국영 항공사 말레브항공 전용으로 건설된 것인데, 원래는 '터미널 2'로 불렸다. 바로 옆에 또 다른 터미널 빌딩이 개장한 후 1998년부터 터미널 2A로 불리게 되었다. 모든 스카이팀 및 스타 얼라이언스 항공편은 물론 솅겐 협정 국가를 오가는 거의 모든 항공편이 이곳 터미널에서 운항된다.

- 터미널 2B

터미널 2B는 1998년 12월에 개장했는데, 다소 낡았고 외관상 유사한 터미널 2A(이전의 터미널 2) 옆에 있다. 터미널 2B는 항공동맹 원월드의 모든 항공편, 솅겐 협정 이외의 목적지를 오가는 대부분의 항공편, (터미널 1 폐쇄 이후) 모든 저비용 항공사들의 운항을 처리한다.

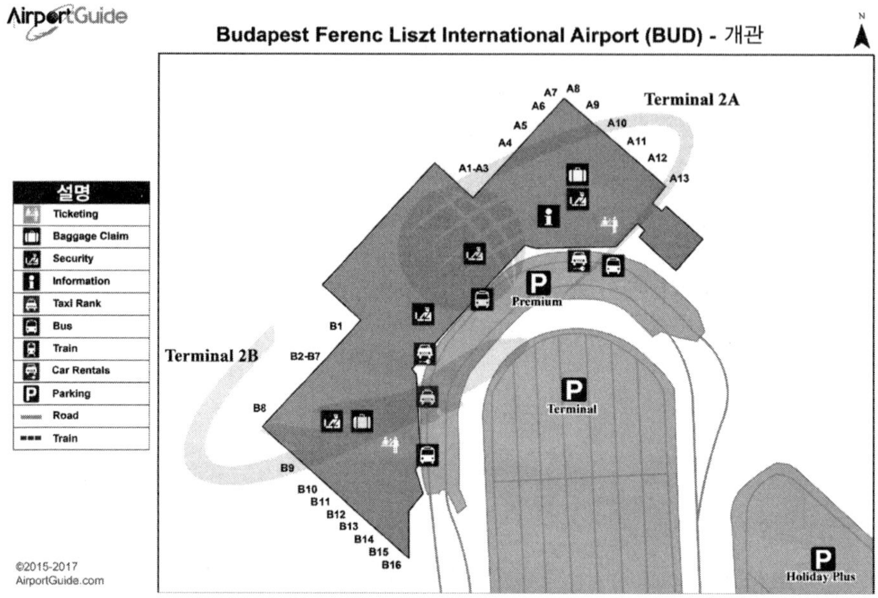

2017년 1월, 터미널 2B의 새 탑승동이 건설되기 시작했다. 이 시설은 10개의 승객 탑승교와 27개의 게이트를 포함하고 있는데, 이 중 3개는 대형 항공기에도 사용 가능하다. 이 공사는 2018년 봄에 완공되었다.

- SkyCourt[6]

2011년 3월부터 SkyCourt라는 새로운 홀에 의해 터미널 2A와 2B가 연결되었다. 이로 인해 공항의 승객 수용 능력이 크게 증가했다. 이후로 보안 검색대를 통과한 승객

〈좌: SkyCourt, 우: Cargo City〉

6 https://www.budapestbylocals.com/skycourt-budapest.html

들은 카페, 레스토랑, 판매 구역, 라운지 및 좌석 공간이 여러 층에 있는 이 중앙 구역에 들어갈 수 있다. 이 홀에서 통로가 탑승 게이트 A1 ~ A19 및 B1 ~ B19로 이어진다. 게이트 A 14-19는 저비용 항공사 전용이다.

- Cargo City[7]

Cargo City는 2019년 11월에 개장했는데, 기공식은 2018년 9월 21일에 있었다. Cargo City를 통해 헝가리 허브는 동중부 유럽 지역의 선도적 관문 역할을 강화하기 위해 처리 능력을 확장했다.

이 프로젝트의 첫 단계는 약 20,000m²의 면적에 보관, 사무실 및 공급 공간과 선수 적재 공간을 갖춘 2개의 Boeing 747-800F 화물 선적장이 포함된다. 이를 위한 투자 규모는 3,260만 유로에 달했다. 환적 시설은 향후 몇 년 동안 증가하는 공항의 항공 화물량에 대처할 수 있도록 화물 운송을 중앙 집중화하고 공항의 처리 능력을 확장하기 위한 것이다.

4. 에티켓

■ 기본예절

- 헝가리인은 적절한 에티켓을 지키는 것에 자부심을 갖는데, 상대방도 그렇게 하기를 기대한다.
- 초대받기 전에 상대방의 이름을 부르는 것은 무례하다고 여긴다.
- 많은 헝가리인들은 공공장소에서 휘파람 불기, 허밍하기, 노래하기 등을 무례하다고 여긴다.
- 하품 할 때는 항상 입을 가리시라.
- 꽃을 선물하는 경우라면, 숫자 13(불길한 숫자)을 제외하고 홀수로 주시라. 특히 남성

7 https://www.bud.hu/en/business_and_partners/cargo

이 여성을 방문하는 경우라면, 어머니나 장모가 대상이더라도 꼭 꽃을 선물하시라.
- 택시는 콜택시를 이용하시라. 길거리 택시를 세워 타면 3배나 비싸다.
- 맥주잔으로는 건배 불가. 헝가리를 정복한 오스트리아 군인들이 맥주잔으로 건배하며 전승을 축하한 때문이다.

[상식] 장례식과 결혼식 그리고 '시'

헝가리에서 장례식은 시신을 바닥에 내려놓고 임종을 맞는다. 눈 위에 동전을 올려놓으며 배위에는 낫, 칼을 올려놓기도 한다. 이웃은 요리하고 노래하는 등 들뜬 분위기를 조성하고, 가족 친척은 모든 불을 끄고 고인을 회상하며 시를 암송한다. 결혼식 피로연에서도 시를 암송한다.

■ 방문

- 대다수 방문은 예견된 경우이지만, 간혹 가까운 친구, 친척 또는 이웃이라면 느닷없이 짧은 방문을 하기도 한다.
- 헝가리인들은 시간 엄수를 중요시하므로, 저녁 식사 초대를 받은 경우라면 정시에 도착하시라. 그러나 파티나 대규모 모임에 초대된 경우라면 지정된 시간보다 30분 일찍 도착하시라.

■ Do's와 Don'ts

• Do's

- 헝가리인은 음식과 와인에 대한 자부심이 강하다. 이에 관련된 토론은 상호보완적인 방식으로 헝가리 측 상대와의 관계 발전에 도움이 될 것이다. 마찬가지로, 헝가리 음식, 특히 연로한 헝가리인이 준비한 식사라면 음식에 대해 이러쿵저러쿵 비판하지 마시라. 이것은 심각한 상황에 이를 가능성도 없지 않다.
- 헝가리는 수많은 경제적 격변을 겪었다. 따라서 개인과 국가의 경제적 기준과 관련된 주제에 대해 민감하게 접근할 필요가 있다.
- 헝가리인은 매우 격식을 차리는 편인데, 음식에 관련해서는 더욱 그렇다. 이점을 고려하여 자신을 어떻게 표현할 것인지 생각해볼 필요가 있다. 식사 중 더럽거나

불손한 문제 등 특정 토론 주제는 어울리지 않는다.

- 세계 대전과 냉전 관련 대화라면 민감하게 접근하시라. 대다수 헝가리인은 그들의 역사에 대한 토론에 개방적이지만, 어떤 사람들은 과거를 들추는 것에 선뜻 나서지 않는 성향이 있다.

• Do Not's

- 헝가리의 소수 민족 또는 인접 국가 관련 논의라면 주의하시라. 헝가리인에 따라 그러한 논의는 열띤 논쟁으로 빠져들 여지도 없지 않다.
- 헝가리에서 미국의 경제적 영향에 대해 열을 올리지 않는 것이 최선의 선택이다. 많은 헝가리 사람들은 특히 미국의 외국 개입을 회의적으로 바라본다.
- 최근 난민 관련 주제라면 토론할 때 주의하시라. 헝가리의 오스만 제국의 역사적 유산으로 인해 일부 헝가리인은 최근 중동 및 북아프리카 지역에서 이주한 난민에 대해 극히 부정적인 시각을 가지고 있다.
- 헝가리 사람이 자신의 의견이나 비판을 퉁명스럽게 표현하더라도 화를 내지 마시라. 헝가리인은 직설적으로 소통하는 것이 일반적이다.

■ 커뮤니케이션 스타일

앞에서 지적하였듯이, 헝가리인은 감정과 열정으로 자신을 표현하는 성향이 강하다. 대화에서 자신의 말의 요점을 입증하려고 이야기, 일화, 농담을 즐겨 사용한다. 사람들이 한꺼번에 이야기하는 경향이 있기 때문에 다른 사람들과 대화할 때 목소리를 높이기도 한다. 헝가리인은 내면의 생각을 공유하는 경향이 있어서 과묵한 사람이라면 의심의 눈초리를 받을 수도 있다.

• 언어적 커뮤니케이션

- 직접 커뮤니케이션: 헝가리인은 직접소통을 하는 경향이 강하다. 그들은 자신의 의견이나 불일치를 자유롭게 표현하려 든다. 그래서인지 헝가리인은 대화 초반에 개인적인 질문을 하기도 한다. 때로는 이것은 직설적인 것처럼 보일 수 있지만, 다분

히 의도적인 것이다.

- 비판하기: 어떤 때는 헝가리인은 직설적이거나 자발적인 비판을 하기도 한다. 그렇다고 공공장소에서나 사회적 지위가 높은 사람 앞에서 헝가리인을 비난하는 것은 삼가하시라. 헝가리인은 당혹감에 매우 민감해서 이것을 수치스럽게 여길 수 있다.
- 불만표출: 헝가리인은 불만을 숨기는 법이 거의 없다. 예컨대 "어떻게 지내세요?" 라는 질문에 "bad" 같은 불만스런 반응도 거리낌 없이 표출한다.

• 비언어적 커뮤니케이션

- 신체 접촉: 헝가리인은 감정이 매우 풍부한 사람이지만, 공개적으로 애정을 잘 드러내지 않는 성향이 있다. 그러나 연령대에 따라 다르다. 예컨대 젊은 세대는 포옹과 같은 애정을 드러내는 성향이 있지만, 장년층은 그렇지 않다. 성별에서도 차이가 있다. 예컨대, 남성은 서로 접촉하지 않는 편이지만, 여자 친구들은 손을 잡거나 팔짱을 끼기도 한다. 가족과 친한 친구는 성별에 관계없이 서로 접촉하기도 한다.

• 개인 공간: 헝가리인은 일반적으로 팔 길이만큼의 개인 공간을 유지한다. 낯선 사람과 이야기하는 경우라면 그 거리는 더 멀어질 수 있다. 개인 공간에 대한 개인들의 선호도를 관찰해서 그에 맞게 행동하는 것이 가장 좋다.

• 아이컨택: 헝가리인은 눈을 직접 마주치는 편이다. 아이컨택은 성실함의 표시로 여겨지지만, 눈 맞추기를 거부하는 것은 부정직함을 드러내는 표시로 여겨지기도 한다.

• 가리키기: 헝가리인은 뭔가를 가리켜야 하는 경우, 손가락을 튕겨서 빠르게 끌어당기는 편이다. 아니면 상대방이 바라보려는 방향으로 머리와 눈을 휙 돌리도 한다.

5. 문화 차원

문화적 차이를 설명하기 위해 기어트 호프스테드는 가장 포괄적인 연구 중 하나인 문화 차원 이론을 수립했다. 그는 문화를 "한 그룹의 구성원이나 다른 사람의 범주를 구분하는 마음의 집단적 프로그래밍"이라고 정의한다. 그의 국가 문화 모델은 다음과 같은 여섯 가지 차원으로 구성된다.

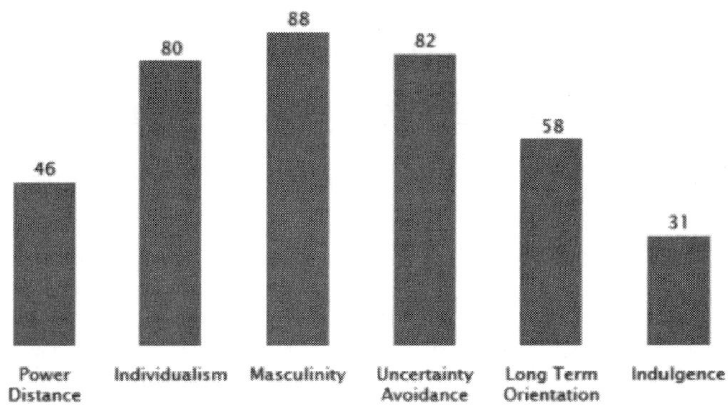

■ 권력 거리(PDI)

집단 구성원이 권력이 균등하게 분배되기를 기대하는 정도에 관한 것이다. 권력 분배의 객관적인 차이가 아니라 사람들이 권력 차이를 인식하는 방식을 반영한 것이다.

헝가리의 PDI 지수는 중간 수준보다 낮다. 즉, 문화가 독립성, 편의성 지향적인 계층 구조, 동등한 권리, 상급자 접근 가능, 직접적이고 참여적인 의사소통에 더 가깝다는 뜻이다. 46점은 낮은 권력 거리로 여겨지지만, 북유럽의 문화적 가치에 비해 여전히 높다.

■ 개인주의(IDV)

개인이 집단으로 통합되는 정도에 관한 것이다. 헝가리는 개인주의 사회에 속한다. 이는 개인이 자신과 직계 가족만 돌볼 것으로 기대되는, 느슨하게 연결된 사회적 프레임을 선호한다는 뜻이다.

■ 남성성(MAS)

성별 간의 정서적 역할 분포 정도를 문제삼는다. 남성적 문화의 가치는 경쟁력, 자기주장, 물질주의, 야망 및 권력이며, 여성적 문화는 관계와 삶의 질에 더 많은 가치를 둔다.

헝가리는 남성성이 강한 사회에 속한다. 남성적 사회에서 사람들은 '일하기 위해 살아가고', 관리자는 단호하고 독단적이어야 하며, 형평성, 경쟁 및 성과에 중점을 둔다.

갈등은 서로 투쟁하는 과정에서 해결되는 구조이다.

■ 불확실성 회피(UAI)

불확실성과 모호함에 대한 사회의 관용 정도를 문제 삼는다. 불확실성을 최소화하여 불안에 대처하려는 사회 구성원의 범위를 반영한 것이다. 불확실성 회피가 높은 문화권 사람들은 더 감성적인 성향이 있다. 단계별 계획 및 절차에 주의를 더 많이 기울인다.

헝가리는 불확실성을 회피하는 성향이 강하며, 보안은 개인의 동기 부여에 중요한 요소로 작용한다. 이 지표의 점수는 높은 믿음과 행동의 엄격한 코드에 의해 불확실성 회피가 유지된다는 것을 뜻한다. 그러한 문화에서는 규칙이 작동하지 않는 것처럼 보이지만, 시간은 돈이고, 사람들은 바쁘고, 열심히 일하려는 내적 충동이 있으며, 정확성과 정시성이 일반적이다.

■ 장기 지향성(LTO)

국가 자부심, 전통 존경심, 사회적 의무 이행 같은 과거와 현재와 관련된 덕목과 변화하는 상황에 적응하는 미래의 보상, 특히 인내 지향적인 실용적 미덕이 살아있는 사회 등을 문제 삼는다.

헝가리 문화는 이 차원에서 실용 지향적인 국가로 나타났다. 이를 지향하는 사회에서 사람들은 진실이 상황, 맥락, 시간에 크게 의존하는 성향이 있다. 그들은 전통을 변화된 조건에 쉽게 적응시킬 수 있는 능력, 절약하고 투자하려는 강한 성향, 성과 달성에 대한 인내를 보인다.

■ 쾌락과 절제(IND)

쾌락은 인생을 즐기는 것과 관련된 기본적이고 자연스러운 인간의 욕망을 비교적 자유롭게 만족시키는 성향과 관련된 지표이다.

헝가리는 이 차원에서 낮은 31점을 받았다. 이는 냉소주의와 비관주의 성향이 강하다는 의미이다. 또한 쾌락(자적) 사회와는 달리, 자제 사회는 여가 시간을 크게 강조하지 않고 욕망의 충족을 제어한다. 이러한 성향을 가진 사람들은 자신의 행동이 사회적 규범에 의해 통제받고 있다는 인식이 있으며, 자신을 탐닉하는 것이 다소 잘못된 것으로 생각한다.

정리하면, 헝가리 문화는 다소 집단주의적(젊은 세대는 오히려 개인주의적 성향이 강함) 성향과 강한 불확실성 회피 성향, 남성적 성향이 있다. '내부자'와 '외부인' 사이에는 고맥락 문화와 관계 지향적 태도가 강한 특성이 있다. 기업인은 사적 영역과 공적 영역을 혼용하는 경향이 있다.

11
크로아티아

〈출처: https://www.nationsonline.org/oneworld/map/croatia_map.htm〉

국명	크로아티아공화국(Republika Hrvatska)
언어	크로아티아어
수도	자그레브(Zagreb_
면적	56.594km²
인구	4.190.669명 (2016)
화폐	Kuna (HRK)
독립일	1991년 10월 8일(유고슬라비아로부터 독립)
도메인	.hr

1. 지리적 특징

■ 국기

크로아티아 국기는 1991년 6월 독립 선언 이전인 1990년 12월(실제 사용은 1990년 7월부터)에 공식적으로 크로아티아 국기로 채택되었다. 범슬라브 색상인 적(Crven)-백(Bijel)-청(Modar) 세 가지 색상으로 구성되어 있는데, 1848년부터 크로아티아 국기에 사용된 색상이다. 마찬가지로 국기 중앙의 국장(Grb Republike Hrvatske)도 크로아티아 국기에 사용되었다. 16세기 크로아티아 왕국에서부터 사용된 체크무늬(Šahovnica) 방패 상단의 다섯 문양은 중앙크로아티아(Središnja Hrvatska, 초승달과 별 모양, 크로아티아에서 가장 오래된 문장), 두브로브니크(Dubrovnik, 청색에 두 개의 적색 줄무늬, 라구사공화국 때부터 존재), 달마티아(Dalmacija, 3개의 황금사자머리), 이스트라(Istra, 황금염소), 슬라보니아(Slavonija, 검정 담비 위에 금색 별, 족제비 같은 동물) 지역을 상징한다. 19세기 초기 버전에는 오늘날과는 달리 크로아티아, 달마티아, 슬라보니아의 방패가 포함되어 있었다.

이 깃발을 사용하기 이전에는 크로아티아에서도 유고슬라비아 깃발이 사용되었다. 이 깃발도 파란색, 흰색, 빨간색 가로 줄무늬를 사용했으며, 중앙에 금테가 있는 빨간색 별표(표준 공산주의 상징)가 배치되었다.

■ 크로아티아공화국(Republika Hrvatska)

크로아티아는 중앙 유럽 및 지중해 국가로, 서쪽으로는 슬로베니아, 북쪽으로는 헝가리, 동쪽으로는 세르비아, 남쪽으로는 보스니아-헤르체고비나와 접해 있다. 이 나라는 또한 아드리아 해에서 이탈리아와 긴 해상 국경을 가지고 있다. 이 국경은 길이가 총 2,028km나 된다.

크로아티아는 세계 어느 나라에서도 볼 수 없는 특이한 모양(크루아상 모양)을 하고 있다. 이 특이한 모양은 오스만제국이 중부 유럽으로 확장한 5세기동안의 결과물이다. 물론 오스만제국은 실제로 이 국가를 정복하지는 못했지만, 세르비아, 보스니아-헤르체고비나와 같은 크로아티아의 일부 이웃을 지배했다.

트리에스테 만과 크바르네르 만 사이의 북서쪽에는 아드리아 해의 최대 반도인 이스트라 반도가 있다. 이스트라반도의 동쪽에 솟아오른 벨리카 카펠라(Velika Kapela)산맥과 말라 카펠라산맥(Mala Kapela)은 아드리아해 연안을 따라 뻗은 디나르알프스에 속하는 산맥이다. 디나르알프스에는 크로아티아에서 가장 높은 디나라산(1,831m)이 있다. 이 나라의 동부는 크로아티아의 4대 역사 지역 중 하나인 슬라보니아로 알려져 있다. 이 나라의 남부는 역사 지역인 달마티아로 알려져 있으며, 좁은 해안선은 오랫동안 베네치아공화국(1420-1797)의 일부였다. 크로아티아의 주요 강은 사바 강과 다뉴브 강이다. 이 나라는 아드리아 해에 1,000여 개의 섬을 가지고 있지만, 정작 사람이 거주하는 곳은 48개 정도뿐이다. 가장 큰 섬은 아드리아 해에서 가장 큰 섬인 크르크(Krk)이다. 두 번째는 Korčula, Brač, Hvar, Rab, Pag, Lošinj, Ugljan, Čiovo, Murter, Vis 및 Cres 등이다. 관광객에게 특히 매력적인 섬은 Hvar, Vis, Rab, Lastovo, Korčula, Brijuni 군도, Brač, Mljet, Cres, Murter 및 Dugi Otok이다.

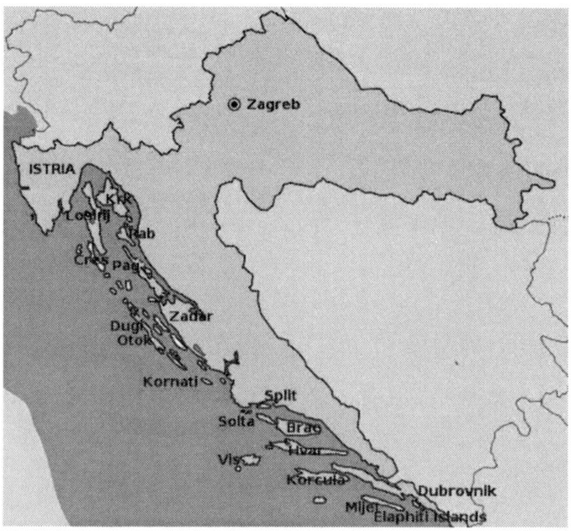

2. 역사적 특징

■ 배경

오늘날 크로아티아를 구성하는 땅은 제1차 세계 대전이 끝날 때까지 오스트리아-헝가리 제국의 일부였다. 1918년에 크로아티아, 세르비아, 슬로베니아는 1929년 이후 유고슬라비아로 알려진 왕국을 형성했다. 제2차 세계 대전 이후 유고슬라비아는 티토에 의해 독립 공산주의 국가가 되었다.

크로아티아는 1991년에 유고슬라비아로부터 독립을 선언하기까지 산발적으로 4년간의 격렬한 전투가 동반되었다. 유엔의 감독 하에 슬라보니아 동부의 마지막 세르비아 영토가 1998년 크로아티아에 반환되었다.

2013년에 크로아티아는 28번째 회원국으로 유럽연합에 가입했다.

■ 고대

오늘날의 크로아티아에 정착한 가장 오래된 증거는 약 130,000년 전으로, 중요한 고고인류학 유적지가 있다. 크라피나 근처에서 1899년 드라구틴 고르야노비치-크람베르거(Dragutin Gorjanović-Kramberger)가 발견한 네안데르탈인 유적지인 후시냐코보 언덕(Hušnjakovo brdo)(네안데르탈 박물관 포함)과 빈디자 동굴이 있다. 신석기 시대는 내륙의 스타르체보(Starčevo) 문화(BC6000-BC5400)와 해안의 압인무늬 토기 문화(Cardium pottery)에서 시작되었다. 뒤이어 다닐로 문화와 해안의 흐바르 문화, 내륙의 소폿(Sopot/Vinča) 문화가 이어졌다. 부코바르(Vukovar) 마을 근처에는 후기 부체돌(Neolithic Vučedol) 문화(BC3000-BC2200)의 시조 유적지가 있다. 청동기 시대와 철기 시대의 수많은 고분(Gomila)이 있다.

〈좌: 압인무늬 토기 문화 지역(녹색), 우: 스타르체보 문화(토기)〉

■ 초기중세

아드리아 해의 동해안에 있는 최초의 그리스 정착촌은 기원전 12세기와 11세기에 이오니아 시대와 이후의 위대한 그리스 식민화 과정에서 나타났다. 정착촌 스플리트

(Split)의 창설도 이 시기로 거슬러 올라간다(Split의 어원은 그리스어 Aspalatos 또는 Spalatos(=cave)에서 왔음). 기원전 4세기에 그리스 역사가 헤로도토스는 그의 작품에서 일리리아인을 언급했다. 기원전 2세기 중반부터 해안과 파노니아 평야 사이에 둥지를 튼 일리리아 부족에 대해 로마인의 정치적 영향력이 커졌다. 기원전 34년에 후에 아우구스투스 황제가 된 옥타비아누스는 제렉 전투(Schlacht von Zerek)에서 20년간 전쟁을 치른 후, 이 지역을 로마에 통합했다. 1세기 초, 델마테족(Delmatae)[1]의 이름을 딴 로마의 달마티아 지방이 형성되었다. 293년, 디오클레티아누스 황제의 통치시기에 이 지방은 드리나 강을 따라 분할되었다. 395년에 로마 제국이 서로마와 동로마로 분단된 후, 크로아티아 지역은 서로마에 속했다.

■ 동로마제국과 비잔틴제국(550–1270)

로마 제국이 해체된 후, 오늘날의 크로아티아(달마티아, 이스트라, 슬라보니아)의 대부분은 550년부터 1270년까지 여러 번의 중단(일시적인 크로아티아 독립) 과정을 거치면서 동로마 제국 또는 비잔틴 제국에 속했다. 6세기에 아바르족의 중앙아시아 기병대는 롬바르드족이 따로 거주하던 파노니아로 이주했다. 7세기에 그로아트인은 비잔틴 황제 이라클리오스(Flavius Heraclius Augustus, 575-641)[2]에 의해 현재의 정착지로 부름을 받았으며, 그가 아바르족과 싸우는 것을 도왔다. 비잔틴 황제 콘스탄티노스 7세(905-959)의 보고서에 따르면, 크로아트인은 현재의 마워폴스카(Małopolska) 또는 소폴란드(Lesser Poland) 지역에서 왔다. 콘스탄티노폴리스에 속한 이 시기에 남부 슬라브족은 슬라브인 선교의 일환으로 7~9세기에 비잔티움에 의해 대부분 기독교화 되었고, 크로아티아 북부와 슬로베니아는 잘츠부르크에서부터 복음화 되었다. 프랑크 전쟁(Fränkische Krieg) 이후,

---

1 델마태족(Delmatae)은 로마 시대에 달마티아, 크로아티아 남부, 보스니아 헤르체고비나 서부의 일리리아 부족이다.

2 그는 무너져가는 동로마 제국의 군대와 행정을 개편하고 라틴어 대신 그리스어를 공용어로 채택하는 등 제국을 민심에 맞게 변화시켰다. 열강과 이민족의 침략으로 풍전등화 상태였던 동로마 제국이 그가 창안하고 정착한 군사 및 행정 조직 덕분으로 이후 800년이나 더 존속할 수 있는 기반이 구축되었다.

비잔티움의 권력 상실, 일시적으로 자치 크로아티아 왕국, 그리고 오늘날 크로아티아의 많은 부분이 프랑크 제국과 헝가리 왕국 같은 서유럽 통치자들과의 제휴는 비잔틴 정교회 문화로부터 점차적으로 벗어났음을 뜻한다. 크로아티아는 로마 가톨릭 교회의 영향권에 들어갔고, 따라서 서유럽 문화 지역에 속하게 되었다.

크로아티아인이란 명칭은 9세기의 어느 원전에서 처음 등장했다. 'Hrvat'란 이름 자체에는 슬라브어 뿌리가 없지만, 이란 민족이 슬라브인에게 붙인 외국 명칭일 가능성이 크다. 'Hrvati' 민족은 (사르마티아 어에서) 페르시아 강 지역에서 온 것으로 추정된다. 'Harahvaiti'는 음성추이('h'에서 's'로)로 인해 오늘날 'Sarasvati'로 불린다.

879년, 브라니미르 공작[3]은 교황 요한 8세(Papa Giovanni VIII, 재위 872~882)에 의해 'dux Croatorum'으로 기록되고 발음되었는데, 당시에는 중세 크로아티아 국가를 인정하는 것과 같다.

■ 크로아티아왕국(925–1102)

925년경 토미슬라브(Tomislav)는 크로아티아의 초대 왕(재위 925~928)이 되었다. 동시에 이것은 남슬라브인 역사상 최초의 왕실 타이틀이기도 했다. 크로아티아는 토미슬라브 시대에 크로아티아 중부, 크로아티아 남부, 달마티아 연안, 헤르체고비나 서부, 보스니아 북서부를 지배했다. 교황 요한 10세는 즉시 이 칭호를 인정했다. 925년에 요한 10세는 'rex croatorum'(크로아티아 왕)이란 편지에서 그를 지칭했다. 그의 통치 기간 동안 마자르인이 판노니아 평원을 침공했다. 토미슬라브는 중앙 크로아티아, 슬라보니아, 달마티아와 보스니아 일부로 구성된 왕국을 헝가리에 대항하여 성공적으로 방어했다.

왕국은 페타르 크레시미르 4세(Petar Krešimir IV., 재위 1058~1074) 왕의 통치시기에 전성기를 맞았다. 달마티아 연안에 위치한 여러 도시들을 크로아티아에 편입시키기 위해 주력하는 한편 달마티아 연안에 새로운 도시들을 건설했다. 이를 계기로 닌, 시베니

3 그는 콘스탄티노폴리스 세계 총대주교가 영향력을 행사하던 스플리트 주교구에 맞서 크로아티아의 독립적인 교권을 행사하던 닌 주교구를 공인했다. 882년에는 모라바에서 콘스탄티노폴리스까지 여행하던 성 메토디우스 사절단이 크로아티아를 방문했다. 브라니미르 공작은 교회 전례에서 라틴어와 슬라브어 사용을 지지했을 정도로 크로아티아 교회의 독립에 주력했다.

크, 스크라딘과 같은 도시들이 발전했다. 그가 로마 가톨릭교회와의 유대 관계를 강화하기 이전까지, 크로아티아는 오랫동안 지방의 귀족들, 영주들, 평민들은 비잔티움 전례에 따른 관습을 따르고 있었다. 그는 1059년 교황 니콜라오 2세의 승인에 의해 비오그라드나모루에서 대관식을 치른 후 교회도 로마의 의식(Ritus)에 따라 개혁했다. 이는 1054년의 분열과 로마에 대한 충성 측면에서 중요했다. 왕국은 1102년까지 존속했다.

■ 크로아티아와 헝가리의 동군연합(1102–1526)

1102년 헝가리 왕 칼만(Kálmán, 헝가리의 국왕 재위: 1095~1116, 크로아티아의 국왕 재위: 1097~1116)은 자다르 근처의 비오그라드(Biograd)에서 크로아티아 왕으로 즉위하여 크로아티아와 헝가리의 동군연합이 되면서 헝가리의 일부가 되었다. 크로아티아는 크로아티아 금지령(총독 또는 그 대리인)에 따라 자체 행정부를 유지했다. 크로아티아 귀족과 왕의 관계를 규제하는 Pacta conventa[4]는 대개 1102년으로 거슬러 올라가지만 이에 대한 증거는 없다.

16세기, 17세기, 18세기 초의 오스만제국과 유럽 국가들 간의 전쟁과 몇 가지 다른 중단을 제외하고, 헝가리 왕국과의 동군연합은 1918년까지 다양한 형태로 유지되었다.

■ 오스만제국(1451~1699)과 합스부르크 왕가(1527~1918)

15세기 중반부터 헝가리와 크로아티아는 오스만 제국의 공격에 노출되었다. 러요시 2세가 지휘하던 헝가리 왕국군이 오스만제국에 대항한 모하치 전투(mohácsi csata, 1526)에서 패배한 후, 페르디난트 1세(HRR)는 세틴 의회(Cetinski sabor)에서 크로아티아 귀족들에 의해 크로아티아의 왕으로 선출되었다.

달마티아와 이스트라 일부의 역사적인 크로아티아 지역은 중세 후기부터 베네치아 공화국의 통치하에 있었다. 두브로브니크 공화국은 오늘날의 크로아티아에서 14세기

---

4 팍타 콘벤타(Pacta conventa, 'agreed agreement')는 헝가리 왕 칼만과 크로아티아 귀족들 사이에 1102년 이후에 체결된 협정으로, 헝가리와 크로아티아의 동군연합에서 크로아티아의 지위를 규정한 협정이다. 이 문서의 초기 원고는 14세기 것이어서, 일부 역사가들은 이 원고가 위조일 가능성이 높다고 본다.

부터 1808년까지 독립을 유지할 수 있었던 유일한 지역이었다.

크로아티아는 수세기 동안 오스만 제국과의 전쟁터였다. 방어 수단으로 이른바 군사 국경이 세워졌는데, 상당수의 정교회 교인들이 정착했다. 때때로 군사 국경 지대의 주민들은 Statuta Wallachorum[5]의 형태로 특권을 받았다.

나폴레옹 전쟁 이후, 1815년에 달마티아와 이스트라는 모두 오스트리아의 통치를 받았지만, 정치적 이유로('divide et impera(분할 지배)') 크로아티아의 나머지 지역과는 행정적으로 통합된 것이 아니라 분리된 왕국 땅이 되었다. 1867년부터 달마티아와 이스트라는 오스트리아 제국의 일부였고, 크로아티아와 슬라보니아 왕국은 헝가리제국의 일부였다.

19세기 후반, 크로아티아 주민들 사이에서는 더 많은 자결권과 헝가리의 확대 정책에 대한 요구가 증가했다. 1848년 헝가리 혁명[6] 시기에 요시프 옐라치치(Ban Josip Jelačić, 1801~1859)는 특히 자치권을 위해 노력하는 크로아티아 이익의 상징적 인물을 구체화했다. 국가적 열망은 1867년 오스트리아-헝가리의 화해와 헝가리-크로아티아의 화해로 종식되었다. 19세기는 또한 수많은 문화적 변화를 구현한 일리리아 운동(Illyrian movement)[7]으로 각인되었다. 크로아티아어는 표준화됨과 동시에 한 주에서 모든 남슬라브인을 통합하는 의식이 생겨났다.

---

5 Statuta Valachorum은 1630년 10월 5일에 합스부르크 가문의 페르디난드 2세 황제가 발표한 법령으로, '블라크족(Vlachs)'의 권리를 정의한 것이다. 군사 국경지대에서 비엔나가 직접 통치하는 방식으로, 크로아티아 의회의 관할권을 철폐했다. 이것은 루돌프 2세 황제의 1608년 법령과 페르디난트 2세의 1627년 법령과 함께 블라흐족의 과세 및 임차권에 대해 17세기 초에 제정된 세 가지 주요 법률 중 하나이다.

6 1848년에서 1849년에 걸쳐 헝가리에서 합스부르크 왕가에 대항하여 일어난 혁명이다. 헝가리 왕국은 오스트리아 제국과 동등한 위치의 군주국이 되지만, 보헤미아 인들과 크로아티아인들이 이에 강력하게 반발하자, 헝가리는 오스트리아에 굴복하며 종결되었다.

7 1836년부터 1848년까지 크로아티아에서 발생하였던 남슬라브 민족주의 운동으로, 최초의 크로아티아 지식인 그룹에 의해 부활되었다. 이 운동은 언어적, 민족적 통일을 통해 오스트리아-헝가리에 대항하여 크로아티아 민족 재건을 겨냥했으며, 이를 통해 부활한 일리리아라는 우산아래 모든 남슬라브인의 문화적 언어적 통일을 위한 토대를 마련했다.

■ 세르비아-크로아티아-슬로베니아 왕국의 탄생(1918~1941)

크로아티아는 1918년 제1차 세계 대전이 끝날 무렵, 오스트리아-헝가리 군주제에서 탈퇴했다. 이탈리아 군대는 1915년 런던 조약에서 합병을 약속받았기 때문에, 아드리아해 동부 해안을 따라 크로아티아 영토를 점령하기 시작했다. 이에 따라 슬로베니아, 크로아티아 및 세르비아 국가 협의회는 1918년 11월 말, 크로아티아를 세르비아 왕국과 즉시 통합하기로 결정했고, 그 결과 세르비아, 크로아티아, 슬로베니아 왕국이 탄생했다. 그러나 많은 크로아티아인들은 군주제 형태의 정부를 거부하고 자신들이 불이익을 받았다고 느끼며 크로아티아 공화국 건설을 요구했다. 또한 헌법은 중앙 집중식 국가 조직과 역사적 지역들의 해체를 계획하고 있었는데, 이는 사실상 세르비아인들이 수적으로 가장 큰 민족으로서 주도권을 확보했다.

1928년 크로아티아의 당 지도자인 스체판 라디치(Stjepan Radić)를 포함하여 몇몇 크로아티아 정치인들이 유고슬라비아 의회에서 총에 맞아 사망했다. 국가 위기 이후 알렉산다르 1세는 1929년 의회를 해산하고, 왕정을 수립하고, 국가를 유고슬라비아 왕국으로 개명했다. 그의 힘은 군에 의존하고 있었다.

동시에 크로아티아의 일부 정치 엘리트들은 해외로 도주했다. 그들 중 일부는 안테 파벨리치(Ante Pavelić)가 이끄는 극우 민족주의 단체 우스타샤 운동을 형성하여, 무솔리니의 지원을 받아 유고슬라비아 왕국과 무력으로 싸웠다. 1934년 그들은 마르세유에서 발생한 폭탄테러 때 알렉산다르 왕을 권총으로 암살했다.

제2차 세계 대전 직전인 1939년에 화해가 시도되었고, Cvetković-Maček 조약으로 유고슬라비아왕국 내에 자치주인 Banovina Hrvatska가 만들어졌다(1939~1941).

■ 제2차 세계 대전 중의 크로아티아

발칸 전쟁이 시작된 지 4일 후, 방위군이 1941년 4월 10일 자그레브로 진군했다. 1941년 4월 17일 유고슬라비아 왕국은 추축국에 항복했다. 크로아티아는 독일의 속국(위성국가)이 되었다. 1941년과 1945년 사이에 크로아티아는 상당한 영토 변화를 겪었다. 한편으로는 오늘날의 보스니아-헤르체고비나 대부분이 이 나라에 추가되었다. 반면에, 해안 지역(달마티아)은 이탈리아에게, 무르 북쪽 지역은 헝가리에게 양도해야했다. 추축국 세력의 지원으로 안테 파벨리치(Ante Pavelić, 1889~1959)[8]를 지도자로 한 크로아티아의 극우 민족주의 단체 우스타샤(Ustascha)는 이미 4월 10일 크로아티아 독립국(NDH)을 선포했다. 실제로 우스타샤 지도자 안테 파벨리치는 수령(Poglavnik)이란 칭호로 크로아티아 독립 국가의 수장이 되었다. 그는 수십만 명의 유태인, 세르비아인, 집시족, 크로아티아 반파시스트 등이 참여하는 파시스트 독재 정권을 세웠고, 특히 조직적으로 이들을 박해하고 살해했다. 연합국의 추산에 따르면, '발칸의 아우슈비츠'로 역사에 기록된 야세노바츠(Jasenovac) 강제 수용소 및 B. Stara Gradiška 또는 Jadovno 같은 여타 수용소에서 750,000여명의 세르비아인, 유대인, 집시를 살해했다고 한다. 1941년 여름부터 크로아티아 공산주의자들은 유고슬라비아 당파 운동의 일환으로 1942년과 1943년에 걸쳐 국가의 대부분을 장악할 수 있었던 우스타샤 정권에 대항하여 무장 봉기를 시작했다. 요시프 브로즈 티토(Josip Broz Tito) 외에 안드리자 헤브랑(Andrija Hebrang)도 리더 중 한 사람이었다. 추축국과 그 동맹국이 패배한 후 유고슬라비아 인민 해방군은 특히 테즈노 대학살[9]에서 전쟁 패자들에 대한 범죄를 저질렀다.

1942년, 여전히 독일 점령 하에서 공산주의자들은 여성에게 능동적이고 수동적인 투표권을 인정했다. 남녀 간의 완전한 법적, 경제적, 사회적 평등은 1946년 헌법에서 처음으로 보장되었다. 1945년 8월 11일 능동적이고 수동적인 투표권이 도입되었다.

전쟁이 끝난 후 크로아티아는 티토 정부 아래 1963년 유고슬라비아 사회주의 연방 공화국(SFRY)에서 새로 설립 된 유고슬라비아 연방 인민 공화국의 6개 공화국(크로아티아 사회주의 공화국) 중 하나가 되었다.

전쟁 종료 후, 크로아티아는 1963년부터 티토 정부 하에서 사회주의 연방공화국(SFRJ)이 창설된 유고슬라비아연방 인민공화국 중 여섯 개 부분 공화국 중 하나가 되었다.

1971년 크로아티아의 봄 시위와 개혁 운동이 진압되었다. 1980년 티토 사망 후, 크로

---

8 안테 파벨리치는 크로아티아의 파시스트 지도자이자 나치 독일의 괴뢰 정권인 크로아티아 독립국의 국가 원수이자 독재자로, 유고슬라비아에서 75만 명 이상의 정교회 신자 등을 학살한 주범이다.

9 학살로 약 15,000 명의 군인과 민간인이 사망한 것으로 추정된다.

아티아와 세르비아가 지배하는 유고슬라비아 정부 간의 긴장이 고조되었다. 1980년대 말, 더 많은 자율성에 대한 열망은 유고슬라비아로부터의 독립을 요구했다. 우스타샤 정권에 대항하여 티토와 함께 싸운 크로아티아 정치가 프라뇨 투지만(Franjo Tuđman)은 크로아티아 주민에게 큰 지지를 얻었다. 약화된 유고슬라비아 정부가 다당제를 허용하자, 투지만은 1990년 크로아티아 민주 공동체(HDZ)를 설립했는데, 곧이어 인민당의 성격을 띠게 되었다. 독립 크로아티아에 대한 그의 요구는 당시 헌법상 두 번째 국가였던 세르비아인들 사이에서 시위를 촉발시켰지만, HDZ는 4월 22/23일 선거에서 승리했다. 투지만은 그 후 대통령으로 선출되었다.

■ 독립국가 크로아티아(1991년 이후)

• 독립전쟁(1991~1995)

1991년 5월 19일 크로아티아의 독립에 대한 국민 투표에서 유권자의 93.2%가 주권에 찬성표를 던진 후 크로아티아는 1991년 6월 프라뇨 투지만에 의해 독립을 선언했다. 최초의 인정은 1991년 6월 26일 슬로베니아에 의해 이루어졌고, 슬로베니아는 독립을 선언했다. 사실상 세르비아가 지배하던 유고슬라비아 인민군(JNA)은 독립에 대한 열망을 군사적으로 전복시키려했다. 크로아티아에서 세르비아 주민의 크고 작은 비율을 가진 크로아티아 지역을 분할하여 중장기적으로 세르비아에 합병하려는 군사적 시도는 거의 4년에 걸친 크로아티아 전쟁에서 정점에 이르렀는데, 이는 1995년 '폭풍'(Oluja) 군사 작전에서 크로아티아군이 승리한 이후 1995년 11월 12일 에르두트(Erdut) 협정으로 끝났다. 크로아티아에서 철수한 유고슬라비아 인민군(JNA)은 많은 군사 시설들을 파괴하고, 육지에서 가장 멀리 떨어진 비스 섬이나 크로아티아-세르비아 국경의 다뉴브 늪지대와 같은 전략적으로 중요한 지역들을 파괴하였다.

• 평화 회복 후

2001년 10월 크로아티아는 유럽 연합과 안정과 협력 협정을 체결했다. 이는 크로아티아가 유럽 내부 시장에 자유롭게 접근할 수 있도록 보장했지만, 광범위한 경제 및 사회 개혁을 요구했다. 사회주의에서 사회 시장 경제로의 경제 체제 변화는 수많은 경제 정책의 결과를 낳았다. 한 가지 초점은 기업의 추가 민영화와 투자 인센티브 창출이다. 2004년 6월 18일부터 크로아티아는 EU 회원국의 공식 후보국이 되었다. 그러나 가입 협상은 EU 외무 장관이 2005년 10월 3일 결의안을 통과할 때까지 시작되지 않았다. EU 집행위원회는 크로아티아가 헤이그 전쟁 범죄 재판소와 협력하지 않았다고 믿었기 때문이다. 정의와 사회 문제 분야에서 더 많은 개혁이 필요했다. 부패와의 싸움은 또한 완전한 EU 회원국의 전제 조건으로 간주되었다. 2008년 11월 크로아티아는 2009년 가입 협상 체결에 대한 전망과 좋은 진전을 보인 것으로 확인되었다.

그러나 가입 협상은 2009년 슬로베니아와의 피란 만(Piran)의 국경 분쟁으로 인해 몇 달 동안 중단되었다. 2009년 9월에야 합의에 도달하여 가입 협상을 계속할 수 있었다. 2011년 6월, 확대 담당 EU 커미셔너는 협상이 '성공적으로 체결되었다'고 선언했다. 그 이후로 회원국의 전문가들은 특히 정의, 경쟁 및 예산 분야에서 EU위원회가 크로아티아와 협상한 결과를 조사했다.

유럽 의회는 2011년 12월에 가입을 승인했고, 더 나아가 크로아티아의 야드란 카 코소르(Jadranka Kosor) 총리와 이보 요시포비치 (Ivo Josipović) 크로아티아 대통령이 2011년 12월 9일 EU- 브뤼셀에서 열린 정상 회담에서 크로아티아를 위한 EU 가입 조약에 서명했다. 2012년 1월 22일 국민 투표에서 유권자의 67.27%가 EU 가입에 찬성표를 던졌다. 국민 투표 참여율은 43.51%에 불과했지만, 크로아티아 헌법상 국민 투표 결과는 유효했다.

2013년 7월 1일 크로아티아는 28번째 EU 회원국이 되었다. EU 의회를 위한 12명의 크로아티아 대표는 2013년 4월 14일에 선출되었다.

3. 공항: 나라의 관문

■ 자그레브 국제공항(Zagreb International Airport)

ICAO: LDZA　　　　　IATA: ZAG

〈출처: https://fselite.net/news/rfscenerybuilding-zagreb-airport-ldza-released/〉

프라뇨 투지만(Franjo Tuđman) 자그레브공항은 크로아티아의 수도 자그레브 부근에 있는 국제공항이다. '플레소공항(Pleso Airport)'이라고도 한다. 크로아티아 유일의 대형 국제공항이며, 크로아티아공군과 공용 운용 중이다. 스타 얼라이언스 소속 크로아티아항공이 이 공항을 허브로 사용하고 있다.

2018년 9월 1일부터 대한항공이 주 5회 인천-자그레브 직항(기종: B787-9)을 취항하고 있다. 중동권 항공사로는 에미리트항공, 카타르항공 등이 두바이 및 도하에서 자그레브 직항을 운영하고 있다.

■ 역사

- 1909년, 최초의 비행장이 치르노메레츠(Črnomerec) 근방에 건설되었다.
- 1927년, 최초의 유고슬라비아 국적 항공사인 Aeroput이 탄생하였다. 찰스 린드버그의 대서양 횡단 이후 동유럽 국가 중 처음으로 착륙하였다.
- 1928년, Borongaj 비행장으로 이전되어, 2월 15일부터 늘어나는 승객들에게 첫 상용비행 서비스를 제공하기 시작했다. 자그레브를 유럽 전역의 주요 목적지에 연결하여 제2차 세계 대전 이전 기간에 자그레브의 교통량을 크게 늘린 것은 대부분 국적 항공사인 Aeroput이었다.

- 1947년, 상용비행 서비스가 자그레브 남서쪽 루치코(Lučko) 마을 근처의 이전 군공군기지로 이전되었다. JAT Yugoslav Airlines가 Aeroput의 역할을 맡아 자그레브를 두 번째 허브로 만들었다. 1959년 절정기에 루치코공항은 167,000명의 승객을 서비스했다.
- 1962년, 새 공항 터미널(규모 1,000m^2)이 루치코 남동쪽 현재 위치의 Pleso공항으로 이전되었고, 2,500m 활주로를 갖추었다.
- 1966년, 자그레브공항의 최첨단 여객 터미널이 1,000m^2 규모에서 5,000m^{2}로 확장되었다.
- 1980년대, 자그레브공항은 승객과 노선이 유고슬라비아에서 두 번째로 많은 공항이었다. 유고슬라비아의 flag-carrier JAT는 자그레브의 허브를 유지하면서 뉴욕, 시카고, 토론토를 포함한 수많은 목적지로 도시를 연결하였고, 이 기간 동안 자그레브의 항공 교통에 큰 영향을 미쳤다.
- 2004년, 여객의 증가와 인프라 업그레이드의 필요성에 따라 CAT-IIIb 계기 착륙 시스템(ILS)을 설치했다.
- 2008년, 새 VIP 전용 터미널이 추가되었고, 여객터미널 추가 편의시설(레스토랑과 바 등)이 확장되었다. 여객터미널도 15,500m^{2}로 확장되었다.
- 2010년, 옛 여객터미널이 연간 최대 용량에 육박했다. 여객 터미널이 바가 있는 전망대를 추가하는 과정에서 대대적인 개조작업을 했다.
- 2012년, 4월 12일, ZAIC(Groupe ADP) 컨소시엄은 크로아티아 정부로부터 공항에 대한 30년 양보를 받았다. 양보에는 새로운 여객 터미널의 자금 조달, 설계 및 건설이 포함되었다. Neidhardt architects of Zagreb가 설계하고 Viadukt와 협력하여 Bouygues Bâtiment International이 수행한 새로운 70,000m^2 터미널 시설 건설은 기존 터미널을 대체하기 위해 2013년 12월 18일에 시작되었다. 현재 첫 번째 단계에서 연간 550만 명의 승객을 수용할 수 있으며, 2016년 10월에 공식 완료되었다. 터미널의 공식 개장은 2017년 3월 28일이었다. ZAIC는 현재 활주로를 포함한 30년 동안 전체 공항을 운영하고 있다. 여객 터미널, 화물 터미널, 주차장 및 미래의 모든 부동산 개발. 양허(컨세션) 계약에는 약 3억 2,400 유로의 총 투자가 포함된다.

새로운 터미널의 설계 및 건설에 2억 3600만 유로, 양허 기간 전체에 걸쳐 모든 공항 인프라 운영에 8천 8백만 유로가 소요된다.

- 2020년 2월 27일, 이전에 05/23으로 지정된 활주로가 자기 편각의 변화로 04/22로 재지정되었다.

■ 운영

2012년 4월 11일, 새로 설립된 ZIAC(Zagreb International Airport Company), 파리 공항운영회사(Aéroports de Paris)와 프랑스 건설그룹 부이그(Bouygues)로 구성된 컨소시엄은 터미널 2의 건설 승인 및 사업 허가를 받았다. 30년 동안 신규 및 기존 터미널의 사용 및 운영권을 얻었고, 더불어 공항명칭도 변경되었다. 이전에는 자그레브 공항(Zračna luka Zagreb)과 플레소로 알려졌다. 새 터미널은 2017년 3월에 개장했고, 모든 예정된 항공노선들이 새 터미널로 이전되었다.

■ 항공사와 목적지

자그레브공항은 프랑크푸르트, 런던, 파리, 이스탄불 등 유럽의 주요 목적지로 노선을 가지고 있다. 최장 연결편은 계절에 따라 토론토와 인천으로, 그리고 2012년 봄부터는 카타르의 도하까지 운항하고 있다. 에미리트 항공은 2017년 6월 1일부터 매일 자그레브와 두바이를 연결하고 있다. 가장 큰 항공사는 이 공항에 베이스를 둔 크로아티아 항공이다.

■ 활주로

출·도착 활주로	
05/23	3252m × 45m 아스팔트

Croatia Control사는 자그레브 공항에 A-SMGCS (Advanced - Surface Movement Guidance & Control System) 설치를 완료했다. 이를 통해 공항의 항공교통 관제사는 A-SMGCS를 통해 표시되는 정보에 의존하여 가시성이 낮은 상태에서 항공기를 안내할 수 있다. "최

근의 공항 확장과 새로운 교통 흐름은 물론 교통의 지속적인 성장, 공항 운영의 복잡성, 군사 및 민간 동시운영을 고려할 때 이 시스템은 항공의 상황인식을 높이는 데 큰 역할을 한다. 모든 기상 조건에서 자그레브 공항의 적절한 안전 수준을 보장하기 위한 교통 관제사"라고 Croatia Control사는 밝혔다. 이 프로젝트의 구현은 3년이 걸렸으며 가치는 440만 유로이다. 약 85%는 유럽연합의 유럽연결프로젝트(Connecting Europe Facility)에서 공동 자금을 조달했다.

이 시스템은 Saab사에서 생산 및 제공했다. A-SMGCS는 첨단기술 솔루션으로, 자그레브공항에서 교통 감시 및 제어 기능을 가능하게 한다. 여기에는 기본 레이더(SMR)와 다중 측량 시스템(MLAT)이 포함된다. SMR은 차량에 트랜스폰더가 장착되어 있든 상관없이 모든 교통을 감지하므로 중요한 안전 역할을 하는 공항 표면의 모든 항공기, 차량 및 기타 물체를 감지하는 데 사용되는 비교적 저전력 및 단거리 레이더이다. 반면 MLAT 시스템은 항공기 및 차량 장비, 즉 적절하게 사용하고 완전히 작동해야 하는 트랜스폰더(transponder)에 의존하기도 하고 또 않기도 한다. SMR과는 달리, MLAT 시스템은 방출된 트랜스폰더 신호에 포함된 항공기 식별 추가정보를 제공한다. 이 시스템은 활주로 주변에 공간적으로 분산된 여러 수신기로 구성되어 항공기에서 방출되는 신호를 수신한다. 이러한 신호와 신호 수신 사이의 시간차를 기반으로 데이터 처리 시스템은 항공기의 정확한 위치를 계산한다.

■ 터미널

현재의 터미널 건물은 2017년 3월 28일에 개장한 것이다. 3층 규모에 65,800m^{2}가 넘으며, 3개의 수하물 캐 러셀(baggage carousel), 8개의 에어브리지, 9개의 보안 검색대, 30개의 체크인 데스크, 23개의 출국 심사대, 1,100대 수용 가능한 주차장이 있다. 또한 새 계류장에는 터미널 옆에 3개의 원격 스탠드가 있으며, 성수기에는 구 여객용 빌딩에 있는 23개의 스탠드도 사용된다. 시설의 각

항공기 주기 위치에는 조종사에게 항공기 주기 방법 정보를 제공하는 시각적 도킹 안내 시스템(docking guidance system)이 포함되어 있다. 터미널 자체에는 Aelia가 운영하는 600m^{2}의 대형 면세점, 16개의 카페, 바, 레스토랑, 스낵바가 있다.

새 터미널이 현재 최대 수용인원인 5백만 명에 도달하면 추가 체크인 카운터 30개와 수하물 캐러셀 2개를 추가할 수 있는 충분한 공간이 남아 있다. 30년 양허 기간 동안 계획된 추가확장은 잠재적으로 현재의 계류장이 100,000m^{2}에서 300,000m^{2}로 확장되고, 터미널 용량은 4단계에 걸쳐 터미널을 점진적으로 2배 확장하여 8백만으로 증가할 것이다.

4. 에티켓

■ 인사

- 누군가를 처음 만날 때 인사는 격식을 차려서 하되, 대개는 직접 눈을 마주보며 악수한다.
- 인사말에는 'dobro jutro'('good morning'), 'dobar dan'('good day') 또는 'dobra večer'('good evening')라는 문구가 따른다.
- 'Bok'은 비공식 인사말로도 사용되며, 'hello'와 'goodbye'의 뜻으로도 사용된다.
- 'Zdravo'는 좀 더 공식적인 인사말이다.
- 일반적으로 나이가 어린 사람이 먼저 인사한다.
- 크로아티아인은 경칭과 그 사람의 성(예: 'Mr'는 'Gospodin', 'Mrs'는 'Gospođa', 'Miss'는 'Gospođice') 또는 'Doctor '와 같은 전문 직함을 사용하는 경향이 있다. 이름은 가까운 친구 및 가족과 함께 있거나 초대를 받았을 때만 사용한다.
- 사교행사에서 호스트는 일반적으로 여성부터 남성까지(내림차순) 손님을 소개한다. 그러나 상황에 따라 남자가 먼저 소개되기도 한다.
- 친구와 친척이 서로 인사할 때 크로아티아인은 서로 포옹하고 때로는 상대방의 양쪽 뺨에 키스하는 것이 일반적이다. 그러나 후자는 여자가 여자 친구를 맞이할

때 더 일반적이다.

■ 기본 에티켓

- 단정하고 얌전하게 옷을 입는 편이다. 공공장소에서 지나치게 캐주얼한 옷을 입는 것은 적절하지 못하다고 생각한다.
- 크로아티아에는 커피 문화가 강하다. 사람들은 커피를 마시며 친목을 다진다.
- 직장이나 공공장소에서 무심코 지나치면서도 인사하시라. 크로아티아인은 낯선 사람에게도 존경의 표시로 인사를 하는 편이다.
- 크로아티아인은 시간을 아주 잘 지키는 편인데, 상대방도 제시간에 오기를 기대한다. 말하자면, 시간 엄수는 사회적인 환경보다 직업적인 환경에서 더 중요하다. 친구 간에는 상습적인 행동이 아니라면 지각을 용서한다.

■ 금기

• Do's

- 크로아티아인과 함께 있을 때는 모르는 사람이든 그저 마주치는 사람이든 상관없이 존경심을 표하시라.
- 크로아티아인은 꽤 개방적이라서 어떤 주제든 그 주제에 대한 의견을 물어보시라. 여러분의 조언이나 도움을 기꺼이 도와주는 편이다. 이는 그네들에게 여러분의 신뢰를 얻는 데 도움이 될 것이다. 하지만, 종교의 경우라면 크로아티아 사람과 더 친숙해진 다음에 토론하는 것이 좋다.
- 종교는 크로아티아인의 생활방식, 특히 로마 가톨릭 신앙의 중요한 부분임을 명심하시라. 이혼, 안락사, 가족계획처럼 기독교인으로 보이는 사람에게 불쾌감을 줄 수 있는 주제는 민감하게 접근할 필요가 있다.
- 크로아티아인은 자신의 문화와 국가를 꽤 자랑스럽게 여기는 편이니, 불만이나 비판은 제안의 형태로 제시하는 것이 좋다. 그러나 그 나라의 정치 상황과 정치에 대해서는 열린 자세로 대화한다.

• Do not's

- 크로아티아를 유고슬라비아로, 크로아티아어를 '유고슬라비아어'라고 부르지 마시라. 한 국가로서 크로아티아는 주변 국가와 문화로부터 독립적이라는 자기네 정체성을 주장하는 데 많은 어려움을 겪었다.
- 크로아티아와 세르비아 간의 갈등에 대해 논의하거나 이전 유고슬라비아 국가의 국적을 비교하지 마시라. 이것은 많은 크로아티아인에게 민감한 주제이며, 분노나 슬픔의 감정을 야기할 수 있다. 전쟁 중이던 세르비아의 주제는 특히 기성세대에 매우 민감하다. 그럼에도 불구하고 전쟁에 대해 논의하고 싶다면, 관련국들의 역사와 분쟁에 대해 잘 알고 있어야 한다.
- 개인의 부나 국가의 경제적 지위에 대한 논의에는 민감하게 반응하는 것이 좋다. 드물지 않게 자국의 경제적 지위에 대해 논의하고 비판적인 태도를 보이기도 한다. 마찬가지로 크로아티아인은 자신의 부에 대해 서로 물어보기도 한다. 그러나 최근에는 특정 사회 집단에서 급여에 대해 토론하는 것은 금기 사항이다. 이러한 주제가 대화에서 나온다면 수준 높게 공감하며 접근하시라.
- 천주교를 모욕하지 마시라. 크로아티아에서는 이단적인 모습이나 비종교적인 입장을 자랑하는 것이 불쾌감을 줄 수 있다. 크로아티아의 많은 사람들은 가톨릭의 관습과 신념을 자기네 정체성의 중요한 부분으로 여긴다.

■ 언어적 커뮤니케이션

- 커뮤니케이션 스타일: 크로아티아인은 대화에서 큰 소리로 말하고 활기를 띠는 것이 일반적이다. 이것은 분노보다는 열정과 표현력을 반영한 것으로 볼 수 있다. 크로아티아인에게 부드러운 말은 자신감이 부족한 것으로 인식될 수 있다. 크로아티아인은 의견이 강한 편이지만, 표현에 있어서 다소 절제되고 사려 깊은 편이다.
- 직접 커뮤니케이션: 크로아티아인은 대화에서 솔직한 경향이 있다. 그들은 종종 목청을 돋우기 보다는 신중하게 단어를 고른다. 크로아티아인은 의견 차이를 자유롭게 표현하는 경향이 있지만, 누구에게도 불쾌감을 주지 않으려고 정중하고 외교적인 어법으로 표현한다. 크로아티아인이 단어를 선택할 때 제대로 된 구어 문

법을 매우 중요하게 생각한다. 잘못된 문법으로 말하는 것은 의도한 것과 다른 영향을 미칠 수 있다.

- 유머: 유머는 대화에서 널리 사용된다. 크로아티아인의 유머 감각에는 종종 아이러니, 냉소, 블랙 유머가 들어있다. 유머가 언제나 표정이나 웃음, 미소의 변화를 수반하는 것은 아니어서 유머 사용을 감지하기 어려울 수도 있다. 크로아티아인은 어려운 상황이나 개인적인 결점에 대해 멋쩍어 하는 경향이 있다. 이러한 블랙 유머 감각은 다른 사람을 불쾌하게 하려고 하는 것이 아니며, 대화 상대도 그들에게 똑같이 행동할 것이라고 기대하는 편이다.
- 경청 습관: 크로아티아인은 대화 상대를 방해하는 경향이 있는 것으로 알려져 있지만, 일반적으로 정중하게 그렇게 한다. 그들은 대화 상대의 말을 들으면서 말하는 내용을 평가하고 대답하기도 한다.

■ 비언어적 커뮤니케이션

- 신체접촉: 일반적으로 크로아티아인은 말할 때, 특히 누군가를 처음 만날 때 서로 접촉하지 않는다. 관계가 성립되면 가벼운 접촉(예: 어깨 두드리기)이 일반적일 수 있다. 키스나 포옹 같은 공개적인 애정 표현은 허용되는 편이다. 일부 기성세대는 이러한 행동을 못마땅하게 여기거나 못 본 척 하기도 한다.
- 개인 공간: 개인 공간의 일반적인 거리는 팔 길이 정도이다. 이 거리는 친숙하거나 혼잡한 공공장소(예: 바 또는 대중교통)에 있을 때 줄어드는 편이다.
- 제스처: 가운데 손가락으로 누군가를 가리키는 것은 호주에서와 같은 의미를 갖는다. 공격적이고 외설적인 제스처이다. 엄지, 검지 및 중지를 한 번에 올리는 것은 세르비아의 제스처로, 세르비아 민족주의와 관련이 있음에 유의할 것. 매우 공격적이기 때문에 크로아티아인 앞에서 이런 제스처를 하지 마시라. 이 제스처가 우연히 발생할 수 있는 경우는 손가락으로 숫자 3까지 셀 때뿐이다. 첫 번째 손가락과 가운데 손가락을 위로 올리는 것(호주에서 '평화'의 표시와 같음)은 크로아티아의 국가 상징이다.
- 가리키기: 집게손가락을 흔들거나 다른 사람을 가리키는 것도 무례하다고 여긴다.

누군가가 사람이나 물건을 가리켜야 하는 경우라면 손 전체를 사용하거나 자기 머리로 끄덕이는 것이 예의이다.

• 아이컨택: 직접적인 눈 맞춤이 필요하다. 눈 접촉을 피하는 것은 그 사람을 배려하지 않거나 숨길 것이 없다는 뜻이다. 그러나 눈을 크게 뜨고 시선을 맞추는 것은 비록 구두로 이러한 의견 차이를 표현하지 않더라도 어떤 사람이 주장하는 것에 동의하지 않는다는 것을 의미할 수 있다. 선글라스를 착용하는 경우 선글라스를 벗고 아이컨택을 할 것이라고 생각한다.

5. 문화 차원

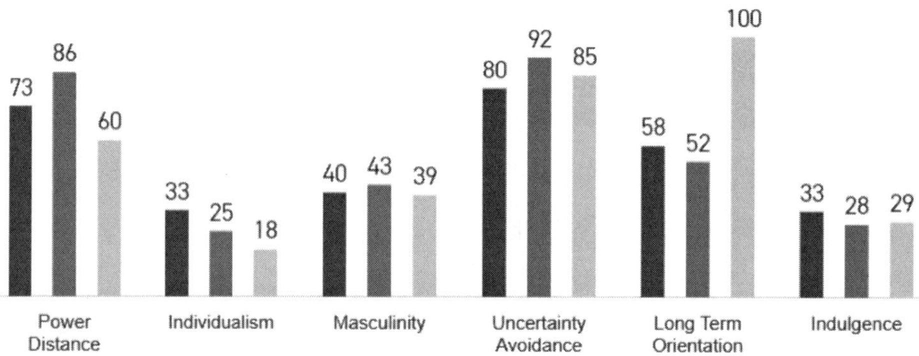

〈호프스테드의 문화 차원: 크로아티아-세르비아-한국 비교〉

■ 권력 거리

호프스테드는 권력 거리의 차원을 "… 사회 내 기관 및 조직에서 권력이 약한 구성원이 권력의 불평등 분배를 기대하고 수용하는 정도"라고 설명한다. 그에 따르면, 권력의 사용은 합법적이어야 한다. 그렇지 않으면 권력은 사회의 기본적인 팩트인데, 그 정당성은 부적합하다. 부모는 자녀에게 복종을 가르치거나 자녀를 동등하게 대한다. 부하 직원은 무엇을 해야 하는지 혹은 상담을 받아야 하는지 듣고 싶어 한다. 소득 분배는 매우 고르지 못하거나 다소 균등하다. 위계는 실존적 불평등을 의미하고, 부패가 빈번하거나 희소하다.

크로아티아는 이 차원에서 높은 73점을 받았다. 이는 사람들이 모두가 자리를 차지하고 더 이상 정당화할 필요가 없는 위계적 질서를 수용한다는 뜻이다. 조직의 위계구조는 내재된 불평등을 반영하는 것으로 간주되고, 중앙 집중화가 선호되며, 부하 직원은 할 일을 듣고 싶어 하고, 이상적인 보스는 자비로운 독재자이다.

■ 개인주의

호프스테드에 의하면, 개인주의는 집단주의의 반대이다. 개인주의는 개인 간의 유대가 느슨한 사회를 뜻한다. 개인은 자신과 직계 가족만 돌봐야 한다. 집단주의는 태어날 때부터 강하고 응집력 있는 집단으로 통합되는 사회를 의미한다. 이들은 확실한 충성심을 대가로 평생 동안 그들을 계속 보호한다.

사회 간의 차이점 목록에는 '우리' 의식이나 '나' 의식의 선택, 소속감에 대한 스트레스, 조화는 항상 유지되어야 함, 집단 내에서 미리 결정한 의견과 투표, 집단 내 또는 집단 외로 분류된 기타의 것 등이 포함된다.

33점을 받은 크로아티아는 집단주의 사회에 속한다. 이는 가족, 대가족 또는 대인관계와 같은 구성원 '집단'에 대한 긴밀한 장기적인 약속에서 드러난다. 집단주의 문화에서는 충성심이 가장 중요하며, 대부분의 여타 사회 규칙과 규정보다 우선한다. 그런 사회는 모든 사람이 그 집단의 동료 구성원에 대해 책임을 지는 강력한 관계를 조성한다. 집단주의 사회에서 범죄는 수치심과 체면상실로 이어지고, 고용주와 직원 간의 관계는 도덕적 측면(가족 연계 같은)으로 인식되고, 고용 및 승진 결정은 직원의 집단 내 결정을 고려하고, 경영은 집단관리이다.

■ 남성성

호프스테드의 남성성 차원은 사회적 젠더 역할이 분명하게 구별되는 사회를 의미한다. 남성은 단호하고 강인하며, 물질적 성공에 초점을 맞춘다. 여성은 더 겸손하고 부드러우며, 삶의 질에 관심을 가져야 한다. 여성성은 사회적 젠더 역할이 겹치는 사회를 의미한다. 남녀 모두 겸손하고 부드러우며, 삶의 질에 관심을 가져야 한다.

호프스테드의 사회 간 차이점 선택 목록에는 최대/최소한의 정서적/사회적 역할, 가족과 일 사이의 균형, 사실을 다루는 아버지와 감성을 가진 어머니, 강자에 대한 감탄, 성에 대한 도덕적 태도, 성별 차이 등이 포함된다.

남성성-여성성 척도는 젠더 역할에 대한 강한 '남성적' 태도를 나타내는 진술로 구성되는데, 이는 성별 간의 차이를 강조한다.

크로아티아는 이 차원에서 40점을 받아서 비교적 여성성이 강한 사회에 속한다. 여성성이 강한 국가에서는 '살기 위해 일하기'에 초점을 맞추고, 관리자는 합의를 위해 노력하고, 사람들은 직장생활에서 평등, 연대, 질을 중시한다. 갈등은 타협과 협상에 의해 해결된다. 자유시간과 유연성 같은 인센티브가 선호된다. 웰빙에 초점을 맞추고, 지위는 드러내지 않는다.

■ 불확실성 회피

크로아티아는 이 차원에서 80점을 받아 불확실성 회피를 매우 선호한다고 할 수 있다. 높은 불확실성 회피 성향을 보이는 국가는 엄격한 신념과 행동강령을 유지하고, 비정통적인 행동과 생각에 관대하지 않다. 이러한 문화에서는 (규칙이 결코 통하지 않는 것처럼 보이더라도) 규칙에 대한 정서적 욕구가 있다. 시간은 돈이다. 사람들은 바쁘고, 열심히 일하고 싶은 내적 충동으로 가득하다. 정확성과 시간 엄수는 기본이다. 혁신에 대해서는 부정적인 편이다. 보안은 개인의 동기 부여에서 중요한 요소이다.

■ 장기 지향성

호프스테드에 따르면, 장기 지향성은 미래의 보상, 특히 적응, 인내, 절약 지향적인 미덕을 육성하는 사회를 말한다. 단기 지향성은 과거와 현재, 특히 전통을 존중하는 미덕이 있는 사회를 말한다. '이미지'를 보존하고 사회적 의무를 다하는 사회이기도 하다. 지향성에 따른 사회 간의 차이를 밝히는 기준으로는 선과 악에 관한 보편적인 지침, 전통은 신성불가침, 가족생활은 명령에 의해 인도됨, 아이들은 절약하는 법을 배움, 인생에서 가장 중요한 사건들은 과거/미래에 일어남 등이 포함된다.

혁신은 이질적이고 개방적이며, 유연한 환경에 의해 촉진되며, 이는 국가문화의 차원으로 번역되어 개인주의, 남성성 및 약한 권력 거리를 특징으로 하는 문화에 의해 촉진될 수 있음을 의미한다. 구성된 민족 문화의 척도는 크로아티아의 문화 차원이 큰 권력 거리, 강한 불확실성 회피, 여성성이 강한 사회를 지향하는 성향과 함께 집단주의의 특징이 있음을 보여준다.

58점을 받은 크로아티아 문화는 실용적이다. 실용 지향적 사회의 사람들은 진실은 상황, 맥락, 시간에 좌우된다고 생각한다. 그들은 전통을 변화된 조건에 쉽게 적응시키는 능력, 저축과 투자에 강한 성향, 절약과 성과를 얻는 끈기를 보인다.

■ 자제(절제)

33점을 받은 크로아티아는 자제 국가라고 할 수 있다. 이 차원에서 낮은 점수를 받은 사회는 냉소주의와 비관주의 성향이 있다. 또한 쾌락적 사회와는 달리, 절제된 사회는 여가시간을 크게 강조하지 않고, 자신의 욕망 충족을 통제한다. 이러한 성향을 가진 사람은 자신의 행동이 사회적 규범에 의해 구속받는다고 생각하며, 스스로를 탐닉하는 것은 다소 잘못되었다고 본다.

12
포르투갈

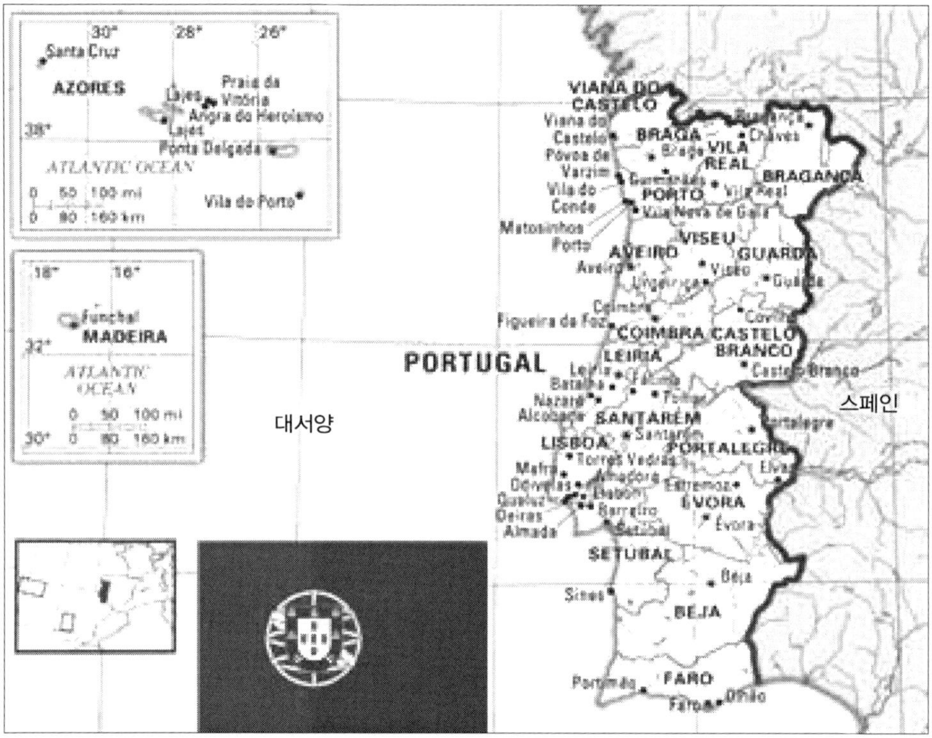

〈출처: http://www.maps-of-europe.net/maps-of-poland/〉

국명	포르투갈공화국(Portuguese Republic)
면적	92090 ㎢
수도	리스본(Lisbon)
인구	10,276,617명(2018)
언어	포르투갈어
종교	로마가톨릭교(84.5%), 기타 기독교(2.2%)
건국일	1143년
통화	유로화(Euro)
도메인	.pt

포르투갈이 매력적인 이유

1) 놀라운 날씨

일반적으로 포르투갈은 일 년 내내 따뜻한 해양성 기후를 주민들에게 선물한다. 물론 남쪽으로 갈수록 당연히 더 더워진다. 그래서 차갑고 축축해서 햇살을 갈망하는 알프스 이북 유럽인들에는 그만인 곳이다.

2) 맛있는 음식

해산물을 좋아한다면 이곳 포르투갈은 천국에 온 셈이다. 생선은 포르투갈 요리에서 특히 인기가 있기 때문이다. 와인도 최상품을 마신다. 이 나라의 또 다른 장점은 물가가 비교적 저렴하다는 것이다. 물론 리스본과 포르투 같은 도시는 이제는 너무나 유명한 관광지로 변신했지만, 핫스팟에서 조금만 벗어나면 저비용으로 고품질의 현지 음식을 즐길 수 있다.

3) 친절이 몸에 밴 환대문화

포르투갈 사람은 아주 친절한 민족이다. 웨이터나 가게 주인이 여러분에게 친근한 농담을 나누려고 할 수 있을 테니까. 이 친근함은 아마도 20세기에 그 나라가 겪은 빈곤 때문일 것이다. 현재의 경제적 번영에도 불구하고 포르투갈인은 인생에서 정말 중요한 것이 무엇인지 결코 잊지 않고, 항상 가족, 친구들과 함께 시간을 보내며 돈보다 삶을 온전히 즐긴다. 이 나라는 또한 전 세계에서 온 이민자와 젊은이들에게 인기 있는 여행지라서 새롭고 흥미로운 비슷한 생각을 가진 사람들을 만나는 데는 그리 오래 걸리지 않을 것이다. 이곳에서 접점을 찾는 것은 정말이지 어렵지 않다.

4) 아름다운 풍경

여러분이 지금 포르투갈의 어디에 있든 상관없다. 거의 모든 곳에서 여러분은 풍경 사진을 찍어서 엽서에 직접 인쇄할 수 있다. 해안, 절벽, 해저 동굴, 석호, 바위가 있는 풍경은 너무나 드라마틱하다. 알가르브 지방(Algarve)의 아름다운 해변은 말할 것도 없다. 또한 유서 깊은 도시들이 간직한 역사성도 빠질 수 없다. 알파마(Alfama)의 상조르즈 성(Castelo de S. Jorge), 리스본의 발렘에 자리한 발렘탑(Belém Tower) 같은 인상적인 건물들과 구시가도 포르투갈의 역사를 엿보게 하는 곳이다.

5) 훌륭한 교통망

포르투갈에서 거주하며 일하기로 결정했다면, 이는 일상생활에도 중요하다. 그러나 주말에 외딴 지역으로 당일치기 여행을 가고 싶더라도 기차, 버스, 트램과 같은 대중교통으로 포르투갈의 어느 곳이든 쉽게 갈 수 있다. 리스본에서 포르투까지 가는 기차표는 평균 20~40유로이다. 조금이라도 포르투갈의 교통 관련 지식을 가진 사람이라면, 물론 자전거를 대여하거나 구입하여 지역 주민들처럼 자전거를 주된 교통수단으로 삼을 수도 있다. 게다가 포르투갈은 범죄율이 너무나 낮기 때문에 세상에서 가장 안전한 국가들 중 한 곳이다. 그러니 수많은 젊은 모험가들이 그곳에 잠시 머물며 텐트치기에 완벽한 목적지라고 하기에도 충분하다. 대비해야 할 유일한 것은 소매치기다. 하지만 여러분의 귀중품에 시선을 고정시킨다면 여기서는 그 어떤 불상사도 터지는 법은 없을 것이다.

1. 지리적 특징

1) 영토

이베리아 반도의 본토 외에 대서양의 아조레스 제도와 마데이라 제도도 포르투갈의 영토이다. 1974~1975년에 아프리카의 기니비사우, 모잠비크, 카보베르데, 상투메 프린시페, 앙골라가 잇달아 독립하였다. 1976년 동티모르가 인도네시아에 병합되었고,

1999년 마카오가 중국에 반환되었다.

지중해, 북서유럽, 아프리카, 아메리카의 네 지역을 잇는 해상교통의 접점에 위치하여 '지리상의 발견' 시대에는 에스파냐와 더불어 큰 역할을 하였다. 지금은 유럽의 후진국으로 전락하였다.

국명은 국가 형성에 중요한 역할을 한 도시 포르투에서 유래했다. 행정구역으로는 18개주(distrito)와 2개 자치지역(regiao autonoma)이 있다.

2) 국기

1911년 6월 19일에 제정되었다. 녹색은 성실과 희망, 적색은 신대륙발견에 쏟은 포르투갈인의 피를 상징한다. 중앙의 원형은 지구, 원형 안의 적색방패는 포르투갈 인이 항해한 세계를 표시한다. 적색방패 안에 그려진 황색 성은 1249년 무어인을 상대로 한 전투에서 승리하여 되찾은 7개의 성을 뜻하며, 청색방패는 1139년에 일어난 오리케 전투에서 아폰수 1세가 5명의 무어인의 왕들을 죽이고 전투에서 승리한 것을 기념한 것이다. 청색방패 안의 5개의 백점은 예수가 십자가에 못 박힐 때 입은 상처, 즉, 예수의 수난상을 상징한다.

3) 기후

기후도 건조하여 지중해 지역과 비슷한 경관을 보인다. 기온은 대체로 온난하다. 북부 포르투갈의 연평균강수량은 1,500mm 안팎이며, 포르투갈에서도 습윤한 지역으로 해양성(대서양형)의 온화한 기후를 나타낸다. 그러나 산악지대는 극심한 대륙성기후를 보인다. 남쪽은 연평균강수량 500mm 이하의 건조지역으로 바뀌며, 겨울에 비가 많이 오는 지중해성 기후가 된다. 또한 포르투갈은 알프스 히말라야 지진대에 속해서 대지진도 발생했다. 특히 1775년 리스본에서 일어난 지진으로 큰 피해를 보았다. 삼림면적은 국토의 28%로, 주로 북부 해안지대에 산림이 많고 남부의 코르크나무는 경제적으로 중요한 자원이다.

4) 주민

포르투갈의 주민은 지중해 인종에 속한다. 예로부터 켈트계 이베리아인이 중심이 되어 형성되었다. 민족적으로는 에스파냐의 갈리시아 지방의 주민과 유사하다. 그러나 포르투갈을 여행하다보면 흑인에 가까운 피부색부터 유럽인다운 금발 백인까지 다양한 인종들을 만나게 된다. 지중해 지역의 공통적인 특성이기는 하지만, 포르투갈은 특유의 역사적 경험 때문에 사하라 이남 아프리카, 인도, 아메리카 원주민, 동아시아계의 혼혈까지 한층 더 다양하게 뒤섞여있다.

원래 이베리아 반도는 고대부터 다양한 혼혈이 이루어진 지역이다. 스페인에서는 식민지 출신 주민들을 순혈주의에 근거하여 차별하였지만, 대항해시대 이후 포르투갈은 역사적으로 흑인 노예와 식민지 주민의 유입이 많았던 관계로 게르만, 켈트, 라틴, 이베리아, 아랍, 베르베르 등 코카소이드(Caucasoid) 인종[1] 외에도 꽤 많은 사하라 이남 아프리카의 흑인, 남아시아인, 동남아시아인, 중국인 그리고 아메리카 원주민의 피도 섞여있다.

20세기에 인구증가가 빠른 속도로 진행되었지만, 이를 부양할 국내 산업의 발전 속도가 느려 해외 이주자가 많이 늘었다. 1950년대 후반부터 브라질을 비롯한 신대륙보다는 경제 사정이 나아진 서유럽, 특히 프랑스로 떠나는 이민의 비중이 압도적으로 높았고, 2002년까지 해외 이민은 약 400만 명이나 되었다.

5) 교통

포르투갈은 경제적 개발이 부진하여 육상교통로는 거의 발달하지 못하고 있다. 도로 총연장은 78,470km(2004년)에 불과하며, 철도는 총 2,786km(2006년)로 광궤 2,603km,

---

1 인종을 구분할 때 백인종, 황인종, 흑인종이라는 표현을 쓰는데 올바른 것이 아니다. 인종은 크게 코카소이드, 몽골로이드, 니그로이드 3 부류로 나뉜다. 흔히 쓰는 백인종은 코카소이드 중의 한 종류인 유럽코카소이드이다. 코카소이드는 유럽인, 중동인, 인도인, 북 아프리카인을 모두 포괄한다. 인종 분류는 피부색이 아니라 얼굴윤곽, 모발, 인종 형성과정, 혈액, 유전적 특징 등으로 구분한다. 그렇게 구분한 3부류가 코카소이드, 몽골로이드, 니그로이드이다. 코카소이드는 북유럽인, 알프스인, 지중해인, 동유럽인, 디나르인, 인도, 아프간, 투르크, 남동인(아라비아인, 셈인이라고도 함), 라프인(알프스인의 북방형), 드라비다인(인도 흑인), 아이누 등이 포함된다.

협궤 183km 이다. 철도는 모두 국영이다. 육로 교통에 비하면 해운은 활발하다. 주요 항구 리스본과 마투시뉴스(레이숑이스, 포르투의 외항) 등을 중심으로 하여 일찍부터 항만이 정비되고 해운이 발달하였다. 리스본은 유럽, 남북아메리카, 아프리카를 연결하는 국제항공로의 거점이며, 포르투갈 항공(TAP)이 국내·국제선을 운항하고 있다. 2006년 기준 공항은 66개가 있다.

6) 문화

노벨상 수상자도 꽤 있다. 1949년 안토니우 에가스 모니스는 노벨 의학·생리학상을 수상하였다. 1998년에는 포르투갈어권 최초로 주제 사라마구(Jose Saramago, 1922-2010)에게 노벨 문학상이 수상되었다. 사라마구는 1947년 첫 소설 〈죄와 땅〉을 발표하였고, 1982년 17세기의 포르투갈을 배경으로 한 판타지적 역사소설 〈발타자르와 블리문다〉를 통해 명성을 얻었다. 1995년에 맹목(盲目)이라는 전염병이 문명을 자멸상태로 몰아가는 과정을 담은 신랄한 사회소설 〈눈먼 자들의 도시〉를 발표하였다.

포르투갈의 문화는 전통적인 지방문화와 리스본을 중심으로 하는 국제문화로 구분된다. 다양한 역사적 사건은 고딕 양식, 바로크 양식, 로마 양식 등의 아름다운 건축물을 남겼다. 특히 바로크 양식의 건축물은 18세기의 경제적 부를 잘 나타내고 있다. 아말리아 호드리게스(Amalia Rodrigues, 1920-1999)는 포르투갈의 대표 민요인 파두(Fado)의 여왕으로 유명하다. 파두 장르는 유네스코 무형문화유산목록에 등재된 포르투갈의 두 가지 음악 전통 중 하나이다. 다른 장르는 알렌테주(Alentejo) 지역에서 악기 없이 부르는 보컬 음악을 기반으로 한 칸테 알렌테자노(Cante Alentejano)이다.

〈쉬어가기〉 포르투갈 와인

로마가 지배할 당시부터 도우루(Douro), 알랭테조(Alentejo) 지역에서 포도를 재배하기 시작했다. 12세기 미뉴(Minho) 지방은 영국으로 와인을 수출하였고, 13세기에는 포트와인이 주력 수출품이었다. 17세기경 영국과 프랑스의 관계가 악화되어 포르투갈 와인의 영국 소비가 늘어나면서 포르투갈 와인시장도 발전하기 시작했다.

포르투갈의 대표적인 주정강화 와인인 포트와인(Port Wine)은 포르투갈 북부 도루강 상류의 알토도루 지역에서 재배된 적포도와 청포도로 만들어진다. 포트와인이란 명칭은 이 지역의 수출을 담당한 항구 이름이 '오포르투'인 데서 유래한 것이다. 1670년대부터 영국으로 수출되었는데, 1800년대에는 오랜 수송기간 동안 와인의 변질을 막고자 선적자들이 브랜디를 첨가하였는데, 이것이 오늘날의 주정 강화 와인인 포트와인이다. 포트와인은 1756년부터 원산지 관리법이 시행되어 세계 최초로 관리되었고 일반와인은 1907년부터 시작되었다.

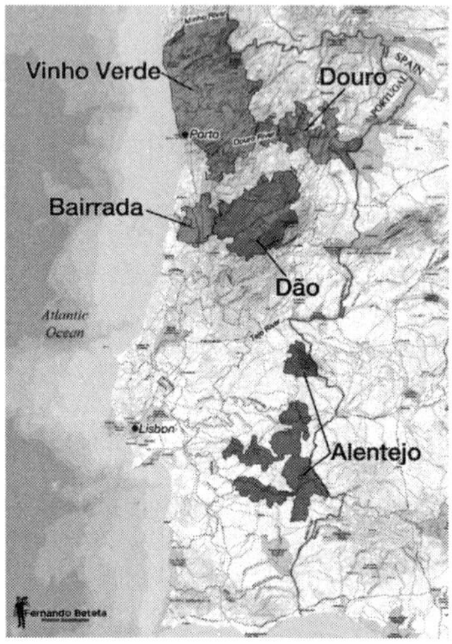

포트와인은 대부분 레드 와인으로 제조되지만, 드물게 화이트 와인으로 주조되기도 한다. 알코올 함량은 18~20% 정도이고, 브랜디의 향, 견과류의 고소한 향이 난다. 주로 쓰이는 포도품종은 토우리가 나시오날(Touriga Nacional)이다. 알코올 함량 75~77%의 브랜디를 첨가하여 만든다. 이때 첨가되는 브랜디의 양은 발효 중 와인의 25% 정도 분량이다. 셰리와인(Sherry Wine)이 발효 후 브랜디를 첨가한 주정강화 와인이라면, 포트와인은 발효 중에 브랜디를 첨가한다. 드라이한 맛의 셰리 와인은 식전주로, 단맛이 있는 포트와인은 식후주로 주로 마신다. 포트와인에 단맛이 나는 이유는 발효 중 브랜디를 첨가하여 효모가 파괴되고, 아직 발효가 끝나지 않은 포도의 당분이 그대로 남기 때문이다. 이렇게 남은 잔당이 9~11% 정도 된다.

<Vintage Port> <L.B.V Port> <Aged Tawny Port>

식전 와인으로 유명한 와인이 마데이라(Madeira, 대서양의 섬)도 있다. 마데이라 와인에는 15세기부터 아프리카, 인도, 남미에 수출되었다. 수출과정에서 6개월 이상 더운 날씨를 통과하면서 항해해야 했는데, 온도가 45도 이상으로 상승하면서 산화와 미생물 오염으로 변질되어 독특한 맛을 지니게 되었다. 현재는 와인을 강화하여 에스투파(Estufa)라는 저장실에서 온도를 45도 이상 상승시켜 숙성하여 만든다. 이때 와인은 누른 냄새를 내며 고유의 특성을 얻게 된다. 마데이라의 알코올 농도를 강화하는 경우, 포트와인이 75~77%의 브랜디를 사용하는 것과는 달리, 95% 이상의 증류주를 첨가해 알코올 함유량을 18~20%로 높이고 오크통에서 3년 동안 숙성시킨다. 고급품인 경우, 강한 햇볕을 받게 하여 자연 숙성시키는데, 20년 이상 두는 것도 있다. 일정기간 햇볕을 받아 와인이 뜨거워지면 조용히 식히

고 다시 숙성한다. 마데이라 와인은 18세기 중엽부터 19세기까지는 인기가 있었지만, 필록세라의 침범으로 수요가 줄었다. 최근에는 라벨에 품종을 표시하고 품종개량, 재배방법 개선을 통해 명성 회복을 벼르고 있다.
포르투갈의 또 다른 유명 와인 중 하나가 마테우스 로제와인이다. 수출을 가장 많이 하는 와인으로, 발포성이 약간 있는 상큼한 와인이다.
한편 포르투갈에서만 생산되는 비뉴 베르데(Vinho Verde)라는 와인은 흔히 그린와인이라고도 한다. 베르데(Verde)가 '어리다'는 의미이니까 덜 익은 상태에서 숙성시켜 신맛이 나는 와인이다. 레드, 화이트 와인이 있고, 여름에 일반와인보다 시원하게 마시는 와인이다. 알코올 도수가 9~11%로 낮은 편이다.
〈참고: http://getabout.hanatour.com/archives/149131〉

2. 역사적 특징

1) 고대

켈트계 이베리아인 원주민은 선사시대에 이베리아 반도에 이주하여 온 여러 종족의 혼혈로 형성된 민족인데, 기원전 12세기에 페니키아인, B.C. 8세기에는 그리스인의 영향을 받았다. BC 2세기부터 로마의 속주가 된 뒤 로마화가 시작되어 루시타니아라고 불렸다. 로마문화의 영향을 주로 받아서 농경양식, 도시 건설, 언어, 생활양식 등 여러 면에서 여전히 로마시대의 양식이 남아 있다. 그 후 고트족 등 게르만계 부족들의 침입을 받았으며, 그리스도교도 널리 전파되었다.

- BC750년경, 켈트족이 이베리아반도에 정착, 현 포르투갈 민족의 원조를 형성한다.
- 이후 그리스인, 페니키아인, 카르타고 인들의 지배를 거쳐, BC2세기경 Julius Caesar 및 Augustus의 원정으로 로마 제국에 편입, 5세기 초 서고트족이 이주하여 711년 무어 족이 침입할 때까지 반도를 통치한다.

2) 중세

8세기에는 이슬람 세력의 침입으로 국토의 대부분이 그들의 지배에 들어갔으나, 그리스도교도에 의한 국토회복운동(레콩키스타) 과정에서 포르투갈 왕국이 성립되었다.

1095년 프랑스 왕족 엔히크 드 보르고냐(Henrique de Borgonha, 1066~1112)가 포르투갈 백작에 봉해지고, 그의 아들 아폰수 1세 엔히케스(Afonso I Henriques, 1109~1185)가 테호강 북쪽을 평정하여 카스티야로부터 독립하고 1143년 포르투갈 왕이 되었다. 국토회복운동은 1249년에 완료되어 오늘날의 영역이 정해졌다. 남부의 실지 회복운동은 종교기사단에 의해 이루어졌으므로, 남부에는 봉건적 귀족령이 형성되었으나 북부에는 일찍부터 자유농민에 의하여 집약적인 농업경영이 이루어졌다.

• 보르고냐(Borgonha) 왕조(1139~1383)

- 9세기말경, Portucale[2]는 실질적인 행정력으로 통치 가능한 독자 영역을 확보한다. 11세기말(1093년)부터 보르고냐 가문의 엔히크 드 보르고냐(Henrique de Borgonha, 1066~1112) 백작이 통치하기 시작한다.
- 12세기, 이베리아반도에서 무어족을 축출하는 과정(Reconquista, 국토회복운동)에서 보르고냐 가문 혈통의 포르투갈 출생 아폰수 1세 엔히케스(Afonso I Henriques, 1109~1185)가 1139년에 레온 왕국으로부터 갈리시아 왕국의 남부 지역의 독립을 성취했다. 독자적인 '왕'의 칭호를 사용하며 초대 포르투갈 군주가 되었다. 1139년 오릭크 전투(Battle of Ourique)에서 무어족을 물리치고 포르투갈 왕국이 이베리아반도의 5개 왕국 중 하나로 부상한다.
- 무어족을 축출하는 과정에서 남부로 영토 확장, 1249년 알가르브 지방(Algarve) 전역을 통합하여 현재의 포르투갈 국경의 토대를 구축한다.

3) 근세

14세기의 주앙 1세(재위 1385~1433) 때부터 왕권은 리스본의 상인계급과 결탁, 절대주의화 하였고, 영국과의 동맹이 시작되었다. 주앙 1세의 아들 엔히크는 항해왕으로도 불렸으며, 아프리카 서해안을 비롯한 신항로의 발견에 노력하여 1500년 인도항로와 브라질을 발견함으로써 포르투갈은 해양왕국의 지위를 확립하였다. 당시 포르투갈의

2 오늘날의 그란데 포르투 지역(나라의 북쪽)에 있는 고대 도시와 항구의 고대 로마식 이름

식민지 경영은 사금과 노예의 획득, 향료를 비롯한 몇 가지 농산물의 수입에 주력하였다. 수도 리스본은 각지로부터 유입된 부의 집산지로써 크게 번창하였다. 그러나 부는 왕실과 귀족에게만 집중되었고, 이들의 낭비와 경제정책의 실패로 인하여 귀금속을 비롯한 부가 국외로 유출되어 국내 부르주아는 형성되지 못하였다.

[쉬어가기] 토르데시야스 조약(1494)과 사라고사 조약(1529)

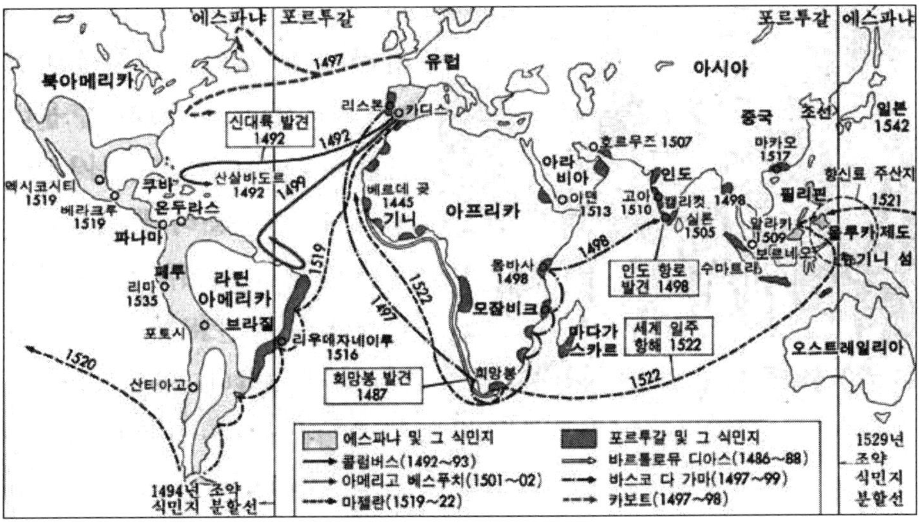

〈인용: https://blog.naver.com/vannews/110122475537〉

토르데시야스 조약은 1494년 6월 7일 스페인 북부 포르투갈 접경 도시 토르데시야스(Tordesillas)에서 로마 교황의 권위를 빌려 스페인과 포르투갈이 맺은 영토 조정 조약이다. 조약에 따르면, 유럽인에게 알려지지 않은 아프리카와 아시아 대륙 전체가 포르투갈의 땅이다. 중국, 한국, 북해도 일부를 제외한 일본도 포르투갈령에 속한다.

사라고사 조약은 몰루카 제도의 서쪽인 동경 144도 30분을 제2의 경계로 삼는다는 내용이다. 지구가 평평하다는 전제하에 지구의 남북으로 임의의 선을 그어 스페인과 포르투갈의 영역을 구분했지만, 지구가 둥글다면 하나의 선이 더 있지 않으면 분할 의미가 없다는 것이었다. 특히 양국은 동남아시아의 몰루카 제도의 귀속을 둘러싸고 치열한 경쟁을 벌였는데, 이는 몰루카 제도가 당시의 귀중품인 향신료의 산지였기 때문이다. 이 몰루카 제도를 둘러싸고 토르데시야스 조약에 이어 맺은 조약이 사라고사 조약(1529년)이다. 이를 통해 포르투갈은 아시아에서의 지위를 인정받는 대신에 스페인에 배상금을 지불했다.

▶ 아비스(Avis) 왕조(1385~1580)

포르투갈의 해외진출은 군사력을 배경으로 한 무역과 함께 포교활동이 수반되었다. 이러한 움직임 가운데, 국내에서는 반종교 개혁의 중심으로서 가톨릭교회의 세력이 강화되었다. 또 문화적 측면에서는 이슬람 · 인도 · 고딕풍이 뒤섞여 조화를 이룬 마누엘 양식이 확립되는 등 독자적 르네상스 문화가 개화하였다.

- 1383년, 페르난두 1세(Fernando I, 1345~1383) 사후 왕위계승권 문제로 포르투갈과 카스티야왕국 간 분쟁 발생, 1385년 돈 주앙(Don João)이 새 정부를 조직하고 주앙 1세로 즉위한 후 이를 인정하지 않는 카스티야와의 알주바호따(Aljubarrota) 전투[3]에서 승리하여 독립국가의 기틀을 마련한다.
- 주앙 1세(João I, 1357~1433)의 셋째 아들로, 항해왕자로 불리는 엔히크(Henrique) 왕자는 탐험대에 재정을 지원하고, 남부의 사그레스(Sagres) 지역에 항해학교를 설립하는 등 '지리상의 발견시대'의 토대를 구축한다.
- 1415년, 북부아프리카 도시인 세우타(Ceuta)를 원정·점령하면서 대항해시대를 연다.
- 최대 1,500명이 탑승 가능한, 돛이 3개인 범선(Caravel⇨)을 개발한다. 이후 포르투갈 역사상 가장 찬란한 시대 시작. 인도항로 발견, 아프리카 연안 조사, 브라질 발견 등 항

3 1385년 8월 14일 포르투갈 왕국의 주앙 1세와 카스티야 왕국의 후안 1세 사이에 벌어진, 포르투갈의 왕위를 놓고 벌어진 싸움이다. 포르투갈은 잉글랜드의 도움을 받아 카스티야 침공군을 격파하고 독립을 재확인했다.

로개척과 더불어 해외식민과 무역활동도 활발히 전개하여 스페인과 경합한다.

- 1494년, 스페인과 토르데시야스(Tordesilhas) 조약(로마교황 주선, 브라질을 경계로 동/서로 분할)을 체결, 포르투갈은 아프리카, 아시아와 남미의 동부를, 스페인은 북미와 남미의 대부분을 각각 자국의 세력권으로 확보한다.

〈상식〉 주요 항해가

1) 바스꾸 다 가마(Vasco da Gama)(1460~1524)

- Manuel 1세에 의해 인도항로 발견을 위한 원정대 함장에 임명되어 3척의 배를 이끌고 1497년 떼주 강을 출발, 항해를 시작해 1498년 인도항로를 발견하여 포르투갈 역사와 세계사를 새로 쓰게 한 인물이다.
- 1502년 쥬앙 3세에 의해 인도 부왕으로 임명, 1524년 12월 인도의 코친에서 열병으로 사망한다.

2) 바르똘로메우 디아스(Bartolomeu Dias)(?~1500)

- 1488년 12월 아프리카 희망봉 발견, 발견 후 바스꼬 다 가마와 함께 대항해 시작. 브라질을 발견한 항해가 까브랄(Pedro Álvares Cabral)의 함대에서 범선 지휘.
- 자신이 발견한 희망봉 해역에서 1500년 5월 사망

3) 페르디난드 마젤란(Fernão Magalhães, 마갈량이스)(1480~1521)

- 1517년 자신의 항해치적에 맞는 대우와 보상을 받지 못하자 스페인의 까를로스 5세 국왕에게 지원 요청, 1519년 5척의 배와 270명의 선원을 이끌고 서쪽 항해에 나서 역사상 최초로 대서양과 태평양을 횡단한다.
- 필리핀에서 원주민들과의 싸움에서 목숨을 잃었으나, 그의 함대중 남은 선박 1척과 선원 18명이 스페인으로 귀환하여 세계일주를 완료한다.
- 그래서 포르투갈 국민은 바스꼬 다 가마를 마젤란보다 더 높이 평가한다.

▸ 스페인 왕조(1580~1640)

1578년, 아비스 왕조 포르투갈 왕국의 왕 세바스티앙 1세(Sebastião I, 1554~1578)가 북아프리카 원정에서 전사한 뒤, 1580년부터 60년 동안 에스파냐의 지배하에 들어갔다가, 1640년 브라간사 공작(재위 1630~1656)이 프랑스·영국과 동맹을 맺어 다시 독립을 쟁취, 브라간사 공작은 브라간사 왕가 최초의 국왕인 주앙 4세(João IV de Portugal, 1604~1656, 재위 1640~1656)가 되었다. 1658년, 엘바스 전선(Linhas de Elvas) 전투 등 주로 알렌테조(Alentejo) 지역에서 스페인과의 독립전쟁으로 영토를 회복하고, 1668년 리스본

조약으로 완전 독립한다. 그러나 영국에의 경제적 종속이 점차 심화되었으며, 1703년에는 영국과의 메스엔 조약 체결 이후 영국공예제품의 자유로운 수입이 인정되고 낮은 관세로 포르투갈 산 포도주의 영국 수출이 결정되었다. 이와 함께 브라질에서 인도에 이르는 대제국도 점차 네덜란드· 영국의 진출에 의해 축소되어갔다.

- 1755년, 리스본 대지진이 발생한다(황폐화된 리스본을 폼발 후작(Marquês de Pombal, 1699~1782)이 건축가 에우게니오 도스 산투스의 설계에 따라 새롭게 재건함).

1822년에 최대의 식민지인 브라질이 독립을 선언한 뒤부터 포르투갈의 국력은 쇠퇴하기 시작했다. 프랑스 혁명사상과 영국 산업혁명의 영향으로 포르투갈도 근대화를 겨냥한 여러 가지 움직임이 일어났다. 그러나 국내의 산업기반이 취약하여 중산층의 성장이 어려웠으므로, 중앙은행의 설립 등을 제외하고는 두드러진 성과가 없었다. 반대로 19세기에는 사회적, 정치적 혼란이 계속되었다. 이러한 정치적 항쟁의 와중에 1908년 국왕 카를로스 1세와 그의 왕자가 암살되었다. 1910년 총선거 후 공화파의 혁명이 일어나 마누엘 2세가 퇴위하고 공화제가 성립하였지만, 쿠데타가 되풀이되고 노동운동도 격화하였다. 게다가 제1차 세계 대전 때 연합군 측에 가담, 참전하여 국력은 피폐해졌고, 극도의 경제적 위기에 직면했다.

4) 현대

• 공화정

이런 분위기에서 1926년 군부 쿠데타로 독재정권이 출현하였지만 경제정책의 실패로 실각하였다. 그 뒤를 이어 대통령이 된 오스카르 카르모나(António Óscar Fragoso Carmona, 1869~1951)는 1928년 코임브라대학 교수 드 올리베이라 살라자르(António de Oliveira Salazar, 1889~1970)를 경제장관으로 기용하여 재정의 전권을 맡기고 극단적인 디플레이션 정책으로 3년 만에 경제 재건에 성공하였다.

▶ 제1공화국 - 공화국 초기(1910~1926)

- 1910.10.5., 군사혁명 발생, Manuel 왕정 붕괴 및 공화정을 선포한다.

제1차 세계 대전, 참전, 아프리카에서 앙골라와 모잠비크를 공격했던 독일과 전쟁을 치르면서 정치, 경제, 재정, 사회적으로 국내 상황은 악화된다.

- 1910~1926년, 45차례나 정부교체가 일어난다.
- 1926년, 군부 쿠데타가 발생한다.

▶ 제2공화국 - 살라자르(1932~1968)와 Caetano 총리(1968~1974)

드 올리베이라 살라자르는 1926년 쿠데타 이후 경제 전문가로 1928년 재무장관에 임명되어 대공황 속에 성공적인 경제정책을 수행했다. 이를 인정받아 1932년 총리로 임명되고, 그 다음해 이스타두 노부(Estado Novo, 신체제) 헌법을 도입하고 국민동맹을 조직하여 1당 독재체제를 구축했다. 그의 정권은 총리에게 권한을 집중시키고 경제개발에 집중한 권위주의적 성격을 가졌다. 1970년 건강 악화로 세상을 떠났다. 카에타노가 후임총리가 되었으나 국내 반체제파의 불만이 고조되면서 아프리카 식민지 등의 독립운동이 활발해졌다. '세계 최후의 식민지제국'이라고 불리던 아프리카 식민지에 대한 마르셀루 카에타누(Marcelo José das Neves Alves Caetano, 1906~1980) 정권의 탄압정책은 여러 차례 국제적 비난을 받았다. 이런 상황에서 1974년 군부 소장파가 일으킨 카네이션 혁명(Revolução dos Cravos)[4]으로 그의 정권은 무너졌다. 포르투갈의 쿠데타 후 군부는 산업 국유화 등 국내의 사회주의화에 착수하였다. 독재정권시대의 유일한 정당인 국민연합당은 해체되고 새로운 정당들이 활동하기 시작했다. 무혈쿠데타 후 대통령에 취임한 장군 안토니오 스피놀라(António de Spínola, 1910~1996)는 좌파의 압력으로 1974년 9월에 사임하고 프란시스쿠 다 고므스(Francisco da Costa Gomes, 1914~2001) 장군이 대통령에 취임하였다.

- 1955년, UN에 가입한다.
- 1961년, 포르투갈령 인도의 고아(Goa), 다마옹(Damão) 및 디우(Diu)를 상실한다.
- 1961년, 아프리카 식민지 앙골라가 포르투갈에 독립선전포고, 1963년 모잠비크와 기네비소도 독립선전포고, 1974년 4·25혁명까지 식민지전쟁(13년)을 치른다.

---

4 1974년 포르투갈 제2공화국에서 발생한 쿠데타이자 혁명. 포르투갈 제2공화국 정부를 무너뜨리고 포르투갈 민주화의 중요 계기가 되었다. '리스본의 봄' 이라는 별명이 있다.

▶ 카네이션혁명과 그 이후

1975년 4월 민정이양의 제1단계로 제헌의회 선거가 실시되어 1976년 4월 제헌의회에서 사회주의 체제로의 이행을 명문화한 새 헌법이 채택되어 이에 근거한 총선거가 실시되었다. 이어 6월 대통령 선거에 안토니우 이아느스(António Ramalho Eanes) 장군이 무소속으로 출마하여 대통령에 당선되었다. 그는 대통령 재임 기간 동안, 포르투갈의 민주주의 통합을 위한 정책을 펼쳤다.

- 1975년 4월, 제헌의회 구성하고, 1976.4.2 신헌법 제정으로 사회주의 체제로 전환된다.
- 1989년, 헌법 개정으로 사회주의 지향정책과 기간산업의 국유화 원칙을 폐지하고 자유민주주의와 시장경제체제로의 이행을 보장한다.
- 1999년, 마카오 반환을 끝으로 포르투갈은 모든 해외 영토를 포기한다, 이는 포르투갈 영광의 대항해 시대가 종료되었다는 뜻이기도 하다.

3. 공항: 나라의 관문

포르투갈은 큰 나라가 아닌 만큼 국제공항이 5개 밖에 없다. 그러나 어느 쪽을 선택하든 리스본은 물가가 유럽에서 가장 저렴한 수도라고들 하고 또 대중교통이 그리 비싼 편이 아니라서 어느 목적지이든 쉽게 도착할 수 있다.

• 리스본 국제공항(Lisbon Airport)

- IATA: LIS, ICAO: LPPT

포르투갈의 수도에 위치한 포르텔라 공항은 주요 국제공항이자 유럽 허브공항이다. 유럽에서 22번째로 큰 공항이다. 공항은 TAP Portugal의 주요 허브공항이자 easyJet, Ryanair, Azores Airlines의 중심 도시이다. 셔틀 버스나 지하철로 리스본 도심까지 이동할 수 있다.

• 포르투 공항(Porto Airport)

- IATA: OPO, ICAO: LPPR

이 공항은 Francisco Sa Carneiro공항이라고도 하며, 포르투 중심부의 Clerigos Tower에서 북서쪽으로 11km 떨어진 곳에 있다. ANA-Aeroportos de Portugal이 운영한다. 현재 이 공항은 항공기 운영과 승객 측면에서 국내에서 두 번째로 붐비는 공항이다. easyJet, Ryanair, TAP Portugal의 거점 역할도 한다. 대중교통을 이용하면 포르투 도심까지 약 30분 소요된다.

• 파루 공항(Faro Airport)

- IATA: FAO, ICAO: LPFR

알가르베 공항(Algarve Airport)이라고도 하며, 포르투갈의 파루 서쪽 4km 지점에 위치한다. 2010년 처음으로 라이언에어의 허브가 되었다. 여름철 성수기에는 파루 지역이 인기 관광지라서 공항도 매우 바빠진다.

• 마데이라 공항(Madeira Airport)

- IATA: FNC, ICAO: LPMA

공식명칭은 마데이라 크리스티아누 호날두 국제공항이다. 간단히 마데이라 공항이나 크리스티아누 호날두 공항이라고도 한다. 포르투갈 마데이라 제도 산타크루스에 위치한 국제공항이다. 비공식적으로는 푼샬공항(Funchal Airport)이라고도 한다. 공항은 지역 수도인 푼샬에서 동쪽으로 13km 떨어진 곳에 있다.

마데이라 섬 동쪽 해안에 위치한 관계로 개항 당시 활주로의 길이가 1600m에 불과했다. 활주로의 한쪽(북서쪽)은 높은 산, 다른 한쪽(남동쪽)은 바다와 맞닿은 절벽이기 때문에, 착륙 시 곡예에 가까운 조종이 필요해 '유럽의 카이탁 공항'으로 악명 높았다. 2002년 10월 6일 길이 1km의 고가 위로 활주로를 연장해 길이 2630m로 재개장하였다. 그럼에도 불구하고 지형상의 악조건은 그대로여서 여전히 착륙하기 어려운, 세계에서 가장 위험한 공항(유럽 3위) 중 하나로 꼽힌다.

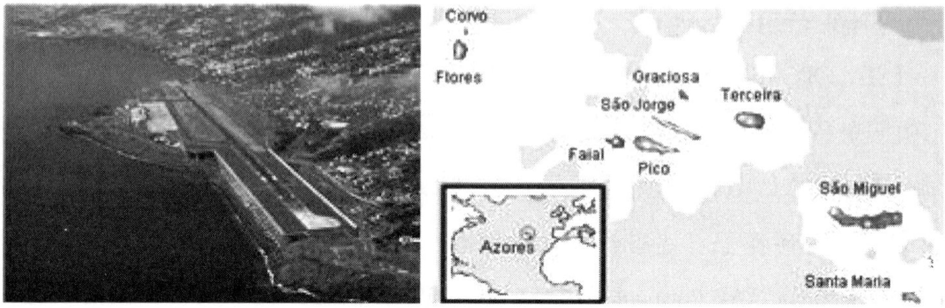

〈좌: 마데이라 공항, 우: 아소르스 제도〉

• 아소르스 제도의 공항들(Azores Airports)

아소르스 제도는 9개의 섬으로 이루어진 군도로, 자체에 공항과 특히 비행장이 있다. 이 섬들은 포르투갈 서쪽 1300km, 마데이라에서 북서쪽으로 900km 떨어진 곳에 위치해 있다. 공항은 Santa Maria, Sao Miguel, Terceira, Sao Jorge, Pico, Faial, Graciosa, Flores, Corvo 등이다.

■ 리스본 국제공항Humberto Delgado Airport[5]

- IATA: LIS, ICAO: LPPT

간단히 리스본 공항 또는 위치한 동네 이름을 따서 포르텔라 공항이라고도 한다. 2016년 전직 포르투갈 공군 원수이자 민간항공 설립을 주도한 움베르투 델가두의 이름을 따서 '리스본 움베르투 델가두 국제공항'으로 개칭하였다. 포르투갈의 수도 리스본 도심에서 북동쪽으로 7km 떨어진 곳에 위치한 국제공항이다. 공항은 포르투갈의 국제 관문이자 국적기인 TAP 포르투갈 항공의 허브공항이다. 2018년 2900만 6042명의 승객을 처리했으니, 여객수로는 유럽에서 20번째로 큰 공항이다. 2017년에는 화물을 115.7만 톤이나 처리했다. 브

5 사진 출처: https://www.pinterest.co.kr/pin/505248270454662 57/

라질에 중요한 유럽의 중심공항으로서, 남미에 가장 큰 유럽 스타얼라이언스 허브이자 아프리카에 대한 유럽 허브공항으로 꼽힌다.

제2차 세계 대전 당시 중립국이던 포르투갈에 독일과 영국, 그리고 유럽과 미국을 잇는 중간 기착지 역할을 하였다. 당시 이러한 상황을 반영한 모습이 영화 카사블랑카에서 그려지기도 했다. 이후 전쟁이 끝나자마자 빠른 속도로 민간에게 개방했다. 하지만 김포국제공항처럼 주거지 한가운데에 있어서 소음 피해가 심각함에도 아예 시내에 둘러싸여 있는 특성상 확장도 불가능한 상황이다. 대신에 시내와의 거리가 멀지 않아서 활주로 접근과정에서 리스본 구시가지가 그대로 보인다. 이렇게 확장이 안 되는 상황이 오자 이에 북부의 오타라는 마을에 있는 공군기지를 이용해 확장 이전을 시도했지만, 산악지대라서 결국 무산되었다. 대신 강 건너 평야 지대에 공군 사격 훈련장으로 사용되는 알코셰트로 이전하려 했지만, 유로화 사태 등 대규모 투자가 어려워서 백지화되었다.

1) 역사

리스본공항 개통 전에는 알베르카(Alverca) 근처에 위치한 Campo Internacional de Aterragem 공항만 있었다.

1930년대에 대서양 횡단 비행은 주로 비행선으로 수행되었지만, 대륙 횡단 비행은 재래식 항공기로 수행되었다. 유럽에서 가장 서쪽에 위치한 수도로서 리스본은 이러한 비행에 이상적인 조건을 갖추고 있었다. 그래서 정부는 두 개의 새로운 공항을 건설하기로 결정했다. 오늘날의 Humberto Delgado 공항(리스본 포르텔라 국제공항)과 타구스(Tejo) 강변에 위치한 수상비행기용 Aeroporto Marítimo de Cabo Ruivo 공항(⇨)이다. 1938년에 두 공항 건설이 시작되어 1940년에 완공되었다.

2) 노선

주로 근거리 유럽행과 브라질행 노선 위주다. 특히 옛날 자기네 식민지였던 브라질행 항공편이 많은 편이다. 반대로 아시아 노선은 베이징, 두바이, 도하, 이스탄불밖에 없다.

한국에서는 가장 먼 유럽의 수도에 위치한 국제공항이다. 한국-포르투갈 직항노선이 없어서 인천에서 리스본으로 가려면, 파리, 바르샤바, 프랑크푸르트, 뮌헨, 이스탄불, 암스테르담, 마드리드, 런던 등을 거쳐 가는 경우가 많다. 최근 한국 관광객이 늘면서 2018년 주7회까지 직항 운항이 가능한 항공 협약을 맺었다. 이에 아시아나항공이 2019년 10월부터 2020년 3월까지 리스본 직항 전세기를 운항하고 있다.

3) 시설

■ 활주로

방향	길이	표면
03/21	3 800m (12467ft)	아스팔트
17/35	2 510m (8235ft)	아스팔트

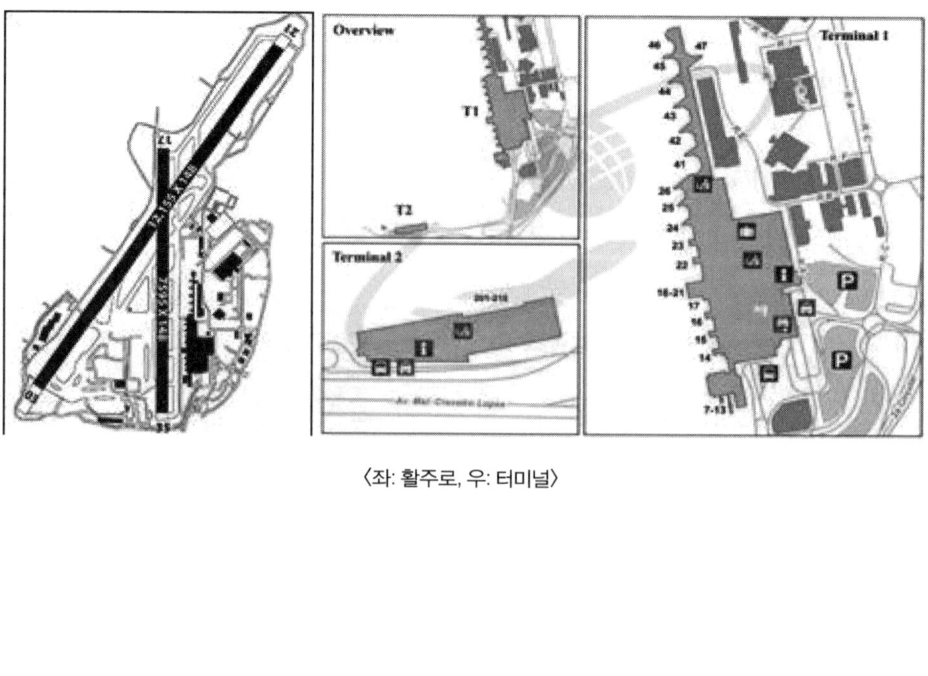

〈좌: 활주로, 우: 터미널〉

■ 터미널 1

터미널 1은 본관 건물로, 여러 개의 상점과 서비스 시설이 들어선 넓은 랜드사이드와 에어사이드 지역이 있다. 2개의 체크인 홀로 구성되어 있으며, 구형 홀은 TAP 에어 포르투갈항공의 셀프 체크인 구역으로 전환되었다. 신형 홀은 68개의 데스크(37~89, 90~106)를 갖추고 있다. 공동 출발 구역은 47개의 게이트(이 중 17개는 제트브리지로 연결)를 갖추고 있으며, 이 중 21개의 게이트는 비솅겐 취항지용이다. 공항에는 몇 개의 계류장 스탠드가 더 있는데, 여기서는 주로 버스 탑승을 한다. 대다수 항공사들은 TAP 에어 포르투갈항공과 소속 스타얼라이언스 동맹 항공사들과 함께 이용한다.

■ 터미널 2

터미널 2는 두 터미널 중 꽤 작으면서 새로운 것으로, 저비용 운송업체만 사용한다. 공항 남쪽 경계지역에 있는 터미널 1과는 멀리 떨어져 있다. 21개(201-222)의 체크인 데스크가 있으며, 각각 특정 저비용항공사용으로 지정되어 있다. 주로 도보탑승과 버스를 이용하는 출발 게이트 15개(201-215)를 갖추고 있다. 표준 시설과 상점, 서비스 카운터가 몇 개 있을 뿐이다. 터미널 1에서 무료 공항 셔틀 서비스 편으로 터미널 2로 갈 수 있다. 터미널 2의 주 이용 항공사는 Ryanair, easyJet, Transavia, Transavia France, Wizz Air, Blue Air이다.

4. 에티켓

■ 기본 에티켓

- 예배에 참석하고 싶은 마음은 없는 데도 미사 중인 교회를 방문하는 것은 무례한 것으로 간주된다. 특히 미사 중에 사진을 찍는 것은 눈살을 찌푸리게 한다.
- 교회에 들어갈 때 모자나 머리 장식물을 벗으시라.
- 대다수 포르투갈인은 시간을 엄격하게 지키는 것보다 사람과의 관계를 더 중시한다. 따라서 시간은 다소 유연해서 시간 엄수를 항상 강조하는 문화는 아니다. 실

제로 사회 상황에 맞게 지각하기도 하지만, 비즈니스 상황인 경우에는 정시도착이 일반적이다.

■ 식사

- 전통적으로 정찬은 점심이다. 그러나 저녁 식사에 가족들이 모이는 문화가 점차 보편화되고 있다.
- 오후에는 일반적으로 간식과 커피를 즐긴다.
- 다른 사람의 집에서 식사하는 경우라면, 게스트는 호스트가 'bom apetite!'('맛있게 드세요!')라고 말할 때까지 기다리시라.
- 건배 시 모두가 잔을 들고 'Saúde!'('건강을 위해!')라고 말한다.
- 이쑤시개 사용 시 입을 가리시라.
- 커피하우스는 우리네처럼 친구를 만나고, 사업 이야기를 하고, 공부할 수 있는 극히 일반적인 장소이다.

■ 선물

- 남의 집을 방문하는 손님은 호스트에게 초콜릿이나 꽃 같은 작은 선물을 하는 것이 일반적이다.
- 포르투갈 사람들이 선호하는 와인이 무엇인지 모르는 경우라면 와인 선물은 피하시라.

■ 금기

• Do's

- 옷차림으로 자신을 표현하는 방법을 생각해보시라. 포르투갈인은 품격과 우아함이 우러나는 단정한 옷차림을 선호하는 경향이 있다. 특히 교회와 같은 공식적인 공간에 들어갈 때 예의바르게 옷을 입는 경향이 있다. 캐주얼한 복장(예, 맨발, 비치웨어)은 공공장소에는 어울리지 않으며, 세련미가 없는 것으로 보일 수 있다.
- 마찬가지로, 공손하고 정중하게 말하는 것이 중요하다. 포르투갈인은 예의를 매

우 중시하는 편이다. 이 정중함에 보답하는 길은 포르투갈인 상대방에게 감사의 뜻을 표하는 것이다.

- 가톨릭과 기독교 전통을 존중하시라. 포르투갈의 역사는 이 종교와 깊은 관련이 있다. 무례한 태도는 큰 반감을 살 수 있다.
- 포르투갈인 상대방이 재정 및 고용 안정성에 대한 경험을 공유해야 하는 경우라면 동정심을 가지고 배려하시라. 21세기 초 포르투갈은 경제 성장으로 생활수준이 크게 향상되고, 소득도 높아지고, 실업률이 감소했다. 그러나 2009년에 발생한 유로존 부채 위기의 가장 큰 타격을 받은 국가 중 하나였다. 정부의 다양한 조치로 국가의 경제 붕괴를 막기에는 역부족이었다. 오늘날 수많은 가족들이 이 사건에서 벗어나고 있는 중이다.

• Do Not's

- 포르투갈과 스페인을 비교하거나 두 국가 간의 유사점을 추측하지 마시라. 지리적으로는 서로 가깝지만 두 나라는 상당히 다르다. 특히 언어의 차이점을 고려하시라. 포르투갈 사람이라고 반드시 스페인어를 이해하는 것은 아니다. 그 반대의 경우도 마찬가지다.
- 식민지 전쟁, 정치, 종교 등과 관련된 주제를 이야기할 때 주의하시라. 이런 주제가 꼭 금기사항이라고는 할 수 없지만 민감한 분야이다. 상대방이 대화를 시작하고 이끌도록 하고 의견 제시 방법에 대해 배려하시라.
- 여러분 자신을 자랑하거나, 여러분의 업적, 지위, 부 등을 과시하지 마시라. 포르투갈인은 겸손함을 좋아한다.

■ 비언어적 커뮤니케이션

- 신체 접촉: 포르투갈인은 대화중에 촉각을 곤두세우는 경향이 있다. 상호작용을 하는 동안 상대방의 팔과 등을 가볍게 만지는 습관이 있다. 친구와 가족 간이라면 훨씬 더 흔하다. 커플이 키스하고 손을 잡는 등의 애정표현도 흔하다.
- 개인 공간: 사람들은 대화중에 팔 길이 정도의 거리를 유지한다. 대화 상대방과의

친밀 정도에 따라 더 가까울 수도 있다.

- 아이컨택: 직접적인 아이컨택은 존경의 한 형태라고 할 수 있다. 포르투갈인은 대화중에 직접 눈을 마주 치는 경향이 있다. 그러나 자녀가 부모처럼 나이 많은 사람과 직접 눈을 마주 치는 것은 무례한 것으로 보일 수 있다.
- 손짓하기: 다른 사람에게 손짓하는 가장 흔한 방법은 손바닥을 위로 향하게 하고 손가락을 자기 쪽으로 흔드는 것이다. 단 집게손가락 하나만 사용하면 외설적인 의미를 가질 수 있으니 조심하시라.
- 제스처: 포르투갈인은 때로는 신체 표현과 제스처를 적지 않게 사용한다. 이러한 제스처는 주로 요점을 강조하고 싶을 때 사용된다. 일부 제스처는 무례한 것으로 여겨지기도 하는데, 이를테면 집게손가락으로 누군가를 직접 가리키는 경우가 그렇다.

5. 문화 차원

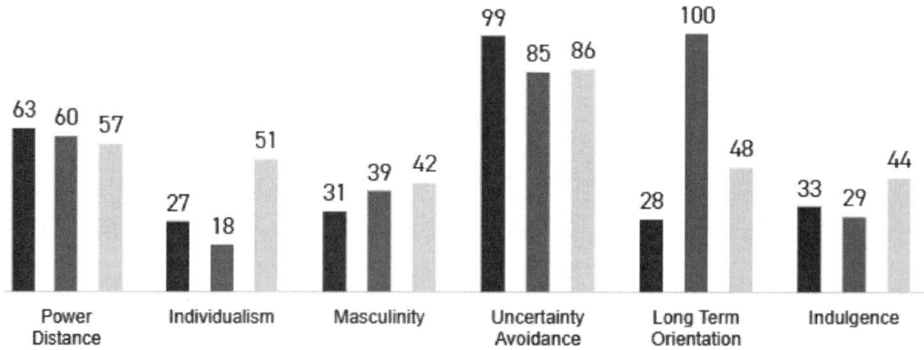

〈호프스테드 문화 차원 포르투갈-한국-스페인 비교〉

■ 권력 거리

이 차원에서 63점을 받은 포르투갈은 위계적 거리가 허용되고, 가장 강한 지위자가 직위 특권을 가진 것으로 인정받는 나라에 속한다. 관리 통제, 즉 상사는 부하 직원에게 정보를 요구하고, 부하 직원은 상사가 이를 통제할 것이라고 기대한다. 부하 직원에 대한 관심 부족은 조직과 무관함을 뜻함과 동시에 직원의 의욕 상실을 유발할 수 있다. 부정적인 피드백은 매우 고통스럽기 때문에 직원에게 부정적인 정보를 상사에게 제공하기는 어렵다. 상사는 이러한 어려움을 인식하고 실제 문제를 발견하고 관련성을 피하기 위해 하찮은 시그널이라도 찾을 필요가 있다.

■ 개인주의

이 차원에서 27점을 얻어서, 여타 유럽 국가들(스페인 제외)과 비교할 때 집단주의자에 속한다. 이는 가족, 대가족 또는 대인 관계와 같은 구성원 '집단'에 대한 긴밀한 장기적인 약속에서 드러난다. 집단주의 문화에서 가장 중요한 것은 충성도이며, 다른 사회의 대다수 사회 규칙과 규정보다 우선한다. 사회는 모든 사람이 그룹의 동료 구성원에 대해 책임을 지는 강한 관계를 조성한다. 집단주의 사회에서 범죄는 수치심과 체면 상실로 이어지고, 고용주와 직원과의 관계는 도덕적 측면(가족 연계 같은)으로 인식되고, 고용 및 승진 결정은 직원의 집단 내 결정을 고려하고, 관리는 집단 관리이다.

■ 남성성

포르투갈은 이 차원에서 31점을 받아서 컨센서스가 핵심어인 국가이다. 따라서 양극화는 잘 고려되지 않거나 과도한 경쟁력을 높이 평가한다. 페미니즘 국가에서는 "살기 위해 일하기"에 초점을 맞추고, 관리자는 합의를 위해 노력하고, 사람들은 직장생활에서 평등, 연대, 일하는 삶의 질을 중시한다. 갈등은 타협과 협상으로 해결된다. 자유시간이나 유연성과 같은 인센티브가 선호된다. 웰빙에 초점을 맞추며, 지위는 드러내지 않는다. 효과적인 관리자는 도움을 주는 사람이며, 의사결정은 참여를 통해 이루어진다.

■ 불확실성 회피

포르투갈을 한마디로 매우 명확하게 정의할 수 있는 차원이 있다면, 그게 바로 불확실성 회피 차원이다. 포르투갈은 이 차원에서 99점을 받아서 불확실성 회피를 매우 선호한다. 높은 불확실성 회피를 보이는 국가는 엄격한 신념과 행동 규범을 유지하며, 삐딱한 행동과 아이디어를 용납하지 않는다. 이러한 문화에서는 (규칙이 작동하지 않는 것 같더라도) 규칙에 대한 정서적 욕구가 있고, 시간은 돈이고, 사람들은 바쁘고, 열심히 일하려는 내적 충동이 있으며, 정확성과 시간 엄수가 기본이며, 혁신에 대해 반기를 들 수 있으며, 보안은 개인의 동기 부여에 중요한 요소이다.

■ 장기 지향성

낮은 28점을 받아서, 포르투갈 문화는 실용적이라기보다 규범적 사고를 선호한다고 할 수 있다. 그러한 사회의 사람들은 절대 진리 확립에 강한 관심을 보인다. 그들은 사고방식이 규범적이며, 전통을 매우 중시하고, 미래 지향적인 절약에는 그다지 관심이 없고, 빠른 결과 도출에 초점을 맞춘다.

■ 절제

상대적으로 낮은 33점을 받은 포르투갈은 절제 문화에 속한다고 할 수 있다. 이 차원에서 점수가 낮은 사회는 냉소주의와 비관주의의 성향을 보인다. 또한 억압된 사회와는 달리, 절제된 사회는 여가 시간에 별 관심이 없고, 욕구 충족을 통제하는 편이다. 이런 성향의 사람들은 자신의 행동이 사회적 규범에 의해 통제받고 있으며, 자기 자신을 탐닉하는 것은 다소 잘못되었다고 생각한다.

13
이탈리아

〈출처: https://sites.google.com/a/ncsu.edu/kernsep/annotated-map-of-italy〉

국명	이탈리아공화국(Italian Republic)
면적	301,340 ㎢
수도	로마(Rome)
인구	60,359,546명 (2019)
공용어	이탈리아어
종교	가톨릭교(80%), 기타(20%)
건국일	1861년 3월 17일
통화	유로화(Euro)
도메인	.it

이탈리아는 총체적이고 놀라운 극단의 땅이다. 한 마디로 뭐라고 단정하기가 어려운 나라다. 지리적으로만 보면, 이 나라는 유럽에서 가장 재난에 취약한 나라 중 하나다. 이탈리아의 시민 보호 서비스는 이 나라의 활화산, 지진, 홍수, 눈사태, 산불 등에 대처하고자 지속적인 준비 태세를 갖추고 있다.

국토의 상당부분이 언덕으로 되어 있다. 현대 이탈리아는 자연지리와 수천 년의 파란만장한 역사에 의해 형성되었다. 지난 3천 년 동안, 이탈리아는 지속적으로 풍부한 문화를 가져왔고, 훌륭한 건물, 예술 작품, 그리고 시대를 초월한 매력을 가진 신화적인 역사를 만들어내었다.

이탈리아 리비에라의 보석에서부터 아브루초(Abruzzo)[1]의 높은 경사면에 이르기까지, 이탈리아는 더 많은 시간을 보낼수록 더 많은 모습을 발견할 수 있는 곳이다. 이탈리아인은 교양 있고 야만적이기도 하고, 현대적이면서 확실히 올드패션을 구가하기도 하고, 게으르면서도 활기차고, 과거에 억매여 있으면서 과거를 무시하기도 한다.

이 나라는 수세기 동안 도시들이 서로 전쟁을 벌여온 나라였다. 이제는 축구 경쟁이나 시민의 자부심으로 가장하고 있지만, 실제로는 반도의 도시국가 문화의 연속체라고 보면 된다. 이탈리아 사람들은 모두 일차적으로는 주로 자기 고향(자신은 살고 있지 않은 부모의 출생지일 수도 있음)에 속한다고 생각하며, 부차적으로 유럽에 속한다고 느낀다. '캄파닐리즈모(campanilismo)'로 불리는 고향에 대한 이러한 강한 애착과 가족주의적 문화는 이탈리아인이 외부 문화에 대해 배타적인 태도를 갖게 만든 요인들 중 하나이기도 하다. 게다가 경제위기로 인해 이탈리아인은 외국인 노동자들에게 일자리를 빼앗기게 될지도 모른다는 두려움에 시달리고 있다. 다른 유럽 국가들과 비교하면, 이탈리아는 최근 이민 인구가 급증했다. 이 또한 원인 중 하나로, 이탈리아는 이민자들과 그들의 문화를 아직 받아들이지 못하고 있다. 이곳의 인종차별은 좌우와 노소, 지역을 가리지 않는다.

---

1 이탈리아 중부에 위치한 주인데, 로마 동쪽 80km 거리에 서쪽 경계가 마주한다. 주 전체의 3분의 1이 국립공원과 자연보호지역으로 지정된 관계로 유럽에서 가장 깨끗한 지역(Greenest Region in Europe)이라는 타이틀을 보유하고 있다. 또한 이 주에는 유럽 최남단에 위치한 칼도르네 빙하가 있다.

'이탈리아'는 여전히 작업 중인 개념이고, '마멜리의' 국가는 관습이 아닌 정치적 목적으로 사용되는 도구다. 만약 여러분이 이탈리아인을 기쁘게 하고 싶다면, 먼저 그네들 도시의 아름다움을 칭찬하시라. 다음으로, 다른 이탈리아 도시들에 비해 그네들의 도시가 한 구석이라도 더 좋다는 식으로 비교하시라.

참고로 이탈리아 국기는 녹색, 흰색, 적색이다. 녹색은 희망, 흰색은 믿음 또는 신앙, 적색은 자선 또는 사랑을 상징한다. 이탈리아인들은 깃발을 국가의 요리에 비유하기도 한다. 빨간색은 토마토, 흰색은 모짜렐라 치즈, 녹색은 샐러드에 비유한다. 이탈리아에 대한 또 다른 흥미로운 사실은, 이 국기가 비슷한 디자인의 프랑스 국기(자유, 평등, 박애의 뜻)에서 영감을 받았다는 사실이다. 이 프랑스의 삼색기의 영향을 받아 1848년에 처음 만들어졌으며, 현재의 국기도 1948년에 제정된 것 그대로이다. 이탈리아어로는 일 트리콜로레(il Tricolore, 삼색기)라고 하는데, 1월 7일은 삼색기의 날이다. 기념행사는 1797년 시스파다네 공화국(Cispadane Republic)이 이 기를 처음 채택한 레지오 에밀리아(Reggio Emilia)를 중심으로 열린다. 멕시코와 아일랜드의 국기와 혼동하기 쉽다. 멕시코 국기는 이탈리아의 것과 색상과 배치는 동일하지만, 멕시코는 중앙에 문장이 있다. 아일랜드의 국기는 삼색의 우측 색이 주황색이고, 이탈리아의 것은 적색(빨강색)이란 차이가 있다.

1. 지리적 특징

1) 자연

지중해 중앙부, 북서에서 남동으로 약 1200km에 걸쳐 장화 모양을 한 반도와 시칠리아, 사르데냐 두 섬으로 이루어져 있다. 북쪽은 알프스 산맥을 경계로, 프랑스, 스위스, 오스트리아와 접하고, 동쪽은 아드리아해, 서쪽은 티레니아해에 접해 있다. 이탈리아 반도는 발칸, 이베리아 반도와 함께 남유럽의 3대 반도의 하나로서, 동지중해와 서지중해 사이에 위치한다. 그래서 자연·문화의 측면에서 보면, 두 반도와는 달리 순수한 유럽형을 이루면서 동시에 지중해 지역의 특색을 가장 잘 나타낸다.

2) 인종

이탈리아 반도와 사르데냐 섬, 시칠리아 섬 등에는 선사시대 이래 잡다한 민족과 종족이 거주했다. 시간이 흐르면서 이들 민족이 뒤섞이면서 오늘날의 이탈리아인이 형성되었다. 선조는 반도 북서부 리구리족 등의 종족과 융합되었거나 빌라노바 문화[2]를 형성한 것으로 볼 때 인도유럽어족의 이탈리아어파 사람으로 추정된다. 오늘날 이탈리아의 인종 구성은 대략 4가지 유형의 인종으로 나눌 수 있다.

① 북이탈리아 유형. 두상과 신체가 크고 모발은 블론드, 피부는 밝은 색, 푸른 눈동자의 북방 인종이다. 인도 유럽계 인종 유형에서 유래했다.

② 알프스 유형. 두상이 작고 작달막한 체격으로 담갈색 또는 밤색 피부를 가졌다. 북이탈리아에서 발견된다.

③ 남이탈리아 유형. 머리는 크고 신체는 작고 날씬하다. 모발은 파상의 흑색, 검은 눈동자의 지중해 인종이다. 남이탈리아, 시칠리아 섬, 사르데냐 섬에서 많이 볼 수 있다. 선주민인 리구리족의 피를 이어받았다.

④ 중이탈리아 유형. 중간형으로, 두상과 신체가 보통이고, 모발이 밤색이다.

[쉬어가기] 이탈리아에서 인종차별이 유독 심한 이유

이탈리아 역사상 처음으로 흑인 장관이 된 키엥게(Cécile Kyenge)를 향해 한 청중이 바나나를 투척했다. 보수 정당인 북부연맹의 상원의원은 키엥게 장관을 보면 오랑우탄이 떠오른다고 공개 석상에서 아무렇지 않게 말했다. 북부연맹의 한 지방의회의 여성 의원은 심지어 "(키엥게는) 강간을 당해도 싸다"고까지 말했다. 지난주 AC밀란의 축구선수 콘스탄트(Kevin Constant)는 친선 경기 중에 관중들이 흑인 선수들을 비하하는 뜻인 원숭이 울음소리를 듣

---

2 이탈리아 북부와 중부 등을 중심으로 성립된 초기 철기시대 문화로, 기원전 7-8세기에 후계자인 에트루리아 문명이 페니키아와 이집트 등 근동 문명의 선진문화를 흡수하고 남부에 정착한 그리스 문화를 바탕으로 세력을 키우면서 점차 사라졌다. 빌라노바 사람들은 이탈리아 반도에 철기 기술을 전수했으며, 장례법으로 화장을 지냈고 시신을 태운 재를 독특한 이중 원추 모양을 한 유골 항아리에 담아 묻었다. 유골함은 토기 혹은 청동제였다.

다못해 경기장을 박차고 나갔다. 북부연맹은 현재 전국적으로 득표율 10% 안팎을 기록하는 정당이다. 이탈리아 정치권은 대개 키엥게 장관에게 지지를 표시하며 인종차별을 뿌리 뽑아야 한다고 목소리를 높이고 있다. 겉으로는 분명 그렇다. 하지만 그런 정치인들의 언어에서 무심결에 묻어나오는 생각이나 이탈리아의 여느 축구장에 가면 흔히 들을 수 있는 갖은 욕설들을 떠올리면 이탈리아에서 인종차별은 남녀노소, 좌우를 가리지 않고 늘상 일어나는 일이다. 도대체 왜 이탈리아에서는 인종차별이 다른 유럽 국가들보다도 훨씬 심각한 걸까? 우선 도시국가의 역사 또는 뿌리 깊은 지역주의를 원인으로 꼽을 수 있다. 이탈리아는 지역별 인구이동이 많지 않은 나라이다. 지방의 어느 작은 마을을 가더라도 자기가 태어난 곳에서 평생을 살아가는 이들을 흔히 만날 수 있다. 외지인, 나와 다른 사람을 이해하고 포용하는 능력은 그만큼 떨어질 수 있다. 19세기 유럽의 제국주의 열강들끼리 벌인 식민지 경쟁에서 이탈리아는 한참 뒤쳐졌다. 그 결과, 영국, 스페인, 프랑스, 포르투갈처럼 식민지 국가와 문화적인 교류, 인적 교류가 일어나지 않았고, 상대적으로 훨씬 균일한 사회로 남았다. 여기에 경제위기로 인해 파시즘에 대한 향수, 무솔리니에 대한 미화가 이어지며 인종 간에 우열을 가르는 위험한 인식이 확산되기도 했다. 게다가 이탈리아 사람들은 사소한 법과 원칙들은 눈 하나 깜빡하지 않고 무시하면서도 남들과 비슷한 옷을 입고 비슷한 음식을 먹는 데는 굉장히 신경을 쓴다. 괴짜나 특이한 사람들에 대한 포용력이 상상보다 훨씬 낮은 사회에서 다른 피부색깔, 다른 인종은 공격 받기 너무나 쉬운 목표가 되고 마는 것이다. 〈출처: https://newspeppermint.com/2013/07/31/〉

3) 주민

이탈리아인의 범주는 일반 이탈리아 문화와 혈통을 공유하고 이탈리아어를 모국어로 말하는, 이탈리아 출신의 국민과 민족을 말한다. 법적으로 보면, 이탈리아인은 혈통이나 거주 국가에 상관없이 이탈리아 공화국의 시민권자만을 뜻하지만, 이탈리아인의 후손과 이탈리아 반도에 인접한 지역에 거주했던 이탈리아계 민족들로 구별한다.

제2차 세계 대전까지만 해도 이탈리아는 이민을 떠나는 나라, 즉 노동력 수입국이 아닌 수출국이었다.[3] 제2차 세계 대전 이후에는 빈곤한 남부에서 산업화된 북부로 일자리를 찾아 이주하는 내부 이민이 두드러졌다. 특히 EEC(European Economic Community, 유럽경제공동체)에 참가하면서 농업구조가 부분적으로 개혁되는 바람에 농업노동자의

3 이를 방증하는 사례가 1886년 출판된 에드몬도 데 아미치스(Edmondo De Amicis) 원작의 〈아펜니노 산맥에서 안데스 산맥까지(Dagli Appennini agli Ande)〉(한국어판 〈엄마 찾아 삼만리〉의 원작)는 제노바 소년 마르코가 일자리를 구하러 아르헨티나로 떠난 엄마를 찾아가는 이야기이다.

실업이 많아졌다. 이 때문에 농업노동자들이 밀라노 등 북이탈리아 여러 도시로 이동하게 되었다. 특히 1876년부터 1970년에 걸쳐 높은 인구증가율로 인한 자연자원의 빈약, 좁은 국토라는 악조건이 일찍부터 해외이주, 외국에서의 돈벌이로 눈을 돌리게 했다. 현재 세계 곳곳에 산재한 이탈리아 이민자는 90만 명이 넘는다. 아메리카 대륙에 가장 많이 살고 있고, 그 다음이 유럽, 아프리카, 오스트레일리아, 아시아 순이다.

하지만 최근에는 오히려 동유럽, 아프리카 국가 등으로부터의 불법이민 문제로 고심하고 있다. 1960년대의 급속한 경제성장을 바탕으로 1970년대부터는 외부에서 노동력 유입이 본격적으로 이뤄지기 시작했다. 유럽인종차별위원회(ECRI) 보고서에 따르면, 이탈리아가 통일되던 1861년 전체 인구의 약 2.5%에 불과했던 이민자는 2012년 현재 약 8%(약 486만 명)에 해당한다.

불법체류자의 수를 감안하면, 실제 이민자 수는 훨씬 더 늘어날 것으로 추정된다. 현재 이민자 가정의 출산율은 2.07명으로, 이탈리아 가정의 평균 출산율 1.33명을 훨씬 상회한다. 이탈리아 사회가 다인종·다문화 사회로 빠르게 변화하고 있는 셈이다.

주민은 이탈리아인이 대부분이지만, 북부에는 독일계·프랑스계·슬라브계·오스트리아계의 소수민족도 있다. 남부에는 알바니아계와 그리스계 등 중동에서 아프리카에 걸쳐 분포하는 여러 민족의 피가 뒤섞인 소수의 혼혈족도 있다.

4) 언어

이탈리아 주민의 대부분(97.7%)이 공용어인 이탈리아어를 사용한다. 이탈리아 최북단의 트렌티노알토아디제 주에서는 독일어를, 프랑스와 스위스에 접한 발레다오스타 주에서는 프랑스어를, 슬로베니아에 근접한 도시 트리에스테와 그 근교 지역에는 슬로베니아어를 사용하는 주민이 있다.

이탈리아어는 라틴어에서 유래하는 로만스어, 또는 네오라틴어라고 하는 언어의 일파이다. 언어의 구분은 크게 나누면 이탈리아-켈트 방언과 이탈리아 방언이다. 이탈리아-켈트 방언은 피에몬테·롬바르드디아·만토바·리구리아·에밀리아로마냐 등의 방언이 포함된다. 이들은 때로는 현저한 방언적인 차이를 보이지만, 대체로 역사적·지리적 영역에 상응하는 언어경계를 이룬다.

이탈리아 방언은 베네토 방언·로마 방언·남부방언 외에 풀리아·오트란토·칼라브리아·시칠리아 등의 여러 방언군으로 갈라진다. 그밖에 프로방스 방언, 카탈로니아·루마니아어 등을 사용하는 주민은 극소수에 불과하다.

5) 교통

이탈리아의 교통은 1839년 양시칠리아 왕국(1808~1861)[4]에서 나폴리~포르티치 간의 7640m의 철도개통으로 시작된다. 통일 후 정부는 방대한 보조금을 주어 민간기업에 건설영업을 위임했다가 1905년에 주요노선을 매수하여 오늘의 이탈리아 국유철도가 성립되었다.

1950년대 들어 자동차의 급속한 보급과 자동차도로의 건설 및 정비 결과에 따라 육상수송에서 도로의 역할이 철도보다 커졌다. 이탈리아 정부는 1958년부터 자동차 전용도로의 건설을 추진하여 1970년 말까지 이탈리아를 남북으로 연결하는 태양도로(밀라노~나폴리) 738km 외에도 1962년 프랑스와 이탈리아를 연결하는 세계 최장 자동차 전용의 몽블랑 터널(11.6km) 등 총연장 3907km를 개통시켜 자동차전용 도로망에서 독일에 이어 유럽 제2의 지위에 올랐다.

철도는 대부분 전철화 되었지만, 자동차수송에 눌려 실적이 저하되자 1998년에 이탈리아의 최대 공기업인 이탈리아국철(Ferrovie dello Stato)은 적자노선 철거, 인원 축소, 전철화, 디젤화 등 구조조정을 단행했다. 2000년에는 그룹을 여러 회사로 나누어, 이탈

4 시칠리아 왕국과 나폴리 왕국이 합쳐 세워지면서 양(兩)시칠리아 왕국이라 불리게 되었다. 나폴리 왕국은 원래 시칠리아 왕국의 영토였으나 시칠리아의 만종 사건으로 분리되어 통칭 나폴리 왕국으로 불려왔지만, 공식 명칭은 시칠리아 왕국을 유지했기 때문에 양(Due)시칠리아 왕국이 된 것이다. 사르데냐 섬을 제외하면 영토가 현대에 남부 이탈리아로 분류되는 지역과 거의 일치한다.

리아국철을 모기업으로 하는 트레니탈리아와 RFI 등 56개 자회사가 탄생했다. 2005년 철도 총연장은 1만 9459km이다.

항공 분야에서는 1946년 IRI의 출자로 알리탈리아항공과 이탈리아항공의 2개사가 설립, 운영되었다. 그러나 국제선을 둘러싼 세계 항공회사와의 경쟁에서 2개사의 병존이 어려워지자 1957년 양사가 합병하여 오늘의 알리탈리아 항공사가 탄생하게 되었다.

6) 마피아

마피아는 이탈리아를 그림자처럼 군림해 왔으며, 거대한 경제조직으로 국제적으로는 최고의 힘을 유지하고 있다. 대부분의 사람들은 미국이 세계에서 가장 큰 경제대국이기 때문에 미국의 마피아가 조직이나 영향력에 있어서 세계 최고라고 생각할 수 있지만 이것은 사실이 아니다. 미국의 마피아는 시칠리아의 마피아에 미치지 못한다.

마피아는 시칠리아의 역사에서 탄생하였다. 시칠리아는 오랫동안 이주민들과 침입자, 정복자들로부터 무거운 세금을 징수당하고 밀, 목화, 사탕수수 등을 착수당한 관계로 시칠리아 사람들은 외부인과 낯선 사람들을 모두 불신하는 풍조를 갖게 되었다. 불행한 역사를 가진 시칠리아 인들은 자신들이 입은 피해를 법보다는 가족과 친척에게 호소하는 것이 빨랐고, 그들의 피해는 정복자의 수중에 있는 공권력에 호소할 성격의 문제가 아니라 개개인의 명예와 관련된 범죄였다. 이것이 이탈리아 통일 후 시칠리아의 특수한 환경에 의해 집단화되어 마피아의 등장 배경이 된다.

마피아 규범의 첫째 조항은 법 집행단체에 의존하지 않고 스스로 목숨과 재산을 지키고 항상 비밀을 지키는 것이다. 처벌 받은 범죄자들은 복수를 하거나 그들의 친구들에게 복수를 부탁한다.

이탈리아 마피아 단체들 중에서 가장 영향력 있고 오래된 것은 '코사 노스트라(Cosa Nostra)'이다. '우리들의 것'이라는 의미를 가지는 코사 노스트라는 시칠리아에서 탄생하고 성장한 마피아 중의 마피아로, 전 세계를 재패하는 마피아의 본가이다. 이들은 농장의 대지주와 유착, 제2차 세계 대전 중 미국에서 성장했으나 전후 시칠리아를 배경으로 군림해 왔다.

나폴리의 마피아로서 전쟁 후 담배 밀수로 성장한 카모라(CAMORRA), 유괴 마피아라고도 불리는 드란게타(N'DRANGHETA), 풀리아 지방의 마피아 사크라 코로나 우니타(SACRA CORONA UNITA) 등이 유명하다.

2. 역사

1) 고대

■ 로마인의 등장

BC 7세기경 테베레 강 하류에서 일어난 로마인은 BC509년에 중부 이탈리아의 에트루리아 왕조들을 타도하면서, 에트루리아인들의 이탈리아 지배력은 약화되었다. BC350년을 시작으로, 로마를 수도로 하는 라틴족들은 그리스인들과 에트루리아인들의 수차례의 전쟁 후, BC272년에 주도적인 위치를 차지하였고, 이탈리아 반도 전체를 하나로 통제하였다.

이 기간의 통일 이후 카르타고와의 제1차 포에니 전쟁을 시작으로, 지중해를 정복하기 시작했다. 수세기 동안 카르타고와의 투쟁을 겪는 동안, 로마인들은 시칠리아와 사르데냐, 코르시카 등을 정복하였다. 최종적으로 BC146년에, 카르타고를 완전히 파괴하고 거주민들을 노예화시키면서 제3차 포에니 전쟁을 종결하였고, 로마는 지중해의 지배력을 얻게 되었다. 이 시기에 로마는 공화국이었지만, 루시우스 코르넬리우스 술라와 가이우스 마리우스와 그의 아들간의 분쟁(BC88-82), 율리우스 카이사르와 폼페이우스의 분쟁(BC49-45), 마르쿠스 유니우스 브루투스, 가이우스 카시우스 롱기누스와 마르쿠스 안토니우스, 옥타비아누스의 분쟁(BC43), 마르쿠스 안토니우스와 옥타비아누스의 분쟁 등 총 4번의 유명한 내전이 공화국을 파멸시켰다.

■ 로마제국: 제정시대

내전의 최후의 승자 옥타비아누스(BC31)는 원로원에게 아우구스투스라는 칭호를 수여 받았고 그렇게 로마의 첫 황제가 되었다. 아우구스투스는 최초로 알프스에서 시칠리아까지의 지역을 이탈리아라는 관리 구역을 만들었고, 그곳의 거주민을 이탈리쿠스 포풀루스라고 불렀다.

제정 시대에 로마는 대서양에서 라인 강, 영국 제도, 이베리아 반도, 북아프리카의 넓은 부분, 중동을 넘어 유프라테스 지역까지, 그들이 정복했던 곳에 로마의 법, 관리, 팍스 로마나를 가져왔다.

성공적인 지배기간이었던 두 세기가 지난 후 AD3세기 경, 로마는 내전과 야만인(라틴어로 '바르바리'는 '외부인'의 뜻)들이라고 불렀던 게르만족과 아시아의 침략자들의 위협으로 인해 멸망의 위기에 처했다. 285년에 디오클레티아누스 황제의 제국의 동서분할은 일시적인 방편으로 한 것이었지만, 이는 395년에 영구적이 되었다. 콘스탄티누스 황제는 기독교를 받아들였고, 그 후 교회들은 제국 곳곳에서 번창하였다. 또한 그는 과거에 비해서 중요도가 급격히 떨어지던 로마에서 콘스탄티노플로 수도를 이전하였다.

2) 중세

최후의 서로마 제국 황제 로물루스 아우구스투스(Romulus Agustulus, 460~511)는 476년 게르만 용병 대장 오도아케르(Flavius Odoacer, 433~493)에 의해 권좌에서 물러나면서 서로마제국은 멸망하였다. 게르만계 민족의 침입은 그 뒤에도 계속된다. 6세기 말에는 엘베강 하류 지역에서 기원한 랑고바르드족이 롬바르디아에서 캄파니아에 이르는 지역을 지배하였다. 랑고바르드 세력은 8세기 후반 교황의 요청을 받은 프랑크 세력과의 싸움으로 약화되고, 800년 교황에 의하여 샤를마뉴가 신성로마 황제에 임명되어 카를 대제(Carolus Magnus, 740/747~814)가 되었다. 이후 이탈리아의 역사는 프랑크 왕국의 후신인 독일과 프랑스의 역사와 밀접하게 얽힌다. 로마의 몰락 이후부터 1861년에 통일 이탈리아 왕국이 들어설 때까지, 이탈리아 반도는 대부분의 기간을 소규모의 나라들로 분열되어 있었다.

남이탈리아에서는 827년 튀니스의 이슬람 세력이 시칠리아에 상륙하여 비잔티움의 지배하에 있던 시칠리아를 복속시키고 팔레르모를 중심으로 독특한 문화를 열면서 수많은 새로운 재배 작물을 이탈리아에 가져다주었다. 이슬람교도에 의한 시칠리아 지배는 11세기에 노르만인족의 침입으로 종지부를 찍었다. 노르만인은 11세기 초부터 순례,

용병 또는 십자군 병사로서 남이탈리아에 와서 왕조를 세웠다. 서유럽풍의 봉건제도, 비잔틴풍의 관료제도, 아랍식 문화가 융화를 이루어 번영하였다. 이것의 절정기는 시칠리아 왕과 신성 로마 제국의 황제를 혈연관계로 겸하게 된 호엔슈타우펜 가문의 프리드리히 2세(Friedrich II, 1712~1786) 시대였다. 그 뒤 남이탈리아는 프랑스 앙주가문의 지배를 거친 후 에스파냐의 아라곤가문의 지배를 받았다.

이탈리아 반도와 비잔티움제국과의 교역은 10세기 말부터 활발하였으나, 십자군을 계기로 더욱 발전하여 베네치아, 피사, 제노바 등의 여러 도시가 번영했다. 아말피, 바리 등의 남이탈리아의 상업도시의 번영은 집권적인 왕조체제의 강화 때문에 오래 가지는 못하였지만, 북이탈리아와 중부 이탈리아에서는 기사계급도 상인 및 토지소유자들로 이루어진 도시세력과 결탁하여 코무네(Comune)라는 구역은 황제의 권력에서 독립한 것이다.

12세기 중엽, 호엔슈타우펜 왕가의 프리드리히 1세(Friedrich I, 1122~1190)가 롬바르디아 도시동맹에 패한 것이 이탈리아에서 코무네 번영시대의 계기가 되었다. 이 시대에는 베네치아, 제노바 등과 함께 피렌체, 밀라노, 루카 등의 내륙도시도 발전하였다. 그러나 이와 동시에 도시 상호간의 대립, 도시 내부에서 상공업에 종사하는 일반시민과 대상인이나 토지소유자로 이루어지는 토지귀족의 대립이 격화되었다. 이에 황제와 교황의 대립이 얽혀 13세기의 이탈리아 도시, 특히 북이탈리아에서 각각 교황권과 신성 로마 제국 황제의 권력을 지지하는 황제파와 교황파의 대립(구엘프와 기벨린[5])이란 명목 아래 항쟁이 더욱 더 격화하였다. 이들 투쟁의 기원은 11세기부터 시작된 서임권 분쟁에서 기원한다.

이후 십자군을 거치면서 비잔티움과의 교역이 활발하게 일어난다. 이런 교역으로 상업도시들이 급속하게 발달하게 되는데, 피렌체, 밀라노, 베네치아, 제노바 등이 대표적이다. 이렇게 발달한 도시가 도시국가의 형태를 띠면서 교황, 황제, 대상인 귀족들이 대

5 '구엘프'는 독일의 귀족 가문중 하나인 벨프의 이탈리아식 표기에서 유래했다. '기벨린'은 벨프 가문과 대립하던 호엔슈타우펜 가문의 성인 바이블링엔 성(Waiblingen)에서 유래했다. 벨프 가문과 호엔슈타우펜 가문은 독일 황제 자리를 놓고 12세기 치열하게 다툰 것으로 유명하다. 이들의 투쟁이 이탈리아로 건너와서 변형된 것이 바로 기벨린과 구엘프가 되었다.

립하는 양상이 나타난다. 이러한 상황에서 도시의 질서와 안정을 유지하고자 특정 유력자에게 시정 전권을 위임하는 '시뇨리아제'가 밀라노를 비롯한 기타 소도시들에서 등장했는데, 피렌체의 메디치 가문이 대표적이다.

도시의 발전과 동방의 수준 높은 문화와의 접촉에 의한 시야의 확대, 상인의 현세적, 합리적 의식 등에 기초하여 르네상스 문화가 탄생하였다. 이것이 특히 꽃핀 것은 메디치가를 비롯한 지배자가 궁정이나 교황의 보호를 받았기 때문이다.

3) 근세

이탈리아 반도의 정치정세는 독일, 프랑스, 에스파냐 등 인접 강대국의 개입을 초래할 만한 계기가 내포되어 있었다. 16세기에는 외국세력의 싸움터가 되었다. 일부 도시 국가들이 자신들의 이웃 국가들 사이에 분쟁에 도움을 청하자, 프랑스 왕국의 샤를 8세(Charles VIII, 1470~1498)가 1494년에 이탈리아로 진군하였다. 샤를 8세는 곧 철군하였으나, 그는 이탈리아의 도시 국가들이 서로 연합하지 않으면, 외국 세력에게 정복될 수 있음을 보여줬다. 이탈리아 전쟁 이후, 에스파냐는 무력으로 이탈리아 지역 일부를 합병하였다. 베네치아, 밀라노 그리고 일부 도시 국가들은 이 시기의 위대했던 과거의 일부를 유지하는 데 급급했다.

한편 신대륙 발견과 오스만제국의 진출, 이에 따르는 상업로의 변화에 따라 17세기 이후 이탈리아는 경제적으로도 정체되었다. 이러한 가운데 오직 북이탈리아의 사보이 왕국은 17세기 후반 이후 합스부르크 왕가와 부르봉 왕가의 대립을 이용하여 세력을 확대하고, 18세기에는 사르데냐, 리구리아, 피에몬테에서부터 롬바르디아의 일부까지도 영유하였다.

나폴레옹은 이탈리아 본토에서 오스트리아, 에스파냐 세력을 추방하여 봉건적 특권의 폐지, 교회재산의 몰수 등 프랑스혁명 정신을 이탈리아에 심는 역할을 했다. 프랑스가 정복한 곳마다, 헌법과 법 개선과 함께 공화국들이 생겨났다. 나폴레옹은 1804년 스스로 황제가 되었고, 이탈리아 북부와 중부를 나폴레옹이 왕으로 있는 이탈리아 왕국이란 나라로 통일시켰다. 이탈리아 북부와 중부 일부는 프랑스에 합병되었다. 막대한 세금과 빈번한 가혹함에도 불구하고, 프랑스는 의회와 나라의 모든 이는 평등하다는 내용을 담고 있는 새로운 법을 도입했다. 고대 로마 시대 이후로 처음으로, 서로 다른 지역의 이탈리아인들은 같은 화폐와 같은 군대에서 복무했다. 많은 이탈리아인들은 이탈리아가 외국의 힘에서 벗어나 하나로의 통일이 가능성을 읽는 계기가 되었다.

나폴레옹 몰락 후 구체제가 부활하였으나, 각지에서 입헌혁명 또는 공화제를 목표로 하는 운동이 일어났다. 1848년 유럽의 혁명운동이 고조되는 가운데 각지에서 무장봉기가 일어났다. 그러나 이들 운동은 오스트리아의 군사력과 교황 원조에 나선 나폴레옹 3세의 무력간섭 때문에 좌절되었다. 입헌헌법을 유지한 곳은 사르데냐 왕국(사보이 왕국)뿐이었다.

이후 비토리오 에마누엘레 2세(Vittorio Emanuele II, 1820~1878) 치하의 사르데냐 왕국이 이탈리아 통일의 중심이 되었다. 사르데냐 왕국의 총리 카보우르는 국내에서 자유주의적 정책을 실시하여 열강의 대립을 교묘히 이용한 외교에 의하여 롬바르디아를 오스트리아에서 해방시키고, 토스카나 왕국, 교황령 등 중부 이탈리아의 병합을 추진하였다. 한편 주세페 가리발디(1807~1882)는 의용군을 이끌고 시칠리아섬에 원정하여 두 시칠리아 왕국을 제압했다. 이리하여 당시 아직 오스트리아 영토였던 북동부와 교황이 지배하던 로마를 제외하고 이탈리아의 통일이 대체로 달성되어 1861년 비토리오 에마누엘레 2세를 국왕으로 하는 이탈리아 왕국이 성립되었다. 수도는 처음에는 토리노, 다음에는 피렌체로 천도되었다가 1870년 로마 점령 후 1871년 로마로 정했다.

1880년대 말 이후, 남북 이탈리아의 격차와 국내의 대다수 주민의 빈곤 등을 해결하기 위하여 이탈리아는 북아프리카에서 식민지경영에 나섰다. 그러나 그것도 뚜렷한 성과를 거두지 못했다. 19세기 말의 사회적 혼란 속에서 한편에서는 사회주의운동이, 다른 한편에서는 국가주의적 경향의 운동이 대두하였다. 19세기~20세기 초의 호황기에 중공업의 보호육성과 몇 가지의 자유주의적 정책이 취해져 중화학공업이 발달했다.

4) 현대

- 제1차 세계 대전

그러나 제1차 세계 대전 직전의 시기에 총동맹파업과 폭동이 각지에서 일어났는데, 이 혼란에서 회복하지 못한 채 이탈리아는 제1차 세계 대전에 휘말려 들어갔다. 연합국

측으로 전승국이 된 이탈리아는 아디제강 상류지역과 이스트리아 지방을 오스트리아로부터 획득하였지만 제1차 세계 대전 후의 불황으로 엄청난 수의 실업자가 속출하였다. 다른 한편으로는 달마치아의 영토회복 요구가 이루어지지 못한 점도 겹쳐 국내에서는 온갖 불만이 일어났다. 1920년 이후 밀라노, 토리노 등에서 노동자에 의하여 공장이 점거되고 생산을 관리하게 되자 이에 반감을 가진 소시민과 농민을 배경으로 무솔리니가 이끄는 파시스트당이 세력을 신장했다.

- 파시즘과 제2차 세계 대전

1922년, 10월 28일 베니토 무솔리니(Benito Andrea Amilcare Mussolini, 1883~1945)가 검은 셔츠단을 이끌고 로마로 진군한 이른바 '로마 진군(Marcia su Roma)'으로 무혈 쿠데타에 성공하여 무솔리니 정권이 탄생하였다. 이에 대하여 좌익세력은 분열되어 있어 유효한 반격을 하지 못했으며, 현재의 기독교민주당의 전신인 인민당은 뒤에 무솔리니에 의해 비합법화 되었지만, 최초의 무솔리니 정권 탄생 때에는 파시스트당과의 연립내각에 참가했다.

1929년, 이탈리아에도 밀어닥친 세계공황에 대처하기 위하여 무솔리니는 파산직전의 중요산업과 은행에 정부자본을 투입하는 한편 국내의 독재체제를 강화하며 동지중해와 북아프리카에 대한 시장 확보 전쟁에 나섰다. 1936년 에티오피아를 병합하고, 1937년에는 일본, 독일, 이탈리아 방공협정을 체결하여 1940년 히틀러 독일의 뒤를 이어 영국과 프랑스에 선전을 포고하고 제2차 세계 대전에 참전했다.

1945년 봄, 북이탈리아의 독일군과 파시스트군이 항복하였고, 스위스로 도주하던 무솔리니는 유격대의 손에 처형되었다. 1946년 6월의 국민투표와 헌법제정의회의 선거 결과 이탈리아는 왕정제를 폐지하고 공화제 채택이 결정되어 연립내각이 탄생하였으며, 공화국 헌법은 1948년 1월 1일부터 시행되었다.

3. 공항, 나라의 관문

■ 로마 피우미치노 공항(Aeroporto di Roma-Fiumicino)

- IATA: FCO, ICAO: LIRF

레오나르도 다 빈치 국제공항이라고도 한다. 이탈리아 라치오주 피우미치노에 위치한 국제공항이다. 2007년에 약 3천 3백 명의 승객이 이 공항을 이용하였지만, 2016년에는 4천 1백 7십만 명의 승객을 수송하였다. 이탈리아 국적사인 알리탈리아항공과 스페인의 저비용 항공사인 부엘링항공(Vueling Airlines)의 허브 공항이다.

현재 100여개의 항공사들이 이 공항을 운항한다. 아프리카, 북미, 남미, 아시아, 유럽의 목적지들이 중단 없이 운영되고 있다.

공항은 대개 민간 항공편, 전세 항공편, 화물 항공편에만 이용되고 있다. 일반 항공은 로마-참피노 공항(Rome Ciampino Giovan Battista Pastine Airport, IATA: CIAICAO: LIRA)과 로마--우르베 공항(Rome Urbe Airport ICAO: LIRU)을 이용할 수 있다. 정부 항공기는 필요에 따라 로마-피오미치노 공항에서, 특히 로마-참피노 공항의 활주로가 너무 짧을 때 처리된다. 나머지 군용 항공편은 피우미치노에서 남동쪽으로 약 20km 떨어진 프라티카 디 마레 공군기지(Pratica di Mare Air Base, ICAO: LIRE, 1937년 개항)를 이용한다.

총 승객 수를 기준으로 보면 유럽에서는 8번째로, 세계에서는 47번째로 붐비는 공항이다. 면적은 16km^{2}로, 1480년 날개가 달린 비행기와 최초의 양성자 헬리콥터를 설계한 레오나르도 다 빈치의 이름을 딴 것이다.

■ 역사

• 초기

기존의 노후화된 로마-참피노 국제공항을 대체하기 위해 건설되었다. 1960년 8월 20일에 1960년 하계 올림픽을 유치해 항공수송 분담률을 효율적으로 분배하고자 조기 운영되기 시작하였다. 공식적으로는 1961년 1월 15일 2본의 활주로와 1개의 터미널을 가지고 개항하였다. 개항 이후에는 이탈리아의 국책 항공사인 알리탈리아항공의 투자를 통해 격납고, 정비시설, 활주로 1본을 추가로 건설하였다.

• 현대

2000년 이전까지 공항은 국가 소유로 경찰이 공항경비와 보안을 담당하였다. 그러나 공항관리국이 창설되고 산하에 공항경비대가 생기면서 모든 업무를 공항 경비대에 이관하였다. 지상조업은 로마 공항관리국이 담당하였지만, 알리탈리아항공은 자사 산하 지상조업사가 담당하고 있으며, 최근에는 다른 항공사에도 지상조업을 지원하고 있다. 2005년에 CAT-III의 계기 착륙 시스템이 설치되면서 시간당 30회의 이·착륙이 가능해졌다. 1본의 활주로를 추가 증설, 4본의 활주로를 운용하고 있지만, 16C/34C 활주로는 주로 유도로와 16L/34R, 07/25방향 활주로의 대체 활주로로 사용되고 있다. 그리고 늘어나는 승객의 수요를 충족하고자 신형 수화물 수송 시스템을 도입하였다. 최근에는 친환경 공항운영 시스템을 도입함과 동시에 16개의 탑승교를 설치하여 2018년에는 5천만 여명의 승객을 수용하였다.

■ 활주로

이착륙 활주로		
1	16R/34L	3900m × 60m 아스팔트
2	07/25	3300m × 45m 아스팔트
3	16L/34R	3900m × 60m 아스팔트
4	16C/34C	3,600m 아스팔트

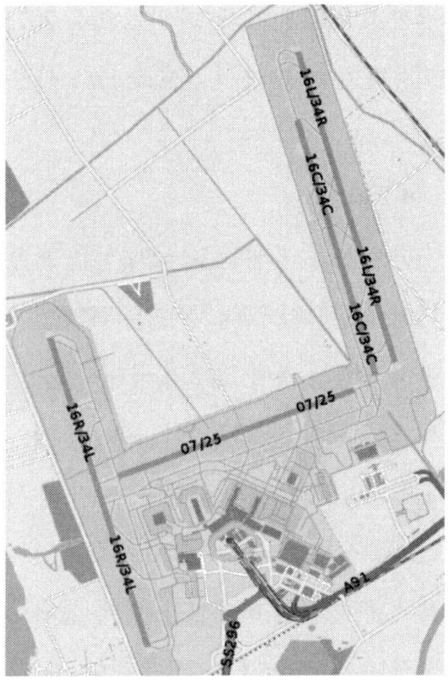

공항에는 4본의 이·착륙 활주로가 있는데, 앞에서 언급하였듯이 3본의 활주로가 활주로의 기능을 올바로 하고 있다. 16R/34L과 16L/34R 활주로는 약 4km 떨어진 평행 활주로여서 독립적으로 작동 가능하다. 둘 다 길이가 3,900m이다. 16C/34C 활주로는 주로 유도로로 사용되며, 핵심 활주로는 16L/34R와 16R/34L이다. 07/25는 심한 바람이 있을 때 서쪽 방향으로만 사용된다. 주 항로 16(북쪽 방향)에는 전천후 항행단계 CAT IIIb가 승인되었고, 항로 34에는 CAT I만 승인되었다. 북동쪽에 위치한 16L/34R에는 주로 셍겐 지역 항공기가 착륙하여 터미널 1, 2, 3에 도착한다. 해안을 따라 운항하는 16R/34L은 터미널 3과 그 위성에서 처리되는 많은 광동체 대형 항공기를 포함하여, 셍겐 지역 바깥 목적지를 오가는 항공기에 주로 사용된다. 평행한 두 활주로 사이에 위치한 3300m 길이의 활주로 07/25는 일반적으로 서풍이 있을 때 서쪽으로 이륙하는 데 사용된다. 25번 방향(동쪽 방향)의 착륙에는 ILS CAT I가 사용되는데 극히 드물다. 서쪽(해상)에서 착륙하는 경우에는 거의 사용되지 않는다.

1999년에는 북동쪽에 위치한 16L/34R 활주로가 예비활주로 16C/34C로 확장되었다. 16L/34R 활주로에 착륙 횟수가 많아진 탓에, 마모가 더 심하고 바닥의 내구성이 더 떨어진 관계로 유지보수가 더 필요하다. 16L/34R 활주로를 정비하게 되면, 길이 3,600m의 16C/34C 예비활주로가 활성화되는데, 그 자체가 다시 새 유도로로 사용된다.

2008년과 2015년 사이에 공항의 모든 활주로들이 기본적으로 정비되었다. 2008년 1월 A380 같은 대형 항공기가 운항할 수 있도록 활주로 16R/34L을 개선하는 프로젝트가 착수되었다. 이 작업에는 아스팔트 층의 개보수와 새로운 내부 유도로 건설, Cat III 가시성 조건(75m 가시성)에서 이륙할 수 있는 새로운 활주로 조명이 포함되었다. 이 작업은 ENAC(이탈리아 민간 항공국) 및 ENAV(이탈리아 항공 관제국)의 지시에 따라 2008년 4

월까지 완료되었다. 마지막으로 2015년 5월부터 10월까지 16C/34C가 활주로로 사용되었다가 이후 다시 유도로 D로 사용되고 있다.

■ 터미널

공항에는 국제선 및 국내선을 모두 처리하는 터미널 A, AA, B, C와 5 등 다섯 개의 터미널 빌딩이 있다. 공항은 1990년대 이후 일련의 개선과 확장을 거쳤다. 1991년에 피어형 탑승동 A에 12개의 국내선 탑승교가 추가 증설되었다. 1995년 탑승동 B에 10개의 새 탑승교가 개장되었다. 1999년 메인 터미널과 타 터미널을 연결하는 스카이브리지가 도입되었고, 11개의 탑승교를 가진 서쪽 위성터미널이 위성터미널 C에 들어섰다. 2000년 새 국내선 터미널 A가 개장하였고, 기존 노후화된 A~C터미널에 대한 현대화 작업을 진행하면서 터미널을 현재 형태로 재배열하였다. 2004년에는 새 화물 터미널이 개장하면서 Cargo City로 불렸다. 또한 2005년에는 제 5터미널이 완공되어 현재 아메리칸 항공과 엘알 이스라엘 항공이 운용 중이다.

명칭	게이트	목적	항공사
터미널 1	B1-B30	셍겐 지역	게이트 B1-B13, B14-B30은 알리탈리아와 여타 스카이팀 항공사, 일부 유럽항공사가 사용
터미널 2	C1-C7	(철거 예정)	(터미널 1로 이전 예정)
터미널 3	C8-C16 D1-D10 E1-E8 E11-E24 E31-E44 E51-E61	셍겐 지역(C/D)과 기타(E)	Alitalia, SkyTeam, 나머지 모든 항공사가 사용
터미널 5	E	(철거 예정)	구 게이트 E1-E8, E11-E24, E31-44, E51-61)는 미국과 이스라엘의 모든 항공사가 사용

승객들은 당시 위성터미널 C로 불리던 곳으로 버스를 탄다. 이 터미널은 연간 95만 명의 승객을 수용할 수 있다. 2009년에 터미널들의 명칭이 변경되었다. A는 T1로 개칭되었다. AA는 T2, B와 C는 T3이 되었고, T5는 그대로 유지되었다. 종전의 제2터미널은 2017년 12월 15일 터미널 1의 확장을 위해 영구 폐쇄되었다.

체크인 구역의 동쪽과 반원형 진입로에 위치한 터미널 1은 알리탈리아항공과 그 제휴사들이 셍겐 지역 내 국내선 항공편과 연결편에 사용된다. 터미널 1은 2019년 3월 말부터 루프트한자, 유로 윙스, 스위스에어를 포함한 일부 다른 항공사들도 사용하고 있다. 서쪽에 위치한 비교적 작은 터미널 2는 2018년 철거를 앞두고 있는데, 저비용항공사와 전세항공사들이 잠정적으로 사용 중이다. 이들 항공사 중 일부는 최근 몇 년 동안 로마-참피노 공항에서 피우미치노공항으로 이전했다. 터미널 1과 2의 주기장 쪽에는 12개의 승객 탑승교가 있는 탑승동과 10개의 승객 탑승교가 있는 1개의 탑승동이 있다. 터미널 1의 경우, 현재 두 개의 탑승동과 나란히 동쪽 주기장 지역에 단거리 및 중거리 항공기를 위한 추가 탑승동이 건설 중에 있다. 터미널 1은 터미널 2 자리에 서쪽 방향으로 확장되고 있다.

터미널 3은 주로 전통적인 항공사의 정기 국제 항공노선용이다. 이 터미널의 전면부에는 14개의 탑승교가 있는 탑승동이 하나 있고, 그 서쪽에는 11개의 탑승교를 가진 위성터미널이 하나 있는데, 이 위성터미널은 터미널 3과 신교통 시스템(People mover)를 통해 연결된다. 터미널 3의 남서쪽에는 계획 중인 터미널 4로 전환해야 하는 전방 구역과 소규모 시설들이 있다.

불과 6개월간의 공사 끝에 새로운 터미널 5가 2008년 초에 개장했다. 이를 위해 남서부 지역의 이전 화물용 건물을 이스라엘과 미국 항공사의 출발 승객을 위한 14,000m²의 대형 처리 구역으로 전환했다. 터미널 5는 현재 비활성 상태이다. 재건될 예정이며, 최종적으로는 계획된 터미널 4에 부분적으로 통합될 예정이다. 앞에서 든 항공사는 이제 터미널 3에 별도의 구역이 있다.

공항에는 두 개의 수하물 분류 시설이 있다. 하나는 터미널 3의 본관에 오랫동안 있었고, 그 후 탑승동에 새 시스템으로 교체되어 개조된 후 본관의 처리용량이 증가될 수 있었다. 또 다른 이전화물 건물의 터미널 동쪽에 설치된 터미널 1의 수하물 분류 시스템도 새로 도입된 것이다.

반원형 터미널 구역에는 주차장, 다층빌딩, 관리 및 서비스 시설, 공항 호텔, 기차역 등이 있다. 공항 동쪽에는 여러 개의 장기 주차장과 또 다른 호텔이 있다. 이에는 항공화물 운송 처리에 사용되는 새로운 화물도시가 2005년 8월에 문을 열었다. 남동쪽에는 전체 6개의 격납고와 알리탈리아항공의 다양한 시설들을 갖춘 항공기 정비 센터가 있다.

A91 고속도로를 따라 공항 근처에 새로운 160헥타르 규모의 파르코 레오나르도 지구가 건설되었다. 여기에는 특히 쇼핑몰, 놀이 공원, 보행자 전용구역 등이 있다. 바로 동쪽에는 로마 전시장(Fiera di Roma)이 있다. 레오나르도 공원(Parco Leonardo)과 로마 전시장은 광역전철 S-반 FL-1을 이용하여 공항과 도심에서 접근 가능하다.

5) 사건 사고

1964년 11월 23일, TWA(Trans World Airlines)의 보잉 707-331이 엔진 고장 후 이륙 중 추락하여 탑승한 73명 중 50명이 목숨을 잃었다.

1973년 12월 17일, 로마-피우미치노 공항에서 팔레스타인 테러리스트들이 승객들이 탑승하는 동안 몇 개의 수류탄을 Pan American World Airways(N407PA)의 보잉 707-321B에 투척했다. 29명의 승객과 1명의 승무원이 목숨을 잃었다. 항공기는 돌이킬 수 없을 정도로 손상되었다. 폭탄 투척 후 테러리스트들은 경비원을 사살하고 루프트한자 보잉 737을 쿠웨이트로 납치하였으나 하루가 지나서 포기했다.

1977년 11월 19일, 에티오피아 항공의 보잉 707-360C가 로마-피우미치노 공항에서 아스마라 공항까지 화물 항공편으로 이륙한 직후 추락했다. 항공기는 출발 후 거의 상승하지 못하고 나무들과 부딪히며 바닥과 충돌하였다. 탑승한 5명의 승무원들은 모두 사망했다.

1985년 12월 27일 팔레스타인 테러리스트들은 빈-슈베하트공항과 로마-피우미치노 공항을 동시에 공격했는데, 피우미치노 공항에서 16명이 사망하고 약 100명이 부상당했다.

1988년 10월 17일, 우간다 항공 소속 항공기가 피우미치노 공항에 착륙하는 과정에서 33명이 목숨을 잃었다.

4. 에티켓

1) 기본 에티켓

- 이탈리아의 친구와 가족은 성별에 관계없이 만나면 일반적으로 볼 키스로 인사한다.
- 노인이 방에 들어오면 존경의 뜻으로 일어나시라.
- 단정하고 정중하게 옷을 입으시라.
- 하품이나 재채기 시 입을 가리시라.
- 실내에서는 모자를 벗으시라.
- 다른 사람 앞에서 신발을 벗는 것은 무례하다.
- 사회적 상황에서 시간 엄수는 엄격하지 않은 편이다. 이탈리아에서 '정시(on time)'는 20분, 30분 또는 45분 지각을 뜻하기도 한다.
- 노인에게 문을 열어주시라. 남성은 여성에게 문을 열어주기도 한다.
- 노인을 방에 들어오시면 일어서시라.

■ 선물

- 선물을 받으면 사람 앞에서 선물을 열어보기도 한다.
- 선물은 예쁜 장식용 포장지로 포장하는 것이 일반적이다. 그러나 선물을 검정색이나 보라색으로 포장하지 마시라. 애도/슬픔과 불운을 상징한다.
- 칼이나 가위를 선물하지 마시라. 불운의 뜻이 있다.
- 술을 제외하고는 자국의 특산품을 제공하는 것은 이탈리아 사람이 잘 받아들이지 못할 수도 있다.
- 선물 값이 얼마인지 드러나게 하지 마시라. 가격 스티커를 제거하거나 덮으시라.
- 꽃을 선물한다면 국화는 죽음을 상징하고 장례식에 사용된다는 점을 명심하시라. 노랑꽃은 질투를 나타내고, 붉은 꽃은 사랑, 열정 또는 비밀의 뜻을 담고 있다.

2) 금기

■ Do's

- 여러분이 그들과 친숙하게 지내든 간에, 사람들의 삶에 대해 사려 깊고 배려하는 시간을 가지시라. 이를테면 가까운 곳에 도착하기 전에 그들에게 안부 인사를 전하시라. 좋은 관계를 발전시키는 데 필수적이다. 스몰토크를 생략하고 핵심주제로 곧장 넘어가는 것은 무뚝뚝하고 센스 없는 사람으로 낙인찍히기 십상이다.
- 옷을 맵시 있게 입고, 자신을 깔끔하게 표현하도록 노력하시라. 이탈리아인은 외모에 자부심이 많고, 바깥 외출할 때면 언제나 멋쟁이들이다. 보수적으로 옷을 입을 필요는 없지만(이탈리아인은 대개 그렇지 않음) 캐주얼 복장은 일반적으로 공공장소에서는 부적절하며 세련미가 없는 것으로 보일 수 있다.
- 되도록 친구에게 양보하시라. 이탈리아인은 호의에 관대하며, 좋은 관계를 맺고 있는 사람들에게는 자신의 사유 재산의 사용에도 관대한 편이다. 물건이나 돈을 빌려서 되돌려주거나 갚는 데 시간이 걸리는 경우도 있다. 이런 현상은 일반적으로 신뢰와 우정의 관점에서 이루어지기 때문에 문제가 되지 않는다. 나중에 변제받을 것으로 가정하기 때문이다. 이런 종류의 행동에 대해 불안해하거나 인색하게 굴지 마시라.
- 여러분의 업무를 위해 이탈리아인이 필요하다면, 여러분이 그들에게 '빚'을 지는 것이라고 강조하기보다는 개인적인 차원에서 도움을 요청하는 자세를 취하시라. 그들의 도움을 이전의 호의에 대한 보상의 한 형태로 포지셔닝하는 것은 그들에게는 비인간적이거나 남의 호의를 몰라주는 둔감한 사람으로 낙인찍힐 수도 있다. 이탈리아인은 일반적으로 호의에 대한 호소에 동기부여를 하는 경향이 있다.
- 민감한 뉴스, 피드백 또는 정보를 재치 있게 전달하시라. 이탈리아인은 일반적으로 건설적인 비판에 상당히 개방적이고 수용적인 자세를 취한다. 하지만 이로 인해 그들이 공격에 면역이 되었다고 생각하면 곤란하다.

■ Do not's

- 이탈리아의 범죄, 부패, 마피아 또는 제2차 세계 대전에 개입한 이탈리아인에 대한

말은 피하시라.

- 나이든 이탈리아 사람들과 함께 있는 경우라면 가톨릭교회나 교황을 농담거리로 삼지 마시라. 젊은 세대들은 이러한 주제에 상당히 느긋하고 유머러스하게 말하지 않는 편이지만, 기성세대들은 심히 불쾌하게 여긴다.
- 이탈리아 음식을 비판하거나 개선 방법 등을 제안하지 마시라. 이탈리아 사람들은 자기네 요리에 자부심이 대단하다.
- 대화를 할 때 이탈리아 문화에 대한 고정 관념을 그리지 마시라.
- 이탈리아 문화, 국민 또는 국가에 대한 비판은 피하시라. 비록 많은 이탈리아인들이 공개적으로 자기네 나라에 대해 불평하거나 현 정치가들의 '폐쇄' 방식에 대해 한탄하지만, 그들은 여전히 자기네 조국과 세계에 대한 문화적 공헌에 대한 자부심이 대단함을 기억하시라.
- 지중해의 모든 나라가 똑같을 것이라고 추측하지 마시라. 그들은 강한 가족 중심 같은 문화적 유사점을 공유할 수 있지만, 이탈리아는 이웃 국가와 매우 다르다.

3) 커뮤니케이션

■ 언어적 커뮤니케이션

- 직접 커뮤니케이션: 이탈리아인은 일반적으로 직접적인 소통을 한다. 그들은 자신의 감정에 대해 개방적이고 말하고자 하는 핵심 사항을 명확하게 말하는 성향이 있다. 그들은 일반적으로 대화 상대방에게 자신과 유사한 정직성을 기대하기 때문에 기대 이하로 표현하는 법이 거의 없다. 그러니까 모호하거나 간접적인 화법은 피하시라.
- 커뮤니케이션 방식: 이탈리아인은 일반적으로 꽤 개방적이고, 호기심이 많고, 대담한 편이다. 여러분의 인생 이야기와 배경에 대해 많이 물어보는 편이다. 그들은 여러분의 활동에 대해 기꺼이 의견을 말하거나 조언을 주고 싶어할 것이다. 예컨대 여러분 주택의 구조에 어떤 문제점이 있는지 지적하면서 이를 수정하는 방법 등의 팁을 주기도 한다. 외국인이라면 이것이 비판적이거나 따분한 것으로 생각할 수도 있겠지만, 그렇다고 그들을 무시하거나 그들의 질문과 의견을 방해하지 마시라.

그렇게 방해한다면 그들은 여러분이 폐쇄적이거나 예민한 사람으로 치부될 수도 있으니까.

- 침묵: 이탈리아인은 침묵이 길어지면 불편해할 수 있어서 자연스럽게 침묵을 타파하기 위해 말을 이어가기도 한다.
- 목소리 높이기: 이탈리아인은 상대방이 자기 목소리를 들을 수 있도록 크게 말하는 편이다. 높은 목소리라고 해서 꼭 분노의 표출이라고는 할 수 없지만, 흥분이나 확신의 표출일 수 있다. 사람들이 상대방이 말을 들을 수 있도록 서로 이야기하는 경우를 많이 볼 수 있다.
- 유머: 이탈리아인은 분위기를 띄우려고 대화 내내 즐겨 농담하기도 한다. 목소리에 유머가 있으면 사람들은 탁 터놓고 말할 수 있다는 생각에서이다. 그들의 유머는 꽤 냉소적일 수 있고 민감한 주제를 우스개꺼리로 만들기도 한다. 그들은 또한 꽤 자기 비하적이고, 아이러니하고, 냉소적일 수 있다. 그들은 서로 놀리기도 하고, 대화주제를 빈정대거나 그 주제에 중의적인 의미를 슬쩍 집어넣기도 한다.
- 온라인 커뮤니케이션: 일부 이탈리아인은 온라인 커뮤니케이션이 비인격적인 상호작용 형태라거나 관계유지에 좋지 못한 방법으로 보기도 한다. 특히 기성세대는 대면 상호작용을 조직에서 사용하는 데 인색한 경향이 있다. 그러나 이는 디지털 세계 친화적인 젊은 세대와는 무관하다.

■ 비언어적 커뮤니케이션

- 개인 공간: 이탈리아인은 일반적으로 1m 미만의 거리를 두고 대화하는 편이다. 언제나 그렇다는 것은 아니지만, 멀어진다 싶으면 가까이 다가가는 데서 그런 성향을 읽을 수 있다.
- 신체 접촉: 이탈리아인은 일반적으로 접촉하기를 좋아하는, 꽤 다정다감한 사람들이다. 공공장소에서 포옹, 키스, 등두드림, 손을 잡는 모습은 흔하게 볼 수 있다. 대화 상대와 접촉하며 토론하는 모습도 흔하다. 예컨대 무언가를 지적하면서 상대방을 꾹 찌르거나 팔을 툭 치기도 한다. 친구사이라면 공공장소에서 팔짱을 끼고 걷기도 한다.

• 아이컨택: 대화중에 직접 아이컨택을 한다. 이탈리아의 일부 지역에서는 사람들을 우연찮게 호기심으로 응시하기도 하지만, 일반적으로 무례한 행동으로 본다. 특히 사회적 지위가 낮은 사람이 자신보다 높은 사람을 응시하는 경우는 반항적인 행동으로 간주될 수 있다.
• 감정 표현: 이탈리아인은 목소리 톤, 얼굴 표정, 신체 언어에서 자연스럽게 더 감성적인 편인데, 자신의 말하려는 요점을 강조하려고 손동작을 하기도 한다. 이는 때때로 연극하는 듯한 모습으로 비칠 수도 있다. 커뮤니케이션 중에 많은 제스처를 사용하는 경향이 있으니 제스처의 사용법을 미리 알아놓는 것도 필요하다.
• 제스처: 엄지 손가락을 손가락에 비비는 것은 돈을 의미한다. 사람들은 손가락으로 아래 눈꺼풀을 아래로 당겨 다른 사람의 영리함을 인정할 수 있다. 사람들은 고개를 위로 들어 올려 "아니오"라고 제스처 할 수 있다. 이것은 끄덕임과 비슷하게 보일 수 있다.
• 숫자세기: 이탈리아인은 검지 대신 엄지손가락으로 숫자를 센다. 엄지손가락은 1을 나타낸다.

5. 문화 차원

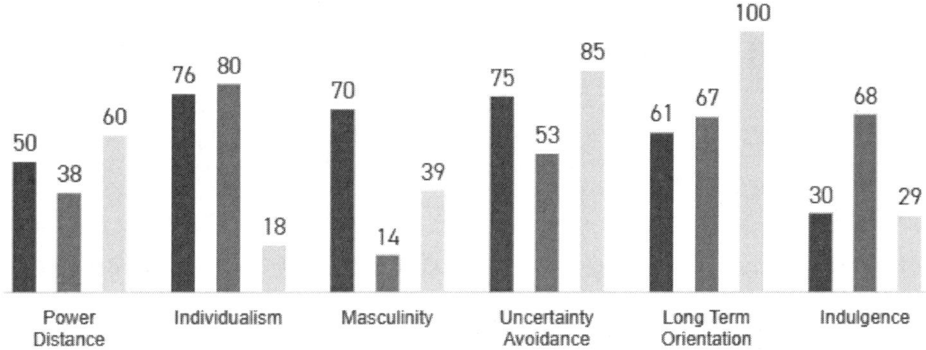

〈호프스테드 문화 차원: 이탈리아-네덜란드-한국 비교〉

■ 권력 거리

50점을 받은 북부 이탈리아는 평등과 권력 분산 그리고 의사결정을 선호하는 편이다. 팀워크와 개방형 경영 방식을 선호하는 젊은 세대들 사이에서 통제와 형식적인 감독은 싫어하는 편이다. 개인주의 점수가 높은 사회는 통제를 혐오하고 해야 할 일이 무엇인지를 명시하는 사회임을 기억할 필요가 있다.

남부 이탈리아는 권력 거리에 관한 한 북부 이탈리아와 정반대라고 보면 된다.

■ 개인주의

이 차원에서 76점을 받은 이탈리아는 개인주의 문화에 속한다. 특히 북부 이탈리아의 경우, 바쁜 거대 군중 속에서도 외로움을 느낄 수 있는 부유한 대도시 사람들은 극히 '나' 중심적이다. 그래서 가족과 친구들은 이 감정을 녹이는 중요한 청량제 역할을 한다. 하지만 친구라는 단어는 비즈니스에서는 약간 다른 의미를 가지기 때문에 잘못 해석하면 곤란하다. 즉, 친구는 여러분이 알고 있으면서 여러분을 중요하거나 힘 있는 사람에게 소개할 때 유용할 수 있는 사람이란 뜻이다.

자신의 개인적인 생각과 삶의 목표가 뚜렷한 이탈리아인에게 극히 동기부여가 되고 행복하게 되는 길은 개인적인 성취감을 통해서이다. 이 차원은 개인주의적 행동이 비교적 드문 남부 이탈리아에서 다양하게 나타난다. 가족 네트워크와 그 구성원이 중요한 사회적 측면이며, 결혼식이나 가족과 함께하는 일요일 점심 등의 의식은 놓칠 수없는 경우들이다. 남부 이탈리아에서 북부로 이동하는 사람이라면 기후가 다를 뿐 아니라 인간관계에서 '따뜻함'의 정도가 약한 접근 방식 때문에 차갑다는 인상을 많이 받을 것이다.

■ 남성성

이 차원에서 70점을 받은 이탈리아는 극히 성공 지향적이고 주도적인 남성성 사회이다. 아이들은 어릴 때부터 경쟁을 좋아하고 승자가 되는 것이 인생에서 중요하다는 것을 배운다. 이탈리아인은 멋진 자동차, 큰 집, 요트, 이국적인 나라 여행 같은 신분 상징적인 것들을 쌓으며 자신의 성공을 과시한다. 이탈리아인이라면 누구나 자신의 성공에 이를 수 있는 곳이 근무 환경이기 때문에, 경력을 쌓으려는 동료들 간의 경쟁은 치열할 수밖에 없다.

■ 불확실성 회피

이 차원에서 75점을 받은 이탈리아는 불확실성 회피 성향이 강하다. 이것은 이탈리아인들이 애매한 상황을 불편해 한다는 뜻이다. 이탈리아 사회에서 격식은 중요하며, 이탈리아 형법과 민법은 조항, 규정 등으로 복잡하다. 외국인에게 놀라운 것은 기존의 모든 규범과 절차 간의 명백한 모순과 이탈리아인들이 언제나 그것을 따르지는 않는다는 사실이다. 그러나 관료주의 국가에서 적폐에서 살아남기 위해 어떤 것이 중요한 것인지, 어떤 것이 중요하지 아닌지를 금방 알게 된다. 업무와 관련시키면, 높은 불확실성 회피는 수많은 세부 계획을 가져온다. 낮은 불확실성 회피 접근법(계획 과정이 변화하는 환경에 유연할 수 있음)은 이탈리아인에게는 꽤 큰 스트레스가 될 수 있다.

높은 남성성과 높은 불확실성이 조합된 이탈리아는 어렵고 힘든 삶으로 연결되고 있다. 그래서 이탈리아인은 낮에 쌓인 긴장감을 풀기 위해 기나긴 식사나 잦은 커피타임을 보내며 즐겁고 편안한 휴식을 즐길 필요가 있다. 이런 차원에서 높은 점수를 받아서 이탈리아인은 매우 열정적인 사람들이다. 즉, 개인은 격한 감정을 가지고 있어서 그 감정을 마음에 간직할 수 없어서 무엇보다 몸짓언어로 다른 사람들에게 드러내야 하는 것이다.

■ 장기 지향성

이 차원에서 높은 61점을 받은 것은 이탈리아 문화가 실용적임을 방증하는 것이다. 실용 지향적 사회에서 진실은 극히 상황, 맥락, 시간 의존적이라고 생각한다. 이런 사회의 사람들은 전통을 변화된 조건에 쉽게 적응시킬 수 있는 능력, 저축과 투자 지향적인 성향, 절약과 목표 달성에 강한 인내심을 보인다.

■ 절제

이 차원에서 얻은 낮은 30점은 이탈리아가 절제 문화에 속한다는 의미이다. 이 차원에서 낮은 점수를 받은 사회는 냉소주의와 비관주의의 성향을 보인다. 또한 자적 사회와는 달리, 절제 사회는 여가 시간을 크게 강조하지 않고 욕구 만족을 자제한다. 이러한 성향의 사람들은 자신의 행동이 사회적 규범에 의해 통제되고 있으며 자신의 탐닉이 다소 잘못되었다고 생각한다.

참고문헌

1. 국내문헌

강준만(2012), 세계 문화의 겉과 속. 모든 문화에는 심리적 상흔과 이데올로기가 숨어 있다, 인물과사상사.

구경모(2018), 중남미인에 대한 한국인의'왜곡된 시선'- 시간관을 중심으로-, 중남미연구 37, 31-52.

노명환(2011), 역사를 통해 본 유럽의 서로 다른 문화 읽기: 기업문화와 의사소통 방식의 문화코드, 신서원.

라미진(2019), 항공사 객실승무원 눈치의 선행요인 및 결과 요인 연구, 경기대학교 박사논문.

라미진(2020), 항공사 객실승무원의 눈치가 서비스 성과에 미치는 영향 : 역할 내·외 행동 매개효과 검증, 서비스경영학회지 21(2), 101-132.

문영인(2017), 글로벌 시대의 문화 간 커뮤니케이션, 한국문화사.

민츠버그, 헨리, 외(2015), 싱커스50 경영이란 무엇인가(장희재 역), 한빛비즈.

박준형(2017), 크로스 컬처. 문화 간 차이와 다양성이 존중되는 21세기를 위한 문화 오리엔테이션, 바이북스.

비어즈비스카, 애나(2013), 다문화의사소통론(Cross-Cultural Pragmatics), 이정애 외 역, 역락.

송동훈(2000), 대항해 시대의 탄생, 시공사.

유광의/유문기(2018), 공항운영론. 3판, 대왕사.

이성만(2020), 아시아의 공항과 문화: 문화 간 커뮤니케이션의 새로운 이해, 신아사.

이재석(2019), 스웨덴은 이런 나라다, 기파랑.

이향정 외(2014), 글로벌매너 글로벌에티켓, 백산출판사.

이해령 외(2018), 유럽바로알기, KNOU.

장봉익(2004), 네덜란드 서인도회사의 아프리카노예무역 전개과정에 대한 소고, 한국아프리카학회지 19집, 187-215.

트롬페나스, 폰스/찰스 햄든-터너(2014), 글로벌 문화경영. 이문화의 딜레마를 넘어서(Riding The Waves Of Culture: understanding cultural diversity in business. London, Nicholas Brearley)(포스코경영연구소 옮김), 가산출판사.

허희영(2018), 항공운송산업론, 북넷.

2. 해외문헌

Advameg. (n.d.), Australia. Retrieved from http://www.everyculture.com/A-Bo/Australia.html.

Advameg(2016), Italy. Retrieved from http://www.everyculture.com/Ge-It/Italy.html

Advameg(2016), Poland. http://www.everyculture.com/No-Sa/Poland.html.

Agar, M.(1995), *Language Shock: Understanding the culture of conversation*, New York: William Morrow.

Agar, M.(1996), Language shock: Understanding the culture of conversation, NewYork, William Morrow. http://www.harpercollins.ca/books/Language-Shock-Michael-H-Agar-Phd/?isbn=9780688149499

Agar, M.(2006), *Culture: Can You Take It Anywhere? in International Journal of Qualitative Methods,* 5, 2, article XX. https://www.ualberta.ca/~iiqm/backissues/5_2/PDF/agar.pdf

Bannys, F.(2012), Interkulturelles Management, Konzepte und Werkzeuge für die Praxis, Weinheim: Wiley.

Barmeyer, C. (2012), Taschenlexikon Interkulturalität. Göttingen: Vandenhoeck & Ruprecht.

Beerman, L. & Stengel, M.(1996), Werte im interkulturellen Vergleich, In: N. Bergemann & A. L. J. Sourisseaux(Hrsg.), Interkulturelles Management. 2. Aufl., Heidelberg: Physica, pp. 7-34.

Bolten, J.(2006), Interkultureller Trainingsbedarf aus der Perspektive der Problemerfahrungen entsandter Führungskräfte, In: K. Götz(Hrsg.), Interkulturelles Lernen/Interkulturelles Training, 6. Aufl., München: Hampp, pp. 57-75.

Buttery, E. A. &Leung, T. K. P.(1998), The difference between Chinese and Western negotiations. European Journal of Marketing, 32(3/4). http://www.commisceo-global.com/country-guides/poland-guide.

Central Intelligence Agency. (2016), The World Factbook: Netherlands. Retrieved from https://www.cia.gov/library/publications/the-world-factbook/geos/nl.html.

Central Intelligence Agency. (2017), The World Factbook: Italy. Retrieved from https://www.cia.gov/library/publications/the-world-factbook/geos/it.html

COMMISCEO Global. (2016), Netherlands Guide. Retrieved from http://www.

commisceo-global.com/country-guides/netherlands-guide.

COMMISCEO Global. (2016), Italy Guide. Retrieved from http://www.commisceo-global.com/country-guides/italy-guide

COMMISCEO Global. (2016), Australia Guide. Retrieved from http://www.commisceo-global.com/country-guides/australia-guide.

COMMISCEO Global. (2016), Germany Guide. Retrieved from http://www.commisceo-global.com/country-guides/germany-guide

Convict Creations. (n.d.), Cultural Differences between Australia and England. Retrieved from http://www.convictcreations.com/culture/england.html.

Culture Crossing Guide(2014), Austria. 인용: http://guide.culturecrossing.net/basics_business_student.php?id=14.

Culture Crossing Guide. (2014), Australia. Retrieved from http://guide.culturecrossing.net/basics_business_student_details.php?Id=7&CID=13.

Dahl, S.(2000), Intercultural Skills for Business, London, ECE

Diversicare(2006), Polish Culture Profile. http://www.diversicare.com.au/wp-content/uploads/2015/10/Polish.pdf.

Dülfer, E.(1991), Internationales Management in unterschiedlichen Kulturbereichen, München: Oldenbourg.

Emrich, Ch.(2011), Interkulturelles Management. Erfolgsfaktoren im globalen Business, Stuttgart.

Erll, A./Gymnich, M. (2007), Interkulturelle Kompetenzen. Erfolgreich kommunizieren zwischen den Kulturen. Stuttgart: Klett.

Eurostat(2016), Marriages and births in Poland. http://ec.europa.eu/eurostat/statistics-explained/index.php/Marriages_and_births_in_Poland.

Forschungsgruppe Weltanschauungen in Deutschland. (2017), Religious affiliations in Germany 2016. Retrieved from https://fowid.de/meldung/religionszugehoerigkeiten-deutschland-2016

Frankfurter Societäts-Medien GmbH. (2013), A Guide to German Etiquette. Retrieved from http://www.young-germany.de/topic/live/settle-in-adjust/a-guide-to-german-etiquette

Gaelic Matters. (2011), Irish Pub Culture - more than drinking. Retrieved from http://www.gaelicmatters.com/irish-pub-culture.html.

Geert Hofstede. (2016), The Netherlands. Retrieved from http://geert-hofstede.com/netherlands.html.

Geert Hofstede. (2016), Italy. Retrieved from http://geert-hofstede.com/italy.html

Geert Hofstede. (2016), Germany. Retrieved from https://geert-hofstede.com/germany.html

Geert Hofstede. (2016), Ireland. Retrieved from http://geert-hofstede.com/ireland.html.

Giles, H./Watson, B. M.(2013), The social meanings of language, dialect, and accent: International perspectives on speech styles, New York: Peter Lang.

Global Affairs Canada. (2014), Cultural Information - Poland. https://www.international.gc.ca/cil-cai/country_insights-apercus_pays/ci-ic_pl.aspx?lang=eng#cn-1.

Global Affairs Canada. (2014), Cultural Information - Austria. 인용: https://www.international.gc.ca/cil-cai/country_insights-apercus_pays/ci-ic_at.aspx?lang=eng#cn-1

Global Affairs Canada. (2014), Cultural Information - Netherlands. Retrieved from https://www.international.gc.ca/cil-cai/country_insights-apercus_pays/ci-ic_nl.aspx?lang=eng#cn-2.

Global Affairs Canada. (2014), Cultural Information - Italy. Retrieved from https://www.international.gc.ca/cil-cai/country_insights-apercus_pays/ci-ic_it.aspx?lang=eng#cn-2

Global Affairs Canada. (2014), Cultural Information - Ireland. Retrieved from https://www.international.gc.ca/cil-cai/country_insights-apercus_pays/ci-ic_ie.aspx?lang=eng

Globe Media. (2017), Culture Shock in the Netherlands. Retrieved from http://www.expatarrivals.com/the-netherlands/culture-shock-in-the-netherlands.

Goethe Universitat. (2014), Guide to German Culture, Customs and Etiquette. Retrieved from https://www.uni-frankfurt.de/62886456/Guide-to-German-culture_-costums-and-etiquette-Aug-2016.pdf

Gordeeva, T. (2016), German Culture. Retrieved from http://www.germanculture.com.ua

Hall, E. T. (1959), The Silent Language(최효선 역, 침묵의 언어, 한길사), New York, NY: Anchor Books.

Hall, E. T. (1976), Beyond culture(최효선 역, 문화를 넘어서, 한길사), New York, NY: Anchor Books.

Hall, E. T. (1984), The Dance of Life: The Other Dimension of Time(최효선 역, 생명의 춤,

한길사), New York, NY: Anchor Books.

Hall, E. T. and M. R. Hall. (1987), Hidden differences : doing business with the Japanese. Garden City, N.Y., Anchor Press/Doubleday.

Hall, E. T. (1990), The Hidden Dimension(최효선 역, 숨겨진 차원, 한길사), New York, NY: Anchor Books.

Hall, E. T. and M. R. Hall. (1987), Hidden differences : doing business with the Japanese. Garden City, N.Y., Anchor Press/Doubleday.

Hall, E. T. and M. R. Hall. (1990), Understanding cultural differences. Yarmouth, Me., Intercultural Press.

Herbert, H. R., Heslinga, M. W., Meijer, H., & Wintle, M. J. (2017), Netherlands. Retrieved from https://www.britannica.com/place/Netherlands.

Hofstede, G. (1991), Cultures and organizations: Software of the mind, London, UK: McGraw-Hill.

Hofstede, G. (2001), Culture's consequences: Comparing values, behaviors, institutions, and organizations across nations, Thousand Oaks, CA: Sage.

Hofstede, G. (2017), Lokales Denken, globales Handeln. Interkulturelle Zusammenarbeit und globales Management. München: Beck.

Hofstede, G. (2016), Poland. https://geert-hofstede.com/poland.html.

Hofstede Insights. (2018), Austria. 인용: https://www.hofstede-insights.com/country-comparison/austria

House, R. J. et al(Eds.). (2004), Culture, leadership, and organizations: The GLOBE study of 62 societies, Thousand Oaks, CA: Sage.

Huff, L. &Kelley, L. (2005), Is collectivism a liability? The impact of culture on organizational trust and customer orientation: a seven-nation study. Journal of Business Research, 58(1).

Kirkman, B., K. & Lowe, C. G. (2006), A quarter century of "Culture's Consequences": a review of empirical research incorporates Hofstede's cultural values.

Koch, E. (2008), Interkulturelles Management. Vorschläge zur Abgrenzung und Systematisierung, In: E. Koch & S. Speiser(Hrsg.), Interkulturelles Management. Neue Ansätze -Erfahrungen -Erkenntnisse. Beiträge zum Fünften Internationalen Tag; München: Hampp, pp. 1-33.

Müller, S., & Gelbrich, K. (2014), Interkulturelle Kommunikation. München: Vahlen.

Müller-Jacquier, B. (1999), Interkulturelle Kommunikation und Fremdsprachendidaktik. (Studienbrief Kulturwissenschaft). Koblenz: Universität Koblenz-Landau.

Oechsler, W. A. (2006), Personal und Arbeit. Grundlagen des Human Resource Management und der Arbeitgeber-Arbeitnehmer-Beziehungen, München: Oldenbourg. In: framework. Journal of International Business Studies, 37, pp. 285-320.

Rommel, C. (2007), Business-Knigge China: ein Handbuch für deutsche Manager, Düsseldorf: Institut für Außenwirtschaft GmbH.

Sackmann, S. (2004), Erfolgsfaktor Unternehmenskultur: Mit kulturbewusstem Management Unternehmensziele erreichen und Identifikation schaffen - 6 Best Practice-Beispiele, Wiesbaden: Gabler.

Schipper, K. (2007), Interkulturelles Management. Ein Konzept zur Gestaltung von Entsendungsprozessen für den internationalen Einsatz von Fach- und Führungskräften, Berlin: Lit. Scholz, H.

Samovar, Larry A. et al. (2013), Communication Between Cultures 8th Edition[이두원 외 역(2015), 문화 간 커뮤니케이션, 서울: 커뮤니케이션북스], Wadsworth Publishing.

Schwartz, S. H. (1994), Beyond Individualism/Collectivism: New Dimensions of Values. Individualism and Collectivism: Theory application and methods, U. Kim, H. C. Triandis, C. Kagit ibasi, S. C. Choi and G. Yoon. Newbury Park, CA, Sage.

Spencer-Oatey, H. (2000), Culturally speaking: managing rapport through talk across cultures, London, Continuum.

Siemon, M. (2014), Diversity Management als strategische Innovation des Controllings - am Beispiel eines Pflegeheims, Bremen: Europäischer Hochschulverlag.

Sitzman, R. (2017), German Etiquette: Customs, Norms and How to Be Super Polite. Retrieved from http://www.fluentu.com/blog/german/german-etiquette/

Statista. (2016), Welche der folgenden politischen und sozialen Werte sind für Sie persönlich am wichtigsten? https://de.statista.com/statistik/daten/studie/151354/umfrage/meinung-ueber-diewichtigsten-werte/ (인용: 2020.02.11.).

Statistisches Bundesamt. (2015), Import und Export im Zeichen der Globalisierung, Ausgabe 2015, Wiesbaden: Statistisches Bundesamt.

Studt, J. F.,/Zech, R. (2004), Integrationsprozesse bei der Fusion von BP und Aral. Organisationsentwicklung. Zeitschrift für Unternehmensentwicklung und Change

Management, 4, pp. 58-71.

The Emerald Isle. (2016). Irish Culture. Retrieved from http://www.theemeraldisle.org/irish-history/irish-culture.htm.

Ting-Toomey, S. & Chung, L. C. (2005), Understanding intercultural communication, Los Angeles, CA: Roxbury.

Trompenaars, A. & Hampden-Turner, C. (2011), Riding the waves of culture(포스코경영연구소 역, 글로벌 문화경영, 가산출판사), New York, NY: McGraw-Hill.

Vellenga, S. J. (2016). Religion in the Netherlands: Trends, influences and discussions. Retrieved from http://archiv.eurotopics.net/en/home/presseschau/archiv/magazin/gesellschaft-verteilerseite/religion/religion-niederlande/.

Virtual Vienna. (2015), Religion in Austria. 인용: https://www.virtualvienna.net/living-in-vienna/religion/

Winter, G. (2005), Ethische Leitlinien für interkulturelles Handeln, In: A. Thomas, E. et al.(Hrsg.), Handbuch Interkulturelle Kommunikation und Kooperation, Bd 2: Länder, Kulturen und interkulturelle Berufstätigkeit, Göttingen: Vandenhoeck & Ruprecht, pp. 149-166.

Zuber, C. (2013), Kulturelle Veränderungen bei international handelnden Unternehmen. Der Bedarf eines kulturellen Managements im internationalen Wertschöpfungsverbund, Lohmar: Eul.

Zullo, R. (2013). Customs and Etiquette in Italy. Retrieved from http://rickzullo.com/customs-etiquette-italy/

3. 인터넷 문헌

http://blog.daum.net/cambodia523/7091020

https://culturalatlas.sbs.com.au/

https://guide.culturecrossing.net/

https://culturetrekking.com/airport-etiquette/

https://namu.wiki/

https://wikipedia.org/

https://www.airport-technology.com/

https://www.b2binternational.de/veroffentlichungen/nicht-alle-aepfel-sind-gleich-

kulturbefangenheit-der-internationalen-b2b-marktforschung/
https://www.exyuaviation.com/
https://www.google.com/
https://www.interafrica.co.kr/
https://www.postcardsandpassports.com/airport-etiquette/
https://www.t-online.de/leben/reisen/reisetipps/id_71976144/airport-knigge-wie-sie-sich-am-flughafen-richtig-verhalten.html
https://www.synergyconsult.de/fileadmin/downloads/Interkulturelles_Managemet-wozu_ueberhaupt.pdf
https://www.ikud.de/tag/kommunikation
https://www.fti.de/blog/fti-reisewelt/urlaubslaender/europa/andere-laender-andere-sitten-missverstaendliche-gesten-im-urlaub/〉
https://placebrandobserver.com/how-to-create-sense-of-place-airports/
https://www.eda.admin.ch/aboutswitzerland/en/home.html
https://www.slideshare.net/frankcalberg/switzerland-29768990

찾아보기

이성만

독일 트리어대학교 독어학박사(Dr. Phil)
한국텍스트언어학회 회장(2009~2010)
한국독어독문학교육학회 회장(2011~2012)
한국연구재단 인문학단 전문위원(2012~2014)
전, 배재대학교 독어독문학과 교수
전, 배재대학교 항공운항과 교수

라미진

경기대학교 경영학 박사
한국항공대학교 경영학 박사 수료
전, (주)대한항공 객실승무부 근무
현, 한국인사관리학회 이사
현, 한국기업경영학회 이사
현, 한국항공우주의학회 편집위원
현, 배재대학교 항공서비스학과 교수

유럽의 공항과 매너
문화 간 커뮤니케이션의 재조명

초판 발행 _ 2022년 3월 30일

저　　자 • 이성만 · 라미진
발 행 인 • 정 현 걸
발　　행 • 신 아 사
인　　쇄 • 대명프린팅
출판등록 • 1956년 1월 5일 (제9-52호)
주　　소 • 서울특별시 은평구 통일로 59길 4 (2F)
전　　화 • 02)382-6411 · 팩스 02)382-6401
홈페이지 • www.shinasa.co.kr
E-MAIL • shinasa@daum.net

ISBN : 979-11-91158-79-3(93300)

정가 20,000원